법률검토의 방법

장준혁

法

정독
DEEP READING

존경하는 부모님께

머 리 말

법률검토(legal research)는 사안(事案)에 적용되는 법을 조사하여 인식하는 작업을 말한다. 법률정보조사라고도 한다.

그 일은 간단하지 않다. 성문법, 판례, 학설, 해외의 입법과 해석론을 참고하여도, 결론과 그에 이르는 논거를 달리하게 되는 경우가 많다. 판례도 문제를 완전히 해결하지 않은 경우가 많고, 그 경우에는 판례에서 법리적 논변을 전개할 자료를 찾고 학설 등으로 보충하는 시도도 해야 한다. 또, 판례는 단편적인 판단례의 집적이므로 큰 학설대립의 틀을 배경으로 하여 판례의 태도와 추이를 이해하려고 해야 한다. 게다가 법은 불변의 것이 아니다. 규율대상의 변화에 적응해야 한다. 가치판단과 법정책이 달라지면서 법이 변화하기도 한다. 법이 어떻게 발달하는지를 알려면, 입법자, 학계, 실무가가 각기 어떻게 기여하고 상호작용하는지를 이해해야 한다.

컴퓨터 프로그램처럼 법률정보조사를 완벽하게 길잡이하기는 불가능할 것이다. 아마도 그런 것은 바람직하지도 않을 것이다. 모든 사람의 생각이 같기란, 또 견해대립을 일거에 해소하기란 불가능에 가깝다. 객관적으로 받아들여질 만한 법률검토의견을 제시할 때에도, 문제가 까다로울수록 다양한 견해가 나뉘게 마련이다. 그래서 자신이 납득한 것, 옳다고 믿는 것, 자신과 견해가 다르지만 참고하는 것 등을 스스로 구별할 수 있고, 구별하여 서술할 수 있는 능력이 요청된다.

법률정보조사의 결과는 법률검토의견서의 형태로 의뢰인에게 제시하게 된다. 이것이 법원에 제출하는 소장, 준비서면, 법원이 작성하는 판결문보다도 기본적인 문건이므로, 법률가로 교육, 훈련받는 자는 법률검토의견서의 작성요령부터 익혀야 한다. 이 틀 내에서 구체적 사안을 놓고 해석론과 그 적용에 따른 결론을 요약하여 제시할 수 있어야 한다.

그런데 법학전문대학원의 교육체제의 도입(2009)과 함께 미국의 "Legal Research" 과목을 본받아 이 과목을 편성하면서 과목명이 "법률정보조사"로 번역되었다. 여기에서 이 과목을 가르치는 취지에 오해의 소지가 생겼다. "정보조사"라는 문구는 사회과학대학에서 가르치는 조사연구방법론을 연상시킨다. 그런데 역사가 오랜 법학은 역사가 짧은 사회과학과 달리 통계분석, 설문조사, 추적관찰 등의 방법을 사용하지 않는다. 결국 남는 것은 데이터베이스 활용법뿐인 것처럼 여겨졌다. 그러나 법령·판례·문헌 데이터베이스 활용법은 신입생 오리엔테이션의 일부로 개강 전이나 직후에 몇 시간 따로 모여 숙지, 훈련시키는 것으로 충분하다.

법률정보를 찾는 요령을 배우기에 앞서, 근대법의 기본원칙과 법학방법론의 요체를 이해할 필요가 있다. 데이터베이스를 검색하여 법률정보를 두둑이 찾아 쌓아올리는 것으로는 구체적 사안을 해결하는 답을 얻기 어렵다. 법학방법론에 대한 기초적 이해가 없이는 법률가적 양심 내지 법률가적 사고방식(legal mind)을 내면화할 수 없다. 성문법이 왜 판례에 우선하는지, 성문법이라도 해석에 의하여 실질적으로 변화, 발달하는 것은 어떻게 정당화되는지, 그 한계는 어디인지 등은 충분히 납득하고 이해하면서 법률지식을 연마해야 한다. 관습법이 성문법을 개폐하는지 여부에 대하여 어떤 견해대립이 있는지, 비국가법(非國家法)은 어떤 경우에 어떻게 법적 규율의 근거가 되는지 등의 문제를 고민할 줄 알아야 한다. 이런 문제들에 대하여 생각해 본 일조차 없이, 무작정 성문법이 판례에 우선한다, 판례는 외워야 된다라는 식으로 접근하여 개별 과목에서 판례를 무조건 외우는 식으로는 법률가다운 법률가가 될 수 없다. 대법원이 높으니까 대법원이 한 말을 고스란이 줄줄 외우려고만 하는 법학도는, 권위적이고 권력지향적이거나, 변호사시험에 붙기만 하면 된다는 편의주의, 기회주의적인 발상에 잠긴 채 법학전문대학원에서의 시간을 보내게 될 것이다. 학창시절까지도 권위 있는 유권해석례를 외우는 일로만 밤낮을 보낸 결과, 유연한 사고능력을 결여한 경직된 법률가가 될 것이다. 어떤 해석이 타당한지 진지하게 음미하면서 공부하지 않았으므로, 새로운 문제에 부딪쳐 해석론을 모색할 능력을 갖추기 어렵다. 나아가 그는 마음속으로 '억지로 외우라', '억지로 받아들이라'는 명령을 반복한 결과, "이유없는 반항"류의 불만이 마음속에 쌓이거나, 반발심이 일어나지 않도록 스스로 사고능력을 마비시키게 될 수 있다. 이것이 바람직한 일이 아님은 명백하다.

미국 시카고대 법과대학원은 1학년 통년과목(필수)인 Legal Research and Writing(법률검토 및 법률문서작성) 외에 1학년 1학기에 3학점의 Elements of the Law(法學要論) 강의를 필수과목으로 편성하여 법학방법론을 철저히 교육한다. 첫 학기에 법학원론 및 법학방법론 교육을 집중하여, 학부에서 다양한 분야를 전공한 입학생들에게 공통된 기초를 갖추도록 한다. 그래서 법과대학원 재학생 간의 상호작용을 높이고 교수와 학생 간에 수준높은 의견교환을 가능하게 한다. 첫 학기부터 학문적 방법론에 중점을 두어 3년간의 교과과정 전반의 수준을 높이고, 졸업 후 법률심과 법학계에서 법과 법학의 발달을 주도할 수 있는 상층부 인재를 양성하는 취지이다. 학부교육이 고전교육 위주로 편성되고 고전적인 liberal education을 받아야만 법과대학원에 입학하는 전통이 여전히 살아 있는 예일대에서는 법학방법론의 기초를 닦는 일을 학생의 자율에 맡기는 듯하다. 이와 달리 시카고대에서는 고전적 liberal education이 학부과정에서 차지하는 비중이 낮아진 현실을 받아들여 법과대학원 교육과정 내에서 보충하려 하는 것으로 보인다. Elements 강의는 1937년에 Edward Levi 교수에 의하여 창안된 이래 고집스럽게 시행되고 있다. 법학교육의 지속적 하향평준화 경향에 맞서, 예일대의 방식과 시카고대의 방식이 실무지향적이고 보수적인 하버드식과 경쟁하면서 법학 분야의 엘리트교육을 주도하고 있다.

본서는 법학전문대학원 1학년 1학기의 '법률정보조사' 교재로 기획되었다. 한편으로는 시카고대학 법과대학원의 예를 본받고, 다른 한편으로는 독일, 프랑스에서 '법학입문을 겸한 민법총칙', '법학입문으로서의 민법입문', '법학입문으로서의 법제사개론'이 강의되는 예를 본받고자 하였다.

이 책은 다음의 내용으로 구성하였다. 먼저, 법학을 처음 공부하는 법학도에게 근대법이 어떻게 형성되었는지와 법의 인식자료, 즉 법원(法源)의 종류를 간략히 설명한다. 그리고 나서 법률의 해석방법과 판사에 의한 흠결보충을 다룬다. 성문법 외의 법원(法源)에 의하게 되는 부분도 설명한다. 특히 판례를 어떻게 읽을지의 문제를 간략히 다룬다. 법의 발달의 원동력도 살펴본다. 이상의 법학원론(法學原論)에서도 배우는 부분이지만, 법률검토의 실제와 관련해서도 의미를 가진다. 이런 기본지식의 바탕 위에서 국내외 법령, 판례 등을 찾아 분석하고 정리하여 구체적 사안의 결론을 끌어내고, 이렇게 검토한 내용을 검토의견서로 제시하는 요령에 관하여 설명한다. 한편, 인공지능(artificial intelligence, AI)의 발달이 법률가의 법률검토작업을 어떻게 바꾸어놓을지도 근래에 자주 이야기되고 있으므로, 이에 관해서도 생각해 본다. 끝으로 법률가의 언어가 가지는 특징에 대하여 간략히 언급한다.

법원론(法源論)과 법학방법론은 전문적 연구의 대상이지만, 이 책에서는 법학을 처음 공부하는 학생의 눈높이에 맞추어 입문 수준에서 서술하고자 하였다. 독자가 느끼는 무게감을 줄이고자, 문헌, 판례의 인용도 최소화하였다. 그러다 보니, 선행 연구에 빚는 부분을 일일이 표시하지 못했다. 이 책이 설명하는 법률문헌, 판례의 인용방법을 저자 스스로 지키지 못한 우를 범한 것 같아 부끄럽다.

이 책이 법률정보조사의 교재로 유용하게 쓰이고, 나아가 법학 공부와 법학전문대학원 진학에 관심을 가진 학부생에게 법학 및 법률직역을 소개하는 역할도 할 수 있다면 더 바랄 것이 없겠다.

끝으로 이 책의 출판을 기꺼이 맡아 주시고 글을 잘 마무리할 수 있도록 격려해 주신 도서출판 정독 김중용 대표님과 수고로운 편집작업을 맡아 주신 심성보 이사님과 김인숙 과장님께 깊이 감사드린다.

2022년 3월

저자 識

차 례

제 3 장 법원(法源)

제 4 장 법률(法律)의 해석(解釋)

제 5 장 법률(法律)의 흠결(欠缺)의 보충(補充)

제 6 장 성문법(成文法) 외의 법원(法源)

제 7 장 법발달(法發達)의 역학(力學)

제 8 장 법률검토(法律檢討)의 요령(要領)

참고문헌

Ⅰ. 법학방법론, 법학입문

고봉진, 판례 법학방법론, 한국학술정보, 2014.

곽윤직, 민법총칙, 신정판, 박영사, 1989.

김도훈 외, 입법절차와 사법절차: 새로운 접근의 법학입문, 세창출판사, 2009.

남기윤, 법학방법론, 고려대학교 출판부, 2014.

양창수, 민법입문, 제8판, 박영사, 2020.

유병화·정영환, 법학입문, 제4판, 법문사, 2018.

이상돈, 법학입문, 제5판, 법문사, 2017.

이상돈, 새로 쓴 법이론, 세창출판사, 2005.

이연갑 외, 법학입문, 박영사, 2021.

이영종 외, 법학입문, 제3판, 집현재, 2018.

조상희, Praxis 법학입문: 법률 공부 내비게이션, 한국학술정보, 2018.

최대권, 법학교육 법학방법론, 박영사, 2003.

한국법철학회·김도균 편, 한국 법질서와 해석론, 세창출판사, 2013.

한국법철학회, 이계일 편, 법학방법론, 세창출판사, 2017.

홍성방, 법학입문, 새문사, 2007.

홍준형, 법학입문, 오래, 2020.

윌리엄 겔다트, 박홍규 역, 영국법 원리, 박영사, 2020.

루돌프 폰 예링, 윤철홍 역, 권리를 위한 투쟁, 책세상, 2007.

칸토로비츠, 윤철홍 역, 법학을 위한 투쟁, 책세상, 2006.

마르틴 크릴레, 법발견론, 한림대학교출판부, 1995.

마르틴 크릴레, 홍성방 역, 법발견의 이론, 유로, 2013.

칼 라렌츠, 허일태 역, 법학방법론 입문, 세종출판사, 2001.

칼 라렌츠, "事案의 形成과 法的 價値判斷(Die Bildung und rechtliche Beurteilung des Sachverhalts)", 동아법학 제25호(1999), 289~339면.

칼 엥기쉬, 안법영·윤재왕 역, 법학방법론, 세창출판사, 2011.

프리드리히 뮐러, 홍성방 역, 법관법, 유로, 2014.

프레데릭 샤워, 김건우 역, 법률가처럼 사고하는 법: 법적 추론 입문, 길, 2019.

라인홀트 치펠리우스, 金亨培 역, 法學方法論, 三英社, 1976.

Simon Askey & Iam McLeod, Studying Law, 2d ed., Palgrave MacMillan, 2008.

P. S. Atiyah, Law and Modern Society, 2d ed., 1995.

Reinhard Bork, Allgemeine Teil des Bürgerlichen Gesetzbuch, 3. Aufl., 2011.

Steven J. Burton, An Introduction to Law and Legal Reasoning, 3d ed., Wolters Kluwer, 2007.

Henry Cecil, The English Judge, Arrow Books, 1970/1972.

Lord Denning, The Discipline of Law, Butterworths, 1979.

Lord Denning, The Due Process of Law, Oxford University Press, 1980.

Lord Denning, What Next in the Law, Lexis, 1982.

Lord Denning, The Closing Chapter, Oxford University Press, 2005.

John H. Farrar & Anthony M. Dugdale, Introduction to Legal Method, 3d ed., Sweet & Maxwell, 1990.

William Geldart, Introduction to English Law, 11th ed., Oxford University Press, 1995.

Martin Golding, Legal Reasoning, 2001.

Philipp Heck, Begriffsbildung und Interessenjurisprudenz, Mohr, 1932.

Philipp Heck, Das Problem der Rechtsgewinnung, 1932/1968.

Philipp Heck, Interessenjurisprudenz, Mohr, 1933.

Philipp Heck, Rechtserneuerung und juristische Methodenlehre, Mohr, 1936.

Larenz/Wolf, Allgemeine Teil des Bürgerlichen Gesetzbuch, 10. Aufl. Beck, 2012.

Karl Larenz, Methodenlehre der Rechtswissenschaft, 6. Aufl. Springer, 1996.

Karl Larenz, Über die Unentbehrlichkeit der Jurisprudenz als Wissenschaft, Vortrag gehalten vor der Berliner Juristischen Gesellschaft am 20. April 1966, de Gruyter, 1966.

Edward H. Levi, An Introduction to Legal Reasoning, 15 University of Chicago Law Review 501 (1948); University of Chicago Press, 1949.

Karl Llwellyn, Bramble Bush: On Our Law and Its Study, Oceana, 1930.

Ian McLeod, Legal Method, 7th ed., Palgrave McMillan, 2009.

伊藤正己＝加藤一郎 編,『現代法學入門』, 第4版, 有斐閣, 2005.

大村敦志 ＝ 道垣內弘人 ＝ 森田宏樹 ＝ 山本敬三,『民法研究ハンドブック』, 有斐閣, 2000.

II. 법제사

玄勝鐘, 로마법, 一潮閣. 1982.

李好珽, 國際私法, 經文社, 1981.

黃迪仁, 로마法·西洋法制史, 博英社, 1997.

한동일, 유럽법의 기원, 문예림, 2013.

R. C. van Caenegem (D. E. L. Johnston, trans.), An Historical Introduction to Private Law, Cambridge University Press, 1992.

Fritz Schulz, (Marguerite Wolff trans.), Principles of Roman Law, 1936.

Alan Watson, Legal Transplants: An Approach to Comparative Law, 1993.

III. 법률정보조사, 문헌조사·인용방법

박경신·계승균·손종학·이인호·정영진, 법정보조사, 제2판, 법문사, 2016.

변지영·이덕환·양시훈·계인국, 법률문헌 등의 인용방법에 관한 연구, 대법원 사법정책연구원, 2015.

전경근, 법정보학강의, 2008.

전형배, 법률정보조사와 민사소송, 청목출판사, 2011.

정인섭 외, 해외법률문헌조사방법, 개정판, 서울대학교 출판부, 2005.

한국법학교수회, 논문작성 및 문헌이용에 관한 표준, 2004.

指宿信 감수,『リガール·リサーチ』, 日本評論社, 2003.

田島信威,『最新法令の讀解法(改訂版)』, ぎょうせい, 2002.

Ⅳ. 법원(法源)으로서의 판례

김윤행, 판례의 형성과정, 민사판례연구 제1집, 345~360면.
서민, 판례의 의의, 민사판례연구 제1집, 361~372면.
윤일영, 판례의 기능, 민사판례연구 제1집, 373~386면.
서정우, "판례연구의 목적", 민사판례연구 제1집, 387~398면.
양승규, "판례연구와 법학교육", 민사판례연구 제1집, 399~407면.
박우동, "대법원·대법원판례", 민사판례연구 제1집, 408면 이하.

프리드리히 뮐러, 홍성방 역, 법관법, 유로, 2014.
칼 슈미트, 홍성방 역, 법률과 판결, 유로서적, 2014.

Cass R. Sunstein, One Case at a Time: Judicial Minimalism on the Supreme Court, 1999.
中野次雄 編, 『判例とその讀み方』, 三訂版, 有斐閣, 2009.
升田純, 『民事判例の讀み方´ 學び方´ 考え方』, 有斐閣, 2013.

Ⅴ. 법원(法源)으로서의 관습(慣習)

李好珽, "事實인 慣習, 慣習法 및 任意規定의 關係", 考試界 1987년 8월호(통권 제366호), 104~111면.
송재일, "해석기준과 적용기준으로서의 慣習法", 서울法學 제20권 제1호(2012. 5.), 151~204면.

Marie Seong-Hak Kim, Law and Custom in Korea, 2012.

Ⅵ. 법이론(법의 일반이론), 법사상

崔鐘庫, 위대한 法思想家들 II, 學研社, 1985.
崔鐘庫, 法思想史, 全訂版, 박영사, 1992.

임마누엘 칸트, 이충진 역, 법이론, 이학사, 2013.
한스 켈젠(沈憲燮 편역), 켈젠法理論選集, 法文社, 1990.
칼 라렌츠, 양창수 역, 정당한 법의 원리, 박영사, 1995.
몽테스키외, 신상초 역, 법의 정신, 을유문화사, 1987.

마르틴 크릴레, 홍성방 역, 법과 실천이성, 유로, 2013.
마르틴 크릴레, 홍성방 역, 정의의 판단기준, 유로서적, 2014.
포르탈리스 저, 양창수 역, 民法典序論, 博英社, 2003, 15~60면.

Neil Duxbury, Patterns of American Jurisprudence, 1997.
Richard Epstein, Simple Rules for a Complex World, 1997.
Keith E. Whittington & R. Daniel Kelemen, eds., Oxford Handbook of Law and Politics, 2010.
Hans Kelsen, Reine Rechtslehre, Studienausgabe der 1. Auflage 1934, Mohr Siebeck, 2008.
Charles－Louis de Secondat, Baron de Montesquieu, De l'esprit des lois, 1748/1749.
Roger Scruton, How To be a Conservative, Bloomsbury, 2014.

VII. 비교법

조규창, 비교법(상), (하), 소화, 2005.
이호정, 영국계약법, 경문사, 2003.

몽테스키외, 신상초 역, 법의 정신, 을유문화사, 1987.
콘라트 츠바이게르트/하인 쾨츠, 양창수 역, 비교사법제도론, 大光文化社, 1991.
츠바이게르트/쾨츠, 양창수 역, "독일사법의 역사", 독일민법학논문선(박영사, 2005) (Zweigert/Kötz, Einführung in die Rechtsvergleichung auf dem Gebiete des Privatrechts, Bd. 1: Grundlagen, 2. Aufl., 1984, 제11장 II~V, S. 156~168의 번역).
존 헨리 메리만, 윤대규 역, 시민법전통, 철학과 현실사, 1995.

Mauro Bussani & Ugo Mattei, eds., The Cambridge Companion to Comparative Law, 2012.
Großfeld, Kernfragen der Rechtsvergleichung, Mohr Siebeck, 1995.
Zweigert/Kötz, Einführung in die Rechtsvergleichung, 3. Aufl., 1996
Zweigert/Kötz (Tony Weir, trans.), Introduction to Comparative Law, 3d ed., 1998.
Charles－Louis de Secondat, Baron de Montesquieu, De l'esprit des lois, 1748/1749.
Mathias Reimann & Reinhard Zimmermann, Oxford Handbook of Comparative Law, 2008.

Alexis de Tocqueville, De la démocratie en Amerique, 1835~40.

Ⅷ. 법철학

김대휘, 법철학과 법이론 입문, 성안당, 2021.
沈憲燮, 法哲學(I): 법, 도덕, 힘, 법문사, 1989.
심헌섭, 분석과 비판의 법철학, 법문사, 2003.
최봉철, 현대법철학, 법문사, 2007.
오세혁, 법철학사, 제2판, 2012.

마틴 골딩, 장영민 역, 법철학, 세창출판사, 2008.
James E. Herget, 장영민 역, 현대독일법철학, 세창출판사, 2010.
아르투어 카우프만, 김영환 역, 법철학, 나남, 2007.

Immanuel Kant, Metaphysische Anfangsgründe der Rechtslehre, 1797.
Martin Golding, Philosophy of Law, 1974.
James E. Herget, Contemporary German Legal Philosophy, 1996.
Aurthur Kaufmann, Rechtsphilosophie, 1997.
Michael J. Sandel, Justice, 2009.

Ⅸ. 법률문장론

법무법인(유) 화우, 법률문장 어떻게 쓸 것인가, 개정판, 박영사, 2017.
한상수, 법률문장론, 인제대학교출판부, 2016.
김범진, 법률가의 글쓰기: 이론 사례 연습, 박영사, 2021.

Ernest Gowers & Rebecca Gowers, Plain Words, Trafalgar Square, 2015.
Martha Faulk & Irving M. Mehler, The Elements of Legal Writing, Longman Publishers, 1994.
Bryan A. Garner, Legal Writing in Plain English, The University of Chicago Press, 2001.

제 1 장

서 론

제1장

서 론

"If everyone is thinking alike, then somebody isn't thinking."
(George S. Patton, Jr.)

"Don't tell people how to do things, tell them what to do and let them surprise you with their results."
(George S. Patton, Jr.)

Ⅰ. 법은 법학의 체계적 방법에 의존한다

법적 규율이 타당하려면 관련된 이익들을 적절히 저울질(衡量, 權衡)한 것이어야 한다. 법률문제는 종종 선악(善惡)의 대립보다 복잡한 형태를 띤다. 명백한 부정의(不正義)을 피한 후에는 현실성 있는 판단이 필요하다.

정의(正義)가 곧 법이고 정의론(正義論, theory of justice)이 곧 법학이라는 생각은 오해이다. 사회철학자의 정의론(正義論)만으로 만족하기에는 대개의 법률문제는 훨씬 까다롭다. 법적 문제의 답을 찾기 위하여 이익을 신중히 형량하고 일정한 절차를 거쳐야 하는 경우가 많다. 이해관계인이 법의 형성과 분쟁해결에 적절히 참여하는 가운데, 연루된 이익들을 파악하고, 이익 사이의 균형점을 찾아야 한다. 어떤 이익을 우선시킬지도 생각해야 하지만, 뒤로 물러나는 이익을 어떻게 배려할지도 생각해야 한다.

법은 시간 속에 존재하므로, 현실적으로는 법적 안정성(法的 安定性, legal

stability) 내지 법적 안전(legal security)이 매우 중요한 문제가 된다. 기존의 법과 사회제도의 연속성을 최대한 유지하고, 개인 및 사회적 삶에 개입하는 일을 최소화하면서, 합리적이고 또 자연스러운 법감정에도 어그러지지 않는 해결을 찾아야 한다.

내용적으로 큰 변화를 가져오는 것이 아니라도, 불필요한 변화는 금물이다. 법률가의 완벽주의가 법에 기대어 사는 당사자들을 혼란시키는 결과를 빚는 것은 법의 임무를 저버리는 일이다. 언제든지 백지상태에서 판을 새로 짤 수 있다고 생각하는 일도 금물이다. 법률가는 시간 속에서 법률가직역에 몸담는 존재이다. 자신의 일생이 정점(頂點)에 도달한 기회를 이용하여 새 시대를 열어젖히는 일은 근본적 개혁과 역사적 단절의 시점을 임의로(또는 우연한 사정에 의해 자의적으로) 선택하는 것을 뜻한다. 그것은 본질상 정치적이며, 개인사(個人史)를 앞세워 사회를 괴롭히는 일이다. 그런 일은 법률가의 몫이 아니다.

법은 개인의 자유를 돕기도 하지만, 2인 이상이 부딪치는 상황에서는 개인의 자유를 제한하게 되는 경우가 많다. 따라서 법도 적을수록 좋다. 그래서 법적 규율이 실험의 성격을 띠는 경우에는 더욱 그렇다. 즉, 입법이나 법의 적용이 사변(思辨)적 실험(thinking exercise)이나 사회공학(社會工學, social engineering)으로 흐르는 일은 극히 최소한에 그쳐야 한다. 그런데 법률가는 법의 최소화의 필요를 충분히 느끼기 어렵고, 오히려 법적 실험을 좋은 일로 여기기 쉽다. 법률가는 법의 형성과 적용의 현장에 가까이 놓여 있어, 그런 의미에서 사회적 권력을 누리기 때문이다.

자의(恣意)를 억제하고 법적 안정성을 보장하려면, 잦은 입법적 변혁이나 우왕좌왕도 피해야 하지만, 법을 명확히 정하지 않고 "개별사건별(case by case)"로 판단하는 일도 최소화해야 한다. 그런데 한국에서는 추상적 타당성과 구체적 타당성을 떼어놓고 생각하여, 구체적 사건의 타당한 해결을 위해서는 법을 무시해도 좋다고 말하는 일이 종종 보인다. 구체적 사건의 타당한 해결을 위하여 추상적 법을 다듬는 일은 하찮게 여기고, 추상적 법은 선진국에서 빌어오거나 이론적으로만 만들어 나가야 한다고 여긴다. 이런 사회적 통념은 한국에서 법치주의가 아직 불안정함을 보여준다. 개별 사건에서의 구체적 타당성 추구가 지나치면 법의 지배(rule of law)가 아니라 '재량(裁量), 즉 자의(恣意)의 지배'(arbitrary rule)가 된다. 법관이 '참을 수 없는 분노'를 내세워, 감성적으로 양형(量刑)과 손해배상액 산정을 고무줄식으로 좌지우지하는 것도 문제이다. 법관이 거리낌없이 자의를 휘두르면, '임금과 마주치는 것보다 더 무서운 재화(災禍)는 없'었던 고대의 폭정(tyranny)[1]이 법정에서 재연될 것이다.

유대국의 왕 솔로문의 지혜로운 판단도 근대적 법제도에 걸맞지 않는다. 고대로부터 오랜 발달과정을 거치면서, 법과 법률직역은 정치로부터 분화되었다. 정치와 개별 법관의 즉흥으로부터 법제도의 운영을 차단하는 일은 법치(rule of law)의 기본이며 요체이다. 물론 법률가도 사람이므로 동정(同情)과 공감능력이 중요하다. 법적 과정(legal process)의 표현적 기능(expressive function)도 주목할 만하다. 즉, 당사자가 사법과정(司法過程)이나 비사법적(非司法的) 진상규명활동을 통하여 마음을 표현하고 심리적으로 치유될 수 있다. 그러나 법 외적인 것이 법을 구부려서는 안 된다. 언론의 주목을 받은 범죄자를 엄벌하는 것이 아무리 대중매체 시청자에게 후련하더라도, 소위 국민정서법(國民情緖法)이나 괘씸죄로 형사처벌이 발동되거나 가중되어서는 안 된다. 감정의 동요 없는 냉정(冷情, sang froid)은 판사, 검사, 변호사를 불문하고 법률가의 미덕이다.

정의론(正義論)의 사고실험(thinking experiment)과 법적 과정(legal process, 입법 및 재판의 과정)을 혼동해서도 안 된다. 사회철학자의 머리 속의 사회공학(社會工學, social engineering)적 구상이 곧바로 법의 영역으로 넘어와서는 안 된다. 철학자는 자신의 머리를 소유하고, 자신의 철학적 사량(思量)의 주인이다. 그러

---

1 정확히 말하면 tyranny는 참주(僭主, tyrant)에 의한 정치, 즉 참주정이다. 왕이 참주일 때에는 폭군이지만, 왕정 하에서도 꼭 왕만이 참주가 되는 것이 아니다. 그리고 독재, 과두정, 민주정을 가리지 않고 참주정이 나타날 수 있다. 그래서 정치학에서는 '폭군정'이라 하지 않고 참주정이라 한다. 그런데 한국의 대중매체를 보면 tyranny를 경계하는 대신 "독재"를 경계하는 데 신경을 집중시키는 모습이 보인다. 이것은 초점이 빗나간 것이다. 통치자의 숫자에 따라 독재(autocracy, 1인체제), 과두정(oligarchy), 민주정(democracy)을 나누고, 각 유형별로 나타나는 정치현상을 고찰하는 일도 의미있다. 그러나 통치자(내지 실권자)의 숫자에만 시선을 빼앗겨 본질을 놓쳐서는 곤란하다.

나 그는 실생활 속의 타인들을 지배할 수 없다. 사회 속의 개인은 철학자의 실험용 쥐가 아니다(혹은 그의 머리 속에서만 실험용 쥐이다). '법적 정의'에 국한하지 않고 넓은 범위에서 정의의 내용을 탐구하는 것은 사회철학으로서의 정의론의 몫이고, 법률가가 여기에도 귀기울이는 것은 좋은 일이지만, 법과 법률이 항상 정의론에 우선적으로 복종해야 한다고는 말할 수 없다. 정의론이 법학, 법률실무 또는 입법을 꼼꼼히 파고들어 지배하도록 하면, 정의론과 법 양쪽에서 폐해가 생길 것이다. 첫째, 정의론은 현실적 문제의 권위적 해결의 부담에 숨이 막혀 과도하게 위축될 것이다. 둘째, 정의를 항상 법(가령 소송)으로 실현하려 한다면, 옳고 그름, 정당과 부당, 정의와 부정의의 모든 문제들을 입법로비, 행정강제, 소송 등에 의하여 해결하게 되어 법적 과정은 비대해질 것이다. 피소당할 위험과 소송이 가지는 불확실성과 비용은 부담스럽다. 입법로비로써 사태를 역전시키는 일도 부담스럽다. 최악의 경우에는 서로 상대방에게 최대의 부담을 지우려는 쟁투를 벌이게 된다. 요컨대 법이 정의론을 글자 그대로 따르려 하면, 오히려 사회철학자의 사유를 사회공학적인 사회개조의 시도로 곡해하고, 개인과 사회를 사회공학의 실험대상으로 전락시키며, 법을 이용한 투쟁이 폭증하는 폐해를 낳을 수 있다. 그러므로 정의(正義)의 탐구와 추구는 법과 법률가의 전유물이 아님을 분명히 하고, 사회철학자와 법률가가 서로 역할을 분담하면서 적절한 정도로 상호 교류하는 것이 좋다.

법은 보편타당한 설득력을 가져야 한다. 그러려면 구체적 사건을 넘는 일관성이 있어야 한다. 법적으로 중요한(legally relevant) 요소에 초점을 맞추고, 구구한 사정에 좌우되지 않아야 한다. 법률개념을 도구로 법규범을 체계화하고, 기존의 법규범을 가급적 유지하면서 다양한 사안유형을 소화하면, 법관 기타 공무원의 자의(恣意, 마음대로 하는 일)를 염려하여 불안에 떨 필요가 없고, 명백한 부정의(不正義)도 피할 수 있으며, 이해관계의 적절하고 일관성 있는 형량을 기할 수 있다. 이것이 법적 접근이다. 그 체계적 연구가 법학이다.

철학자들은 철학(哲學)의 어원이 philosophia임을 강조하여, 철학은 지혜(知慧, sophia)를 사랑하는(philos) 일이라고 말한다. 지식에 기반하여 행하는 — 인간이 알 수 없는 일에 대하여 점(占)을 치는 일, 개인과 가족의 일이나, 관습에 맡겨진 일, 기술에만 맡겨진 활동 등을 제외한 — 모든 활동을 철학이 거느리려 한다. 정치와 법도 철학이 결정하게 한다. 오늘날 식으로 말하면, 학문이 국가와 사회의 모든 일을 지휘해야 한다는 견해가 된다. 순수하게 앎을 추구하여 지혜를 탐구하는 모든 활동은 철학이며, 따라서 모든 학문과 지혜 추구는 철학의 속하거나 복종해야 하고, 철학은 정치, 법, 행정에 관한 목적의식 없이 순수하게 앎을 추구한 것임에도 불구하고 정치, 법, 행정의 문제들을 결정할 권한을 가진다는 것이다. 오늘날에 철학을 '지혜의 사랑'으로 정의하려 하는 사람은 암암리에 이런 주장을 하는 셈이다. 실로 고대 그리스의 철학자들은 지혜의 탐구가 단순한 기술적 직능을 제외한 모든 공적 활동에서 전능함을 주장하는 경향이 있었다. 철학의 지배(rule of philosophy) 내지 철인정치(哲人政治)를 주장하는 데 이르기도 했다. 그러나 역사를 통하여 학문은 분화되고, 정치, 법, 행정도 학문으로부터 독립했다. 철학으로부터 독립한 분야들에 대한 철학적 성찰도 철학이지만, '지혜의 사랑'이나 '앎의 사랑'의 전체가 곧 철학이라고는 할 수 없다. 법학을 매개하지 않고 입법과 법의 해석, 적용에 사회철학을 곧바로 개입시키려 하는 것도 위험하다. 그런 시도를 하는 사람은 법이 사회문제를 다루는 것이 아니냐라고 말하겠지만, 법은 사회문제만 다루기 위해 존재하는 것이 아니다. 그런 법률가는 법의 본연의 역할을 저버리고 자신의 권력을 남용할 우려가 있다.

셰익스피어의 '베니스의 상인'에서 샤일록은 차주(借主)가 돈을 갚지 않으면 살 1파운드를 떼어내기로 한 약정을 실행하고자 했다. 그런데 재판정에 법복을 입고 나타난 포샤(Portia)는 살만 떼어내야지 피는 한 방울도 가져가서는 안 된다고 판결하여 원고 샤일록을 곤경에 빠뜨렸다. 이것은 최선의 재판과 거리가 멀었다. 신체적 상해를 정한 위약벌적 담보약정만을 무효로 판단할 수도 있었다.[2] 차주(借主)를 대신하여 대위변제(代位辨濟)하겠다는 밧사니오(Bassanio)의 요청을 받아들일 수도 있었다. 이 두 가지 해결방법이 입법이나 선례로 분명히 되어 있지 않더라도, 비슷한 규율이나 일반적 법원칙에 기대어 법적 흠결의 보

2 Rudolf von Jhering, *Der Kampf ums Recht*, 1872의 서문.

충을 시도할 수 있었다. 그러나 포샤는 그렇게 하지 않고, 극도의 기계적 사법(司法)만을 고집했다. 이것은 보통법의 경직성을 풍자한 것일까? 혹은 이탈리아에는 형평법원(Court of Chancery)이 따로 없지만 영국에는 있음을 자랑한 것일까? 셰익스피어의 속마음은 알 길이 없지만, 아무튼 포샤는 계약에서 정한 대로 대주(貸主)에게 법적으로 실행불가능한(실행하면 상해죄를 저지르게 되는) 구제방법을 부여한 채 재판을 종결해 버렸다. 결국, 대주(貸主)의 권리를 적절히 보호할 방법을 찾는 데 소홀했다. 대금업자의 횡포에 일침을 놓겠다는 생각에 치우친 나머지 법적 판단을 그르쳤다.[3] 가구와 같은 유체동산의 양도담보로 대여금반환채권을 담보하는 일이 많았던 현실에 대한 풍자로서 얼마나 호소력 있는 것이었는지도 의문이다.[4] 윤리학자 샌델은 법과 국가의 역할이 과도해져 철학의 영역을 잠식하는 현상을 염려한다. 그래서 "정의(justice)"에는 사법(司

---

3 예링은 살에 피가 포함되므로 이 지적은 타당하지 않다고 말한다. Ibid. 포샤의 해결책은 부당하므로 위약벌적 담보약정을 무효화하는 해결만이 타당했다는 지적으로 생각된다. 그러나 포샤가 샤일록에게 '피를 가져가서는 안된다'고 한 것은 '피흘려 죽게 할 권리는 없다'는 지적으로 볼 수 있다. 그리고 이 점은 호소력이 있다. 소비대차법과 담보법은 소비대차를 원활히 하고 당사자의 계약상 권리와 담보권을 적절히 보호하는 데 있지, 사람을 죽게 해서는 안 된다는 것이다. 결국 셰익스피어는 법리의 풍부함과 발달가능성에 무관심한 덕택에 이 희극에 이 메시지를 담을 수 있었다. 그러나 사회적 정의의 면에서 보아도, 포샤의 잔꾀로 대주를 통쾌하게 골탕먹이는 이야기가 얼마나 호소력 있는지는 의문이다. 법리의 논리적 연쇄에서 극적 반전을 찾아 문학적 클라이맥스로 삼기란, 아주 경험 많은 법률가가 아니면 어려울 것이다.

4 다만 포샤가 샤일록에게 '피를 가져가서는 안된다'고 한 것은 '피흘려 죽게 할 권리는 없다'는 지적으로 볼 수 있다. 이 점은 호소력이 있다. 소비대차법과 담보법은 소비대차를 원활히 하고 당사자의 계약상 권리와 담보권을 적절히 보호하는 데 있지, 사람을 죽게 해서는 안 된다는 것이다. 셰익스피어는 법리의 풍부함과 발달가능성에 무관심한 덕택에 이 희극에 이 메시지를 담을 수 있었다. 그러나 사회적 정의의 면에서 보아도, 포샤의 잔꾀 내지 위트(wit)로 대주(貸主)를 통쾌하게 골탕먹이는 이야기가 얼마나 호소력 있는지는 의문이다. 법의 논리적 연쇄에서 극적 반전을 찾아 문학적 클라이맥스로 삼기란, 아주 경험 많은 법률가가 아니면 어려울 것이다. 후대의 디킨스는 그렇게 하지 않으면서도 법적 지식을 바탕으로 현실묘사력과 호소력 있는 이야기를 쓸 수 있었다. Charles Dickens, *Old Curiosity Shop*, 1840~1841에서 대주(貸主)는 양도담보권을 정상적으로 실행하고, 차주(借主)인 골동품 주인 할아버지는 따로 남겨둔 비상금을 가지고 손녀와 함께 합법적으로 비상금을 마련하여 새로운 살 길을 찾아나선다. 만약 대주가 대여금반환채권의 실행을 늦추었다면 이자가 불어나 그 비상금도 채무변제에 써야 했을지 모른다. 그러나 차주는 그 비상금의 존재를 숨겼으므로, 대주는 차주를 하루빨리 궁지에 몰아넣기 위해 신속히 양도담보권을 실행했다.

法)적 정의 외에도 윤리적 정의가 있음을 역설한다.[5] 샌델의 문제의식과 샌델 선풍에는 두 가지 사회적 배경이 있다.

하나는 미국의 고도화된 소송문화이다. 민사소송이 고도로 발달한 오늘날의 미국에서는, 전통적으로 법적 문제로 다루어진 것 외의 문제들까지 소송의 대상이 되곤 한다. 그래서 만사가 손쉽게 50 대 50의 불확실성 하에 놓인다. 소송은 강제력 있는 판결을 낳을 것이다. 피소당한 사람은, 불리한 판결이 내려질 위험 앞에서 종종 타협하게 된다. 이런 현실 앞에서 샌델의 외침은 반향을 가진다.

다른 하나는 금전으로 쉽게 환산가능한 경제적인 이익, 손해 간의 형량, 즉 비용이득분석(費用利得分析, cost－benefit analysis)의 접근이다. 거래비용경제학(去來費用經濟學, transaction cost economics)과 행동경제학을 법학에 도입한 시카고학파의 법경제학이, 정치계에 근접한 하버드법대에서 상당한 비중을 키우고 있다. 하버드법대는 법학·경제학(박사) 공동학위제도를 발달시켜 시카고학파의 법경제학자 양성에도 크게 기여하고 있다. 하버드 법대의 법경제학자이자 민법학자 스티븐 셔벨(Steven Shavell)은 영국사회에서 오랜 세월을 두고 발달된 소박한 공정성, 즉 "fairness"의 개념까지도 비용이득분석과 거래비용경제학으로 남김없이 환원시키려 한다.[6] 셔벨은 소박한 생활인이 "그건 너무합니다"(That's not fair)라고 항변하는 것이 법학에 침투하여, 법학자가 너무 쉽게 자신의 주관을 개입시키는 것을 비판한다.

샌델은 소송과 권리주장이 앞세워지는 가운데 윤리학과 정치철학이 기여할 수 있는 부분이 잊혀지는 일을 염려한다. 윤리학과 정치철학에 힘을 실어 소송과 법적, 정치적 투쟁에 치우친 미국의 현실을 타개하려 한다. 그리고 내실 없는 법치와 민주정이 남긴 빈 공간을 공동체주의로 채우려 한다.[7] 그렇지만 샌델은 철학자이므로, 법률가처럼 구체적 대안 제시의 의무를 지지 않는다. 결국 현재의 법상태를 진단하고 대안을 제시하는 과업은 법률가의 몫으로 남는다. 그리고 정책입법의 바탕이 될 정책형성은 사회과학, 경제학, 경영학, 사회복지학 등의 임무로 남는다.

---

5 Michael J. Sandel, *Justice: What's the Right Thing to Do*, Penguin, 2010(마이클 샌델, 이창신 역, 정의란 무엇인가, 김영사, 2010).

6 Louis Kaplow & Steven Shavell, *Fairness versus Welfare*, Harvard University Press, 2002.

7 Michael J. Sandel, "The Procedural Republic and the Uncencumbered Self", *Political Theory*, Vol. 12, No. 1 (Feb. 1984), pp.81~96.

개인은 법에 따라 산다. 주인공은 권리의무의 주체인 당사자이다. 법률가는 그들의 권리의무를 밝히는 전문직이다. 법학(jurisprudence)은 법(ius)에 관한 지혜(prudence)의 체계이다. 여기에서 지혜는 공동체의 지혜를 말한다. 그 발견을 위하여 법률가는 때때로 법적 양심(legal conscience)에 의지한다. 그것은 법률가로서 훈련된 법률가가 법률직역의 일원으로서 전문적 직능을 수행할 때, 가슴에 손을 얹고 마음속의 영성의 소리에 귀기울임을 의미한다. 개별 법률가가 자신의 개성이나 불만을 내세워 법으로 강제할 수 있다는 뜻이 아니다. 그런 일은 법률가의 몫이 아니다. 정치가로서 법을 만들 때에도, 정치적 과정을 통해야 한다. 이런 공적 과정을 우회하여, 법률가(특히 판사)의 위치에 있음을 기화로 개인적 생각을 집어넣으려 해서는 안 된다. 법률전문가는 우선 법적 안정성을 제공해야 한다.

물론, 법적 확실성(legal certainty; Rechtssicherheit) 내지 법적 안정성(la stabilité juridique; Stabilität)이 궁극적 정의와 충돌할 때에는 뒤로 물러나야 한다. 그러나 그런 경우는 드물다. 기존의 법(현행법)이나 과거의 선례가 크게 잘못된 것이 아니면 유지되어야 한다. 그것이 인간적이다. 사람들은 '전(前)부터 그렇게 해 왔다'는 말을 대개 납득하고 받아들이며, 기존의 규율이 유지되는 것을 편하게 느끼는 경우가 많다. 최선(至善)에 못 미치는 차선의 규율이라도 일관되게 적용하면, 같은 사안유형을 같게 규율하는 일관성(내지 평등)과 예측가능성은 고도로 보장될 수 있다. 예측가능한 규율 하에서 개인의 자유는 확보된다.

법적 안정성은 법적 평화라고도 말할 수 있다. 그런데 역설적으로, 평화는 전쟁을 불사하는 의지와 전쟁수행의 능력이 가지는 전쟁억제력에 의존한다.[8] 법적 평화도 입법 단계에서의 세력균형과, 재판상 또는 재판외의 권리주장 및 그 가능성에 의하여 유지되고 회복된다. 법률가는 논란을 일으킴으로써 논란의 해결에 기여하고, 그럼으로써 법적 평화에 기여한다. 그렇지만 법적 평화가 자

8 조지 패튼(George S. Patton): "우리가 밤에 편히 누워 자는 것은, 거친 이들이 우리를 해치려는 자들에 대한 폭력행사를 준비하는 덕택이다"("We sleep peacefully in our bed at night because rough men stand ready to visit violence upon those who would do us harm").

동적으로 도달, 유지되는 것은 아니다. 어느 정도 쓸만한 법과 실무가 마련되었으면, 한편으로는 기존의 틀을 유지하면서 기존의 법과 실무의 안정적 활용에 힘쓰고, 다른 한편으로는 장기적 안목에서 비교법적 연구를 하는 것이 좋다. 입법부도 신중해야 한다. 대증요법식(therapeutic)으로 수시로 입법하는 것은 금물이다.[9]

법이 항상 어김없이 관철되기는 어렵지만, 법에 의하여 정해지는 권리의무가 중시되어야 하고, 권한과 권리의 행사가 부적절한지를 판단할 때에도 법이 중요한 역할을 해야 한다. 다만, 법이 어디까지, 또 어떻게 개입해야 하는지는 각국의 정치, 사회, 문화적 배경에 따라 다를 수 있다. 그래서 법치(法治)의 개념은 영미법과 대륙법에서 조금 다르다.

영미법에서 말하는 "법의 지배"(rule of law)는 용어상으로 완벽히 표현되지 않는 역사성을 가진 개념이다. 논리적으로만 따지면, "법을 수단으로 한 지배(법에 의한 지배)"(rule by law) 자체가 문제인 것이 아니라, "법의 지배"의 수준에 이르지 못한 것이 문제이다. 그런데 영미법계의 법률가들은 "법의 지배"와 "법에 의한 지배"가 아주 이질적이라고 애써 강조한다. "법에 의한 지배"와 "법의 지배"는 비슷한 것이 아니라 크게 다르다는 것이다. 그렇다면 "법의 지배"의 진정한 특징은 무엇인가? 영미법계의 법률가들이 법의 지배를 설명할 때, 법이 국왕보다 위에 있다는 것을 유달리 강조한다. 이렇게 말할 때, 그들은 법이 국왕처럼 인간적이어야 한다는 생각도 하고 있다. 영미법에서 "법의 지배"는 "국왕의 지배"에서 한 단계 더 나아간 것을 의미한다. 법은 국왕의 자의(恣意)도 통제한다. "법의 지배"로써 국왕의 권리가 폐지되는 것이 아니라, 법이 국왕보다 위에 선다는 데 초점이 있다. 국왕의 자의(恣意)가 있던 자리에 법이 들어선다. 그 법은 엄격하면서도 자애로운 국왕에 대응되는 기능도 해야 한다. 결국, 영미권에서 "법의 지배"는 '의인화된 법'의 지배를 뜻한다. 왕이 국토와 신민을 지배하듯이, 법이 국토와 신민을 지배한다. 국왕도 법 아래에 있다. 이처럼 법은 사람,

9 대략 2000년대부터 국회의원이 자기홍보 차원에서 자극적인 인기몰이식 법률안을 남발하는 일이 늘고 있다. 이는 우려스럽다. 국회의원의 가벼운 법률안 제출에 일일이 대응하여 방어해야 하는 부담이 이해관계인과 법률가에게 지워진다.

통치자에 비유된다. 이런 의제적 요소는 독일의 법치국가(Rechtsstaat) 개념에는 없다. 독일의 법치국가 원리가 순수한 헌법원칙이라면 영미의 '법의 지배'(법치)는 정치철학의 색채를 함께 가진다.

법을 자애로운 지배자에 비유하는 사고방식은 이론적으로 도출된 것이 아니라, 스스로를 땅에 부착되어 사는 존재로 생각하고, 땅(영토)("this land")을 국가의 가장 본질적 요소로 여겨 온 영국인들의 관념에서 나온 것이다.[10] 지배자이자 지배원리인 법은 인간현실을 굽어살피고 법적 안정성의 요청에 부응할 것이 기대된다. 법은 영생하는 국왕에 비유되어 의인화된다. 그래서 과거, 현재와 미래를 통틀어 법은 일관되는 것이 좋다. 민주적 입법이 기존의 법을 개혁하는 것을 인정하지만, 판례는 시간을 통하여 일관되어야 한다.

영미법계에서 '법률가집단의 자율이나 지배'를 이야기하는 데 머무르지 않고, 법이 왕정 하에서의 국왕과 같은 역할을 해야 한다고 이야기하는 점에도 주목을 요한다. "영미법은 법의 형성과 운영을 전문가집단에만 맡기지 않는다. 오히려 보편적 전문가(generalist) 내지 비전문가(아마추어)가 특수적 전문가(specialist)의 위에 서서, 중요한 원칙을 정하고 까다로운 사안에서 최종적 답을 정한다. 영국법은 법조직역 내로 수용된, 근대화된 원님재판을 특수적 전문가의 재판보다 높이 산다. 영국의 법치에서는 이것도 가능하며, 또 여기에 묘미가 있다. 법치의 전통이 취약한 국가에서 섣불리 흉내내었다가는 폭정으로 직결될 만한 일이지만, 영국에서는 유연한 법발달의 실무로서 행해지며, 영국 법률가들은 이를 자랑스럽게 여긴다.

이와 달리, 대륙법계에서는 전문가가 법의 형성과 운영에서 주도적 역할을 한다. 제도적으로 법률가직역의 자율성에 기초하여 '법의 자율성'을 이야기한다. 국가도 이를 존중하여야 한다. 즉, 나랏일 즉 국사(國事)도 법에 따라 수행되어야 한다. 그리고 그때그때 법의 입법, 해석, 적용을 담당한 사람이 전단적(專斷的)이거나 인간적으로 행동해서는 안 된다. 이것이 독일어권의 법치국가(法治國家, Rechtsstaat) 개념이다. 여기에서는 법과 법률가집단의 전문성이 중요한 역할

10 Roger Scruton, *England: An Elegy*, 1997.

을 하게 되어 있고, 법학계도 상당히 중요한 역할을 하도록 되어 있다. 그래서 히틀러가 패권을 잡고 법치주의를 마비시키는 과정에서 법학자들의 대대적 숙청(肅淸, purge)이 있었던 것은 자연스러운 일이었다.

Ⅱ. '법의 해석(解釋)'은 법률가의 핵심적 과업이다

구체적 사안이 법에 의하여 어떻게 규율되는지, 왜 그런지 설명하는 것이 법률가의 일차적 임무이다. 사안이 법적으로 어떻게 규율되는지가 법령의 조문을 찾는 것만으로 명쾌히 밝혀지는 경우도 있다. 그런 경우에는 법률가의 조언을 구할 필요가 적을 것이다. 그래서 법률가가 주로 관여하는 것은 법적 문제가 다소간 까다로울 때이다. 즉, 법의 내용이 불명확하여 해석으로 밝혀야 할 때이다.

눈에 보이는 성문법령이 없어도, 법으로 다루어야 할 문제와 이익충돌은 존재한다. 그래서 법의 해석은 성문법규가 마련되기 전에도 해야 한다. 입법도 법의 전문적 해석, 즉 해석법학의 바탕 위에서 행해진다. 그 성문법규는 다시 해석의 대상이 된다. 그래서 법률가는 누구나 법을 해석하는 위치에 선다. 법률가는 현행 법상태에 맞게 사안의 결론을 내리는 외에, 현행법의 미비점을 찾고 개선방안을 제시할 임무도 진다. 그것이 해석론으로 가능한지, 입법이 필요한지도 판단해야 한다.

법규범의 내용에 다툼이 없으면, 사실확인의 문제만 남는다. 그런데 지나간 사실은 정확히 알기 어렵다. 사람은 자기에게 유리하게 기억을 왜곡하는 경향이 있다.[11] '실체적 진실'의 발견은 아마도 불가능할 것이다. 차선책으로, 실체적 진실을 탐구할 공정한 기회가 부여되어야 한다. 그 절차는 미리 정해두어야

11 사람의 기억과 기록에는 한계가 있다. 생명체, 특히 중추신경이 발달한 고등동물은 과거의 기억을 자신에게 유리하게 왜곡시켜 자신의 실수를 잊고 자신이 전부터 옳게 행동했다고 생각함으로써, 끊임없는 자기반성을 하는 심적(心的) 부담(負擔)을 덜고 행복감(幸福感)을 추구한다. 과거 실수를 영원히 인정하면서 자책하는 것보다 그것을 합리화하는 편이 생존에 유리하기 때문이다.

한다. 분쟁이 생긴 후 절차에 대하여 합의하기란 어렵다.[12] 법적으로 의미있는 사실의 발견(확인)도 법률전문가의 몫이다. 다만 감정인의 도움을 받기도 하고, 1심에 한하여 배심(陪審)에게 사실확인을 맡기기도 한다.[13] 양 당사자가 사실에 대하여 다툼이 없으면, 사실 확인의 책무가 덜어진다.[14]

법률가는 당면한 사안(facts) 내지 문제(question, matter, subject matter in question)에 해당되는(relevant) 법규범을 찾아야 한다. 법률가가 먼저 사실확인부터 끝낸 뒤 법규범을 찾는 것은 아니다. 법률가는 법규범에 대한 사전지식을 가지고 사실관계를 살핀다. 그리고 어떤 법규범이 적용될 만한 사안인지를 염두에 두고 사실관계를 확정한다. 또 그 사실관계가 법적으로 어떻게 규율되어야 하는지를 다시 생각해 본다. 다른 법률규정이나 판례가 적용되어야 하는 것은 아닌지도 따져 본다. 때로는 기존의 해석을 변경하거나 기존 판례에 대한 예외를 인정

---

12 국가법원의 재판을 대신하는 제3의 사적 재판제도인 중재(仲裁)에서는 당사자가 절차에 대해서도 합의로 정할 수 있다. 그러나 실제로는 법원 사무국 역할을 하는 '중재기관(arbitration institution)'의 중재규칙에 의존하는 경우가 많다. 중재절차에 대해 개별적으로 합의하는 경우에도, 당사자가 친숙한 어떤 국가의 절차법을 부분적으로 빌리는 경우가 많다.

13 배심은 판사의 지침과 통제를 받아 그 범위 내에서 사실판단을 한다. 배심의 평결은 판사에 의해 번복될 수 있다. 배심제도는 증인제도가 미발달된 시대에 생겼다. '사건의 현장인 마을에서 사건을 보고들은 주민들'이 마을의 사정을 모르는 판사(흔히 순회법관)를 위해 사실판단을 맡는 제도로 기능했다. 법관의 부족을 해결하는 기능도 했다. 오늘날에는 책임감 있고 자긍심 있는 시민을 사법과정(司法過程)에 참여시켜 재판 프로세스의 투명성과 신뢰성을 확보하는 기능이 주목받고 있다. 한국법은 형사사건에서 피고인이 신청한 경우에 한하여 '구속력 없는' 배심재판을 한다. 사실과 선고형에 관한 참고적 판단만을 제공하게 하며, 판사는 이를 고려해야 할 뿐이다. 일종의 배심형 참심제(陪審型 參審制) 내지 참심형 배심제(參審型 陪審制)라 할 수 있다.만 참심재판을 한다. 실정법상의 명칭은 "국민참여재판제"이다.

14 법학도에게 제시되는 사례문제는 사실을 확정하여 제시하고, 법적 논점의 판단만을 요구한다. 법률상담이나 의견서(意見書, memorandum of law) 작성을 의뢰받은 경우에도, 법적 조언을 구하는 의뢰인은 일정한 사실을 스스로 진술한다. 법원이 특수한(혹은 국제사법처럼 특별히 난해한) 법률분야의 전문가에게 법률에 대한 감정의견을 구하기도 한다. 법원이나 중재재판부가 외국법이나 국제거래관행에 대하여 감정의견을 구하기도 한다. 외국 변호사가 한국 변호사에게 한국법에 관한 감정의견서를 요청하기도 한다. 이처럼 법률에 관한 감정서(Gutachten)나 감정의견서를 촉탁받은 경우에도, 촉탁자는 사실관계를 정리하여 진술한다. 이런 경우에는 그 사실을 전제로 법적 검토(legal analysis)만을 적으면 된다. 그래서 법학도의 사례형 문제 답안지의 작성방식은, 변호사가 법률에 관하여 작성하는 의견서, 감정서, 감정의견서 작성방식과 통한다.

해야 하는지 검토해 보게 된다. 이런 창의적 사고의 바탕은 확고하게 다져진 법리적 이해이다. 그 기초 위에서, 사안(事案)(사실관계)의 자세한 탐구, 해당 분야의 경험, 외국법의 비교연구 등을 통해 문제의식과 해결의 실마리를 얻게 된다.

법률문제가 까다로울 수도 있나. 법률의 의미가 불분명한 경우가 자주 있다. 법률의 의미가 불분명하면 밝혀야 한다. 이것이 법률의 해석이다. 법률의 흠결은 유추해석으로 보완하는 시도를 해 보아야 한다. 입법자가 이런 사안을 염두에 두었다면 어떻게 규율했을지 물어야 한다. 이를 '법률의 흠결보충'이라 한다. 한 명의 법률가는 자신의 해석만 내세울 것이 아니라, 그것이 공적으로 받아들여질 만한 것인지 생각해야 한다. 다른 해석례들, 특히 법원이 구체적 사건을 재판하면서 내린 해석례(이를 판례라 한다)를 조사하여 참고해야 한다. 그러나 판례에 나타난 문제의식에 스스로를 가둘 필요는 없다. 때로는 새로운 방향에서 사안유형을 분석하고 아직 판례로 나온 적이 없는 해석방안도 생각해 보아야 한다. 판례 발달의 발단은 변호사가 법률이론에 바탕을 두고 상상력을 발휘하여 해석방안을 상정하고 이를 스스로 검증하는 데에 있는 경우가 많다. 소송에서는 쌍방의 법률가가 자신의 해석론을 자세히 전개하게 마련인데, 법해석자는 그에 의지하여 답을 찾아나갈 수 있어 법해석 작업의 부담이 오히려 덜어지기도 한다. 교호적(交互的, adversarial) 절차 밖에서 법해석을 의뢰받은 변호사나 관청은 스스로 다양한 해석론의 가능성을 상정하여 검토해야 한다.15

법률문제의 해결이 간단한 경우도 있다. 성문법주의 하에서는 비법률가들(laymen)이 법의 내용을 확인하기 한층 용이하다. 그것이 성문법주의의 의도이

---

15 물론 법학도가 사례문제 답안을 작성할 때에는, 기존의 학설, 판례가 없는 해석방안을 제시할 필요는 없다. 오히려 시험은 기존의 학설, 판례의 이해도를 평가하는 것이므로, 새로운 해석방안을 창안하는 것은 금기시된다. 사례형 답안지에서는 법리적 골격을 숙지한 바탕 위에서, 논점들을 논리적 순서(요건 − 효과, 원칙 − 예외의 순서)로 정리하고, 구체적 사례에서 당사자의 권리의무를 밝히는 데 도움되는 한도에서 기존의 학설, 판례를 원용하여 각 논점들을 평이하게 풀어 나갈 것이 요구된다. 그러나 실무에서 법률가나 관련 실무 종사자가 다른 법률가에게 법리검토를 요청할 때에는, 이미 법령, 판례, 학설 등을 어느 정도 찾아보고 의문이 남아 질문하는 경우가 많다. 이런 경우에는 기존의 판례, 학설이 답해주지 않는 행간을 보충하는 시도를 해야 한다.

기도 하다. 실무지침서도 참조할 수 있다. 법관을 비롯한 법률가들은 가급적 명쾌한 결론을 내려주어 법질서의 권위를 높이고 법의 준수를 유도할 필요가 있다.[16]

법원에서는 까다로운 법해석 문제들을 다루기도 한다. 소송비용이 엄청난 영미법계에서는 그런 경향이 더 강하다. 다투어 볼 만한 사건이 아니면 정식의 민사소송이나 행정소송을 제기하지 않을 것이기 때문이다. 사실심법원(지방법원과 고등법원)에서는 법률문제가 중요한 경우에도 사실판단의 부담에 눌려 법률문제의 판단이 부정확해지거나 누락되는 일도 곧잘 생긴다. 특히 국제사법적 논점의 판단을 누락하여, 외국법이 적용되어야 할 사안에 한국법을 적용하여 재판하는 일이 벌어지기도 한다. 항소심에서는 1심 판결의 사실판단에 의존할 수 있는 부분이 많아, 법률문제를 좀 더 정확히 다룰 수 있는 여유가 있다. 항소심도 사실심[17]이고, 1심재판의 절차와 내용을 재검토하는 사후심(事後審)이 아니라, 1심에 이어 사실심 재판을 계속하는 속심(續審)이지만, 1심절차를 재연할 필요는 없기 때문이다. 국제사법과 국제거래법 분야에서는 서울중앙지방법원과 서울고등법원의 국제사건전담부, 특히 후자가 정평이 나 있다.

소수정예의 대법원이 많은 상고사건을 처리해야 하는 부담도 있어서인지, 상고심 판결보다 고등법원 판결이 더 깊이있는 법리판단을 하는 경우도 있다. 그렇더라도 대법원이 원심의 판지를 인용하고 자신의 견해를 분명히 밝힌다면, 법해석의 자료는 남을 것이다. 더 깊이있는 해석은 앞으로의 과제로 삼으면 된다.

법학교육은 주로 어려운 사안에 대한 학설과 상급법원(특히 최고법원)의 판례를 중심으로 이루어진다. 이것은 법학도를 단기간에 충분히 가르치고 훈련시키기 위함이다. 그러나 실제로 법률가들이 까다로운 법률문제를 놓고 해석론을 펼치는 데 대부분의 시간을 쏟는 것은 아니다. 오히려 사실관계를 확인하고, 법

---

16 한때 법원의 공보관 제도를 통해, 특이한 사안이나, 다소 의외처럼 보이는 판결례들이 언론에 소개되는 일이 많았다. 그러나 법의 권위에 대한 믿음을 유지시킨다는 점에서는, '당사자가 특이한 변명을 시도했지만 그것이 법적으로 중요하지 않은 것으로 다루어져 원칙(혹은 기존의 예외칙)에 따라 해결된' 사례들을 소개하는 편이 나을 듯하다.

17 사실심 법원은 사실문제(사실 확정)와 법률문제(법의 해석, 적용)를 모두 다룬다. 법률문제만을 다루는 상고심(법률심)과 구별하기 위해 "사실"심이라고 표현할 뿐이다.

률규정이나 확립된 판례에 따라 문제를 해결하면서, 그것이 보편적으로 납득할 만한 것인지 음미해 보는 일을 반복하게 된다.

법률가(법학자와 실무가)의 주된 임무이자 가장 수행하기 어려운 임무는 '법의 해석'이다.[18] 즉, '어떤 사실에 어떤 법이 적용되어 어떤 권리의무를 발생시키

18 사람이 사물(사상, 事象)을 인식할 때에는 해석작용이 필연적으로 개입된다. 그래서 각자가 보는 세상은 조금씩 다른 것일 수 있다. 그러나 그렇다 하여 객관적 진실이 없는 것은 아니다. 단지 각자 자신의 눈에 낀 티끌 내지 색안경 때문에 달리 보고 있을 뿐이다. 이런 개인별 시각차이는 자신을 뛰어넘으려는 성찰을 통해 극복하는 외에 다른 해결방법이 없다. 이것이 칸트가 그의 인식론에서 말하는 "해석"이다. 법률가도 완벽한 눈을 가지지 못한 인간이므로 인식론적 문제에 직면한다. 그러나 법률가들은 직업적 훈련을 통해 개인적 개성을 뛰어넘어 직업적 양심의 눈으로 사물을 바라보도록 훈련받는다. 게다가, 법률가가 어떤 사물을 인식할 때의 해석 문제(편견의 필연적 개입 문제)와, 법률이나 계약의 해석 문제는 중요한 점에서 다르다.

첫째, 법률이나 계약(계약당사자 사이에서는 계약이 법이다)을 해석할 때에는 해석의 대상이 구체화되어 있다. 그것도 종종 법령과 계약서로 가시화(可視化)되어 있다. 법률가는 이것을 놓고 입법자나 계약당사자가 무엇을 의도했는지를 해명하거나, 구체적 문제를 생각했다면 어떤 규율을 의도했겠는가를 추정한다. 판사의 눈을 사물에 직접 들이대는 것이 아니다.

둘째, 법률이나 계약의 해석은 법의 발견을 목적으로 하지만, 인식론의 연구대상인 해석은 세계의 인식을 목적으로 한다. 법률가는 법을 "발견(發見)"하여 사안에 적용하여 당사자들의 권리의무(주관적 법)를 인정하고, 또 그렇게 발견된 법명제가 객관적 법으로서 존재하게 한다. 법은 사실을 법규범적으로 포착한다. 법의 해석은 법의 이러한 작용을 실현하는 작업의 일환이다. 법해석과 세계의 해석은 대상이 다르고 그래서 목적이 다르다. 법해석의 결론은 그 자체가 진리일 필요가 없지만, 당위적으로 옳아야 한다. 법공동체에서 널리 수용되는 것이어야 한다. 법규범은 사회규범의 하나이기 때문이다. 요컨대 어떤 내용의 법이 존재하는지의 인식과정에는 당위적 판단이 다소간 개입된다. 그러나 철학자나 사회학자의 관심의 초점은 다르다. 사람이 세상을 어떤 방법으로 인식하고 있는지, 어떤 방법으로 인식하면 더 진실에 가까와지는지에 초점이 있다. 사람이 세상을 인식한 바가 결론적으로 어떤 내용이어야 한다는 당위론은 개입되지 않는다.

셋째, 법해석과 세계의 해석은 그 작용이 다르다. "법의 해석"은 본질적으로 '법이 이미 분명히 되어 있지 않은 부분'을 다소간 보충하는 창조적 작용이다. 이와 달리, 철학이나 사회학에서 "해석"이라 함은 "인식된 바의 해석(의미부여)"을 말한다. 철학의 한 분야인 인식론에서는 인간이(판사가 아니라) 세상을, 정확히 말하는 감각기관에 의해 인식(認識)한 바를 어떻게 해석하느냐를 이야기한다. 즉, 인간이 (감각기관에 의한) '사물에 대한 지각(知覺)'의 다음 단계로 '자신이 보고들은 세계(世界)(의 상(像))'에 대한 의미부여(해석)를 할 때 얼마나 객관적인 해석이 가능한지, 혹은 어떤 조건(예: 세계관, 개인적 편향)이 그런 의미부여 작업에 어떤 영향을 미칠 수 있는지를 논한다. 문학과 예술의 비평에서는 작자(作者)가 세계를 어떻게 해석했는지, 독자가 작품을 어떻게 해석할 수 있는지를 논한다.

는가'를 확인하는 일이다. 법현실에 관한 연구(법사회학), 법정책에 관한 연구와 입법론, 법에 대한 철학적 성찰(법철학) 등이 모두 집약되어 법해석론에 기여한다. 법학의 꽃은 해석법학이다.

입법론도 '권리·의무 사고'에 바탕을 두어야 한다. 즉, 입법론도 정치적 제스처에 초점을 둘 것이 아니라, 권리의무의 인정범위를 어떻게 넓히거나 좁힐지, 어떤 권리의무를 창설하거나 폐지할지에 대하여 법적 가치판단에 근거한 결론을 제시하는 것이어야 한다. 그리고 입법론을 제시하기 전에 현행법이 어떻게 해석되는지를 충분히 이해하고, 해석론으로 부족하여 굳이 입법으로 해결해야 하는 이유를 확인하고 설명할 수 있어야 한다. 입법은 예기치 못한 방향으로 흐를 수 있고 새로운 문제를 낳을 수 있으므로, 적을수록 좋다.

해석론이든 입법론이든, 법률가는 구체적 사안 내지 문제(matter, Sache)에서 출발하여 어떤 해결이 적절한지 생각하되, 현행법의 틀 내에서 해결방안을 찾아야 한다. 법률가는 비판만 할 것이 아니라 대안(代案)을 제시해야 하고, 현실적으로 받아들여질 만한 대안을 제시해야 한다. 대안 없이 비판만 한다든지, 사회와 국가를 크게 뒤집는 거창한 제안만 내세우면서 이를 받아들이지 않으면 부정의한 세력이라고 몰아 법의 권위를 추락시키는 데 몰두하는 법률가(특히 포

넷째, 법의 해석에서 법과 법률가는 사안 밖에 있으면서 사안을 평가하는 입장에 있지만, 철학자나 사회학자는 법률가에 비견되는 특권을 가지지 않고 그 자신도 세상을 인식하는 사람의 한 명이다. 법은 사실관계 자체의 구성부분이 아니라 그에 대한 "평가"이다. 그리고 법은 사실의 바깥에서 사실관계를 향해 개입하여 법적으로 평가한다. 그 일을 구체적으로 수행하는 것은 법률가이다. 이와 달리 누구도(철학자, 사회학자도) '감각기관으로 지각된 바를 해석을 거쳐 인식한다'는 것을 피할 수 없다. 철학자나 사회학자가 논의대상으로 삼는 사람(예컨대 일반화된 인간 또는 특정 문학작품의 저자)과 철학자, 사회학자는 대등하다. 즉, 법률가가 '법으로써 사실을 포착하여 규율한다'는 권력관계의 전제 하에 말하는 것과 달리, 철학자, 사회학자의 경우에는 그가 타인을 관찰대상으로 삼는다는 권력관계가 전제되고 있지 않다.

다섯째, 법학이 행하는 "해석"은 그 대상과 맥락도 제한된다. 법학에서는 상식적으로 보아 의미가 불분명한 법규범의 해석만이 문제된다. 그러나 철학과 사회학이 다루는 해석은 모든 인식작용에 관련된다.

이처럼 법학이 이야기하는 "해석"과 철학, 문학, 사회학이 말하는 "해석"은 전혀 다른 것이기 때문에, "해석"에 관한 철학, 문학, 사회학의 이론에는 법률가가 법을 해석하거나 법해석학을 연구할 때 참고될 만한 내용이 별로 없다.

스트모더니스트 법률가)는 법률가의 제 역할을 하는 책임감 있는 법률가가 아니다. 그는 단지 인간을 곤란 속에 방치한 채 퇴근하여 자신의 집과 가족의 품안으로 돌아가는 자이다. 프랑스의 친소(親蘇) 철학자 사르트르(Jean-Paul Sartre)가 말하는 "참여(engagement)"적 지식인도 그런 것이 아니다.

Ⅲ. 법률검토란 무엇인가

구체적 사안을 다루는 법률실무가가 그 사안이 법적으로 어떻게 규율되는지(어떤 권리·의무가 인정되며 어떤 절차로써 실현되는지)를 파악하는 작업을 가리켜 법률검토(legal research)라 한다.[19] 이 작업은 법률정보의 조사와 법의 해석, 적용을 중심으로 한다. 법률실무가와 법학자가 하는 법의 해석작업은 본질적으로는 다르지 않다.

법률가는 문제에 대해 해결을 제시해야 한다. 때로는 '실제로 적용되고 있는 법' 즉 "존재하는 법"과, 자신이 법률가로서 타당하다고 생각하는 법이 다를 수 있다. 그 경우에는 둘을 구별하여 설명하여야 한다. 법률실무가의 우선적 의무는 어떤 규율이 법원 기타 관청에서 현실적으로 채택되고 있는지를 설명해주는 일이다.[20] 그 경우에는, 행정관청이나 사법관청에서 편의상, 혹은 법적 확

---

19 한국의 법률실무가들은 보통 "법리검토" 또는 "법리적 검토"(예: 법무법인(유) 화우, 법률문장 어떻게 쓸 것인가, 개정판, 박영사, 2017, iii면)라고 말한다. 그런데 특별히 "법리"적인 검토를 하지는 않는 경우(심지어 단순히 적용법조를 정확히 정리하려 하는 경우)까지 포함하여 "법리"를 검토한다고 말하는 것이 약간 어색하긴 하다.

20 그래서 미국 하버드대 법과대학원장과 연방대법관을 지낸 홈즈(Oliver Wendell Holmes, 1841~1935)는 사회학적 법리학(sociological jurisprudence)을 내세웠다. The Path of Law, *10 Harvard Law Review 457* (1897)에서, 법률가의 — 특히 악인(惡人)을 자문하는 맥락에서의 — 임무는 위법행위에 대하여 법원이 어떻게 재판하고 어떤 제재를 가할지 예측하는 것이라고 했다. 이 주장대로라면 법학은 없어지고 법현상을 다루는 사회과학만이 남을 것이다. 이런 극단적 언명이 나온 데에는 몇 가지 배경이 있다. 첫째, 당시만 해도 미국에는 성문화된 법률이 별로 없었다. 그만큼 구체적 사안에 적용될 법의 내용을 일반인이 파악하기 어렵게 마련이다. 이런 상황에서 재판규범만이라도 정확히, 체계적으로 인식할 수 있게 하는 것은 법률가들에게 큰 도전이었을 수 있다. 그래서 이 점을 강조한 것일 수 있다. 둘째, 당시의 미국은 브리튼 섬의 이민자들 외의 다양한 인구로 구성되었다. 그래서 영국법

신이 없이 관행적으로 실무처리를 하는 부분도 파악하여 알려주어야 한다. 그러나 당사자가 '법원 기타 관청에서 현실적으로 채용되고 있는 해결'에 만족하지 못하는 경우가 많다. 오히려, 어떤 다른 해결이 낫다고 느껴 법률가를 찾아오는 경우가 많다. 그래서 법률가는 문제의식을 가지고 논점을 발굴할 준비가 되어 있어야 한다. 기존의 법에 대한 기본지식을 갖춘 상태에서, 구체적 사안을 검토하면서 타당한 해결이 무엇인지 생각하는 유연성이 필요하다. 사실 법률가는 사안을 다룰 때마다 기존의 법이나 학설, 판례, 실무 등이 충분히 타당한지 검증하는 위치에 서게 된다. 그러나 의문제기만 하고 해결책을 제시하지 하는 것은 바람직하지 않다.[21] 영국의 데닝 경이 소개하는 일화가 있다. 영국의 한 법률가가 모호한 법적 의견을 제시하자, 의뢰인은 "내가 원하는 것은 당신의 의견

이 토착적 관습법의 성격을 짙게 가지는 것과 달리, 식민지에 이식된 영국법은 수규자(수범자)에게 낯설게 여겨졌을 수 있다. 예링(Rudolf von Jhering, 1818~1892)이 강조한 법감정(法感情, Rechtsgefühl)에 맞지 않는 일이 상대적으로 잦았을 수 있다. 그래서 실정법이 피부에 와닿지는 않더라도 판사가 어떻게 재판할지는 예상하여 행동해야겠다는 요구가 팽배했을 수 있다. 셋째, 미국의 법학계는 20세기에 들어와 대공황의 위기와 사회과학의 확대를 마주하면서, 법학도 사회과학임을 입증하여 대학 내에서 법학과의 입지를 강화해야 한다는 강박에 시달리게 된다. 그런데 '어떤 재판결과가 예상되는지' 설명하는 것이 법학이라면, 법학은 사회학의 일부가 된다. 법학은 법사회학이 됨으로써 학문성을 보장받게 된다. 홈즈는 법의 사회과학화에 대한 기대를 미리 감지하고 이를 근거지우는 견해를 밝힌 것일지 모른다. 넷째, 고전교육의 전통이 유달리 강한 미국의 법과대학원에서, 특히 하버드법과대학원 같은 최고 수준에서는, 학부 4년 동안 그리스·로마의 고전을 학습한 인문주의자를 신입생으로 받는 경우가 많다. 그런 법학도에게 판례 암기의 필요성을 역설할 필요가 있다. 그래서 '법률가의 첫째 임무는 현행법을 숙지하는 것이다'라고 말한 취지일 수 있다.

21 더구나, 법적 평화 회복을 위한 대안 제시 없이 '사회구조에 대한 총체적 의문제기 내지 거부'를 선언하는 데에 머물러서는 안 된다. 법률가가 그렇게 하는 것은 — 적어도 결과적으로 — '국가에 대한 소속감과 충성심(법적으로는 준법의식) 저하'를 주장하고 '무법상태(無法狀態)를 장려'하는 행위이다. 법률가가 정치철학, 사회철학, 법철학에도 관심을 가지는 것은 좋다. 그러나 그것이 지나쳐 법의 독자성(autonomy of law)을 부정하고 법적 문제에 대한 답을 내놓기를 거절해서는 안 된다. 만약 어떤 법률가가 '내가 문제를 법적으로 해결하면 사회의 구조적 문제가 회피되어 사회를 더 병들게 하므로, 그 문제를 법적 문제로 다루기를 거부하고 그 병폐가 곪도록 내버려두어 사회의 공분(公憤)의 대상으로 삼아, 사회구조의 변혁을 가져오는 원동력으로 삼겠다'고 한다면, 그는 더 이상 법률가가 아니다. 또, '나는 법률가의 입장을 떠나 법적 문제의 해결을 접어두고 법철학적 관점에서만 살펴보겠다'고 한다면, 그는 법철학자로서 철학자일 뿐이지, 법률가(Jurist, lawyer)가 아니다.

이지 당신의 의심이 아니다(I want your opinion and not your doubts)"라고 하였다.[22] 스스로 어느 정도 확신에 이를 만큼 조사하고 궁리한 후에 입장을 밝히는 것이 바람직하다. 완전히 믿음이 가지 않더라도, 비교적 나은 해결책이라도 제시하여야 한다.

법률검토는 사실관계를 분석하여, 이에 적용되는 법규범을 찾아 사안에 적용시키는 일이다. 법적 지식이 충분하고 사안이 단순하면 이 작업은 쉽다. 그러나 종종 법률가는 사안에 맞는 법규범은 무엇인지, 사안이 어떻게 해결되어야 하는지 신중히 검토해야 한다. 사실관계를 잘못 파악하거나 잘못 분류했는지, 적용법조를 정확히 찾았는지, 법규의 해석이 설득력 있는지 확인해야 한다. 결론이 소박한 정의감과 상식에 맞는지도 음미하여 보아야 한다.

법적 사고는 법률가의 법적 지식과 관념에 바탕을 둔다. 구체적 사안에 대한 법적 규율을 알려면, 사실에 해당되는(relevant) 법을 찾아야 한다. 기존의 지식을 바탕으로 해당되는 법규를 찾고, 이를 염두에 두고 사실관계를 파악한 후, 다른 법규가 적용되는 사안이 아님이 확인되면, 법률검토는 종결된다. 그러나 지속적으로 변화, 팽창하는 법에 대한 지식을 법률가가 항상 완비하고 있기는 어렵다. 구체적 사안을 마주하여 법률검토 작업을 새로 하는 일은 자주 생긴다. 이런 문제를 적절히 다루는 법규, 판례, 학설이 있지 않을까, 한국법에 해석 여지나 흠결이 있다면 외국의 입법, 학설, 판례라도 찾을 수 있지 않을까 라고 생각해 보는 일이 중요하다. 적용법조를 사안에 적용하여 결론을 내어 보면서, 법령, 판례, 학설 등을 확인하면서 고치거나 살을 붙여야 한다. 그래서 사실관계의 정리와 법적 논점의 정리 및 법리검토를 종종 병행하게 된다. 만약 사안에 어떤 법이 적용되어야 하는지 전혀 갈피를 잡기 어려우면, 먼저 사태의 전개를 시간 순서로 정리해 보면 좋다. 그리고 나서, 적극적 당사자가 누구를 상대로 어떤 권리의무를 주장하는지, 어떤 구제방법(remedies)을 원용하는지, 소극적 당사자가 어떻게 반론하는지 파악한다. 그리고 그에 대응하는 법률개념과 법리를 찾

22 데닝 경이 Sir George Jessel로부터 들은 이야기. Lord Denning, *The Discipline of Law* (1979), p.7.

아 체계서의 해당 부분을 읽으면서 적용법조, 해석상 논점, 판례, 학설 등을 확인한다. 그래서 사안에 적용될 만한 법규가 정하는 법률요건과 법률효과를 파악하여 사안에 적용하여 본다.

법률가는 법률지식을 갖춘 바탕 위에서, 구체적 사안에서 법률문제가 어떻게 해결되는지 밝힌다. 즉, 특정 법질서의 실정법 하에서 당사자의 권리의무가 어떻게 정해지는지를 확인한다. 누가 누구에게 어떤 권리나 의무를 지는지(법률효과), 왜 그런지(요건의 충족 여부)를 밝혀야 한다. 그렇게 하려면, 어느 법규가 적용되는지(적용법조의 확인) 알아야 한다. 그 법규의 의미가 불분명하면 해석으로 밝혀야 한다. 들어맞는 법규가 없는 사안은 어떻게 규율되어야 하는지(법률의 흠결의 보충)도 생각해야 한다. 누구나 납득할 만한 분명한 답을 제시할 수 있으면 좋다. 그것이 어렵더라도 실용성 있는 해결책을 제시해야 한다. 아무런 해결방안도 나와 있지 않다면 어떤 해결방안이 가능할지 스스로 생각해 보아야 한다. 논리적으로 성립가능한 해결방안을 제시하고 그중 합당한 해결을 찾아야 한다. 그래서 법률가에게는 큰 맥락에서 사태를 바라보고 이해관계의 균형을 가늠할 수 있는 현실감각과 상상력이 중요하다. 비슷한 다른 문제가 어떻게 규율되고 있는지를 고려하여 균형을 기하여야 한다. 외국에서 어떻게 규율되는지가 결정적 열쇠가 되는 경우가 많다. 어떤 선진국에서의 해결을 그대로 가져와야 한다는 것이 아니라, 우리와 비슷하면서도 다른(똑같은 법제는 법통일조약이 없는 한 찾기 어렵다) 법제에서 어떻게 규율하고 있는지를 참고하는 것이다.

법규범의 내용이 불분명하여 해석을 해야 하는 경우도 있다. 법적 규율에 흠결이 있고 그 흠결을 재판관이 보충하는 경우도 있다. 이런 경우에는 '획득한 법률정보'를 사안에 단순히 대입하는 것만으로 법률검토가 끝나지 않는다. 해석론을 검토하고 해석론을 어떻게 개진할지도 생각해야 한다. 판사의 법률흠결 보충작업이 어떻게 진행될지, 어떻게 의견을 개진하여 이 과정에 영향을 미칠지도 생각해야 한다. 즉, 법률해석이 필요하거나 재판관에 의한 법형성에 기대어야 할 경우에는, 어떤 해석이 타당한지도 검토해야 하지만, 법원에서 재판관이 어떻게 반응할 가능성이 높은지도 생각하고, 그를 어떻게 설득할지도 생각해야 한다.

법령, 판례, 학설, 실무, 관습의 어느 것에도 답을 얻지 못하는 경우에, 끝으로 의존하게 되는 규범은 조리(條理)이다(민법 제1조, 헌법 제6조 제1항[23]). 조리란 사물[24]의 본성(Natur der Sache, nature de la chose)으로 내재하여 있는 규범원리이다. 시간과 장소를 초월하여 어떻게 규율되어야 마땅한가를 말한다. 실제로는 비교법적[25] 조사연구를 통하여 그 내용이 확인된다. 오늘날은 입법이 범람하고 있어, 국내법을 적용할 때에는 조리에 의하게 되는 일은 거의 없다. 그러나 국제법(국제공법)에서는 조리에 의하는 일이 많다. 조약이나 국제관습법(관습국제법)이 없을 때 그렇게 한다. 국제법에서는 조리를 "법의 일반원칙(general principles of law)"라 한다. 실제로는 문명국가들의 국내법에서 기본적이고 공통된 원칙을 "법의 일반원칙"이라는 이름으로 국제법 원칙으로 끌어쓰는 경우가 많다(예: '계약은 지켜져야 한다', 신의성실의 원칙, 권리남용 금지). 국가 간의 관계가 법적 규율을 받게 된 일은 역사가 짧지만, 사인(私人) 간의 관계가 법적 규율을 받은 역사는 오래되고, 민법은 사람들간의 수평적 관계를 규율하는 가장 기본적이고 역사가 오래된 법이기 때문이다.

법학적 교육과 훈련을 받은 실무가는 그 자신의 법학적 소양을 살려 스스로 법률검토를 하기도 한다. 법학자가 실무가의 의뢰를 받아 법률검토를 하기도 한다. 그러나 법학자는 스스로 다양한 문제유형을 상정하여 미리 해석론을 탐구하는 데 많은 시간을 쏟는다. 이러한 연구결과물은 법률실무가가 스스로 법률검토를 하는 자료가 된다.

법률검토의 결과 쌍방 당사자가 납득할 만한 결론에 도달하면, 그것으로써

---

23 헌법 제6조 제1항이 "一般的[일반적]으로 承認[승인]된 國際法規[국제법규]", 즉 국제법상의 "일반적으로 승인된" 법규범이라 함은 문명국가의 법질서에 공통된 법원칙, 즉 조리(條理)를 말한다. 곽윤직 대표집필, 민법주해 제1조(최병조 집필부분), 54면. 이처럼 조리는 국내법의 보충적 법원(法源)도 되고 국제법의 법원(法源)도 된다.

24 여기에서 "사물(chose)"은 사항(事項, Sache, matière, matter)"과 같은 말이며, 규율대상인 분야 내지 문제를 말한다.

25 比較法(Rechtsvergleichung, droit comparé, comparative law)이란 서로 다른 법질서의 법규범을 비교하여 공통점과 차이점을 발견하고 차이의 존재이유를 밝히며 나아가 보다 나은 해결이 무엇인지를 탐색하는 법학연구방법을 말한다.

다툼이 해결될 수 있다. 이 경우 법률가의 몫은 왜 이런 결론이 확실히 도출되는지 설명하는 일이다. 그러나 당사자들이 입장을 달리하고, 소송 등의 분쟁해결절차를 밟을 의향이 있으면, 분쟁해결절차가 벌어진다. 여기에서는 사실과 법에 대한 논쟁이 함께 벌어진다. 그래서 법률가는 사실문제와 법률문제 양쪽을 잘 다룰 수 있는 전문가여야 한다.[26] 그런데 분쟁의 당사자들은 사실문제와 법적 문제의 해결을 미루고 적당한 타협을 하는 합의로써 분쟁을 종결짓기도 한다.[27] 그러므로 법률가는 사실관계와 그에 맞는 법적 규율의 내용이 명백하지 않은 가운데에서도 사태의 본질을 궤뚫어 보는 능력도 갖추어야 한다.

법학방법론은 아주 어려운 문제이지만, 각국은 법학을 처음 공부하는 단계에서부터 나름의 형태로 법학방법론의 기초를 익히고 방법론을 의식하도록 한다. 법학기본교육(basic legal education)[28] [29]에서 법학방법론 내지 법률검토의 방

---

26 법률가는 사실규명의 전문가이기도 하다. 이에 관하여 법률가가 가지는 기술은 기자(記者)와 역사학자의 그것과 유사하다. 법률가의 사실조사 기술은 자신의 결론에 대한 반박가능성을 염두에 두면서 합리적인 반박이 어려울 때까지 자료를 수집하고, 신빙성 있는 자료와 그렇지 않은 자료를 구별하는 등의 점에서 독특한 강점을 가진다.

27 이 경우에는 사실관계와 법적 규율에 대한 견해대립을 해결하기를 미루면서 구체적 법률관계의 결론만을 못박는다. 이것도 분쟁해결(종결)(dispute resolution)의 한 방법이다. 분쟁의 '해결'(solve)이라는 점에서는 미진하지만 '종결짓는'(resolve) 점에서는 완전하다. "대안적(代案的)" 또는 "대체적(代替的)" 분쟁해결(alternative dispute resolution)이라는 용어에는 이런 의미가 담겨 있다.

28 이 과정이 '학사'과정으로 편성되든 '대학원'과정으로 이루어지든 본질적 차이는 없다. 한국에 만연해 있는, '미국에서는 법학사(LL.B.) 자격으로는 변호사가 될 수 없는 제도를 가지고 있다'는 속설은 틀린 것이다. 미국 각주의 사법시험(변호사시험)에서는 보통법을 가르치는 3년 이상의 법학기본교육과정을 이수할 것을 요구할 뿐이다. 그래서 영국, 캐나다, 호주 등의 영미법계 국가에서 법학사 학위를 취득했거나 취득예정인 사람은 아무 제한 없이 사법시험(변호사시험)에 응시할 수 있다. 단지 미국에서 법학기본교육을 대학원 과정으로 편성하는 경향이 일반화되어 있을 뿐이다.

29 모든 학사(bachelor) 과정이 미국식 '학부제' 즉 '교양학부(college of free arts)' 형태인 것은 아니다. 대표적 예로 법학사(bachelor of laws, LLB)는 미국식 학부제와 거리가 멀다. 미국에서 이에 대응하는 것은 법박사(Juris Doctor, JD)이다. JD는 "박사(Doctor)"라는 표현을 써서 이것만으로 법학교육을 완성하는 과정임을 밝히고 있지만, "Science"라는 표현을 쓰지 않음으로써 학술적 박사학위가 아님을 분명히 하고 있다. 미국에서는 전통적으로 법학의 경우에는 실무 속에서 학문적 지식을 축적하고 학문적 깊이를 달성하는 것이 바람직하다고 보아, 법학박사(Doctor of Juridical Science, JSD 또는 SJD) 학위를 법학교수 임용의 필수조건으로 요구하지 않고 있다. 그러나 대체로 1950년대 이래 법학도 학문적으로 연구

법론을 기초 단계에서 가르치는 교과과정은 나라별로 조금씩 차이가 있다.

독일에서는 기초 단계에서 법학방법론을 따로 가르치지 않고 기본법(특히 민법, 형법)의 입문강의에서 다루는 경우가 많은데, 대학별로 다양한 시도가 행해지고 있다. "법학입문을 겸한 민법총칙" 강의를 1학년 1학기에 배치하기도 한다(쾰른대). 1·2학년 동안 민·형법의 기초강의를 수강한 뒤 채권법총론, 채권법각론, 물권법 등을 본격적으로 배우도록 하면서, 기초강의 속에서 자연스럽게 법학방법론을 익히게 하기도 한다. 법제사 입문강의를 1학년 첫 학기에 배치하여, 그 속에서 오늘날의 법학방법론이 어떻게 형성되어 왔는지를 공부하도록 하기도 한다. 1학년에서 기본과목 강의와 병행하여 사례문제 답안작성법 특강을 제공하여, 주어진(확정된) 사실관계를 놓고 법적 규율을 검토하는 방식, 즉 '의견서 방식'(Gutachtenstil)을 가르친다.

프랑스에서도 1학년의 기본강의 내에서 법학방법론을 익히게 하는데, 민법, 형법 등의 기본법은 1학년에 1순환, 2학년에 2순환 식으로 단계적으로 심화강의를 하는 방법으로 기본을 다지도록 한다. 또, 1학년에서는 박사학위급의 교육조교가 1학년 강의에 부수한 연습강의를 제공한다.

영미법은 법규범의 대부분이 판례 속에서 발견되어야 한다는 점에서, 경험적 타당성과 법적 안정성이 고도로 보장되는 장점이 있지만, 법규범을 쉽게 파악, 개관하기 어렵다는 단점이 있다. 그래서 판례 속에서 법규범을 파악하는 방법이 법학방법론의 실천적 부분에서 중요한 비중을 차지한다. 영미법계 법과대학(원)에서 법학방법론의 기초를 가르치는 강의는 대체로 "법률검토"(legal research)의 이름을 가진다. 미국에서는 1학년 동안 통년과목으로 기본법 교육과 병행하여 "법률검토(legal research)"라는 이름의 기초연습과목을 두어, 다양한 과제의 수행을 통해, 법률가의 직무의 본질, 법학방법론의 기초, 법학강의 수강을 위한 판례요약의 방법, 판례법 조사의 방법 등을 익히게 한다. 보통 1학년의 통년과목으로 "legal research and writing"으로 하여, 소장, 상고이유서 등 실무적 법률문서

되고 교육되어야 한다는 사조(思潮)가 꾸준히 확산되어 왔으며, 신규채용되는 법학교수의 상당수가 학문적 박사학위(법과대학원에서 수여하는 JSD/SJD 또는 인접 학문분야의 이름으로 취득한 Ph.D.)를 가지고 교수 신규임용 시장에 들어오는 일이 늘고 있다.

의 작성요령까지 익히도록 하며, 짧은 법률실무 경험을 갖추었거나 법과대학원을 갓 졸업한 학문후속세대가 가르친다.[30] 미국의 교과과정도 아주 똑같은 것은 아니다.[31]

시카고대학교 법과대학원은 1학년(3개 학기)의 통년과목으로 "legal research and writing"(3학점)을 가르치는 외에,[32] 1학년 1학기에 "법학의 기초(Elements of

30 미국의 법과대학원에서 법학적 소양에 등을 돌리고 문제해결에 능숙한 실무가 양성에만 치우친다고 오해해서는 곤란하다. 오히려 미국의 법률가들은 아마도, 그 국가적 위상에 맞게, 미국이 법학을 가장 심오하게 가르치는 나라 중 하나라고 생각하는 듯하다. 미국의 법학도들은 대륙유럽의 법학교육이 단순한 암기식 교육에 치우치고 학문적 접근이 없으리라고 오해하기도 한다. 그런데 여기에서 미국의 법학교육의 학문성에 대한 자부심과, 법학을 학문적으로 공부하겠다는 확고한 의지가 드러난다.

원래 미국 법과대학원은 학부에서 고전의 철저한 암기식 교육(적어로 키케로, 베르길리우스 등의 대표작과 같이 라틴어로 된 가장 중요한 원전은 원어로 암송)을 받은 것을 전제로 교육했다. 그래서 사실 1학년에서 법학에 특이한 부분(판례법주의 등)을 교과과정 내에서 스스로 익히도록 하는 것으로 충분했고, 법학방법론은 따로 가르칠 필요를 느끼지 못했을 것이다. 그러나 대학교육이 대중화되어 고전교육이 쇠퇴하고 법과대학원 입학생의 학부 전공이 다양해지면서, 법과대학원 내에서 법학도들을 전문직역의 기대수준까지 끌어올리기 위해 다양한 시도가 행해지고 있다. 가장 선호되는 길은, 법과대학원 졸업 후 연방대법원, 연방항소법원, 연방지방법원, 주(州)대법원 등의 중요 법원에서 재판연구원(law clerk)으로 몇 년간 일하면서, 3년간 급하게 공부한 법학을 현장에서 다시 깊이 있게 다지는 것이다. 이것은 특히 법학자가 되거나 고급 법관직으로 진출하는 발판이 된다. 또, 법학자 지망자의 상당수는, 경제학, 역사학 등의 인접 학문분야의 박사(Ph.D.) 학위과정을 병행한다. 인접학문의 틀 내에서 법에 관한 강의를 수강한 후(그러나 박사학위 논문을 완성하기 전에) 법과대학원 과정을 밟는 경우도 많다. 미국에서 학부 전공이라는 것은 그 분야의 전공기초과목을 몇 과목(가령 8과목) 이상 수강하면 되는 것이어서 진정한 전공교육이 아니므로, 어느 정도 자신의 전공과 법학을 접목하려면 적어도 학문적 석사과정(즉 직업인 양성을 위한 전문석사과정이 아닌 것) 수료 내지 박사과정 수료를 요한다. 실무가가 되기 위하여, 실무에서도 쓰일 수 있는 실제적 법학방법론을 완전히 몸에 익히는 일은, 법과대학원 2~3학년 중에 법률클리닉(legal clinic)이나 무급의 외부 도제식 수련(externship)으로 보충되고 있다.

31 드문 예이지만, 법과대학원 1학년 1학기에 법률라틴어를 필수과목으로 가르치는 예도 있다(University of Mississippi, 교재는 Wheelock의 문법서). 고전어의 기초 없이 대학교육이 불가능하다고 본 고전적 대학 모델의 영향도 있고, 오래된 법률용어 습득에 라틴어의 기초가 필요하다는 고려도 작용한 것 같다.

32 시카고대는 이 과목을 가르칠 6인의 전일제(全日制, full－time) 교원을 Fellow(Bigelow Teaching Fellow)의 이름으로 따로 채용한다. 그래서 법과대학원을 갓 졸업하여 교직의 길

the Law)"(3학점)를 가르친다. 필자가 수학한 1997~98학년도의 경우 동 대학원을 대표하는 소장 학자인 캐스 선스틴(Cass Sunstein)(현 하버드大), 데이비드 스트라우스(David A. Strauss) 교수가 나누어 강의했다. 시카고대학교처럼 하지 않더라도, 미국의 법과대학원에서는 보편적으로 "legal research and writing"(학기당 1학점, 1학년 통년과목)의 앞부분에서 칼 르웰린(Karl Llewellyn, 1893~1962)이 법학공부를 처음 시작하는 1학년생을 위해 법학방법론과 법학공부를 소개하기 위해 쓴 책인 The Bramble Bush,[33] 미국 헌법사상의 고전인 Federalist Papers, 간략한 법학방법론 이론서인 에드워드 리비(Edward H. Levi, 1911~2000)의 An Introduction to Legal Reasoning[34] 등을 읽고 독후감을 내도록 한다.

각국에서 법학방법론의 기초 강의의 핵심이자 첫 단추는 법률가가 하는 일인 법적 접근방법을 개괄적으로 설명하는 일이다. 법률가들은 실제적(실천적) 타당성을 가지는 지혜로운 해결들을 모아 국가의 강제력에 의하여 뒷받침되는 법규범들의 체계를 세운다. '개념'을 도구로 법규범들을 추상화, 체계화한다. 이렇게 하여 이익 간의 균형, 법적 규율의 일관성을 기하고, 예견가능성과 법적 안정성을 도모한다. 그리고 어떤 경우에도 법에는 결론이 있어야 하지만, 무작정 명령을 하달하면 되는 것이 아니라 합당한 이유가 있어야 한다. 이것이 법률가가 일하는 방식이다. 대륙법계에서는 성문법이 어떤 취지에서 만들어지는지, 왜 법의 해석 문제가 남는지, 그것은 어떻게 해결되어야 하는지를 배운다. 그리고 아무 법이나 만들면 그만인 것이 아니라, 오랜 역사를 거친 법학의 바탕 위에서 성문법이 만들어지는 것임을 배운다. 영미법계에서는 실제 사건을 해결하는 경험 속에서 법에 관한 지혜를 모아 판례법이 축적되어 왔으며 이에 크게 의존한다는 점을 강조한다. 그렇지만 법률가들이 꾸려 온 법은 법공동체의 구성원들

을 걷고자 하는 소장 법률가에게 연구와 교육에 전념할 기회를 부여한다. 법학의 연구·교육자 양성의 부담을 재판연구원(law clerk) 제도와 공동학위과정(J.D./Ph.D. in Economics 등)에만 미루지 않고 다른 선진국의 박사학위과정에 준하는 부분을 갖추려는 노력의 일환이다. Stanford대 법과대학원도 2000년경에 이를 본받아 Fellow를 채용하기 시작했다.

33 Karl N. Llewellyn, *The Bramble Bush: On Our Law and Study*, Oceana, 1930.

34 Edward H. Levi, "An Introduction to Legal Reasoning", *15 University of Chicago Law Review 501* (1948). University of Chicago Press, 1970로 재발간.

이 합의하여 바꿀 수 있다는 점을 아울러 강조한다.

그런데 한국에서는 오랫동안, 법학방법론의 기초강의가 법학기본교육과정에서 체계적으로 이루어지지 못했다. 법학도는 교양과정에서 법학통론을 공부하고 전공과정의 첫 학기에 민법총칙을 공부하면서 법학방법론을 익히도록 했다. 그런데 민법총칙 전체를 첫 학기에 단 한번에 강의하고 끝내도록 하고 있었으므로, 민법총칙 내에서 난이도가 높은 내용들을 강의하지 않고 넘어갈 수도 없었다. 그 결과, 독일에서처럼 기본적 내용과 단순한 사안유형을 소재로 민법학의 기본개념을 가르치고 법학방법론의 기초를 익히는 과목으로 민법총칙 강좌를 운영하기란 현실적으로 어려웠다.

2009년에 법학기본교육을 법학전문대학원 형태로 개편(改編)하면서, "법정보조사" 내지 "법률정보조사"라는 과목이 가장 기초적 실무과목으로서 1학년 1학기의 필수과목으로 신설되었다. 이 과목은 실무교육과정 속에서, 소송서류 등의 작성요령을 배우는 법률문장론(기초, 심화)과 민사·형사·공법 분야의 실무과목의 앞에 배치되어 있다.

그런데 미국 법과대학원 1학년 1학기의 Legal Research가 법률"정보"조사라고 번역되어, 마치 데이터베이스(정보집적체)에서 정보(information)를 검색(search)하는 요령을 가르치는 과목처럼 보여지게 되어 있다.[35] 그러나 법률 데이터베이스 소개는 신입생 오리엔테이션 내에서 하면 된다. 법령·판례검색기술을 한 학기 동안 가르치려다가는 '쉬는 시간'이 되어 학업분위기를 해칠지 모른다.

법률정보조사 과목의 느슨한 운영은 법학도에게 혼란을 줄 수도 있다. 법

---

35 언젠가부터 서울시의 공립도서관들은 도서관이라는 명칭 대신 "문화정보센터"라고 자칭한다. 대학도서관도 이에 발맞추어 "학술정보관"으로 개칭되곤 한다. 혹여 학문연마를 "공부(工夫)"가 아니라 "정보처리(information processing)" 작업으로 오해하고 있는 것은 아닌가라는 의구심이 들기도 한다. 정보화에 발빠르게 따라가려는 의지를 표현하는 것으로서 가상하게 여길 만한 점이 없지 않으나, 교육적으로 바람직하지 않다. 학생을 가르치는 기관인 대학이 이런 명칭을 쓰면, 학생은 '가볍게 정보만 수집하면 돼'라고 생각하며 도서관에 갈지 모른다. 잘못된 이름을 반복해서 쓰다 보면, 그 개념을 자발적으로 받아들이게 될 수 있다. 심리학자 베텔하임이 지적하듯이, 이름과 실질의 괴리를 참고 견디기란 심리적으로 힘든 일이기 때문이다. Bruno Bettelheim, "Remarks on the Psychological Appeal of Totalitarianism", *Surviving and Other Essays*, Vitage, 1980(원래는 1952), p.318.

률정보조사 과목은 '법조문, 판례를 찾는 것으로 법률검토는 간단히 끝난다'는 메시지를 전한다. 그러나 다른 과목들은 복잡하고 난해하며 방대한 지식체계와 그에 담긴 지혜를 신속히 습득할 것을 요구한다. 두 메시지는 서로 어긋난다. 대부분의 법학도에게 법학은 어렵다. 그런데 법률정보조사 시간에는 '법률검토는 쉽다, 정보검색만 하라'고 한다. 법학도는 '정보조사와 문서작성 기술만 배우면 모든 사례를 쉽게 풀고 실무문서 작성도 되어야 하는데 왜 어려운가'라고 생각할 수 있다.

더구나 법률가의 역할에 관하여 혼란된 인상을 심어줄 가능성도 있다. '정보조사기술로 쉽게 찾은 법령, 판례를 곧바로 옮겨 적는 것이 법률가의 일이니, 사례형이나 기록형 문제를 풀 때에도 법률문서작성 교재의 문례들과 민형사법 교재에 나오는 판례들을 빨리 기억하여 옮겨 적는 데 매진하자'는 잘못된 생각을 심어줄 수 있다. 법학도로서의 3년 동안은 기본이 되는 부분과 잔가지를 구별하고 기본을 반복학습하게 해야 함에도, 모든 정보들을 평면적으로 늘어놓고 필요에 따라 옮겨 적는 식으로 공부하도록 유도하는 결과가 될 수 있다. '자기비하적 법률가상'을 심어주고, 법률가로서 갖추어야 할 중요한 부분을 놓치게 할 수 있다. 나아가, '법학은 쓸모없으며 실무계에서 독자적으로 판례를 만들어 다 잘 하고 있으니 법학전문대학원은 대충 다니자'라는 발전가능성 없는 생각을 유발할 여지도 있다.

법학전문대학원은 그 전신인 법과대학과 마찬가지로, 법학적으로 훈련된 법률가(academically trained lawyer)를 양성하는 고등교육기관이다. 1학년 1학기에는 법학도로서의 기본자세의 첫 단추를 채워야 한다. 그런데 1학년 1학기에 법률정보검색기술을 익히고 민법, 형법 과목을 몇 개 배우면, 곧바로 1학년 2학기부터 소송서류 작성연습으로 들어간다. '법조문과 판례만 찾으면 법률검토(legal research)는 끝나며, 곧바로 소송서류를 쓰면 되고 쓸 수 있어야 한다'고 가르치는 듯하다. 법은 이미 명쾌하니, 정보검색만 잘 하면 된다는 것 같다. '법령과 판례를 잘 외운' 법률가상(像)보다도 '법령과 판례를 컴퓨터로 잘 찾는' 법률가상을 제시하는 인상을 준다. 이론을 중시한 데 대한 반작용으로, 이론을 몰아내고 기술을 강조하는 쪽으로 달려가는 듯하다. 그러나 법률가의 일생은 자료검색의 반복이나 정보검색꾼(data miner)으로 끝나서는 안 된다. 이를 뛰어넘어 전문적인 법률지식과 지혜를 갖춘 훌륭한 법률가가 되는 길을 찾도록 가르쳐야 한다. 법학과 법률실무 간에는 천년이 넘게 상호작용과 협력이 이루어지고 있음을 직시하고, 법학과 외국법으로부터 지식과 상상력을 습득하여 법률실무를 살찌우도록 해야 한다. 직업적 능력을 갖춘 법률가로 성장하기 위한 첫 단추로서, 법과 법학의 발달과정을 되돌아보고, 법학의 방법론을 익혀야 한다. 그럼으로써 이론법학과 실무, 이론교육과 실무과목을 결부시켜야 한다.

하나의 해결책은 법학의 방법론과 법률실무가의 법률검토 방법론 — 그 둘은 서로 통(通)한다 — 의 기초를 첫 학기에 약간의 시간을 할애하여 공부하도록 하는 것이다. 현재의 교과과정을 크게 바꾸지 않더라도 가능하다. 우선 '법률(법)정보조사' 과목을 '법학방법론과 법률검토방법론 입문' 과목으로 개편할 수 있다. 교육부, 법학전문대학원 협의회, 법학전문대학원 평가위원회가 공식적 지침을 바꾸기 전이라도, 담당교수가 강의목표와 내용을 조절할 필요가 있다. 이 교재는 그러한 취지로 마련되었다.

Ⅳ. 요 약

1. 법률정보를 조사, 획득하고 법학방법론에 맞게 법을 해석하는 일이 법적 검토(legal research)이다. 그래서 당사자가 어떤 권리와 의무를 가지는지 밝힌다. 이를 법률검토나 법리검토라고도 한다. 법률가는 늘 이 작업을 한다. 의뢰인이 사실관계를 이야기하고 하소연하면, 그 사안을 규율할 법이 어떤 내용인지 밝혀야 한다. 다른 법률가로부터 권리의무의 주장을 들은 경우에도 같다(예: 법적 의견을 조회받은 고문변호사, 선배 변호사로부터 과제를 부여받은 신참 변호사, 변호사로부터 변론을 들은 판사, 상대방의 주장에 대응해야 하는 소송대리인). 법률정보의 획득과 법의 해석의 작업은 명쾌하게 나뉘어지지 않는다. 법해석 중에 생긴 문제의식을 바탕으로 다시 법률정보를 찾게 된다. 또, 사안에 곧바로 들어맞는 법령,

판례, 학설, 실무가 아니라도, 비슷한 문제가 어떻게 규율되는지를 참고하여, 눈에 잘 안 띄는 자료를 찾고, 해석론을 발달시킬 수 있다.

2. 법학교육에서는, 법률과 법학에 대한 지식을 공부하는 일과 별도로 법적 검토의 결과를 서면으로 작성하는 훈련을 하기도 하고, 법학방법론을 심화하여 공부하기 위하여 별개의 과목으로 다루기도 한다. 한국의 법과대학원(법학전문대학원)은 1학년 1학기에 "법률정보조사" 과목(1학점)을 두어, 공간되어 있는 성문의 법률정보를 조사하는 요령과, 법학방법론의 기초를 익히도록 한다. 법적 문제에 대하여 리서치하고 그 내용을 표준적 조문·문헌·판례 인용방법에 따라 정리하는 방법을 배우고 익힌다.

3. 로스쿨은 법학지식 습득과 축적을 지향하지 않고 법률정보조사 요령만 익혀 그때그때 정보를 전달하면 충분하다거나, 법률가는 단순히 인공지능을 대신하여 법률 데이터베이스에서 법률정보를 찾아 전달해 주는 세일즈맨일 뿐이고, 법률지식을 꾸준히 습득하고 법률실무가의 자질을 갈고 닦아야 한다는 전통적 접근은 허구에 불과하다는 해체주의, 기술만능주의적 낙관론이 일각에 퍼져 있다. 그러나 이것은 법률비서(legal secretary)만으로 법을 운영할 수 있다는 망상에 불과하다.

제 2 장

근대법(近代法)은 어떻게 만들어졌는가

제2장

근대법(近代法)은 어떻게 만들어졌는가

Ⅰ. 도입: 왜 근대법사(近代法史)를 살펴보는가

오늘날의 법학방법론이 언제나 타당했던 것은 아니다. 법(실체법, 절차법, 사법제도), 이를 맡은 전문가(법률가)집단, 법학교육제도는 역사 속에서 발달, 변모해 왔다. 오늘날의 법학방법론이 어떻게 정립되었는지 살펴본다.

Ⅱ. 관습법(慣習法)의 시대

4~6세기에 서로마제국은 노르만과 게르만 부족들의 잇다른 침입으로 붕괴되었다. 만인(蠻人, barbarian) 부족은 일정한 지역에 이주하여 지배종족이 되었다. 특히 게르만 부족들은 로마제국의 직할지나 속령을 넓은 범위에서 분할 지배했다. 그들은 각 지역에서 지배계급을 형성했다. 강인하고 독립적이고 검소하며 농업에 종사하기를 싫어하는 그들은 피치자의 수확물의 일부를 나누는 것으로 만족했다. 게르만 지배종족은 피지배종족의 우월한 문화에 당황했고, 자신의 법을 피지배종족에 부과할 생각도 없었다. 각 종족(宗族)이 자신의 법에 따라 생활하고 재판받도록 하는 종족법주의에서 별로 벗어나지 않았다. 게르만계 통치자는 피통치민에 대해서도 재판권을 행사했지만, 피통치민이 가지고 있는 관습

을 증명하면 그에 따라 재판했다. 타 지역의 지배종족에 대해서도 마찬가지였다. 소송당사자는 자신의 종족적 소속을 밝히고(법의 고백, professio iuris) 그 종족법에 따라 재판받았다.

게르만 지배종족은 경제적으로 피지배종족에 의존하면서 자연스럽게 점차 토착화되었다. 민사실체법의 지배·피지배종족 관습은 결합되어 속지법화되었다. 그러나 그 수준은 낮았다. 지역에 따라서는 관습법이 성문화되어 재판의 준거가 되었다. 그러나 법전의 편찬은 더디게 진행됐다. 게르만족은 법전 편찬에 별 흥미가 없었다. 그들은 문맹의 무사종족이었고, 글(라틴어)을 배우려 하지 않았다.[1] 피통치민(被統治民)도 점차 라틴어를 잊었고 글로 쓰여 전승된 로마법은 점차 잊혀졌다. 라틴어 문헌 해독능력이 상실되어 학문적 법학은 깊은 잠 속에 빠졌다.

중세의 재판은 사실판단에 치중했다. 그러나 증거법의 발달은 늦었다. 농노(農奴)에 대한 민형사 재판에서 증거조사의 주된 방법은 시험(ordeal), 즉 일종의 고문(拷問)이었다. 당사자를 물 속에 가라앉혀 그가 떠오르면 그의 주장이 정당하고, 떠오르지 않으면 부당한 것로 판단했다. 원고의 선서증언의 구속력이 인정되는 경우에도, 피고가 뜨겁게 달구어진 칼을 손에 쥘 수 있으면 그의 진실이 증명되었다. 진실된 사람은 용기있고 신체를 단련할 것이므로, 용기와 건강은 진실을 증명했다. 무인(武人)계급인 지배계급은 명예를 중시했으므로, 고문에 의한 재판이 적합하지 않다고 여겨졌다. 그래서 그들은 결투로 재판을 대신했다. 사적(私的) 분쟁해결방법으로 시작된 결투는 공적으로도 적법한 분쟁해결방법으로 인정되었다. 무예를 갈고 닦은 자는 결투에서 이겼다. 진실한 자는 무예를 갈고 닦을 것이며, 거짓말을 할 리도 없으므로, 결투의 승리는 실체적 진

1 오늘날 "독일(Deutschland)"의 어원이기도 한 "deutsch"라는 단어는 "(인간의) 말을 할 줄 모르는"이라는 뜻의 "teuto"에서 유래했다. 로마제국이 게르만족과 일정한 경계를 두고 대립할 당시, 게르만족과는 라틴어가 통하지 않는다는 뜻에서 "말을 할 줄 모르는" 부족들(teutones)이라고 지칭되었다. 그들은 자신의 말은 가지고 있었지만 글은 가지고 있지 않았다. 그들은 구 로마제국 영토를 지배하게 된 후에도 수백 년 동안 라틴어를 배우려고도, 그들의 글을 만들려고도 하지 않았다.

실을 증명했다.

영주는 결투의 폐해를 줄이고자, 하위영지의 영주들을 소집하거나 자신의 관리를 시켜 재판관인 영주 자신을 자문하게 했다. 종주(宗主)가 전쟁이나 재판을 위해 소환할 때 응하는 것이 하위영주의 핵심 의무였다. 그런데 하위영주들은 법적 전문지식이 없어 분쟁을 합리적으로 해결하고 종식시키는 데 곤란을 겪었다. 이것은 발달된 재판제도라고 할 수 없었다. 12세기 경부터 학문적 훈련을 받은 법률가들이 등장하면서 그들을 관료로 채용하여 재판을 맡기게 되고, 그들은 법학교육을 받은 뒤 자신의 고국에서 법률가집단(직역)을 형성했다. 이 과정에서, 분쟁해결능력이 떨어지는 아마추어적 배심(陪審) 내지 참심제도(參審制度)는 전문적인 법률지식과 기술에 입각한 근대적 재판제도에 자리를 점차 내어주었다.

영국에서는 봉건영주(封建領主)의 재판제도가 이처럼 법률가에 의한 재판제도로 충분히 변모되기 전에 국왕의 재판권이 순회재판제도에 힘입어 전국적으로 보급되었다. 이러한 배경 하에서, 영국에서는 '외지에서 온 법관'에 의한 재판에 대한 현지의 지역공동체 차원의 보조장치로서, 현지의 사정에 밝은 '지역사회의 모범적 시민들로 구성된 배심'제도가 자리잡았다. 그들은 재판대상인 사안의 정황을 직접 보고 들었거나, 적어도 전해들었을 것이다. 그래서 초기의 배심제도는 법원에 의한 증거조사가 미흡한 시대에 증거절차와 증거법을 대신하는 역할도 했다.

식민지기의 미국에도 영국의 재판제도가 도입되었다. 영국에서 들어온 배심제도는 '영국출신 법관'에 대한 '식민지 주민의 견제장치'로서의 기능도 했다. 토크빌이 지적하듯이, 인내심 많은 북미대륙의 주민들은, "피고인 변론내용에 대한 교섭(plea bargaining)"을 비롯한, 영국식 사법제도(司法制度)의 귀족주의적 요소들에 대해서도, 그것이 실제로 큰 문제를 일으키지 않는 한, 개혁을 요구함이 없이 받아들였다. 다만 그들은 그들의 권리를 보호하는 몇 가지 핵심적 장치들을 고집했다. 미국에서 배심제는 그중 하나였다. 미국에서 '배심에 의하여 재판받을 권리'는 연방헌법에까지 들어가 있다(제6, 7 수정조항).[2]

---

2 미국인들—특히 법을 피상적으로만 학습한 경제학자, 사회운동가 등—은 배심제의 권력견제장치(검찰권과 사법권에 대한 제어장치)로서의 기능을 높이 평가하며 큰 자부심을 표

Ⅲ. 로마법의 부활과 관습법의 합리화

중세법학의 암흑기는 로마법의 학문적 부활을 통해 극복되었다. 근대적 대학은 신학부, 의학부, 법학부의 3대 학부로 구성되었다. 12세기경부터 볼로냐대학을 중심으로 로마법을 학문적으로 연구, 학습했다. 로마법지식으로 훈련받은 법률가가 졸업생으로 배출되었다. 동서유럽 각지에서 온 유학생들은 출신국으로 돌아가 행정공무원, 변호사, 재판관[3]으로 활동했다. 그들의 지적 우월성은 기존의 비전문가 관직자를 압도했다. 로마법 연구와 학문적으로 훈련된 법률가를 배출하는 법과대학의 설립은 프랑스(특히 파리와 오를레앙), 네덜란드, 벨기에, 독

한다. 그래서 미국법의 이식을 후진적 법률문화 극복의 특효약으로 여기고 미국의 배심제도를 단순히 수출하려고 한다. 미국의 법률가들 내지 법사회학자들 사이에서의 한 흐름인 "법과 개발(law and development)"론에서도 미국식 배심제를 근대적 법질서의 중요한 요소로 강조하는 경향이 있다. 그러나 우리는 '떠나 온 나라에 대한 부정적 감정'이 미국인의 공통적 의식이며 애국심의 중요한 요소임을 이해해야 한다. 조상이나 자신의 옛 고국에 대한 '버림받은 감정, 서러움, 미워함'은 이민국가인 '미국에 대한 애국심'의 원동력이 되어 유용한 존재가치를 가진다. 그리고 미국이 베푸는 입장이 되었을 때 '열악한 구대륙에도 미국의 이런 좋은 점을 전파하고 싶다'는 생각을 하게 마련이다. 이런 부분은 우정의 제스처 정도로 받아들일 일이지, 한국에서 제도적 변혁을 꾀하는 근거논리로 진지하게 받아들일 일이 아니다. 이민자의 적응과정에 어울리는 급격한 변화를 비교법 방법론으로 격상시키는 일은 영미법의 점성주의(漸成主義, 漸進主義, incrementalism)와 '법적 안정성' 강조 경향과도 어울리지 않는다. 즉, 미국인 스스로도 원하지 않고 강한 거부감을 느낄 만한 급변동을 강권하는 셈이 된다.

3 한국어의 "법관"(法官)이라는 용어는 재판관의 역할과 직무를 적절히 표현하지 못한다. 한편으로는 행정부 소속 법무관 내지 고대로마의 법무관을 연상시킨다. 다른 한편으로는 3권통합의 절대자 같은 느낌을 준다. 과거 중국에서 3권분립을 알지 못하던 시대에 포청천은 공소제기, 재판, 형집행을 혼자 전담했다. 그러나 현대 법치국가에서는 재판관의 권한과 역할도 명확히 정의(定義)되는 데 중요한 의미가 있다. 이 점을 일반국민을 포함한 수규자(受規者)에게 분명히 하기 위해서는 정확한 명칭을 쓰는 것이 중요하다. 재판관(裁判官)이나 판사(判事)로 칭하는 것이 적절하다. 법원도 "재판"이라는 표현을 넣어 재판소로 불러야 한다. "재판소"를 소위 왜색(倭色) 용어로 여기고 기피하는 것도 적절치 않다. 다행히 한국에서도 근래에 설치된 기구와 법령에서는 "재판소"와 "재판관"이라는 용어를 쓴다. 1987년 헌법에서 신설된 헌법재판소는 "재판소", "재판관"이라는 용어를 쓰고 있다. 또, 국제형사재판소(International Criminal Court)를 설치하는 로마규정(Rome Statute of the International Criminal Court)(1998년 성립, 2002년 발효)을 국내에 공포하면서도 "재판소", "재판관"이라는 용어를 사용했다. 매우 적절한 변화이다.

일 등으로 확장되었다.

내용적으로는 후기로마법을 구성하는 로마제국 황제의 법전들이 중심이 되었다. 즉, 로마시의 오래된 관습, 즉 시민법(市民法, ius civile)보다 이를 보편타당성 있게 적응시킨 만민법(萬民法, ius gentium)을 중시하는 경향은 후기주석학파에서 한층 더 강조되었다. 새롭게 주석되고 학습되고 실무에 적용되기 시작한 로마법은 유럽 전역에 보급되었다. 만민법은 내용적 합리성과 역사적 권위를 지녔다. 또한 그에 의하여 지적으로 훈련되어 지식과 직업능력 면에서 (비법률가 법관·배심원에 비하여) 우월한 근대적 법률가집단에 의하여 뒷받침되었다. 로마법의 영향은 대륙유럽을 넘어 브리튼 섬에도 미쳤다. 그러나 영국(England)에서는 관습법의 비중이 한층 강했다. 강력한 왕권에 의해 뒷받침되는 런던 소재 왕립법원(지방을 순회하는 순회법원도 있었음)에서 전국적으로 통일된 관습법을 법리적으로 발달시켰으며, 이를 담당하는 법률가집단이 정립되었다. 이로써 영미법계(영미법권, 영미법전통)라는 독자적 법전통이 수립되었다. 한편, 스코틀랜드는 원래 바다를 통해 유럽대륙과 상업적, 정치적, 문화적, 학문적으로 교류한 데다가, 스코틀랜드 법률가들은 유럽대륙에 유학하여 그곳의 법과대학에서 로마법학을 학습하고 돌아와 스코틀랜드법에 대륙법적 요소를 유지, 강화했다. 귀족원(House of Lords)[4]의 스코틀랜드의 대법관들은 영국법의 발달에 비교법적 안목을 불어넣었다.

로마법을 배우고 법률실무의 현장으로 온 근대적 법률가들은 로마법의 전면적 계수를 관철시키려 하지는 않았다. 그들이 그런 일을 강행할 수 있을 만큼 권력적 배경을 가진 것도 아니었다. 그들은 지식과 직업적 능력 면에서 우월하고 유용할 뿐이었다. 그래서 그들의 로마법 지식과 근대적 연구방법은 기존의 관습을 합리적인 내용으로 재구성, 보충하는 데 주로 쓰였다. 로마법의 권위를 뒷받침하는 정치적 실체는 없었지만 '로마제국'이라는 관념은 존속했다. 그것은 유럽의 기독교문화권을 하나로 묶어주었다. 그리고 로마법은 로마제국의 법으

4 영국·웨일즈, 스코틀랜드, 북아일랜드법의 상고심이다. 영연합왕국 의회의 상원인 귀족원 내에 편성된 상고심재판부를 가리킨다. 2009년에 "대법원(Supreme Court)"으로 개칭되고 조직상 독립했다.

로서 유럽 각지에서 만민법(萬民法, ius gentium)적 권위를 인정받았다. 그러나 지역적 관습이 일정한 내용으로 존재함이 증명되면 법관은 그것을 특별법으로서 로마법에 우선하여 적용했다. 지역적 관습을 법정에서 입증하는 과정을 통해 관습이 합리적인 내용으로 보충, 재구성되었다. 로마법은 이를 위한 지식과 상상력의 원천이었다. 또 그런 관습이 없는 경우에는(그 지역의 관습이 알지 못하는 문제에 관해서는) 로마법이 보충적 법원(法源)이 되었다. 로마법이 만민법으로서의 권위를 가지고 적용되었다. 달리 말하면, 로마법이 이성법(理性法) 내지 학설로서 보충적 법원(法源)이 되었다. 로마법으로 훈련된 법률가들은 게르만법과 기타의 관습법을 이론적으로 재구성하는 역할도 맡았다. 그들의 손에 의하여 지역법(地域法, local law)이 체계화되어 나갔다.

법규범의 내용이 풍부해지면서 점차 각 왕국이나 도시국가, 장원은 그런 법규범들을 자신의 칙령이나 법전 형태로 기록하여 반포하는 경우가 잦아졌다. 그것은 로마법으로 훈련된 법률가들이 법률실무를 지나치게 좌지우지하지 못하도록 하고 법률규범을 글로 적어 참조하기 쉽게 하려는 의도에서 나왔다. 그러나 그것의 대부분은 게르만계통의 통치자에 의하여 서둘러 만들어졌기 때문에, 판례상 인정되는 법규범을 단편적으로 성문화하거나, 판례를 부분적으로 수정하거나, 기존의 단편적 칙령들을 별다른 체계 없이 수록한다는 의미를 크게 넘어서지 못했다.

Ⅳ. 로마법의 현대적(現代的) 계수(繼受)와 자연법학파(自然法學派)의 대두

이탈리아나 프랑스에 비하여 독일은 법률 분야에서도 후발국이었다. 로마법의 영향이 제한적이었고, 법관집단과 변호사집단이 전국적 규모로 충분히 발달되지 못하고 있었다. 북부 이탈리아의 법과대학에 의한 법률가 양성방식은 파리대학, 오를레앙대학에서 신속히 모방되었지만, 독일 법과대학은 발달이 늦었다. 18~19세기에 이르기 전까지는 국왕의 권력도 전국을 효과적으로 통할하지 못했다. 그 결과, 로마법이 실무계에서 관습법을 합리화시키고 관습법과 융화되는 일이 일어나는 대신, 뒤늦게 본격적으로 도입된 로마법이 관습법을 밀어내었다.[5] 관습법의 합리적 재구성 작업이 별로 진전되어 있지 않은 만큼, 로마법이 보충적 법원(法源)으로서 적용되는 폭이 한층 컸다.

로마법은 유럽에서 잊혀졌다가 부활된 것인 만큼, 독일 법학자들은 보나 진척된 로마법연구의 성과를 가지고 작업할 수 있었다. 그들은 로마법을 합리적으로 다듬어 적용시켰다{"판덱텐의 현대적 慣用(usus modernus pandectarum)"}. 그런데 상당수의 법학자들, 특히 역사법학파(歷史法學派)은 그 틀 내에서 게르만 관습법을 되돌아보고 게르만법적 요소들을 수용하고자 했다. 그들은 로마법도 "쓰여진 이성"이라기보다 역사적 산물임을 직시하려 했다.

로마법 연구에서의 보편화 지향은 17세기에 계몽주의의 영향 하에 자연법학파의 성립을 가져왔다. 자연법학파는 '체계적으로 연구된 로마법'의 핵심 원칙들을 자연법과 동일시하려고 했다. 즉, 로마법의 연구과정에서 보편타당한 내용으로 정제된 일반법리들은 '사물의 본성(Natur der Sache)', 즉 규율대상{'사항(Sache)'}의 본질에 기반하는 것으로 여겨졌고, 따라서 어디에서나, 누구에게나 보편타당하게 적용된다고 주장되었다.

자연법학설의 영향은 한편으로는 민법학에서 나타났다. 자연법학파는 로마법의 현대적 관용(慣用, 수정보완)에 있어 몇 개의 점에서 중요한 기여를 했다. 자연법학설은 법전화 운동을 지지했다. 자연법학설은 국제공법(국제법)도 성립시켰다. 주권자도 자연법의 제약을 받는다는 사고방식이 근대적 국제공법의 출발점이 되었다.[6]

---

5 츠바이게르트/쾨츠, 양창수 역, "독일사법의 역사"(Zweigert/Kötz, Einführung in die Rechtsvergleichung auf dem Gebiete des Privatrechts, Bd. 1: Grundlagen, 2. Aufl., 1984, 제11장 II－V, S. 156~168의 번역), 독일민법학논문선(박영사, 2005), 108~110면 참조.

6 자연법학파의 그로티우스(Hugo Grotius, 1583~1645)와 푸펜도르프(Samuel von Pufendorf, 1632~1694)는 국제공법(국제법)학을 세우는 이론적 체계서를 남겼다.

V. 민족국가(民族國家)에서의 법전편찬(法典編纂)

근대적 합리주의는 로마법을 법개념 중심으로 체계화하고(독일보통법학)[7] 나아가 자연법적 원칙, 규칙을 귀납적으로 발견하려고 노력했다. 그 연장선상에서 일반원칙에 맞게 일관되고 체계적인 현대적 법전을 편찬하자는 주장도 나왔다. 영국에서도 대표적으로 계몽사상가 벤담이 법전편찬을 주장했다.[8] 그러나 법전화운동은 영국에서는 큰 호응을 얻지 못했다. 영국의 법률가집단은 이미 선례구속성의 원칙과 형평법의 관념에 기대어 나름의 방식으로 관습법을 발달시키고 가시화하고 있었다. 영국의 관습법은 판례에 반영되고 판례로써 개혁되므로, 곧 판례법이라고 말할 수 있다. 판례법을 섬세하고 정교하게 집적시키고 그 풍요로운 가능성에 기대는 데 익숙한 영국 법률가들은 포괄적 기본법전이 가져올 손실이 이득보다 크다고 여겼다.

대륙유럽에서는 법전편찬작업이 크게 진척되었다. 법전화운동의 동력은 정치적으로는 18~19세기 대륙유럽의 계몽전제군주, 사상적으로는 계몽주의와 자연법학설에서 나왔다.[9] 합리적이고 체계적이며 전국적으로 통일된 내용의 법전을 만들어, 일반 국민 누구나 법률을 알기 쉽게 하고, 법학자와 법률실무가의 지식독점을 견제하려 했다. 독일에서는 몇 차례의 시행착오를 거쳐 프로이센 일반란트법의 시행(1794)을 보았다.

---

7 개념법학(Begriffsjurisprudenz)의 방법론도, 그것의 개량된 대안으로 주장된 이익법학(Interessenjurisprudenz)도, 독일보통법학에서 법학을 체계화하는 과정에서 나온 것이다.

8 Jeremy Bentham, *The Principles of Morals and Legislation*, 1780~1789. 그의 이 저작은 동시대에 프로이센에서 나온 Kant의 Metaphysische Anfangsgründe der Rechtslehre(법학의 형이상학적 기초)(1797)와 비교된다. 두 책은 플라톤의 '국가(政體, Politeia)' 및 '법률(Nomoi)'과 비교된다. 플라톤과 벤담은 통치자에 대한 조언자의 관점에서, 칸트는 이러한 관점을 추상하여 근대적, 자립적 개인의 입장에서 접근했다.

9 독일의 칸트는 어떤 선험적(先驗的) 상위원리(上位原理)에도 의존하지 않고 보통의 '자발적 개인'에서 출발하여 그가 어떤 법규들을 의욕하여 구상(構想)할 만한지 보여주었다. Immanuel Kant, *Metaphysische Anfansgründe der Rechtslehre*, 1797. 번역서로 임마누엘 칸트, 이충진 역, 법이론, 이학사, 2013. 칸트의 이 책은 오늘날 국제연합 국제통상위원회(UNCITRAL) 등 여러 국제기구에서 만드는 모델법(model law)의 선구적 전범(典範)이었다고 평가할 수 있다.

18세기와 19세기 전반에 시도된 법전들은 무리하게 완전성을 지향한 나머지 실용성이 저해되는 경우가 있었다. 예컨대 프로이센 일반란트법은 방대하고 자세한 데다가, 입법의 해석이나 흠결의 보충은 법률위원회(Gesetzcommission)에 부탁하도록 하고, 판례나 학설에 의한 해석을 일절 금지했다.[10] 이렇게 학계의 최고권위자에게 해석·계속형성을 전담시키는 방식은 현실성이 약했다. 학계에서도 자연법학파 주도로 법전편찬을 서두는 데 대한 반론이 있었다. 사비니를 비롯한 역사법학파도 로마법의 역사적 연구와 일반원칙의 추출가능성 및 수정방안의 탐구에 그들의 정력을 기울였지만, 국가별 법전은 각국의 역사적 소여(민족성, 풍토 등)를 반영할 필요가 있음을 역설했다. 그런데 보편적 학설법을 관습법과, 그리고 토착적, 현실적 요청과 타협시키는 방안을 찾는 데에는 시간이 필요하다. 결국, 법전은 완전한 것이 되기 어렵다는 점이 경험으로 체득되었다. 그 결과 대륙법계(법전주의)에서 성문법전을 만들 때에는 '법의 골자(骨子)'를 성문화한 간략한 입법을 추구하게 되었다. 독일에서는 19세기 후반에 판덱텐의 현대적 관용에서 중요 내용만을 추려내고 게르만관습법의 요소들 가운데 실용성 있는 것들을 선별하여 보존하는 형태로 법전화작업이 일단락되었다.

프랑스에서는 법전화작업이 좀 더 순조롭게 이루어졌다. 프로이센에서의 법전편찬이 황제의 후견 하에 학계 주도로 급진적으로 이루어진 것과 달랐다. 프랑스에서는 법률가집단이 정립되어 있었고, 로마법 지식에 기반한 관습법 합리화 작업이 판례를 통하여 누적되어 있었다. 한편으로 지방귀족의 약화와 왕권의 강화경향이 지속되었다. 이러한 과정들은 13세기경부터 18세기에 이르기까지 지속되고 있었다. 왕권의 강화가 지방귀족을 약화시키고, 도시민과 농민이 정치세력화되어 왕권과 직접 마주하게 되었고, 정치적 긴장은 프랑스혁명으로 폭발했다. 혁명기에는 급진적 자유주의에 따른 법률이 시행되는 격변을 경험했다. 결국 나폴레옹의 집권으로 사상적 과격성이 억제된 중앙집권체제가 복원되었고 법적 전통과 법적 안정성에 대한 존중이 살아났다. 계몽전제군주가 공화

10 R. C. van Caenegem (D. E. L. Johnston, trans.), *An Historical Introduction to Private Law*, Cambridge University Press, p.124.

제로 대치되는 과정이 시작되었다. 프랑스혁명 전부터, 국왕의 이름으로 전국적으로 법을 통일하기 위한 노력이 행해지고 있었다. 프랑스혁명기의 광란을 억누르면서 계몽주의의 온건한 영향을 받아 합리적이면서도 역사성을 띠는 법전을 마련하는 작업이 나폴레옹의 적극적 격려, 후원 하에 결실을 맺었다. 자연법학설의 영향도 있었지만, 내용적으로는 보수적인 편이었다.

개인의 자유를 출발점으로 하면서도, 역사적으로 발달되어 온 나름대로 합리적인 법에 따라 생활하면서 법적 안정성을 누리고자 하는 개인의 이익을 우선시했다. 그래서 민법전의 대부분의 조문은 학설과 판례에 의해 점진적으로 발달되어 온 '프랑스보통법(droit français commun)'을 성문화한 것이었다. 전국적 통일성을 지향하는 학설과 단편적 칙령들에 의하여 이미 지방적 관습이 상당부분 뒤로 물러나고 법원은 이에 힘을 실어주고 있었는데, 이러한 구법(ancient droit)질서는 나폴레옹 법전에 의하여 전면적으로 대체되었다. 이러한 온건하고 투명한 변화는 대부분의 국민에게 만족스러운 것이었다. 프랑스 법학과 법률실무가 오랫동안 합리성과 실용성을 추구해 온 기반 위에, 온건한 개혁을 담은 법전이 시행됨으로써, 신법질서가 안착(安着)할 수 있었다.

한편, 나폴레옹은 유럽 각국을 정벌하면서 나폴레옹 법전을 이식(移植, transplant)했다. 이는 구시대적 귀족정과 왕정 대신 계몽주의적 전제정을 현실화시켰다. 개인주의는 고무되었다. 그뿐만 아니라, 피정복지역에서 민족감정이 자극되었고, 시민계급과 절대군주가 강화되었다. 피정복국들은 나폴레옹이 패퇴된 후 절대왕정 형태로 민족국가를 수립했다. 그 국가들은 대체로 나폴레옹 법전을 보존했다. 네덜란드, 벨기에, 스페인, 루마니아 등에서 오랫동안 쓰였다. 프랑스민법전은 프랑스에서의 게르만관습과 로마법의 결합물이었고, 프랑스의 법학계와 실무계의 손으로 축적된 결과물로서 프랑스적 특수요소를 담고 있었지만, 그 온건한 개혁성과 실용성의 장점이 발휘되어 프랑스민법전의 이식이 받아들여진 것으로 평가할 수 있다. 다른 한편으로, 프랑스의 영향에서 벗어나 명실상부한 민족국가로서 독립하기 위해 자신의 민법전을 제정하도록 자극하기도 했다. 특히 독일에서 그러했다.

구체적으로 어떤 경과를 거쳤든, 18세기에서 시작하여 19세기와 20세기를 거치면서 유럽대륙의 각 민족국가들은 자신의 법전을 만들었다. 그것은 로마법적 요소와 게르만법적 요소를 타협, 결부시키고 규정의 폭을 간소화한 것이었다. 강력한 중앙권력에 의거하여 영토국가 전 지역에 통일된 사법제도(司法制度)를 시행하게 되었다. 이를 뒷받침하기 위하여 전국적으로 통일된 민사소송법전, 형사소송법전이 필요했다. 그래서 민법전과 형법전 외에 소송법전도 편찬되었다. 19세기 후반 이후로는 상법전의 편찬이 국가별로 경쟁적으로 뒤따른다. 이것은 중세 상관습, 즉 상인법(lex mercatoria)의 국가법화이다. 로마법과 교회법의 영향은 이미 중세 상관습에도 — 조금은 다른 양상으로 — 미치고 있었지만, 국제적 상관습의 그것의 국가법화(국가별 상법전 편찬)는 민법과 상법의 대립(병립)을 가져왔다.[11]

영국에서는 재판제도와 법이 두 갈래로 발달했다. 한편으로는 관습법을 계승하는 판례법인 커먼로(보통법)가 있었다. 그것은 의회주권 원칙을 받아들여 제정법에 양보하면서 발달되어 왔다. 보통법에는 로마법, 교회법과 자연법학설의 영향을 제한적으로 받았다. 다른 한편으로는 보통법의 경직성을 수정하는 형평(衡平, equity)이 있었다. 이 두 가지 실체규범은 별개의 사법제도(司法制度) 내에서 따로 발달했다. 커먼로(보통법)에 따라 재판하는 커먼로법원과, "형평(equity)"에 따라 재판하는 형평재판소가 따로 있었다. 커먼로, 즉 관습법의 경직성은 형평재판소에서의 교정적 구제를 통하여 보완되었다. 이는 구체적 사안의 해결에 있어 실용적인 것일 수 있었고, 커먼로에 불확실성이 생기는 것을 최소화하는 기능도 했지만, 체계적인 접근은 아니었다. "형평"이 "법" 밖에 머무름으로써 일반적이고 추상적인 법원칙의 발달이 저해되는 한계가 있었다. 영미법에서도 — 영국에서는 1873년의 사법부법(司法府法, Judicature Act)에 의하여 — 보통법과 "형평"법리가 통합되면서, 민사법의 일반원리가 서서히 발달되고 있다. 또, 대륙유럽에서처럼 일반원칙에 입각하여 하나의 법분야 전체를 포괄하는 간소화

11 이를 극복하려는 노력도 행해지고 있다. 예: 스위스채무법, 칼 르웰린(Karl Llewellyn)의 영향 하에 만들어진 미국의 통일상법전(통일거래법전)(Uniform Commercial Code, U.C.C.), 국제연합 물품매매조약(1980).

된 법전이 편찬되는 일은 잘 없으나,[12] 성문입법에 의한 개혁은 활발히 이루어지고 있다. 입법적 개혁의 필요성이 부각되면 법률(개정)위원회(Law Commission)를 설치하여 체계적 성문입법안을 만든다. 이 입법안이 우선순위에 밀려 사장되는 일도 있으나, 주소(domicile), 채권양도, 법정모독 등 다양한 문제에 대한 개혁입법이 이 방식으로 이루어졌다. 입법로비에 의하여 의회의 입법작용이 휘둘리는 미국적 현상은 자연스럽게 방지되고 있다.

Ⅵ. 동아시아에서의 근대법질서의 도입

중국 중심의 독립된 세계질서가 존재한 동아시아[13]에서는 19세기 후반이 되어서야 근대적 법사상과 법제도가 도입되기 시작했다. 동아시아의 시민계급은 국가질서의 하위집단이었으며, 근대적 개인주의는 미발달된 상태였다. 전통적으로 이 지역을 지배한 사상은 유가, 불가 및 토착적 신비주의의 종교사상 및 무정부주의적 전통[14]이었다. 그러한 전통사상에도 개인 본위의 사고방식이 있

---

12 미국에서도 법전편찬운동이 일어났다. 민법, 형법, 민사소송법, 형사소송법, 상법 등 다양한 분야에 걸쳐 성문입법안이 마련되었다. 특히 민사소송법의 법전화운동은 큰 성과를 거두었다. 뉴욕주의 민사소송법(제안자의 이름을 따 Field Code로도 불리움)의 성공은 연방민사소송규칙(Federal Rules of Civil Procedure, 1937)으로 이어졌고, 연방형사소송규칙(Federal Rules of Criminal Procedure, 1944), 연방증거규칙(Federal Rules of Evidence, 1975)이 차례로 제정되었다. 한편으로는 연방의 중앙부에서 주법의 통일을 지향하는 모델법(uniform laws)을 만들어 주(州)제정법으로 채택할 수 있게 한다. 가족법, 유언법, 국제가족법, 외국판결 승인집행법 등의 분야에서 다수의 모델법이 채택되었고 주입법으로 이어졌다.

13 비교법학 및 사회학의 연구단위로서 "동아시아"는 "유교문화권" 내지 유가사상의 영향을 받은 법전통의 다른 이름이다. 오늘날의 중국(군사적 강점지인 티벳, 신장, 위구르는 제외), 한국, 베트남, 대만, 일본 5개국(또는 그 주류사회)을 가리킨다. 문화적으로는 말레이지아, 싱가폴 등의 화교사회도 유교문화권에 속하는 것으로 볼 수 있으나, 그 지역에서는 유가사상에 영향받은 법전통이 법질서의 기본원리를 이루지 않고 있다.

14 무정부주의(無政府主義, anarchism)는 단순한 무정부상태와는 구별된다. 무정부주의는 비정부적(non-governmental) 정치권력에 의존하는 정치를 주장하는 정치사상이다. 즉, 자발적인 自助, 공동체 내의 자치(自治)에 의한 통치를 주장한다. 한국사회에는 고유의 무정부주의 전통이 있다고 이야기된다. 전통사회에서의 품앗이, 길쌈, 계 등에서 예를 찾는 견해도 있는데, 촌락공동체의 자치와, 전시의 의병활동의 예가 두드러진다. 현대의 새마을운동도 같다.

었으나, 개인의 권리의무에 초점을 두는 정치철학이나 법사상으로 발달하지 못했다.

서세동점(西勢東占)의 첨단에 선 것은 가톨릭 선교활동이었다. 중국에서 활약한 마테오 리치 신부가 가톨릭적 세계관을 유불도 3교와 비교하고 한문으로 설명한 것은 서양사상이 동아시아에 파급되는 물꼬를 텄다. 가톨릭적 세계관·인간관은 먼저 지식인층에서 호응을 얻었다. 선교활동이 조직화되면서 농상공계급에 보급되었다. 그러나 왕권에 의한 탄압으로 그 사회적 영향력은 타격을 받았다. 시민사회의 기초사상을 보급하고 개인주의적 자각을 일으키는 일은 한차례 지연되었다.

이에 따라 발생한 정신적 공백은 국가적 위기상황에서 정치적 공황상태로 나타났다. 일본의 지배하의 한국에서는 공산주의, 무정부주의 등의 좌파사상이 기독교 및 근대적 개인주의와 경쟁, 충돌했다. 중국에서 자유민주주의 세력이 정치적으로 패배하여 대만으로 밀려난 것과 달리, 한반도에서는 기독교들과 기독교의 영향을 받아 개화된 시민사회가 대한민국으로 뭉쳐 근대국가를 수립하고 내실을 다졌다. 중국에서는 천주교에 대한 박해가 적었으나, 한국에서처럼 다양한 기독교 종단들이 경쟁적으로 서민에 대해 포교하는 일이 일어나지 않았다. 중국에서는 국가적 위기를 대약진운동과 문화대혁명에 의해 심화시키는 경험을 한 뒤에, '정신적 공백' 위의 국가주도 경제개발이라는 타협책으로써 근대국가질서를 대신하는 정치적 실험이 진행되고 있다.

일본에서는 도쿠가와 막부의 천주교 탄압이 철저히 실행되었고, 근대적 개인주의의 발달은 기독교 도덕의 직접적 도움 없이 진행되어야 했다. 불교적 세계관도 조금씩 쇠락했다. 서양의 중세는 보편적인 종교와 문명이 지배했고 그 유산을 근대에 물려주었지만, 일본에서는 그에 대응되는 부분이 약했다. 에도(江戶)시대로부터 근현대로 이어진 상업과 상인의 발달과, 서양학문과 근대법의 도입은 비교적 순조로왔으나, 정치적 개인으로서의 자각에 기반을 두고 근대적 정치제도를 확립시키는 일은 굴곡을 거쳐야 했다. 상업과 학문, 사법(私法)의 근대화가 일찍 이루어졌음에도 불구하고, 근대적 공법질서(公法秩序)의 정립은 상대적으로 늦었다.

근대국가의 수립에 앞서 구미(歐美)의 개항(開港) 요구에 따라 경제적 국경 봉쇄가 해제되었다. 근대법과 접촉하고 근대적 법제도를 도입한 첫걸음은 외국 상인의 상업의 자유를 보장하고 특정 국가의 상인들에게 무역항의 독점적 이용권을 부여한 것이었다. 왕실은 특정 업자에게 특허장을 주어 독점권을 부여하기도 했다.[15] 통상(通商)을 위하여 국경을 개방하고 외인(外人)의 특권을 보장하는 불평등조약이 체결, 시행되었다. 조차구역(租借區域)에서의 영사재판이 이 지역에서의 최초의 근대적 재판이었다. 외부로부터의 압박은 집권층의 위기감을 낳았고 위로부터의 개혁이 서둘러 이루어졌다.

일본에서는 지방호족들이 외세에 대항할 절대왕정의 수립을 위해 자신의 권력을 일제히 자발적으로 포기하는 메이지유신(明治維新, 1867)이 일어났고, 근대화를 주장하는 정치세력은 절대군주를 중심으로 뭉쳤다. 신지식층은 프로이센의 법원구성법을 본받아 근대적 사법조직(司法組織)을 수립했고 나폴레옹법전과 프로이센의 법전을 본받아 실체법과 절차법의 법전을 제정했다.

일본의 법률가들과 정치인들은 근대적 법질서의 틀(framework)을 도입하는 데 주된 관심이 있었으므로, 많은 세부문제를 해석에 맡기는 골자형(骨子型) 법전을 반드는 것으로 만족했다. 일본의 법전이 프랑스와 독일의 그것보다 한층 슬림화된 배경에는, 일본 특유의 축소지향 내지 최소주의(minimalism)와 함께, 낯선 유럽의 법을 급히 도입하여 근대화의 기초로 삼아야 하는 현실적 필요도 있었다. 일본식 미니멀리즘은 갈등을 회피하는 경향으로 나타나, 행정소송의 기피와 사법소극주의를 낳기도 했다.

중국과 한국에도 후쿠자와 유키치(福澤諭吉)를 위시한 일본 계몽사상가들의 영향과 명치유신(明治維新)의 자극이 미쳐, 근대적 법질서를 도입하여 근대 시민사회의 제도적 기반을 마련하려는 노력이 있었다. 그러나 신비주의적 색채를 띤 자강운동과의 경쟁을 이겨내지 못했고, 근대적 법질서의 도입은 20세기를

15 이런 역사적 경험은 동아시아뿐만 아니라 근현대에 구미(歐美)의 식민지 경험을 가진 개발도상국들에게 공통되었다. 이것은 이런 국가들에서 근대법의 합리성과 객관성에 대한 회의적 시각이 팽배하는 하나의 원인이 되고 있다.

기다려야 했다.

한국은 대체로 1910년의 일본 병합[16]을 전후하여 근대법의 경험이 시작되었고, 형사법과 사법(私法) 분야에서는 일본 식민지기(일본 통치기)[17]에 이미 근대법질서가 본격적으로 도입되었다. 1945년의 해방[18] 후 혼란으로 1948년부터

16 러일전쟁 후 1905에 일본의 보호령(protectorate)이 됨으로서 실질적으로 일본에 의한 통치(Japanese rule)가 시작되었다는 견해도 있다. 정치사의 서술이 병합(annexation)에 의하여 일본의 영토로 편입되었는지에 엄격히 구애될 필요는 없다.

17 과거에는 일본통치기를 보통 "왜정(倭政)" 또는 "일정(日政)" 시대로 불렀다. 그런데 언젠가부터 "일제시대"로 바뀌더니, 다시 "일제강점기"라는 표현으로 바뀌었다. 그러나 이 두 용어는 따를 것이 못 된다. 먼저 "일제시대"의 용어를 보면, 일본이 스스로를 제국으로 인식하고 국호도 대일본제국으로 한 것은 일본사의 서술에서는 중요할지 모르나, 한국사에서는 그다지 중요하지 않다. 한국사에서 중요한 것은 일본에 의한 통치를 받고 병합도 되었다는 사실이다. 그리고 타국을 병합하는 일은 제국의 전유물이 아니며, 제국에 해당하는지는 정치사적으로 평가되는 것이지, 스스로 국호를 제국이라 한다 하여 제국인 것도 아니다(그래서 대한제국도 제국이 아니다). 1910년(내지 1905년)에 일본이 제국의 실질을 갖추었는지도 논란의 여지가 있다. 그러므로 한국사의 교과서적 서술에서 일본정치사의 세부적 맥락까지 살려 "일제시대"라고 할 필요가 있는지 의문이다. 일본의 국사학자들이 대륙으로 확장하던 시대를 "대일본제국시대", "제국시대", "일제시대"라 하든 말든, 일본사의 문제이지 한국사에서 중요한 문제가 아니다. "일제강점기"(대일본제국 강제점령기의 준말)의 용어도 부적당하다. 일군의 국제법학자들은 국내법적 절차상의 흠결이나 하자를 이유로 병합조약이 부존재했다거나, 강박된 조약은 당연무효라고 주장한다. 그래서 국제법상 유효한 병합 없는 통치이므로 "강제점령"에 해당한다고 주장한다. 그러나 병합조약의 체결, 비준을 위한 국내적 절차에 흠결이나 하자가 있다 하여 병합조약이 부존재했다고 할 수 없다. 조약의 존재 여부와 조약의 성립과정상의 절차적 흠결, 하자 문제는 구별되기 때문이다. 강박으로 체결된 조약은 1905년과 1910년 당시에는 아예 국제법상 적법(legitimate)했다. 또, 국제법상의 부적법(illegitimacy)은 국내법상의 위법과 다르다. 국제법상 부적법에 대하여 법률행위(조약)의 당연무효라는 제재(법률효과)가 일반적으로 주어지게 될 가능성이야 열려 있지만, 어렴풋하고 머나먼 가능성에 불과하다. 더구나 1910년 당시에는 단순한 강제병합도 국제법상 유효했다. 용어의 정치적 함의에 관한 논란도 부담스럽다. 일부 수정주의 역사학자들은 1905년 내지 1910년부터 1945년까지를 일제강점기, 1945년 이후를 "미제강점기"로 불러 대구(對句)를 맞춘다고 한다. 굳이 현실성도 없고 논란거리가 되는 용어를 쓸 필요가 없다.

18 해방(liberation)은 법적 개념이 아니다. 일시적인 외래의 통치(alien rule)의 종식되면 해방되었다고 말한다. 단순한 강제점령지를 되찾은 것이든, 타국에 병합되어 그 나라의 영토로 남아 있는 상태에서 사실상의 지배만 회복한 것이든 상관없다. 해방에 분명한 시점이 있는 것도 아니다. 그래서 제2차 세계대전사에서 파리해방(liberation of Paris)은 1944. 8. 19.~25.의 파리 탈환전을 가리키기도 하고, 1944. 8. 25.에 파리가 탈환된 것을 가리키기도 한다. 한국의 일본통치로부터의 해방시점이 항복 통보일인 1945. 8. 14.인지, 항복사실을 방송한

는 공법(公法) 분야에도 영향이 미쳐, 보통선거가 최초로 실시되었고, 미국헌법의 지배적 영향을 받은 헌법이 제정, 시행되었다. 대한민국의 수립 전부터 준비되어 건국과 동시에 실시된 농지분배는 농민 개개인을 지주에의 예속으로부터 해방시켰고, 농촌자본주의의 토대를 마련했다. 국가 주도의 경제개발을 거치면서 미국식의 독점규제법과 증권거래법이 시행되었다. 또, 정치적 자유의 확대과정은 권리의식을 강화시켜 행정소송과 헌법소송의 활성화를 가져왔다. 한국의 근대법은 일본의 최소주의를 받아들이는 데에서 출발했으나, 간소화된 법전은 비대화된 로비입법과 공존하게 되었다. 한국에서 법치(法治)는 유교적 명분론, 사회공학(social engineering), 법의 역할을 극대화하려 하는 legalism의 팽배와, 비정부단체의 정치조직화, 사법(司法)의 정치화 현상으로 시련을 겪고 있다. 그 가운데 정치와 도덕감정으로부터의 '법의 독립성'은 위협받고 있다.

오늘날의 한국법과 중국법, 대만법은 일본법의 영향권 안에 있다. 중화민국(대만)은 공식적으로는 1912년 신해혁명으로 수립된 근대적 사회질서의 계승자이지만, 실질적으로는 1895년부터 일본의 지배를 받으면서 일본의 법제와 법문화가 폭넓게 수입되고 내면화되었다. 대만법의 고도의 발달은 후발국인 중국에도 자극제가 되고 있다. 대만법은 한국 법률가들에게도 큰 시사점을 가진다. 대만의 입법과 판례는 영미법과 대륙법의 상세한 비교연구와 함께 일본법과 한국법을 세부적 내용까지 검토한 바탕 위에서 이루어지고 있고, 한국에서와 달리 일본법의 비교검토가 공개적으로 이루어지고 있어 참고가치가 높다.

베트남에서는 응우옌(阮)왕조가 프랑스의 후견 하에 근대화를 진행시키면서, 베트남법은 프랑스법의 지배적 영향 하에 놓였다. 공산화 후에는 경제활동에 관한 법제가 폐지되었고, 공식적으로는 반중(反中)·친소(親蘇) 노선을 내세웠으나, 실제로는 '사회주의법화된 중국법'의 영향력이 강했다. 1986년 이후 "도이모이"(쇄신) 정책에 따라 근대법질서를 재수립하고 있다. 입법에는 프랑스법, 일본법, 중국법의 영향을 받고 있다. 해외유학과 학술교류의 영향으로 프랑스법,

---

날인 1945. 8. 15.인지, 통치권이 건국준비위원회에 인계된 날인지, 아니면 다른 날인지를 엄격히 따질 실익은 크지 않다.

일본법, 미국법의 영향이 경합하고 있다.

일본은 넓게는 유교문화권에 속해 있으면서도 중국대륙으로부터의 정치적 영향을 별로 받지 않았다. 그래서 '동아시아 법전통'을 특징지우는 요소 중 '전통적' 요소 내지 유교문화적 요소는 동아시아 4국 중 가장 적게 가지고 있다. 중국문화의 영향을 자기 식으로 소화, 흡수한 경험은, 서양범을 효과적으로 흡수하여 자기 것으로 소화하는 데에도 도움이 되었다. 그리고 그 성과는 다시 동아시아 내에서 강력한 호소력과 실용성을 가지고 — 그리고 과거의 정치적 지배를 통하여 — 파급되고 있다. 오늘날 동아시아법계(법권, 법전통)는 곧 일본법계를 의미한다.

중화권 학자들은 19세기말 전까지의 과거의 유산, 특히 유교적 요소를 중심으로 동아시아법계의 아이덴티티를 설명하려 한다. 이렇게 시선을 과거로 돌리면, 중국의 '사상(思想)'이 동아시아법계의 중심에 놓여지고 '일본'은 가장 변방에 놓이게 된다. 그러나 유교(특히 그 가정윤리)의 영향이 매우 약했던 일본에서는, 이런 시도가 반향을 얻지 못하고 있다.

동아시아 4국(한국, 중국, 일본, 베트남) 내지 5국(대만 포함)의 법전통 내지 법문화 간의 차이에도 불구하고, 오늘날 이 국가들을 동아시아법권으로 묶을 수 있다. 몇 가지 공통요소를 들 수 있다.

첫째, 근대적 법질서의 세부내용의 상당부분이 자연법론에 기초하고 있다. 동아시아 국가들은 외부의 통상세력의 압력에 굴복하여 무역을 허용하고 그에 따라 근대적 상거래질서가 본격적으로 발달했다. 이에 따라 근대적 민형사법이 일거에 도입되었다. 관습법은 구석으로 밀려나 있다. 관습법의 변경적 효력을 부정하는 것이 통설이다. 이성법(理性法)은 관습법을 거의 전면적으로 밀어내고 이 지역의 근대법질서의 주축이 되어 있을 뿐만 아니라, 법률의 흠결이 있는 경우 학설(學說)이나 조리(條理)의 이름으로 다시 개입한다.

둘째, 기존의 왕정질서가 위협을 받으면서, 독립된 민족국가의 수립이 정치적 의제(議題, agenda)의 중심에 섰다. 자국의 독자적인 근대적 법전 반포에 의하여 민족국가의 존립을 보장하려 했다. 여전히 이러한 개별화의 움직임이 지배적이다. 게다가, 구미로부터 또 동아시아 내 타국으로부터 우월한 법을 경쟁적으로 받아들이면서 국가법질서를 경쟁적으로 발달시키고 있다. 동아시아 각국의 법의 차이는 구래의 토착적 관습에 의거하는 것 외에도, 근대화과정에서의 입법적 선택이라는 우연적, 역사적 요소에 기인하는 경우가 많다. 결국, 동아시아 각국은 유교적 전통, 그리고 19세기에 급격히 일어난 해외 통상세력의 압박과 근대화, 법전 반포에 의한 위로부터의 근대화라는 공통요소를 가지고 있고, 이들 법질서를 동아시아법권이라고 묶을 수 있음에도 불구하고, 소위 "동아시아공통법(East Asian ius commune)"의 실체는 미약하다. 동아시아 각국의 입법과정이 이성법(理性法)에 치중하고 있음에도, 동아시아 각국을 아우르는 이성법(理性法)은 그 실체가 불분명하다. 여기에 동아시아 자연법론(이성법론)의 역설(逆說)이 있다.

셋째, 사적 자치(私的 自治, Privatautonomie, "autonomy of individuals")의 관념이 상대적으로 약하다. 초국가적 상거래계와 초국가적 시민사회가 법질서의 운영과 계속적 발달의 정치·사회적 기초를 이루는 부분이 여전히 미약하다. 그 이유는 대체로 두 가지 점에서 찾을 수 있다. 한편으로는, 민족국가의 수립서구에서 유래한 근대적 법사상이, 사상적으로는 불가·유가적 세계관과 이에 대한 대안으로 도입된 기독교적 세계관의 기초 위에, 그리고 전통적 사회질서가 해체되어 가는 바탕 위에 도입되어 있다. 이는 '공익의 사익에 대한 일반적 우선', '국가의 국민에 대한 보호의무' 등을 강조하는 사고방식의 뿌리가 되고 있다. 다른 한편으로는, 국가가 선도적으로 길을 열어 줌에 따라 민형사법질서와 경제법질서, 사경제가 병행적으로 발달했다. 국가 주도의 경제개발과 자유방임경제에 대한 정부의 개입은 동아시아 근대사회에서의 경제적 발달과정이 본격화될 때부터 함께 존재했다. 국가의 공법적 개입은 사적 자치와 처음부터 공존했고 함게 발달했다. 시민사회와 상거래계가 사적 자치(私的 自治), 즉 사인(私人)(들)의 자치(自治)의 법이념 내지 법원칙을 국가법원 내로 가지고 들어와 관철시키는 일이 시대적으로 먼저 일어나고, 그 후 노동법, 경제법 등이 발달된 것이 아니었다.

넷째, 대륙유럽이나 미국 등 외부로부터 낯선 제도를 도입함에 있어서는, 동아시아의 제도, 사회 및 문화적 배경 하에서 어떻게 작동할지, 또 언어적으로 어떻게 번역하여 도입할지 문제된다. 동아시아 각국은 종종 국제적 입법·해석론의 추세를 받아들임에 있어 다소 시차를 두고 내용적으로 다듬어 수용한다. 이런 적응 내지 절충의 작업에는 공이 많이 든다. 그리고 동아시아의 어느 한 국가가 먼저 일정한 내용으로 적응이나 절충을 시도하면, 다른 동아시아 국가가 이를 경쟁적으로 추종하는 경향이 있다. 이것도 동아시아적 공통성의 일부분이 된다. 그런데 이러한 공통된 반응양상을 어떻게 설명할지는 어려운 문제이다. 외래의 제도가 적자생존의 원리에 따라 동아시아적 환경에 적응한 것이라면, 동아시아 공통적인 법전통 내지 제도, 사회, 문화적 배경이 존재함을 보여준다고 설명할 가능성이 있다. 그러나 단순히 전 세계적으로 국가 차원의 전략적(strategic)인 선택이 행해지고 있을 따름이라면, 동아시아적 특수성은 근대법질서가 '동아시아로 도입됨에 있어 실제적 필요에 따른 시차가 있다는 점'과 '동아시아지역 내의 경쟁심리'가 작용하는 점뿐이라고 할 수 있을지도 모른다.[19]

다섯째, 동아시아 각국의 입법례를 보면, 법률용어를 의도적으로 다양화하는 모습을 볼 수 있다. 때로는 불편함을 감수하면서까지 차별화한다.[20] 법률용

---

19 가령 게임이론(game theory)에서 말하는 '꼴찌 추종전략'. 현실세계의 법(보통 최소한 크게 몇 가지의 형태로 나타난다)은 최선이 아니라 적당히 절충된 형태인 경우가 많다. 후발 국가들은 이 점을 알면서도, 뒤처지지 않기 위해 그 추세(중 어느 하나)를 일단 채택하는 것일 수도 있다.

20 이것은 동아시아만의 현상은 아니다. 근대법의 발달이 뒤늦었던 아일랜드(보다 적절한 한글표기는 아이어랜드)에서도 민족주의적 감정에서 구 식민지모국과 법률용어를 달리하는 경향이 있다는 지적이 있다. 이것은 유럽대륙에서 18~20세기에 걸쳐 민족국가별 민법전 반포가 유행했던 것과도 맥을 같이한다. 그러나 20세기 초부터는 오히려 국가별 개념·용어의 차별화가 지나쳤다는 반성이 나오고 있다. 오히려 가급적이면 (개념이 동일하고 용어만 다른 것이라면) 각국에서 쓰는 법률용어를 통일하려는 움직임이 주류를 이루고 있다. 국제연합 사법통일국제협회(私法統一國際協會, International Institute for the Unification of Private Law, UNIDROIT)에서 만든 국제상사계약원칙(Principles of International Commercial Contracts, 약칭 PICC), 유럽연합의 후견 하에 만들어진 유럽계약법원칙(European Principles of Contract Law)이나 공통참조틀안(Draft Common Frame of Reference), 국제연합 국제거래법위원회(UNCITRAL)에서 만든 도산법이나 동산·채권담보법 분야의 모델법 등이 그 대표적인 예이다.

어의 국가별 차별화는 동아시아적 공통성(실질적으로는 일본법계적 공통성) 내지 범세계적 공통성을 퇴색시킨다. 이것은 법률가의 국경을 넘는 활동이나 학술교류, 지역적 법통일 등에 방해요인이 될 수 있다. 예컨대 중국에서는 불법행위를 가리켜 "침권행위(侵權行爲)"라 한다. 그러나 비교법적으로 불법행위가 반드시 "권리침해"를 요구하는 것은 아닌 경우가 많음에도 굳이 전 세계적으로 유례가 없는 이러한 특이한 용어를 만들어낸 것은 적절하다고 보기 어렵다. 단지 일본의 용어체계를 완전히 그대로 모방하지 않는 모양새를 갖추려다가 생긴 에피소드로 보인다. 한국에서도 일본에서 먼저 고안된 한자어에 "식민지시대 잔재", "왜색(倭色)"의 낙인을 찍어 폐기하는 일이 때때로 있다. 그 결과 개념전달기능이 저하되기도 한다. 예컨대 2002년 민사소송법 개정시 응소관할(應訴管轄)이 "변론관할(辯論管轄)"이라는 어색한 용어로 개칭되었다.

일본 법률용어와의 차별을 위하여 한국법에서 창안된 용어가 오히려 한국의 일반 사회에서는 외면받는 경우도 있다. 1958년 민법의 제정(내용적으로는 의용민법의 개정)시에 의용민법의 "상쇄(相殺)"를 "상계(相計)"로 바꾸었다. 그러나 한국의 타 학문분야 및 일상적 언어생활에서는 상쇄라는 말이 주로 쓰인다. 이는 상쇄라는 용어가 한국어권 사회에서 충분히 수용되어 있는 반면에 상계라는 용어는 50년이 더 지난 지금까지도 그렇게 되지 못하고 있다. 입법자는 일본에서 처음 고안된 근대적 법률용어라는 이유로 상쇄라는 용어를 한국 민법에서 추방하고 한국어 자체에서 몰아내려 한 셈이지만, 한국의 시민사회의 반응은 냉담했다.[21]

여섯째, 비교법적 접근에 있어 다양성을 외면하고 하나의 해결로의 수렴을 지향하는 성향이 비교적 강하다. 특히 한국에서는 이런 경향이 강하다. '최선의

21 일반인들은 "상계(相計)"라는 낯선 용어 앞에서, '그것은 상쇄(相殺)와는 다른 어떤 것인가?'라고 의아하게 생각할 듯하다. 생각건대, 상계라는 용어는 그것이 채무의 소멸원인임을 표현하기보다는 웬지 회계장부 기록실무를 떠올리게 하는 점이 있는 것 같다. 혹은, 법률상 당연히 상계가 발생하도록 하는 형태의 상계를 가리키기에는 어감상 어색한 면이 있는지도 모르겠다. 상계라고 하면 어떤 적극적인 행위(작위)를 가리키는 느낌이 있기 때문이다. 언젠가 한자문화권(동아시아)(일본, 대만, 한국, 중국, 베트남, 마카오, 홍콩, 북한)의 공통된 용어체계를 만든다거나 할 때, 이 점도 고려할 필요가 있다.

법'을 발견했으면 그것을 가능한 한 신속히 유보없이 실현시키려 한다. 법을 현실과 관련지워 연구하기보다는, 해외에서 우월한 모델을 찾아 따라가려 한다. 그것은 이상(理想)과 동일시되고, 이상화된 선진모델은 청사진(靑寫眞, blueprint)에 머물게 하지 않고 신속히, 전국적으로 어김없이 실현하려 한다. 이것은 주자학이 우주론과 세세한 생활윤리를 겸비한 것과 관련이 있을지도 모른다. 이러한 조급성은 법제의 빠른 발달을 가져오는 장점과 함께, 법적 안정성을 해치는 폐단도 가진다. 이러한 경향은 최선의 법을 지향하는 전통적 비교법방법론에 의하여 뒷받침되는 측면도 물론 있다. 그러나 어느 나라의 어느 법이 '최선의 법'인지 알려면 '현존하는 모든 법을 두루[22] 살펴보아야 한다'는 요청[23]은 소홀히 되고 있다. 한국에서는 몇몇 주도적 입법례를 참조한 뒤 곧바로 이를 입법화하려는 경향이 강하다. '힘있는 국가는 우수한 법을 가지고 있음이 분명하다'는 막연하고 은폐된 가정에 지나치게 크게 의존하고 있다.[24] 또, 국제입법을 무비판적으로 받아들이는 경향도 없지 않다.[25]

---

22 모든 존재하는 것들에 두루 의미부여하는 것, 즉 모든 존재의 보편적 존엄성을 가리켜 불교에서는 "평등"(平等)이라 한다. "equality"라는 의미의 평등, 즉 동등(同等), 대등(對等)과는 전혀 다른 의미이다.

23 최선의 규율방안을 탐색하는 작업은, 라벨이 적절히 지적했듯이, 현존하는 모든 법을 차별없이 연구와 평가의 대상으로 할 것을 요구한다. Ernst Rabel, Aufgabe und Notwendigkeit der Rechtsvergleichung (1925), Rabel, Gesammelte Aufsätze III (Leser, ed., 1967), pp.3 ff.(K. Zweigert & H. Kötz (Tony Weir, trans.), An Introduction to Comparative Law, 3d ed., Oxford University Press, 1998, p.36에서 재인용). 이러한 망라적 비교작업은 국가적, 국제적, 지역적 법통일작업의 핵심적 방법으로서 실제로 사용되고 있다. 다만 오늘날 국제교류의 폭이 전지구에 걸치고 있는 상황에서, '모든 법을 검토하여 최선의 법을 찾는' 작업에 완벽을 기하기란 매우 어렵다. 이는 왜 오늘날 국제적 법통일작업이 주로 이루어지는 분야가 '국제적 결과일치'를 최우선시하는 국제사법(private international law)이라는 독특한 법, 국제거래법 내에서도 새로운 거래유형, 지적재산권법과 같이 공법적 성격과 법정책의 영향력이 비교적 강한 분야인지 설명해 준다. 이를 넘어서는 보다 광범위한 법통일작업이, 현실적으로는 주로 유럽연합과 같이 사회문화경제적 배경을 공유하는 지역 단위로 이루어지는 이유도 설명해 준다.

24 김재형 대법관(당시 서울대 교수)은 2001년 민사법학회 하계학술대회에서 한국 민법학에는 "크고 강한 나라"의 법이라는 이유로 선호하는 경향이 있음을 지적했다.

25 한편, 중국(중화인민공화국)에서는 중국 유교의 현대적(통치이데올로기로서의) 변형물인 천하주의(天下主義)가 법학에도 영향력을 미치고 있다. 국제입법을 수정주의적(修正主義的) 시각에서 바라보고, 중국인의 손으로 중화적 세계질서를 재건하려 한다. 그래서 중국

Ⅶ. 초국가법(超國家法)의 새로운 발달

양차 세계대전을 거친 뒤 열강은 경제의 국가적 또는 지역적 블록화를 포기했다. 무역장벽의 축소, 항행의 자유, 국제통화질서의 관리, 국유화에 대한 '정당한 보상'의 원칙 등을 중심으로 하는 무역질서와 국제투자법질서가 수립되었다.

거래법, 특히 상거래법의 영역에서는 초국가적 상인법(商人法)의 복원과 계속형성이 추진되고 있다. 사법통일국제협회(私法統一國際協會, UNIDROIT)와 유럽연합, OHADA 등의 지역적 기구에서는 상거래의 일반원칙을 '비공식적 편찬물' 형태로 성문화하는 작업물이 나왔다(국제상사계약원칙, 유럽계약법원칙, 통일유럽계약법 등). 국제연합 국제거래법위원회(UNCITRAL)에서는 국제상거래계에 통용되기에 적합한 국제거래용 통일사법을 조약에 의하여 만들어내는 일에 힘을 쏟고 있다. 또한, 국제상거래의 분쟁해결절차로 국제상사중재를 활용하는 경우 그 중재합의와 중재판정이 각국에서 승인되도록 하기 위한 장치로 '외국 중재판정의 승인 및 집행에 관한 협약'(뉴욕협약, 1958)이 도입되었다. 이 협약은 많은 회원국을 가지고 있다. 중재약정이 있는 사건의 다수는 국가법원의 손을 벗어나, 국제적으로 활동하는 법률실무가들(변호사들)의 손에서 해결되고 있다.

Ⅷ. 법형성 권력의 분담: 국가법, 국내·국제적 관습, 판례, 학설의 관계

고대에는 신정(神政)이 지배했다. 이는 인간에 의한 지배, 즉 인정(人政)에 자리를 내주었다. 다양한 정치질서의 배경 속에서 다양한 주체들이 법형성권력을 나누어 갖기 위해 경쟁, 대립하여 왔다. 국가법질서만 놓고 보더라도, 입법

스스로 확신이 선 부분에 대해서는 이웃 국가들에게 획일성을 강요하고, 중국 스스로 확신이 서지 않은 부분에 대해서는 규범허무주의를 퍼뜨리려 한다. 한국의 법문화에서 유교적 사고방식이 전면적으로 작용하는 반면에, 중국에서는 전략적 시각에서 중국에 이로운 맥락에서만 활용되고 있다.

자, 초국가적 이성법을 중심으로 뭉친 법학자(내지 학문적으로 훈련된 법률실무가), 선례구속성의 원칙을 매개로 판례법의 방대한 체계를 유지, 발달시키려는 법관집단이 있다. 또 초국가적 시민사회 내지 상인공동체가 고유한 영역을 가져야 한다는 주장과 입법활동도 있다. 영미법계와 대륙법계의 차이는 사회적, 문화적 차이에 기인하는 부분도 있지만, 법형성권력이 변호사, 재판관, 학자, 입법자 간에 어떻게 분담되느냐에 중요한 차이가 있다. 성문법주의의 본질은 중요 분야를 전반적으로 규율하는 포괄적 법전이 의식적으로 제정되어 시행되고 있고 그에 맞게 법형성권력이 재분배되어 있다는 데 있다. 영미법계는 관습법을 보존, 발전시키는 태도를 현재까지도 유지하는 형태이다. 로마법, 자연법 내지 외국법의 영향을 간접적으로만 받아들이면서 자신의 법질서를 토착적 관습법질서로서 유지, 발달시키고 있다. 그리고 법형성권력의 주도권은 법률실무가(특히 소송에 종사하는 재판관과 변호사)에게 있다.

그런데 법치(rule of law)를 구현하고 있다고 말할 수 있는 수준의 법질서라면, 법형성과정에서 한 집단이 전횡하는 일은 없을 것이다. 심지어 의회도 무단으로 입법하지 않고, 기존의 입법, 판례, 학설을 존중하면서 필요최소한도로 입법하려 할 것이다. 한 분야의 입법공백을 처음으로 메우는 입법을 할 때에도, 학설의 틀 내에서 학설의 안내를 받아 통설 내지 유력설의 골자를 입법하려 할 것이다. 해석법학은 입법보다 앞서서 면면히 존재해 온 것이고, 입법자도 이에 의지하여 답을 찾은 것이다. 따라서 법을 해석, 적용할 때에도 배경이 된 개념, 학설, 이해관계에서 출발하여 입법취지와 맥락을 이해해야 한다. '이렇게 입법으로 명령하고 있지 않느냐'라고만 해서는 안 된다. '입법이 있음으로써 비로소 법의 해석 문제가 생겼다', '해석법학은 입법에 토를 다는 부수적 작업에 불과하다'라고 착각해서는 안 된다.

성문법주의와 판례법주의(영미법전통)가 각기 자신의 입장을 철저히 고수하면서 서로 대립하는 것도 아니다. 성문법주의 법질서에서도 입법을 절제하고 법의 많은 부분을 해석론에 맡기는 일이 많다. 예컨대 독일이나 대만의 민사소송법의 토지관할규정은 국제관할규정으로도 기능하게 되어 있어 중요성이 크지만, 그 규정내용은 매우 간략하고, 세부적 규율내용의 대부분은 해석론에 맡기고 있다. 일본과 한국도 마찬가지였다. 양국의 민법전은 조문의 내용이 극히 간략하며 해석론에 크게 의존하고 있다. 또, 영미법계 법질서에서도 입법이 빈번히 행해지고 있다. 소분야 또는 그 일부분의 규율내용을 입법적으로 수정하기 위한 단행법 외에, 넓은 분야를 포괄적으로 규율하는 법전도 제정되고 있다. 후자의 예로는 미국의 뉴욕주 민사소송규칙, 연방민사소송규칙을 비롯한 여러 민사소송법전들, 연방파산법전, 통일상법전(Uniform Commercial Code, 약칭 UCC) 등이 있다. 오히려 영미법계에서는 판례와의 관계를 생각하여 한층 상세하고 방대한 조문체계를 입법하는 일을 흔히 볼 수 있다. 결국, 구체적 문제를 입법과 해석론 중 어느 쪽에 맡길지는 그때그때 신중히 판단하여야 한다. 성문법주의의 특징을 두드러지게 가지는 나라라 하여, 무작정 성문법 제정에 선뜻 나서고 조문을 최대한 자세하게 두려고 할 일은 아니다. 또, 영미법계 법질서라 하여 입법을 무조건 기피하여야 하는 것도 아니다. 실제로 그런 경향이 반드시 있는 것도 아니다. 성문법주의나 개별 문제에 대해 성문법을 제정하는 규율방법의 장단점도 단순한 것은 아니다. 성문법주의(대륙법계)가 사회변화에 신속히 대응할 수 있지만, 완고한 선례가 있으면 이 적응이 방해될 수 있다.[26] 한편, 성문입법은 문언에의 집착을 낳고 법률조문의 배경에 놓인 논의와 법사(法史)를 외면하게 만드는 등 심각한 폐해를 가진다는 것이 통설의 지적이지만, 포괄적인 조문을 둔 것이 현실변화에 대한 대응에 도움이 될 수도 있다.

흔히 '우리는 독일법계이니 독일법과 독일문헌에 주로 귀기울여야 한다'는 말을 종종 듣는다. 이는 종종 유용한 지침이 된다. 그러나 이러한 생각이 지나쳐서는 곤란하다. 가령 해석론상의 세부논점에 대하여 결론을 내려야 하는 때에, '과거로부터 축적되어 온 법적 지혜'[27]나 '법적 양식(良識, bonne sense)'에 의거하는 대신, '우리는 독일법계에 충실하자'는 생각에 몸을 내맡기는 것은 위험

26 William Geldart (David Yardley, rev'd), *Introduction to English Law*, 11th ed., Oxford University Press, 1995, p.14.

27 영어로 법학, 프랑스어로 판례를 가리키는 "jurisprudence"라는 용어는 어원적으로 "법에 관한 지혜"라는 의미이다.

할 수 있다. 독일법도 역사의 산물이며 변화하고 있다. 또, 독일법이 고도의 보편타당성을 달성한 것도 사실이지만, 독일어와 독일문화와 함께 얽혀 있다. 독일 실정법의 맥락도 전제되어 있다. 그러므로 한국 법률가가 독일 책을 읽을 때에는, 독일 책에는 생략되어 있는 "독일의 현행법 하에서"라는 문구를 넣어 읽는 습관을 들여야 한다. 또, 독일법이 고도의 보편타당성을 달성한 것도 사실이지만, 독일어와 독일문화와 함께 얽혀 있다. 독일법을 '하늘에서 강림한 고정불변의 돌덩어리(내지 절대반지)'처럼 신성화해서는 곤란하다. 또, 독일 법학계가 지리적으로 분산된 점에 열등감을 느낄 일이 아니라, 이런 특징을 독일유학파가 아닌 법률가들에게 설명할 필요가 있다. 학문적 수도를 가진 프랑스나 영국에 대한 부러움에 떠밀려 뮌헨이 중심지이다, 베를린이 중심지이다 라는 등으로 이야기한다든지, 현존하지 않는 '정통 독일법', '정통 독일학설'을 가상(假想)하는 것은 바람직하지 않다.

한편, '요즘은 대륙법계는 물러나고 영미법계로 가는 추세이니 우리도 따라가야 한다'라는 말을 듣게 된다. 그러나 이는 '힘의 정치'에 따라 형성되는 '대세'를 추종하는 기회주의에 불과하다.28

특정 외국 법률가의 말을 편향적으로 경청하는 것도 위험하다. 자국법 밖

28 그러나 이런 경향은 독일에서도 보인다. 필자는 2011년에 8개월간 함부르히(Hamburg)의 막스플랑크 외국사법(비교사법)·국제사법 연구소에 연구체류한 일이 있는데, 매주 상임연구원 중심으로 열리는 집담회(Aktuelle Stunde)에서 아연실색할 경험을 했다. 독일에서 유학한 미국의 James R. Maxeiner 교수가 같은 해 발간하게 될 *Failures of American Civil Justice in International Perspective*, Cambridge University Press, 2011의 일부 내용을 소개했다. 이 책은 미국의 법현실 비판에 주안이 있지만, 이 집담회에서는 독일법과 미국법의 요소가 한국법에서 어떻게 혼재하고 상호작용하는지를 연구한 부분을 발표했다. 한국은 외국법의 영향에 호의적이고 독일법과 미국법 제도의 도입이 순차적으로 일어난 데 착안하여 연구대상으로 선정했고, 의미있는 연구성과를 얻었다고 설명했다. 그런데 독일인 상임연구원들로부터, 왜 비중이 크고 관심을 끌기 좋은 일본이나 중국을 고르지 않고 하필 한국을 연구대상으로 골랐느냐는 질문이 반복적으로 이어졌다. 아예 앞으로는 일본을 연구하도록 하라고 권고하기까지 했다. 학문적 토론은 거의 이루어지지 않았다. 상임연구원들이 연구자의 자세를 배반하는 태도를 앞다투어 보인 일은 매우 실망스럽다. 이 날 이 집담회의 좌장인 국제주의자 Reinhard Zimmermann 교수(공동소장)가 참석하지 않아 분위기가 흐트러진 탓에 젊은 상임연구원들의 본심이 드러나 버린 해프닝이었을 수도 있다. 막스플랑크 외국사법·국제사법연구소 내지 막스플랑크재단의 일반적 모습이 아니기를 바란다.

에 모르는 외국 법률가가 선의로 최선의 개혁을 권고하다 보면 자국법의 모방을 권유하게 되기 쉽다. 한국 법률가들 사이에서도 자신이 친숙한 선진국 법의 추종을 선호하는 일이 자주 보인다. 그러나 만약 해외 학계에서 A국 법률가가 충분한 근거제시 없이 A국법이 다른 나라의 법보다 범주적으로 우월하다고 말했다가는[29] 설득력이 떨어질 것이다. 특정 국가의 법에만 매료되는 것은 바람직하지 않다. 비교법학자는 객관적인 비교평가를 해야 하고, 장단점을 함께 지적하는 객관적 태도를 유지해야 한다.

미국 법률가나 미국법에 경도된 한국의 논자가 미국법의 모방 없이는 본격적인 근대화는 어렵다고 말하는 일도 자주 보인다. 그것이 본격적인 연구의 결과라면 경청할 필요가 있다. 그러나 미국법에만 관심을 가진 결과 미국법에 편향된 주장을 하는 것이면, 그 점을 감가상각하고 들어야 한다. 그러려니 하고 가볍게 눈감아주면서, 편향된 연구자만이 가질 수 있는 열정으로 열심히 정보와 자료를 제공하도록 격려하는 마음의 여유를 보이는 것도 하나의 방법일 수는 있겠다. 그러나 그 논자의 목소리가 자칫 입법론적 논의를 지배하는 일이 없도록 경계할 필요는 있다.

외국이나 국제기구가 후발국에게 '법에 의한 개발'(law and development)론의 도구로 '법의 지배'(rule of law)의 이식(移植)을 권고하거나 원조(援助)의 조건으로 제시하는 것이 좋다는 견해가 미국에서 팽배하여 있다. 그래서 미국의 영향 하에 있는 국제기구인 세계은행(World Bank)과 국제통화기금(International Monetary Fund, IMF)은 대외원조시에 미국법의 기본요소를 갖출 것을 적극 권장한다.[30] 이렇게 통치자가 피통치자에게, 그리고 국제정치경제권력체가 원조수령국에게 규범을 부과하려는 생각은 이중적으로 '하달식'(top-down) 접근의 성격을 가진다. 유가(儒家)사상이 국제정치(천자-제후)와 국내정치를 일관되게 수직적으로 질서지우려 한 것을 연상시킨다. 영국에서 토착적으로 성장한

29 그러나 일부 국가의 법률가들의 경우에는 쉽게 그렇게 공언하는 예를 곧잘 볼 수 있다. 우선 미국과 싱가포르를 예로 들 수 있다. 독일의 경우에도 드물지 않다.

30 고든 플레이크(Gordon Flake), "머리말: 아시아 각국의 기초자료", 법치로 가는 길(베리 M. 헤이거, 좌승희 역, 21세기북스, 2002), 9면.

'법의 지배'의 전통을 힘의 정치에 편승하여 단순히 이식하려는 것이다. 이런 선교자적인 만용이 보여주는 이론적, 실무적인 서두름은 워낙 커서, 법률가들로서는 비판의 가치를 느끼지 못할 정도이다. 게다가 국내적으로 위의(威儀)와 지식을 독점한 개발도상국 엘리트에게 국제정치의 휘황을 더해주어 오히려 '법의 지배'의 전통이 자라나는 것을 방해할 위험도 따를 수 있다. 게다가, 투기자본의 횡포로 생기는 외환위기(예: 아시아지역의 1997년 외환위기)마저도 그 원인을 피해국가의 '법의 지배' 불비로 돌리는 책임전가의 도구로 '법의 지배' 수출(이식)론이 이용되기도 한다.31

부패한 정부에게 경제개발자금을 지원하면 그 돈이 경제개발에 쓰이는 부분이 적어지고 권력강화나 부정축재(不貞蓄財)에 쓰일 염려가 있다. 그래서 법개발론자가 말하는 '법의 지배'론은 실제로는 '부패방지'론이라고 할 수 있다. 그런데 이것을 액면 그대로 '법의 지배' 장려론으로 받아들여, 원조국가나 원조기관의 선의(그러나 비교법적인 무지 속의 선의)를 오도하는 결과가 되어서는 곤란하다.

법형성과정에서 누가 어떤 형태로 주도권을 쥐어야 하는지에 대해서는 견해가 대립한다. 그러나 법해석의 맥락에 이르면, 과거에 어느 법무부장관, 법무실장, 과장이 주관했는지, 또는 국회 법제사법위원회의 어느 국회의원이 법안 제출의 통로 역할을 했는지, 어느 대법관이 주심이 되어 판결했는지는 별 의미를 가지지 않는 경우가 많다. 이 점을 주의깊게 살펴야 하는 경우는 특정 인사가 전횡한 극소수의 병리적 사례(튀는 입법, 튀는 판결)에 대체로 국한된다.32 면

---

31 좌승희, "옮긴이의 말: 법치 실현의 지침서", 같은 책, 6~7면: "이 책의 저자인 베리 헤이거(Barry M. Hager) 씨는 아시아에서 [1997년의] 경제위기가 발생한 것이 법치가 제대로 이루어지지 않았기 대문이라고 지적하고 있다." 그러나 이 책에는 그런 내용이 보이지 않는다. 단지, 선진국의 개발도상국 경제개발사업에 대한 자금지원의 실효성 제고를 위하여 '법의 지배'의 장려가 필요하다는 '법에 의한 개발'(law and development)론 측의 견해를 소개한 부분이 있다. 위 책, 117~127면. 역자가 이를 위와 같이 확대해석한 것으로 보인다.

32 근년에 언론이 대법원장의 임기별로 "○○○의 대법원"이라는 의미로 "○○○ 코트"라고 부르기 시작했다. 미국에서 뉴딜(New Deal)파동의 여파로 연방대법원장의 의제설정(agenda–setting) 권한의 미묘한 중요성이 부각되고 연방대법원장이 누구인가에 따라 판례의 경향이 요동친 일이 있었다. 그러나 미국에서도 보수파 Rhenquist 대법원장이 자신의 견해를 내세우지 않고 조심스러운 진행을 실천하면서 연방대법원의 특정한 정치적 견해에

저 구체적 법률문제에 적합한 규율로서 어떤 법규범이 마련되어 있는지 검토하여야 한다. 그리고 그것이 지금 당면한 문제에도 적용될 만한 것인지, 아니면 이 문제와 같은 특이한 문제까지 염두에 두고 입법한 것이라고 보기는 어려운지 검토하여야 한다. 입법의 흠결이 있다면 그 흠결을 법질서의 전체적 체계와 가치질서를 고려하여 적절한 내용의 규율로 보충하여야 한다.

법률의 해석과 적용의 과정에서 선악의 정면대결이 일어나는 일은 극히 드물다. 대부분의 경우 그것은 당사자의 상이한 이해관계와 견해의 대립이며, 이를 해결하기 위하여 다양한 세력들이 경쟁 또는 대립하고 있다. 구체적 문제해결을 통한 법적 평화의 회복이 법적용자(법원 기타 관청)의 주된 임무이다. 그런데 현대에는 정치철학(내지 이데올로기) 대립이 격화되어 법학과 법률실무를 압도한 나머지, 작은 문제를 큰 문제의 일부로 환원시키고 구체적 법률사건을 보다 큰 논제(법이론이나 사회과학이론, 철학, 또는 정치적 쟁점)에 대한 논쟁의 기회와 소재로 삼는 일이 종종 벌어진다. 예컨대, 단순히 구체적 사안(예: 공무원 임용)에서 부당한 차별이 있었는지 가려내어야 하는 사안임에도, 성소수자 차별을 고발하여 사회적 인식을 제고한다든지, 심지어 대중의 감정적 분노를 유발시키는 기회로 삼으려 하는 시도가 벌어지곤 한다. 그러나 이렇게 법적 분쟁을 정치적, 정책적 또는 이념적 분쟁으로 부풀리는 등으로, 작은 문제를 큰 문제로 인식하는 일은, 법률가의 본연의 임무에 항상 잘 들어맞는 것은 아니다. 오히려 큰 문제가 개입되었더라도, 우선 해결가능한 작은 문제에 초점을 맞추어 해결하는 것이 타당하다는 지적(minimalism)이 있다.[33] 법적 분쟁을 기회 내지 빌미로 정치적 투쟁을 벌이는 것은 법과 권리를 수단화하는 것이다. 원고가 스스로 그 정치적 투쟁에서 가치를 찾고 있더라도, 분쟁해결을 고의로 지연시켜 피고를 법적 불안상태에 놓고 분쟁해결절차를 수단화하는 점은 남는다.

치우친 일은 과거의 일이 되었다. 한국의 정치적인 법조기자들이 색안경을 쓰고 보거나, 대법원이 정치적으로 편향된 진자운동(pendulum swing)을 벌이기를 기대하면서 은근히 부추기는 것이 아닌가 라는 의구심까지 든다.

33 Cass R. Sunstein, One Case at a Time: Judicial Minimalism on the Supreme Court (1991).

제 3 장

법원(法源)

제3장

법원(法源)

Ⅰ. 법원(法源)의 의의

법의 연원을 법원(法源, source of law, Rechtsquellen)이라 한다. 논리적으로만 생각하면, 법이 존재하여야 인식대상이 되므로, 법의 존재형태를 먼저 물어야 할 것 같다. 그러나 사회가 있으면 법은 존재한다. 불문법으로라도 이미 존재한다. 그것도 현실적으로 존재하는 법, 즉 실정법이다. 그래서 현존하는 법(실정법)을 해석, 적용하기 위해서는, 법을 인식하기만 하면 된다. 그래서 법의 인식(발견)근거만이 법률가의 당면과제로 된다. 그래서 법학에서 따지는 법원(法源)은 법의 '인식근거'를 말한다.

판례가 법발견 내지 법형성에 기여하는 역할을 어떻게 정하든 간에 — 이것은 헌법의 문제이지만 성문헌법으로 간단히 정할 수 있는 문제가 아니라 법문화에 의하여 정해지며 대륙법계와 영미법계가 여기에서 나뉜다 — 법해석자의 임무는 법이 이미 존재한다는 전제에서 법을 정확히 인식하는 일이다. 그래서 성문법이 없을 때 법규범을 찾는 일을 법창조라고 부르지 않고 법발견(法發見, Rechtsfindung), 즉 법의 인식이라고 부른다. 법발견의 과정에서 불분명한 부분을 규명하는 작업도 법의 해석(解釋)이라고 부른다. 학자나 판사가 기존 학설, 판례와 관습을 자연법이론으로 다듬거나 이익형량(利益衡量)을 달리하여 다른 내용으로 발달시키는 경우에도, 법을 새롭게 해석한다고 말한다.

Ⅱ. 법(ius)과 법률(lex)

법(法)과 법률(法律)이라는 용어는 다의적(多義的)으로 쓰인다.

첫째, 현대에는 입법권을 원칙적으로 의회에 독점시키므로, "법률"이라 하면 형식적 의미의 법률, 즉 의회제정법만을 가리키는 의미가 부각된다. 실질적 의미의 법률을 총칭할 때에는 법률이라 하지 않고 "법"이라고 한다. 그래서 '법'은 법규의 집합체를 말하고(예: 한국법, 불법행위법, 한국불법행위법), "법률"은 성문법(成文法)의 한 형태인 의회제정법(congressional enactments), 즉 국회에서 제정한 형식적 의미의 법률만을 가리킨다. 행정부도 입법권을 나누어 가지고, 국회 외에 지방자치단체에도 입법부가 있지만, 그 기관들이 입법한 성문법(즉 하위법령)은 국회 제정법이 아니므로 "법률"에 포함시키지 않는다. 예컨대 헌법 제23조 제1항에서 "모든 國民[국민]의 財産權[재산권]은 보장된다. 그 내용과 限界[한계]는 法律[법률]로 정한다"고 규정할 때 "法律(법률)"이라 함은 국회에서 제정한 형식적 의미의 법률을 의미한다. 실무에서는 거의 항상 이런 기술적 용례를 따른다. 한국에서는 법학계도 "법률"을 주로 이런 의미로 쓴다.

둘째, 보편적 법과 대비하여 한 국가에 특수한 법률(lex, lois), 즉 그 법질서를 이루는 실정법(實定法)을 가리켜 "법률"이라고 부르기도 한다. 특정 법공동체의 맥락에서 실정화된, 그 법질서의 "고유법(固有法, ius proprium)"을 가리킨다. lex를 ius로부터 구별하기 시작한 계기는 11~12세기경 이탈리아 도시국가가 statuta(성문법규)를 정한 데 있었다. lex는 특정 법역(法域)의 개별 statuta를 가리키거나, 그 법역의 statuta들을 총칭하거나, 일군의 statuta들(예컨대 특정 법역의 계약법, 신탁법)을 묶어 가리킨다. 그런데 특정 법역(法域)의 실정법 내에도 보편적 법(ius, droit)에서 유래한 것이 많다. 좁은 의미로 lex라 하면 ius를 제외하고 특정 법질서에 특유한 것—특히 인정법(人定法) 내지 자의법(恣意法)—만을 가리킨다.[1]

---

1 영어로는 양자를 구별하는 용어가 확립되어 있지 않다. 둘 다 law로 칭한다. 그 이유는 분

넓은 의미로 lex라 하면, 보편적 법이 받아들여진 것과 해당 법질서의 고유법을 통칭한다. 굳이 말하면 '실질적 의미의 법률'을 법률이라고 부른다고 수 있다. 특히 법제사, 비교법, 국제사법에서 "법률" 개념을 이런 의미로 쓴다. "법률저촉"(conflits des lois, conflict of laws)이라 함은 상이한 법역—국가나 분방(分邦)—의 법질서 간의 충돌(경합)을 말한다.[2] 서로 경합하는 법규들이 의회제정법이든, 다른 형태로 되어 있든, 법규간의 충돌과 그중에서 준거법을 정하는 문제는 똑같이 생긴다. 그래서 "법률"의 저촉이라고 말한다.[3]

"법"과 "법률"의 용어를 엄격히 구별하지 않고, 조어법상의 편의에 따라 골라 쓰기도 한다. 예컨대 한국과 일본에서는 독일어의 "Rechtsgeschäft"를 "법적 행위(거래)"라고 직역하지 않고 "법률행위"라고 번역한다. 또, "question of law"는 "법적 문제"로 번역함이 타당해 보임에도, "법률문제"로 번역하는 것이 보통이다. "법률가", "법률심"이라는 용어도 마찬가지이다.

> 국제사법학에서도 때로는 "법", "법률", "법규"의 표현을 융통성 있게 바꾸어 쓰기도 한다.
>
> 라틴어의 "법률저촉"(conflictum legum)이라는 표현은 불어의 "conflits de lois"에 충실히 보존되어 있다. 불어의 표현은 ius와 lex의 구별에 충실한 것이기는 하지만, 개별 법규(règle)를 가리킬 때에도 종종 "법률"(loi)이라고 하는 경향이 보인다. 준거법(準據法)도 불어로는 "준거법률"(loi applicable)이라고 한

명하지 않다. 한편으로는, 보편적 이성법(理性法)을 영국의 특수적 실정법(實定法)에 흡수하는 문제에 집중했던 13세기 이래 영국 법률가들의 역사적 경험의 결과가 아닌가 생각되기도 한다. 다른 한편으로는, 영국의 보통법(common law)을 loi commune(보통법률 내지 영국의 ius proprium으로서의 보통법)으로 이해할지, droit commun(보편법으로서의 보통법)으로 이해할지에 대하여—프랑스, 벨기에와 네덜란드의 비교법학자들뿐만 아니라—영국 법률가들 스스로도 혼란이 있었던 것에 기인하는 듯이 생각되기도 한다.

2 영어로 "laws"라고 하면, 한 법역 내의 여러 개의 제정법규들을 가리키기도 하고, 상이한 주권체들의(여러 국가의, 또는 연방정부와 주정부의) 법질서들을 가리키기도 한다.

3 최병조, "바르톨루스 <법률들의 저촉에 관하여>", 서울대 법학 제34권 제3·4호(1993. 12.), 245~278면이 Bartolus의 저서 *De conflictu legum*의 제목을 "법률"들의 저촉으로 번역한 것은 정확하다. 최흥섭, 한국국제사법 I: 법적용법을 중심으로(한국학술정보, 2019)에서 "법"적용법이라고 하는 것은 "법률"적용법이라고 했더라면 좋았을 것이다.

다. 국제적 강행법규(국제사법 제7조/제20조)를 가리켜 프랑스어로는 조금 다른 표현을 써서 "loi de police"(경찰법률)나 "loi d'application immédiate"(직접적용법률)이라 한다.

독일어, 한국어, 일본어에서는 "준거법"(準據法, anwendbares Recht)이라고 한다. 이는 '사안에 적용되는 법규들의 총체'라는 의미를 중시하는 것이라고 설명할 수도 있다. 그러나 준거법규라는 표현을 쓰는 편이 나았을 것 같다. 다만 독일어에서는 일정한 법률관계의 준거법을 가리킬 때에는 "법(Recht)"이라는 표현을 쓰지 않고 더 정확하게 "법규"(Statut)의 표현을 쓴다. 그래서 "Vertragsstatut"(계약준거법규), "Deliktsstatut"(불법행위준거법규) 등으로 표현한다.

Ⅲ. 법과 법규

"법"과 "법규"(statuta, Statut, règle, rule)는 그 폭에 차이가 있다. 개별 법규들을 일정한 범위에서 묶어 "법"이라고 한다(예: "한국민법", "프랑스민법"(droit civil français), "독일불법행위법"(deutsches Deliktsrecht)).

그런데 한 법질서의 여러 법규들을 집합적으로 묶어서도 "법"이라 하지만, 보편적 법을 가리켜서도 "법"이라 한다. 두 의미를 가리키는 용어가 충분히 분화되지 않다.[4] 문맥상 구별할 수밖에 없다.

Ⅳ. 법규범의 종류

1. 제정주체에 따른 분류

어느 법질서가 만든 법이냐에 따라 국내법, 국제법, 비국가법 등으로 나눌 수 있고, 하나의 법질서에서 구체적으로 누가 만든 법이냐에 따라 법규범의 종류를 다시 세분화할 수 있다.

---

4 만약 한 국가의 일군의 법규들을 묶거나 한 국가의 법규들의 총체를 가리킬 때 "법"이라고 하지 않고 "법률"(loi)이나 "법규들"이라고 한다면, 이 용어구별 문제가 해결될 것이다. 그렇지만 후자의 표현은 국제사법에서 준거법을 가리킬 때를 제외하면 잘 쓰이지 않는다.

국내법을 구성하는 법규는 국가법질서가 스스로 만든다. 다만 국제법이 국내법적 효력을 가지는 부분도 있다. 국내법이라고 할 때에는 이 부분을 제외하기도 하고, 포함하기도 한다. 국제법의 국내법적 효력을 제외하는 의미를 분명히 하기 위하여 자율법(自律法, autonomes Recht)이라고 말하기도 한다. 국제조약에서는 같은 의미로 "국내법규"(national rules)라는 표현을 관용하기도 한다.

국내법에는, 제정의 주체와 절차에 따라, 헌법, 법률, 대통령령, 부령, 헌법재판소규칙, 예규, 조례 등이 있다.

국제법은 국제공법이라고도 하는데, 그 법원(法源)으로는 조약, 국제관습법(관습국제법), 법의 일반원칙(general principles of law), 판례와 학설이 있다. 국제사법재판소 규정(Statutes of the International Court of Justice) 제38조 제1항은 이것들을 모두 국제법의 법원(法源)으로 인정하되, 판례와 학설은 보조적인 법원(法源)으로만 인정한다. 조약은 당사자의 다과에 따라 다자조약(조약체결실무상 "협약"이라 함), 양자조약(조약체결실무상 "협정"이라 함)으로 나눌 수도 있고, 그 성립 절차상의 격식에 따라 조약, 행정협정, 양해각서 등으로 나누기도 한다.

사회학적 과점에서 비국가법(非國家法, non-state law)을 이야기하기도 한다. 대표적인 것은 탈국가적인 상인공동체의 관습법인 상인법(商人法, lex mercatoria)[5]이다. 상인법은 불문법의 형태로 되어 있는 경우가 많다. 그러나 상인공동체 자치적으로, 또는 국제기구나 국가에 의하여 성문화되는 경우도 있다. 전자의 예로 국제상공회의소(International Chamber of Commerce, ICC)에서 만든 인코텀즈(International Commercial Terms, 약칭 Incoterms)가 있다. 국내적인 법재록(restatement of the law)에 상인법이 반영된 것은 후자에 해당한다.

2. 내용상의 분류

가. 공법(公法)과 사법(私法)

내용상으로는 공법(公法)과 사법(私法)이 대별된다. 그러나 이러한 공사법 구분론은 역사가 짧다. 역사가 가장 오래된 것은 형법과 형사절차법이다. 그 후

---

5 "상인법"의 번역어가 통용되나, "상거래계법"이 좀 더 정확한 번역이 아닐까 싶다.

민법과 민사절차법이 나왔다. 민형사법이 법질서의 두 개의 주된 기둥이다. 그 후 국가권력이나 지방권력이 시민사회에 개입하거나 개별 시민과의 관계를 직접 설정하는 경우가 나왔다. 이것은 형사법과는 구별되는 것이었다. 이것을 가리켜 공법이라고 하기도 했다. 오늘날에는 법규범의 '성질'에 따라 공사법(公私法)을 구별하여, 형사법과 민사소송법까지 포함하여 공법으로 분류하는 경우가 많다. 특히 독법계에서 이러한 구분론이 애용되고 있다. 이는 실용성이 있다. 사법(私法)은 사적 자치(私的 自治)의 원칙에 의해 지배되며, 강행법규가 아닌 한 당사자의 의사로 적용을 배제시킬 수 있다. 즉, 그 적용 여부가 당사자의 처분에 맡겨지는 임의법규(임의규정)인 것이 원칙이다. 그러나 공법은 권력관계에서 적용되는 것이므로 본질상 강행법규이다. 위반하여도 제재(制裁)되지 않는 훈시규정(訓示規定)이 있을 뿐이다. 물론 형법도 공법과 마찬가지이다.

> 국제적 맥락에서는 사법(私法)과 공법의 취급이 확연히 구별된다. 각국은 자국의 국제사법(國際私法)에 의하여 외국의 사법(私法)을 적용한다. 환언하면 외국의 사법(私法) 하에서 형성된 법률관계에 대해서도 재판해 주며, 그 외국 사법에 따라 재판한다. 그러나 외국공법은 한층 조심스럽게 취급된다. 사법(私法)관계에 이미 외국공법이 개입하고 있음(연루되어 있음)을 '존중(고려)'하는 일은 비교적 용이하다. 한국 국제사법의 해석으로도 인정할 여지가 있다. 구체적 근거를 들자면, '법정지의 국제적 강행법규의 특별연결'의 논리를 규정한 국제사법 제7조/제20조[6]의 유추적용으로 설명할 여지도 있다. 가령 외국공법이 계약상 채무의 이행을 금지하고 있으면 '법률적 불능'으로서 이행불능이라고 할 수 있다. 그러나 일국의 법원 기타 관청이 외국공법을 사안에 "적용"하여 강제적으로 실현시켜 주는 데에는 대체로 소극적이다. 이를 "공법금기(公法禁忌, public law taboo)"라 한다.

---

6 2022년에 일련의 국제재판관할규정들을 신설하면서 전면개정의 형식을 취하여 조문번호를 전부 새로 매겼다. 준거법의 결정과 적용에 관한 조문은 조문번호만 바뀐 것이 대부분이다. 그 결과 기존 조문번호로 조문을 인용한 학술문헌, 판례 등을 참조할 때 불필요한 불편이 생겼다. 이것은 비생산적이고 안타까운 일이다. 이 책에서 국제사법 조문을 인용할 때에는 빗금(/)을 그어 구 조문번호와 신 조문번호를 병기한다.

나. 실체법(實體法)과 절차법(節次法)

재판절차에 앞서 존재하는 권리의무 자체를 정하는 법을 실체법(materielles Recht)이라 하고, 재판절차를 규율하는 법을 절차법이라 한다. 법률관계 자체의 절차(예: 혼인이나 유언의 성립절차)를 가리켜서도 "절차"라 할 수는 있지만, 보통은 법률행위의 "방식"이라고 한다. 보통 "절차"라 하면 소송(訴訟)이나 비송(非訟)의 사법절차(司法節次)(또는 대체적 분쟁해결절차)를 가리킨다.

재판절차 중 쟁송의 해결절차인 소송절차와 그에 관한 법만을 가리켜서는 "소송(절차)"와 "소송법"이라 한다. 소송과 비송을 총칭해서는 "(司法)節次"라 하고, 소송법과 비송절차법을 총칭해서는 "절차법"이라 한다.

실체법과 절차법의 구별은 오래되었지만, 그 경계획정이 애매하고 까다로운 경우가 있다.

예컨대 입증책임(증명책임)은 대륙법계(한국 포함)에서는 실체법의 문제로 보지만, 미국에서는 절차법상의 입증부담의 '실질적' 전환에 주로 관심을 가질 뿐이다. 또 소멸시효와 제척기간 그리고 상계(相計)는 대륙법계(한국 포함)에서는 권리의 소멸의 문제로서 실체법의 문제로 보고, 국제사법적으로도 그렇게 다루지만, 영미법계에서는 구제방법(제재방법, remedies)의 문제의 일부로서 절차법의 문제로 분류한다. 섭외적(涉外的, 외국적 관련 있는) 법률관계에서 논의의 실익이 있다. 가령 영미법계에 속하는 어느 법역(法域)의 법이 적용되는 법률관계가 한국법원에서 재판받는 경우, 한국법원은 소멸시효와 제척기간도 실체 문제로 다루어 실체준거법에 맡겨야 한다. 그런데 실체관계의 준거법소속국(準據法所屬國)은 그 문제를 절차문제로 다루어 절차법의 적용을 당연시한다. 이 태도 속에는 이 문제의 준거법으로 법정지법을 지정하는 법률저촉규칙이 숨어 있다고 말할 수 있다. 이 저촉규칙을 "숨은 저촉규칙"이라고 부른다. 지금 재판을 하고 있는 법정지(法廷地)는 한국이므로, 한국법이 지정되고 있는 셈이다. 한국 국제사법이 지정하는 나라의 "숨은 저촉규칙"이 거꾸로 한국법을 지정한다. 이것이 반정(反定, renvoi)이다. 이런 경우에는 한국법을 적용하는 것으로 끝맺어진다(국제사법 제9조/제22조 제1항).

소급입법 금지원칙과 관련해서도 실체와 절차의 구별이 문제된다. 형사실체법에서는 소급입법 금지원칙이 엄격히 지켜져야 하지만, 형사절차법에서는 문제가 덜 심각할 수도 있다. 그렇지만 공소시효는 본질적으로 실체 문제에 속하므로, 어떤 경우에도 기왕의 범죄에 대하여 공소시효를 연장할 수 없다는 것이 세계적인 대원칙이다. 그런데 한국에서는 정치적 격변을 맞아 이 원칙이 굴절된 일이 있다. 김영삼 대통령은 임기 후반에 돌연히 12.12사태와 5.18사태를 처벌대상으로 삼고자 하였다. '성공한 쿠데타'라도 처벌하려고자 하였다. 심지어 공소시효 만료 직전에 이를 연장하는 소급입법(소위 부진정소급입법)이 제정되었고 이에 따라 공소가 제기되었다. 공소시효의 소급적 연장의 허부가 문제되었다. 2심에서는 항상 허용된다고 설시했다.[7] 대법원에서는 이익형량을 통하여 예외적으로 허용될 수 있다는 견해(다수의견)와,[8] 항상 금지된다는 견해(반대의견)[9]가 나뉘었다. 반대의견은 공소시효가 실체 문제에 속함을 논거로 들었다. 이것이 명백히 타당함에도, 대법원에서조차 3인의 반대의견에 머물렀고, 소급입법은 묵과되었다. 이것은 소급입법, 구속수사, 공소제기의 열풍이 몰아쳐, 법관까지도 통치권자의 눈치를 보아야 하는 분위기가 조성되었고, 그 상태로 초고속, 약식으로 변론, 심리, 판결이 강행된 탓이라고 생각된다. 정치 앞에 법치(rule of law)가 무너진 사법굴복(judicial capitulation)의 흑역사이다. 이런 특수사정을 감안할 때, 이 사건의 대법원 다수의견의 판례로서의 실질적 가치는 매우 낮다고 해야 할 것이다. 이 판례가 이례적 사례로 취급되어 도태될 날이 기다려진다.

실체관계의 분쟁을 해결할 때에는 절차법과 실무에도 유념하여야 한다. 예컨대 소비대차나 부동산취득시효와 관련하여 법률의견을 제공할 때에는, 당사자가 구체적으로 어떤 증거를 제출할 수 있는지, 그 증거의 설득력(증명력)이 법원에 의하여 용이하게 받아들여질 것인지, 절차에 소요되는 비용과 시간, 스트레스도 생각해야 한다. 법학교육과정에서는 학습의 능률상 실체법과 절차법을 따로 공부한다. 실체법을 배울 때에는 '절차비용이 없는 세계'를 상정한다. 그렇지만 매 학기 개설되는 실무과목에서는 실체법과 절차법을 종합하여 공부한다.

7 서울고법 1996. 12. 16. 선고 96노1892 판결.
8 대법원 1997. 4. 17. 선고 96도3376 판결의 다수의견.
9 대법원 1997. 4. 17. 선고 96도3376 판결의 반대의견(대법관 박만호, 박준서, 신성택).

그런데 변호사로서 실무를 막 시작하면 우선적으로 전속관할이나 불변기한(제소기한, 상소기한, 상고이유서 제출기한 등)에 주의를 집중시키게 되고, 때때로 기타의 절차법적 논점을 검토하게 된다.

다. 실질법(實質法)과 저촉법(抵觸法)

이 개념구별은 주로 국제사법에서 한다. 국제사법(좁은 의미)은 실체관계를 어느 법에 따라 규율할지를 정하는 법이다.10 즉, 저촉법(Kollisionsrecht, law of conflicts)이다. 좀 더 구체적으로 말하면 법률저촉(conflit de lois)법이다. 저촉법에 대비되는 개념이 실질법(Sachrecht)이다. 권리의무관계 자체를 규율하는 법을 말한다. 사물(事物), 즉 사항(事項)(Sache, matter, subject matter) 자체에 대한 법이라는 의미이다. 실질법과 실체법은 비슷한 개념이다. 혼용해도 무방하다. 영어권에서는 아예 혼용한다.

사실 저촉법의 개념은 국제사법보다 좀 더 넓다. 종교, 민족 등으로 정해지는 인적 집단 중 어느 인적 집단의 법에 의할지를 정하는 인제사법(人際私法)도 있다. 예컨대 중동의 국가들, 인도네시아 등은 국제사법과 인제사법을 모두 가지고 있다. 어느 시점에 존재한 법에 의할지를 정하는 시제사법(時際私法)도 있다. 그러나 저촉법 가운데 가장 자주 문제되는 것은 공간적 저촉법(räumliches Kollisionsrecht), 즉 국제사법(國際私法, private international law, internationales Privatrecht, droit international privé)이다.11 국제사법은 주로 어느 "나라"의 실체사법에 의할지 정한다. 그렇지만 국제사법은 국가법, 국제법, 비국가법 중 어느 것에 의할지, 또 상충하는 국제조약 중 어느 것에 의할지도 정한다.

민사실체법은 보편적 입법의사로 만들어진 것이 많다. 예컨대 한국민법의 대부분의 규정은 순수한 한국적 법률관계이든, 외국적 요소가 있는 법률관계이든 묻지 않고 널리 적용될 수 있는 법으로서 마련되었다. 한국 국제사법이 어느 나라 법을 준거법으로 지정하면, 그 나라의 해당 법규가 적용된다. 다만, 자신의

---

10 넓은 의미의 국제사법은 국제민사절차법을 포함한다.

11 한 국가 내에서의 장소적 법률저촉 문제를 다루는 법은 준국제사법(準國際私法)이라 한다. 예컨대 미국에서는 주별로 사법(私法)이 다르므로, 국제사법(private international law) 외에 주제사법(州際私法), 즉 주제적 법률충돌(interstate conflict of laws)의 문제도 있다.

공간적 효력범위를 스스로 제한하고 있는 실체법규,[12] 즉 "자기제한적 실체법규"의 경우에는 사안이 그 법규가 스스로 정하는 공간적 효력범위 내인지도 살펴야 한다. 준거법이 지정된 결과, 일정한 형태의 국제적 법률관계만을 규율할 의도로 만들어진 실체법규, 즉 "실체특별법(materielles Sonderrecht)"이 적용되기도 한다. 예컨대 재외공관에서의 혼인신고나 협의이혼의 방식에 대한 특례(혼인신고를 가족관계등록공무원이 아닌 재외공관에 할 수 있고, 협의이혼의사 확인을 사법보좌관이 아닌 재외공관에 맡긴다), 국제적 상거래에 관한 특별법(즉 국제거래법) 등이 이에 해당한다.

국제사법적(저촉법적) 규율은 항상 실질법적 규율에 우선한다. 국제사법에 의하여 한국법이 준거법으로 지정되었을 때, 한국법 내에 해당되는 실체특별법이 있으면 그것이 — 일반사법이 아니라 — 적용된다. 다만 조약으로 입법한 국제거래법규 가운데에는 스스로 그것이 어떤 섭외적 사안에 적용되는지를 스스로 규정하는 것이 많다(예: 국제물품매매계약에 관한 국제연합 협약(1980)[13] 제1조). 그런 규정도 저촉법규의 일종이다.

한편, 아예 어느 나라 법이 법률관계의 준거법이 되든 상관없이 스스로의 공간적 적용의지에 따라 적용을 관철하는 실체법규도 있다. 그것을 국제적 강행법규(필요적 강행법규, 절대적 강행법규)라고 부른다. 그 개념과 원리는 국제사법 제7조/제20조에 규정되어 있다.

라. 일반법(一般法)과 특별법(特別法)

일반법(droit commun, lex generalis)은 누구에게나 또는 어떤 법률관계에나 널리 적용되는 법이다. 특별법(droit particulier, lex specialis)은 일정한 사람이나 법률관계에만 적용되는 법이다. 특별법이 일반법에 우선한다. 예컨대 '시민들의 법'인 민법의 규정들과 '상인들의 법'인 상법의 규정들은 일반법과 특별법의 관

12 예컨대 중국의 개별적 근로관계에 관한 법규 중, 외국인투자기업이 중국에서 근로자를 고용한 경우에만 적용되려는 입법의사로 제정된 것. 다른 경위로 중국법이 근로계약의 준거법이 된 경우에는, 이 실질법규는 스스로 적용되고자 하지 않는다.

13 United Nations Convention on Contracts for the International Sale of Goods. 한국에 대해서는 2005. 2. 28. 발효.

계에 있는 경우가 많다. 그러나 정확히는 개별 규정별로 따져야 한다. 상사관계에 대해서도 상법에 특칙이 없으면 민법에 의하지만(상법 제1조), 상법에 특별규정이 있으면 이와 충돌하는 일반법은 뒤로 물러난다. 상사거래법 내에서도 '국제'상거래에 관한 법인 국제상거래법(국제거래법, 국제상법[14])이 일반상법에 우선한다.

무엇이 특별법인지는 조문의 편제가 아니라 내용이 기준이 된다. 예컨대 민법의 단기소멸시효 규정(제163조: 3년, 제164조: 1년)은, 민법 내에 규정되어 있지만, 상법의 상사소멸시효 규정(제64조: 5년)에 대한 특별법이다. 민법 제163조, 제164조는 일정 분야의 상인(여관업자, 식당업자 등)을 천시하여 불이익을 가하는 법규로서, 실질적으로는 상법 내의 아주 특수한 특별법규이다.

마. 엄격법(嚴格法)과 형평법(衡平法)

요건과 법률효과가 정확하게 정해진 법규범이 있다. 이를 엄격법(strenges Recht, ius strictum)이라 한다. 반대로, 가치판단에 의하여 비로소 법규범의 규정 내용이 명확하여질 수 있는 규범이 있다. 이를 형평법(billiges Recht, ius aequum)이라 한다. 둘의 경계는 연속적이다.[15]

> 영국에서 보통법(common law)과 형평(equity), 즉 형평법을 나누는 것과 혼동되어서는 안 된다. 영국의 보통법은 영주법원의 재판권과 경합하여 국왕(즉 국가의 중앙권력)이 만든 법원이 전국적으로 통일된 법을 적용하면서 발달했다. 그런데 이 과정에서 보통법에 과도하게 경직적인 부분이 생겼다. 그런데 초기에는 제정법규(statutes)에 의한 개혁이 드물었고 이것이 활발해진 것은 20세기 중엽부터이다. 그래서 보통법의 경직성을 완화하는 역할을 런던 소재의 별도 재판기구(형평법원)가 맡게 되었다. 이 법원이 재판하는 과정에서 형평법이 만들어졌다.
>
> 영국에서는 18세기말 Judicature Acts에 의하여 보통법과 형평법을 적용하여 재판하는 법원들이 서로 통합되었다. 그래서 오늘날에는 보통법과 형평법의 차

---

14 일본과 한국에서는 흔히 "국제거래법(國際去來法)"이라 한다. 프랑스에서는 "국제상법(國際商法, droit du commerce international)"이라 한다.

15 *Brox/Walker*, Allgemeiner Teil des Bürgerlichen Gesetzbuch, 35. Aufl., 2011, Rn. 32~33.

이는 법리의 연원(淵源) 내지 발달연혁상의 차이로만 남아 있다. 그럼에도 불구하고 오늘날에도 보통법 법리와 형평법 법리가 서로 구별되지 않을 정도로 상호통합되는 것이 아니라, 오히려 명확히 구별되고 있다.

전통적으로는 형평법을 법이라고 부르지 않고 단순히 "형평"(equity)라고 불러, 보통법(및 제정법)과 구별한다. 영국법원이 적용하는 그러나 형평법도 엄연히 법으로 기능한다. 즉, 영국의 equity 원칙, 규칙은 법 이전의 형평적 고려 — 형평과 선(aequum et bonum)에 의하여 중재(仲裁)의 실체판단을 할 때 형평은 이것을 말한다 — 를 말하는 것이 아니라, 엄연히 영국법의 일부를 가리킨다. 그래서 오늘날에는 영국 스스로도 "형평법"(law of equity)이라고 부르는 경우가 있다. 외국법으로서 영국법을 묘사할 때에는 기능에 주목하여 형평법이라고 부르는 것이 한결 더 타당하다.

형평법규는 단순히 가치개념(價値槪念)만 정할 수도 있고, 고려요소(考慮要素)를 나열할 수도 있다. 규칙 형태로 구체화될 가능성을 열어둘 수도 있다. 그 형태에 따라 판사의 재량이 달라진다.

첫째, 가치개념(평가개념)만을 규정하는 형평법규가 비교적 흔하다. 민법 제2조는 "권리의 행사와 의무의 이행은 신의에 좇아 성실히 하여야 한다"(제1항), "권리는 남용하지 못한다"(제2항)고 규정한다. 제103조는 "선량한 풍속 기타 사회질서에 위반한 사항을 내용으로 하는 법률행위는 무효로 한다"고 규정한다. 제398조 제2항은 "손해배상의 예정액이 부당히 과다한 경우에는 법원은 적당히 감액할 수 있다"고 한다.[16] 판사는 신의성실(信義誠實), 권리남용(權利濫用), 공서양속(公序良俗: 선량한 풍속 기타 사회/공공질서), 손해배상예정액의 과다라는 가치개념을 구체화할 때 광범위한 행동반경(판단여지)을 가진다. 영미의 불편의법정지(不便宜法廷地, forum non conveniens) 법리는 국제재판관할권이 있어도 구체적 사정에 따라 불행사할 수 있다는 법리이다. 이 법리와 이를 도입한 2022년 개정 국제사법 제12조[17]도 판사에게 넓은 판단여지를 남긴다. 그런데 판례와 학설은

16 위 조문들은 편의상 순한글로 바꾸어 인용함.
17 "제12조(국제재판관할권의 불행사) ① 이 법에 따라 법원에 국제재판관할이 있는 경우에도 법원이 국제재판관할권을 행사하기에 부적절하고 국제재판관할이 있는 외국법원이 분

사안과 고려요소를 유형화하고 고려요소 간의 경중을 저울질하는 기준을 해석론으로 정립해 나갈 수 있다. 그에 따라 판사의 재량은 제한되고, 예견가능성이 높아져 법적 안정성이 제고된다. 이것이 법원에게 불리한 것만은 아니다. 오히려 재판의 권위는 높아질 수 있다.

형평법규와 구별되어야 하는 것으로, 판사에게 입법론적 평가를 하여 법률변경적(초법률적) 법형성을 할 권한을 법관에게 명시적으로 수여하는 법규도 있다. 국제사법 제8조 제1항(2022년 개정 후에는 제20조 제1항) "이 법에 의하여 지정된 준거법이 해당 법률관계와 근소한 관련이 있을 뿐이고, 그 법률관계와 가장 밀접한 관련이 있는 다른 국가의 법이 명백히 존재하는 경우에는 그 다른 국가의 법에 의한다"라고 규정한다. 이를 예외조항(Ausweichklausel, clause d'exception) — 영어식 표현으로는 회피조항(escape clause) — 라 한다. '예외적 상황에 대해서는 예외적으로 판사에게 법형성권을 수여하는 법규'이다. 이것도 판사에게 입법론적 평가와 그에 따른 규범적 판단을 허용한다. 그러나 이 법규 하에서 법관이 고려할 수 있는 가치기준은 '형평'(equity)만은 아니다. 오히려 입법론적으로 고려될 수 있는 모든 요소들이 기준이 된다. 그래서 이것은 형평법규와는 구별되어야 한다.

준용규정 가운데에는, 끌어다 쓰는 법규가 규율대상에 적합한 것인지 가려내는 일을, 입법적으로 완결짓지 않고 법해석자(결국 법관)에게 맡기는 예도 있다. 헌법재판, 행정소송, 가사소송에 관하여 헌법재판소법, 행정소송법, 가사소송법에서 규정하지 않은 사항에 대해서는 민사소송법을 준용하도록 되어 있다(헌법재판소법 제40조, 행정소송법 제8조 제2항, 가사소송법 제12조). 이것은 반드시 민사소송법의 모든 규정을 준용하라는 것이 아니라, 준용함이 적절한 규정을 선별하고, 준용되는 한 개의 조문 내에서도 일부 규율내용은 배제하고

쟁을 해결하기에 더 적절하다는 예외적인 사정이 명백히 존재할 때에는 피고의 신청에 의하여 법원은 본안에 관한 최초의 변론기일 또는 변론준비기일까지 소송절차를 결정으로 중지하거나 소를 각하할 수 있다. 다만 당사자가 합의한 국제재판관할이 법원에 있는 경우에는 그러하지 아니하다.
② 제1항 본문의 경우 법원은 소송절차를 중지하거나 소를 각하하기 전에 원고에게 진술할 기회를 주어야 한다.
③ 당사자는 제1항에 따른 법원의 중지 결정에 대해서는 즉시항고를 할 수 있다."

끌어쓰는 것이 적절하다면 그렇게 하라는 의미이다. 맥락에 맞게 규율내용을 적응시킬 수도 있다. 국제사법 제2조 제2항은, 한국의 국내토지관할법이 독특하다 못해 변칙적인 규율을 담고 있는 것을 개정하는 일은 훗날로 미루면서, 그 규정들을 국제재판관할 문제에 유추적용할 때에는 충분히 가려내어 쓰도록 한다. 그리고 이런 선별의 요구[18]가 여기에서 특히 절실함을 강조하기 위하여, "준용" 대신 "참작"이라는 표현을 쓰기까지 했다. 그런데 이것은 법원에 과도한 부담을 지우는 것이었던 것 같다. 대법원도 국제재판관할규칙을 규칙다운 형태로 추출해 내는 작업에 매우 소극적인 태도를 보였다. 결국 국제사법 제2조에 기대는 접근방법은 큰 실패를 맛보았고, 법무부에 판사 2인, 학계 4인, 변호사 2인 등으로 구성된 국제사법개정위원회가 설치되어 구체적인 국제재판관할규정을 국제사법에 신설하기 위한 작업이 진행되었다. 이 개정은 2022년에 실현되었다.

둘째, 규범적 판단을 함에 있어 고려에 넣어져야 하는 요소들을 나열하고 판사로 하여금 이를 종합하여 판단하도록 하는 형태의 형평법규는 영미법에서 자주 볼 수 있다. 영국 판례는 계약준거법의 결정기준을 명확히 정하지 않고, 당사자의 정당한 기대의 보호, 국제거래의 이익 등의 제반 고려요소를 비교형량하여 정하도록 했었다. 이것이 고유법이론(proper law theory)이다.

셋째, 가치개념에 따라 궁극적 판단을 하도록 하면서도 몇 가지 유력한 규율기준을 예시하는 형태의 형평법규도 있다. 예컨대 미국 저촉법 제2차 재록(再錄, 리스테이트먼트)[19] 제145조는 불법행위의 준거법 결정기준에 관하여 다음과 같이 규정한다.

---

18 국제사법 제2조는 그러한 선별의 요구를 "국제재판관할의 특수성"이라고 부르고(제2항), 국제재판관할법의 지도원리를 친절히 설명하기까지 한다(제1항). 그러나 사실 이것은 '한국 민사소송법의 국내토지관할규정들 가운데 장소적 관할법의 상궤를 벗어난 요소들'로부터, 우선 국제재판관할법부터 해방시키겠다는 것이다.

19 미국의 Restatement of the Law는 보통법전집(普通法全集)으로도 번역된다. 예: 고세일, "미국의 민사배심에 대한 연구: 불법행위 보통법전집의 규정을 중심으로", 고려법학 제62호 (2011. 9), 157~191면.

제145조 일반원칙

(1) 불법행위의 쟁점에 관한 당사자들의 권리와 의무는 제6조에 규정한 원칙들 하에서 그 논점에 관하여 그 사건 및 당사자들과 가장 밀접한 관계를 가지는 주(국가)의 국내법에 의하여 정해진다.

(2) 논점에 대한 준거법을 정하기 위하여 제6조의 원칙들을 적용함에 있어 고려되어야 하는 접촉은 다음을 포함한다.

(a) 침해가 발생한 장소

(b) 침해의 원인된 행동이 벌어진 장소

(c) 당사자들의 주소, 거소, 국적, 설립지, 영업활동지

(d) 당사자들 간에 관계가 있는 경우 그 중심지.

이 접촉들은 해당 논점에 관한 그 상대적 중요성에 따라 평가되어야 한다.[20]

형평법규의 세 유형 중 어느 것에 속하는지는 법규의 해석에 따라 바뀔 수 있다. 예컨대 판례가 권리남용의 요건을 완화하여, 권리자와 의무자 간의 이익형량을 위하여 고려되어야 하는 요소를 나열하고, 이런 고려요소 목록이 판례로서 확립되면, 권리남용 금지는 두 번째 유형에 속하게 될 것이다.

법관이 형평법규를 원용하려면 이를 사안에 적용하면 된다. 그 과정에서 그 법규상의 가치개념을 구체화하는 일은 '법의 해석'에 해당한다. 이것은 '사법적(司法的) 법형성'은 아니다. 그러나 사법소극주의(司法消極主義), 즉 사법자제

---

20 § 145. The General Principle

(1) The rights and liabilities of the parties with respect to an issue in tort are determined by the local law of the state which, with respect to that issue, has the most significant relationship to the occurrence and the parties under the principles stated in s 6.

(2) Contacts to be taken into account in applying the principles of s 6 to determine the law applicable to an issue include:

(a) the place where the injury occurred,

(b) the place where the conduct causing the injury occurred,

(c) the domicil, residence, nationality, place of incorporation and place of business of the parties, and

(d) the place where the relationship, if any, between the parties is centered.

These contacts are to be evaluated according to their relative importance with respect to the particular issue.

(司法自制)의 태도는 법해석과 사법적(司法的) 법형성의 양쪽에 미친다.

법관이 형평법규를 원용하는 데에는 조심스럽게 마련이다. 학계의 일각에서는, 입법으로 형평법규를 정했음에도 판사가 이를 자주 원용하기를 꺼리고 조심스럽게 접근하는 데 대해서는 아쉬움을 표하기도 한다. 그러나 한국에서는 법관이 그런 형평적 판단을 해 온 오랜 역사가 짧다. 시민사회의 형성도 미완성 상태이며, 이식된 후 이리저리 땜질한 근대법을 사회 속으로 내면화하느라 애쓰는 중이다.

몇 가지로 정형화된 병리현상으로부터, 한국에서 '살아 있는 법' 내지 '법의식'(준법정신은 그 중요한 일부이다)의 수준을 가늠해 볼 수 있다.

한국에서는 부동산에 대한 점유자나 소유자의 물권적 청구권, 특히 인도청구권(민법 제204조, 제213조)이 가지는 강제력이 형해화되어 있다. 불법점유자에 대한 사실상의 보호가, 점유자와 소유자에 대한 법적 보호보다 더 강한 실효성을 가지는 일이 흔하다. 이런 현상을 포착하기 위하여, "떼법"이라는 말까지 생겼다.21

한국 노동계가 시민사회의 일부로서 보여주는 자의식은 여전히 미약하다. 불법파업에 대한 민형사책임은 고사하고 그 과정에서 다중의 위력을 과시하며 벌인 일에 대하여 손해배상책임과 최소한의 형사책임을 지는 것조차 순순히 받아들이지 못한다. 시민으로서 져야 할 당연한 책임을 요구하면, 자본주의에 대한 비판이론으로 이념적 무장을 갖추고 의기양양해하면서 법의 권위를 발아래에 놓는다. 예컨대 강성 불법파업을 통하여 억지로 노사합의를 이끌어내면서, 불법파업 자체(업무방해)만이 아니라 그 과정에서 벌어진 온갖 범죄행위에 대하여 사용자 측에서 일체의 고소고발을 취하한다는 내용까지 서면화하여 사용자 측의 서명과 굴복을 요구한다. 이에 응하지 않으면 불법파업과 이에 수반된 범죄행위, 불법행위를 계속한다.

대체로 1990년대까지 한국의 언론에서는 '법의 형식적 테두리를 뛰어넘어 정치적 대타협을 이루어야 한다'거나, 법의 정확한 적용에 공들이는 법률가를 '육법전서만 외운 법률가'로 비하하는 일이 드물지 않았다.

---

21 "떼법"에서 "떼"가 '떼를 쓴다'는 의미만인지, 아니면 '떼지어 떼를 쓴다'는 의미인지 궁금하다.

이런 수준의 한국에서 법관이 독일 수준으로 형평법규를 손에 익은 듯이 활용하면서 법적 안정성도 소홀히 하지 않기란 쉬운 일이 아닐 것 같다. 한국사회가 독일사회와 똑같다고 착각해서는 안 된다. 그렇게 형평법규를 자주 원용하는 일이, 한국에서 사회 구성원들에게 법관의 횡포가 아니라 자연스러운 일이라고 받아들여지기도 요원해 보인다. 오히려 지금은 베버(Max Weber)가 지적하는, 근대사회의 요소로서의 법의 형식성을 갖추기 위하여 애쓸 때가 아닐까 생각된다. 법의 실효성을 기하면서 해석과 사법적(司法的) 법형성을 적정하게 하여 법적 안정성을 달성하기에도 벅찬 것이 한국법의 현주소로 보인다.

사법부(司法府)의 독립도 완전히 확립되어 있다고 하기 어렵다. 법의 자율성, 법률가집단의 자율성을 경시하여 법치를 정치에 굴복시키고, "원님재판"을 종용하는 정치적, 사회적 압력은 여전히 무시할 수 없다. 그 압력은 개별 사건을 다루는 — 1명, 3명, 9명 또는 13명의 — 법관에게 집중된다. 시민에게 다가가는 법원과 헌법재판소를 이야기하거나, 소위 "정책법원"을 추구한다고 표방하는 등으로 사법(司法)에 대한 과도한 기대를 조장하는 일은 사법권(司法權)의 독립을 위협할 우려가 있다.[22]

> "具體的 妥當性[구체적 타당성]을 추구하는 것은 법의 운용에서의 항상적 요구이다. 이를 추구하는 과정에서 우리는 쉽사리 一般條項[일반조항]이나 법 자체가 인정하는 衡平法的 手段[형평법적 수단]에 기울어지곤 한다. 그러나 어디

22 법원이 검사를 판사의 하급자이며 사법부(司法府) 밖의 존재로 여기는 경향과 법원·검찰 간의 긴장관계는 법원의 권위를 좀먹는다. 판사가 가지지 않은 권한을 가지고 판사에 앞서 사안을 파악하는 사법기관(司法機關)으로서 검사의 지위를 존중하는 것이 바람직하다. 이렇게 하여 가장 큰 이득을 보는 것은 판사이고, 가장 큰 불이익을 입는 것은 범법자일 것이다. 법원은 검사를 사법부(司法府)의 일원으로 끌어들임으로써, 법정모독으로부터 법원을 보호해 줄 것을 검찰에게 기대하기도 용이해질 것이다. 특히 권력자, 정치인, 이익집단 등의 부당한 압박으로부터의 보호가 절실하다. 법원의 눈앞에서 행해진 범법행위에 대하여 수사가 필요없이 바로 공소제기를 할 수 있다는 것이 법정모독(contempt of court) 법리의 절차적 측면이며, 이 법리의 중요한 부분이다. 현행법 하에서도 협박에 의한 공무집행방해(형법 제136조)를 구성하는 사안에 대응할 수 있다. 나아가 직권남용죄(형법 제123조) 공무집행방해죄 사이의 빈 공간에 '부당한 방법으로 재판에 영향을 미친 행위'와 그 미수를 범죄로 규정하는 방안을 검토해 볼 만하다.

까지나 우리 법은, 法原理[법원리]의 의미를 항상 시야에서 놓치지 않으면서도, 일차적으로 法規則[법규칙]의 체계로 이해되어야 할 것이다."[23]

V. 법적 규범 간의 관계

1. 법규범의 위계질서(상위법 우선)

상위법(上位法)이 하위법(下位法)에 우선한다. 이는 법형성 권력간의 우열의 표현이다. 프랑스 국왕의 칙령은 지방 봉건귀족의 지방법률에 우선했다.[24] 한국에도 헌법, 법률, 시행령, 시행규칙, 지방자치법규 순서의 위계질서가 있다. 연방국가에서는 연방법이 주법에 우선한다.

그러나 상위권력이 하위권력을 속속들이 통제하는 것은 아니다. 하위권력이 자율권을 가지기도 한다. 단일한 법질서로 구성된 단일법 국가에서도, 하위법령은 상위법령에 "상충"될 경우에만 효력을 부정당한다. 영미법계의 연방국가에서는 연방정부의 권력이 제한되는 경우가 많다.[25] 미국은 연방정부의 권력을 사물적(사항적)으로 한정한다. 입법권뿐만 아니라 재판권도 사항적(事項的)으로 제한한다(연방법원의 subject matter jurisdiction 제한). 또, 연방의회는 연방헌법이 부여한 입법권을 십분 행사하지 않는다. 행사하지 않고 유보하는 부분도 적지 않다(대표적 예가 주제사법과 국제사법이다). 미국에서는 주(州)의 권력과의 관계에서 연방정부의 존재이유를 생각하고 그 권력의 존재와 행사의 범위를 적정화하려는 노력이 있고, 이를 연방주의(federalism)라 부른다. 이렇게 함으로써 연방의 권력이 비대화되어 참주정(폭정, tyranny)이 되어서는 안 되는 일을 막으려 한다. 즉, 미국에서 말하는 연방주의는 연방정부의 권한을 극대화하는 것을 의미하지 않는다. 오히려 연방정부의 권한이 적절한 범위 내에서만 행사되도록

---

23 梁彰洙, "민법 제765조: 잊혀진 규정?", 서울대 법학 제39권 제4호(1999), 375면.

24 그러한 프랑스법의 중앙집권적 통일은 민법전, 형법전, 민사소송법전, 형사소송법전 등의 편찬으로 완성된다.

25 영연합왕국(The United Kingdom)에서도 런던의 의회가 영연합왕국 전체에 대한 입법권을 가지는 경우를 제외하면, 영국·웨일즈(England and Wales), 스코틀랜드(Scotland), 북아일랜드(Northern Ireland)가 각기 입법권을 가진다.

자제되어야 한다는 사고방식을 가리킨다. 연방정부가 법적으로는 권한을 가지더라도, 그것을 십분 행사하지 않도록 정치적 지혜로써 자제해야 한다는 것이다. 유럽합중국(United States of Europe)을 표방하는 유럽연합이 "점점 더 밀접해지기만 하는 연방"(the ever-closer union)을 추구하는 것과 대조된다.

미국에서도 1930년대의 대공황 후 연방정부의 권한이 크게 확대되고 있다. 민주당 내의 혁신파가 독립하여 만든 공화당은 초기, 특히 링컨 대통령 재임기에는 연방정부의 권한의 적절한 강화를 꾀했다. 그러다가 프랭클린 루스벨트(Franklin D. Roosevelt, "로우저벨트"로 발음됨) 대통령(1933~1945)이 "재합의"(New Deal)의 이름 하에 인위적인 헌법변천(constitutional change)을 꾀한 뉴딜 파동(내지 뉴딜혁명)에 직면한다.

이에 대응하여 법적으로 연방정부의 권한을 엄밀히 심사하고 정치적으로도 연방권력의 적절한 자제를 추구하는 움직임이 있다. 오늘날 연방주의자들이 그렇다. 그들은 연방 차원의 정책입법과 위헌심사의 기준의 확충을 견제하는 점에서 보수주의 성향을 띤다.

미국에서는 연방의회가 정쟁의 장으로 전락하여 입법기능이 원활하지 않게 된 것과 맞물려, 입법과정에서 숙의되어야 할 쟁점이 연방헌법의 해석상 논쟁으로 전화되어 연방대법원을 비롯한 각급 연방법원에 몰리고 있다. 이념단체가 정치나 정책적 법형성 과정의 도구로써 연방법원에서의 재판을 이용하는 일도 빈발하고 있다. 그래서 사안을 연방법원으로 가져갈 수 있는지가 매우 중요해졌다. 법과대학원에서 "연방재판권"(Federal Jurisdiction)이라는 과목으로, 연방법원의 사항적 재판권의 범위가 어디까지인지를 따로 강의할 정도이다.[26]

26 정치권이 연방법관 임명 단계에 개입하여 사법부를 조종하려 하는 시도도 있었다. 첫째, 프랭클린 루스벨트 대통령은 연방대법관을 대폭 증원하고 자신의 정치노선에 우호적인 대법관들을 임명하여 대법원의 권한을 희석시키려 했다. 이것이 "대법원 쌈싸기(Packing the Court)" 시도이다. 둘째, 연방상원이 연방법관 임명동의권을 행사할 때, 대통령의 연방대법관 지명을 존중하는 것이 전통이었지만 그 전통은 1987년을 기점으로 깨어지기 시작했다. 1987년에 레이건(Ronald Reagan) 대통령(공화당, 1981~1989)이 보수적 학자법관 보크(Robert H. Bork)를 연방대법관으로 지명했다. 당시 민주당은 연방상원과 상원 사법위원회(Judiciary Committee, 의장 조 바이든)에서 다수를 점했다. 에드워드 케네디를 필두로 한 민주당 상원의원들은 보크의 지명을 루스벨트 이후의 연방대법원 판례의 무효화 시도로 여기고, 전대미문의 정치적 올바름(political correctness) 검증 공세를 벌여 임명동의안을

오늘날 상위법우선의 원칙은 법률이나 하위법령의 헌법합치성이나 국제법합치성의 문제로 제기되는 경우도 많다. 그런데 법률이나 하위법령의 헌법합치적 해석과 국제법합치적 해석에 의하여 헌법위반이나 국제법위반의 소지가 해소되면, 헌법합치성이나 국제법합치성을 심사할 필요도, 그렇게 할 여지도 남지 않는다.

국제법(國際法), 즉 국제공법(國際公法)이 국내법(國內法)보다 우월한지에 관해서는 두 가지 입법주의가 나뉜다. 주로 조약의 국내법적 지위 문제로 논하여진다. 일원론은 국제법질서와 국내법질서를 연속적인 상하위관계에 놓아, 조약이 국내법보다 우월하다고 한다. 이원론은 국제법질서와 국내법질서를 별개로 보아, 양자간에 우열이 없다고 한다. 한국은 일원론에 따르므로, 국제법의 국내법적 지위는 일반적으로 국내법과 대등하다(헌법 제6조 제1항).[27] 결국 일차적으로 특별법우선, 이차적으로 후법우선의 원칙에 따라 우열을 가린다. 그런데 국제조약이 모든 국가를 체약국으로 하는 일은 드물고, 주제를 좁혀 교섭하게 되므로 다루는 문제의 폭도 좁다. 그래서 거의 항상, 국내법이 일반법, 조약이 특별법에 해당하게 된다. 오히려 까다로운 쟁점이 되는 것은, 복수의 조약들이 얽혀 있을 때 그 가운데 어느 조약이 특별법에, 어느 조약이 일반법에 해당하는지이다.

부결시켰다. 레이건의 미국보수혁명 후 민주당은 수구주의를 포함하는 복잡한 정강(政綱)을 '소수자 인권'론으로 정리할 필요가 있었고, 1980년대에 시작된 공화당의 부흥을 '소수자 인권에 대한 억압' 시도로 윤색할 필요가 있었다. 아마도 민주당의 이런 정치적 혼란상과 위기의식이 보크 인준부결 사태를 벌인 배경이었을 것이다. 법치주의에 대한 공격에 주안을 두고 인준거부운동을 벌인 것 같지는 않다. 그러나 사법부 독립은 깊은 상처를 입었다. 민주당의 민권운동파에게는 대중정치의 정치적 승리의 경험으로, 공화당의 사법자제(司法自制) 지지자들에게는 마녀사냥에 의한 정치적 희생의 경험으로 기억되었다. 향후 연방대법관의 지명 및 청문절차는 정치적 영향 하에 파행을 겪고 있다. 양당은 상대 정당의 정치적 의도를 의심하여 연방대법관 인준에 서로 비협조적으로 나오게 되었다. 대중적 언론보도로 논란을 만들어내고 국회의사당 앞에서 인준 찬반 시위가 벌이지는 현상은 이어지고 있다.

27 헌법 제6조 제1항은 "一般的으로 승인된 國際法規"가 국내법과 동일한 효력을 가진다고 규정한다. 즉, 국회에 의하여 비준, 공포된 것 외에, 일반적으로 승인되고 있는 국제법원칙에 대해서도 국내법질서 내에서 국내법과 대등한 효력을 인정한다.

자기집행적(自己執行的, self-executing) 조약인지도 확인되어야 한다. 자기집행적 조약은 재판을 통하여 강제적으로 실현할 수 있는 법적 의무를 스스로 발생시킨다. 그런데 국가의 국제법적 의무와 관련해서는 조약의 자기집행력 유무가 별로 까다로운 문제가 되지 않는다. 조약이 스스로 법적 의무를 발생시키는지 아닌지를 조약 스스로 분명히 정하는 경우가 많기 때문이다. 그러나 조약의 국내법적 효력과 관련해서는, 조약의 자기집행력 유무가 종종 까다로운 문제가 될 수 있다. 물론, 조약이 어떤 내용의 규율을 도입시키기 위하여 어떤 이행입법이 필요하다고 명확히 정하고 있으면, 그 조약의 자기집행력 여하는 분명하다. 그런 이행입법을 할 국제법적(타 체약국에 대한) 의무는 조약 자체에 의하여 발생한다. 그러나 일정한 이행입법이 있어야만 그것이 정하는 대로의 구체적 규율이 생긴다.

그런데 통일적인 실체법적 또는 절차법적 규율내용을 말하면서, 자기집행력 유무가 일견 불분명해 보이는 조약도 있다. 예컨대 '무국적자의 지위에 관한 협약' 제12조 제1항과 '난민의 지위에 관한 협약' 제12조 제1항은 무국적자와 난민의 신분은 주소지법에 의하도록 규정한다. 그 규정은 '체약국 국제사법이 일반적으로 어떤 문제에 대하여 본국법이나 국적국법을 준거법으로 지시하고 있으면 무국적자의 난민에 대해서는 그 대신 주소지법이 준거법으로 지시된다'는 통일국제사법규칙을 설정하는 자기집행력도 가지는가? 그래서 그 조약들이 국내법화됨으로써, 그런 통일국제사법규칙이 도입되는가? 아니면 그 조문들은 통일국제사법규칙을 정하는 자기집행력이 없고, 단지 각 체약국에게 국제사법적 규율이 그런 규율결과를 가져오도록 의무지울(국내법적으로도) 뿐인가? 아니면 아무런 자기집행력도 없는 조문이어서, 그런 입법의무를 부과하지도 않는가?

국제법상의 강행규범은 그 정의상 당연히, 국내법에 우선한다. 또, 국제법상의 강행규범을 위반한 국가에 대해서는 그 피해자인 개인이 직접 국제법상의 권리주체로 인정된다. 피해자가 가해국가의 국민인 경우에도 같다. 다만 국제법상 강행규범에 위반하는 국내법을 국내법적으로 실효시키는 것인지, 아니면 단지 국제법관계에서 그에 우선할 따름인지에 대해서는 다툼의 여지가 있다.

한편, 국내법은 국제법과 연속적인 하위체계를 이루거나, 국제법질서와 별개일 수는 있어도, 국제법에 우선할 수는 없다. 즉, 국제법질서는 국제법에 의해서만 규율된다. 그래서 국내법을 이유로 국제법적 의무를 면할 수 없다. 그러나 국내법적 규율을 이유로 국제법적 의무를 다하기 곤란한 점을, 국제법이 스스로 고려하여 일정한 예외를 정할 수는 있다. 즉, 일국(가령 미국)이 사법권 자제를 이유로 '외국의 권력적 행위가 연루되는 사안에 대해서는 재판을 하지 않는다'는 국가행위이론이라는 국내법리를 만들어 적용하여, 조약상 의무를 다하지 못하게 되는 것을 용인할 수는 있다. 앞으로 국제법이 이런 법리를 갖추는 방향으로 발달할지는 지켜보아야 한다. 그런 국제법 법리가 발달된다면, 이것은 국제법질서가 국가법질서에 양보하는 예가 될 것이다.[28]

2. 후법(後法) 우선

입법자가 선행 입법과 충돌하는 법을 제정할 때에는, 선행 법률조문을 폐

---

28 미국에서는 외국의 국가행위가 연루된 사건에 대해서는 법원이 소를 각하하여 재판권 행사를 피한다. 이것이 국가행위이론(act of state doctrine)과 외국정부강제이론(foreign state compulsion doctrine)이다. 영국을 비롯한 영국법계 국가들에서 말하는 국가행위이론에는 이와 다른 내용도 포함되는데, 여기에서는 미국의 것만을 언급한다. 소각하라는 외형만 보면 주권면제 법리와 비슷하다. 그래서 주권면제 법리와 함께 국제법 법리로 다루는 국제법 교과서가 많다. 그러나 본질이 다르다. 주권면제는 '대등한 국가들 중 하나가 다른 하나에 대하여 재판할 수 없다'는 데에 본질적 근거를 둔다. 그래서 주권면제 법리는 본질적으로 국제법 법리이다. 물론 각국의 주권면제법은 내용상으로도 다양한데, 국제법의 시각에서는 '국가실행(state practice)의 차이'이지만, 국내법의 시각에서는 국가별로 상이한 주권면제법이 국내법으로서 존재하는 것이기도 하다. 그러나 미국의 국가행위이론은 '외교로 접근하는 것이 나은 문제'에는 국내법원이 개입하지 않겠다는 사법자제(judicial self-restraint) 법리가 미국 국내법(판례법)으로 발달한 것에 불과하다. 미국에서는 비공식적 법전으로 법재록(Restatement of the Law)을 만든다. 헌법의 하위분야인 대외관계법(foreign relations law) 분야의 법재록 — 최신본은 Restatement (Fourth) of the Foreign Relations Law of the United States (2018) — 은 국가행위이론과 외국정부강제이론도 다룬다. 이것을 놓고, 미국에서는 두 이론이 '국제법'의 법리로 인정되고 있다고 말해서는 곤란하다. 물론, 미국은 국제법의 일부를 '자국 대외관계법'의 일부로도 인식한다(국제법의 국내법적 지위를 인정하여). 그러나 미국 대외관계법에서 다루는 모든 주제는 국제법의 주제라고 말할 수는 없다. 오히려 국가행위이론과 외국정부강제이론은 국제사법 및 공법저촉법의 일부로서, '외국의 권력관계에서의 개입'을 어떻게 다룰지를 정하는 여러 가지 규율방법 중 하나이다.

지하는 조치를 함께 취하는 것이 보통이다. 그러나 설사 선행 법률을 폐지하지 않았더라도 후법이 우선한다.

국회의 인적 구성은 바뀌지만 입법자는 바뀌지 않는다. 입법자는 영생(永生)하는 한 명의 사람인 것처럼 관념된다. 그래서 선행 법률과 충돌하는 후법이 제정되었으면, 입법자가 마음을 바꾼 것으로 생각되어야 한다. 그래서 신법과 상충되는 구법은 효력을 잃는다.

그런데 신법이 구법을 실효시키는 것은 신구법이 서로 공존불가능하게 상충하는 경우만이다. 그렇지 않는 한, 선후하여 생긴 두 법규는 공존한다. 또, 구법은 신법과 상충하는 한도에서만 실효한다. 규정의 '내용'이 바뀌지 않았으면, 기존 조문은 효력을 잃지 않는다. 그래서 형식적으로는 전면개정의 형식을 취했더라도, 내용상 개정이 없는 기존 조문은 개정되지 않은 것으로 보아야 한다. 그러므로 조문번호를 새로 매기거나(예: 2001년의 국제사법 개정), 법률을 2개로 쪼개는(예: 2002년에 민사집행법이 민사소송법에서 독립) 등의 외형상 변화를 이유로, '법률의 새로운 제정에 준하는 획기적인 전면개정'이라고 말할 수 없다. 이렇게 획기적으로 여기저기 손을 대었고 조문번호도 새로 매긴 마당에 굳이 개정 전 법조문에 대한 판례까지 찾아다녀야 하느냐라고 생각하면서, 개정 후 조문에 대한 판례만 주로 원용하려 하는 것도 잘못이다. 그것은 법의 연속성에 대한 무감각의 소산이다. 입법자가 경솔히 '새 것을 내세워 법적 안정성을 가벼이 여기는 인상을 주는' 일을 벌였더라도, 법률가는 오히려 그 결점을 만회하고자 애써야 한다. 법적 안정성의 요청이 가볍게 여겨진다는 오해를 받지 않도록, 오히려 각별히 개정 전 조문에 대하여 나온 판례를 참조, 인용하도록 신경써야 한다.

오늘날 판결문에서 판례를 인용하는 것을 보면, 동지의 판결례 중 가장 최신의 것을 위주로 인용하는 경향이 보인다. 컴퓨터 시대가 되면서는 대법원도 예외가 아니며, 오히려 대법원이 앞장서서 그렇게 하는 것 같기도 하다. 최근 판결례를 위주로 인용하고 선행판결의 법리설시 문구를 그대로 옮겨 적기를 선호한다. 그 결과 대법원의 판례는 점점 더 증보된다. 고려요소를 나열하는 문구는 점점 증보된다. 일견 새로운 증보판이 더 충실해 보인다. 그래서 후속 사건에서도 최신 판결문을 먼저 찾아 베끼게 된다. 최신 판례를 인용해야 그것을 다 빠짐없이 옮겨놓을 수 있기 때문이다.

이것은 일종의 악순환이며 병폐이다. 판례가 중시되어야 한다고 말하면서, 마치 판례가 아주 손쉽게 최신 자료만 보면 금방 베낄 수 있는 것처럼 여긴다. 판례는 오랜 세월을 두고 그렇게 판단하여 왔기 때문에 무게가 실리는 것인데, 마치 판례가 쉽게 만들어지고 쉽게 쇄신될 수 있다고 말하는 것 같다. 마치 베트남에서 5년에 한번씩 법률을 새로 갈아엎어 전면개정하는 것처럼 생각하는 것인가? 그리고 풍부한 설시가 간략한 설시보다 설득력 면에서 낫다고 여기는 것인가? 그러나 베트남도 법전을 쇄신할 때 기존 법률조문을 축약하는 경향이 있다.

이미 폐기된 판례를 아무 생각 없이 따라서는 안 되겠지만, 최신 판례만 옮겨 적는 판결문 작성방식이 유행하다 못해 하나의 표준으로 자리잡는 것은 아쉽다. 레코드 틀듯이 최신 판결문 옮겨 적은 것을 받기 위하여 당사자가 비용과 시간을 소모하여 소송을 하는 것은 아닐 것이다. 당사자가 판례 검색도 못하여 그런 선행 판례가 있는 줄도 몰랐다면, 친절하게 기존 판례의 법률론을 문구대로 인용해 주는 것도 유익할 수 있으리라. 그러나 변호사가 있고 심지어 항소, 상고까지 되는 사건이면 사정이 다르다. 더구나 당사자도 그 판례를 언급하면서 더 구체적인 다른 논점을 파고들어 변론했다면, 당사자가 던진 질문에 대하여 나름대로 확신을 가지고 답하는 것이 유익할 것이다.

오히려, 어떤 판례법리가 어떤 계기로, 즉 어떤 문제상황에서 어떤 문제의식을 가지고 나왔고, 어떻게 발달했는지, 과연 확고히 자리잡았는지, 아니면 다소 상충하는 판례도 있는지, 미완의 논점이 남아 있고 그 부분에 대해서는 어떤 방향으로 판례가 발달하는 중인지 등을 밝히는 것이, 판결문에서 판례를 인용하는 방식으로서 보다 바람직하다고 생각된다. 그것이 판례에 의지하는 근거에도 맞고, 판례를 원용하는 판결이유의 설득력도 높일 수 있다. 판결이유에서 판례를 인용할 때에도, 해당 법률론이 처음 등장한 선행 판례를 인용한 뒤에, 그 판례가 오랜 세월 동안 유지되어 왔음을 확인하거나, 같은 취지에서 좀 더 자세히 설시한 판결례를 드는 것이 좋을 것이다. 이렇게 함으로써, 그 판례가 얼마나 권위있고 안정적으로 확립된 판례인지를 설명할 수 있다. 재판부가 이 사건을 얼마나 신중히 검토했는지도 알려줄 수 있다.

소송대리인이 '기존 판례와는 사안유형이 조금 다르다'거나 '기존 판례가 다루지 않은 새로운 논점이 중요한 문제로 제기되었다'고 하면서 상세히 법률론을 전개하는 경우도 있다. 법원이 견해를 달리한다면, 기존 판례의 판시문구를 단순히 반복하기보다, 기존 판례가 이 사건의 해결에 어떤 의미를 가지는지 설명하는 것이 바람직하다. 선행판결례에 의하여 판례가 확립되어 있고, 소송대리인이 주장하는 사정은 이 판례를 바꿀 만한 이유가 되지 않는다는 정도로 간단히 설명해도 좋을 것이다.

선행 판결례 중 어느 하나를 중시해야 한다는 소송대리인의 견해에 법원이 동조하지 않는 경우에도, 법원이 왜 그렇게 생각하는지 견해를 밝히는 것이 바람직하다. 단순히 법원이 채용하고자 하는 판결례만 인용하여 판단한다면 설득력이 약하다.

개정법률이 나온 이상, 개정 전 법률을 해석한 판례까지 일괄하여 법률상 당연히 폐기된다는 생각은 타당하지 않다. 조문번호를 새로 매긴다거나 언어를 현대화했다는 이유로 형식상 전면개정으로 분류된다 하여, 구법(舊法)시대가 가고 신법(新法)시대가 왔다고 여기는 것도 잘못이다. 유럽에서 현대사의 거칠고 극단적인 격변을 자기 손으로 일으켜 국력을 헛되이 소모한 프랑스에서도, 로마법의 이식으로부터 현대에 이르기까지 그런 일은 단 한 번 있었을 뿐이다.

프랑스혁명의 거센 충격은 기존 정치·사회질서를 초토화했다. 특히 지방적 법질서의 자율성과 권위는 철저히 무너졌다. 철저히 파괴된 위에 새로 질서를 세웠다. 나폴레옹이 통치자로 등장하여 법전편찬사업을 적극적으로 진행시킴으로써 가능했다. 나폴레옹 정부와 법률가들의 노력으로 민법전, 형법전, 민사소송법전, 형사소송법전 등이 만들어졌다. 그 내용은 대체로 보수적이었다. 보수적 법을 부활시킨 덕택에 프랑스국과 프랑스사회는 되살아났다. 형해화된 상태로 명맥만 유지하던(급격한 혼란으로 법이 준수되지 않더라도 당장 법이 소멸하는 것은 아니다) 구법(Ancient Droit)은 신법(Nouveau Droit)으로 대체되었다. 신법은 프랑스혁명의 소산이라고 할 수는 있지만, 엄밀히 말하면 프랑스혁명의 광란을 정리하여 질서를 회복하면서, 혁명전 법을 합리적 내용으로 되살려 만든 것이다. 죽은 법과 새 법은 같지 않았으므로, 구법이 부활한 것으로 보지 않고, 구법은 일괄하여 신법으로 대체되면서 효력을 잃은 것으로 본다.

한국에서는 1차적으로는 1910년 이래 총독부에 의하여 일본의 근대적 법이 의용되고, 2차적으로는 대한민국이 건국되어 친족상속법을 포함한 기본법을 갖추었다. 이 때 구법과 신법이 나뉘는 법제사적 단절이 있었다. 정치·사회적 변혁의 폭력성에는 차이가 있었지만, 외부에서 근대법질서를 이식받거나 수입(계수)하는 일이 더해져, 구법질서의 총체적 폐기를 가져왔다. 친족법과 상속법에서는 근대법에 의하여 밀려나기 전의 구래(舊來)의 관습이 비교적 늦게까지 존속했다. 이를 "구관습"이라고 부르는 것은, 프랑스에서 구법(Ancient Droit)을 말하는 것과 같이, 정확한 표현이다. 그러나 그 후에 일어난 법의 개정, 새로운 분야의 입법 등을 놓고 '새 공화국이 수립되었다'고 하는 것(제2공화국, 제3공화국…)은 법률가가 할 말은 아니다. 그것은 정치적 수사(修辭)에 불과하다. 정치적 꾸밈말로서도 얼마나 매력적인지 의문이다. 정치적 격변과 혼란을 반복한 프랑스 정치사를 부러워하는 사람은 그런 호칭에 매력을 느낄지 모르겠으나, 그런 취지라면 그는 지나친 과장을 하고 있는 것이다.

개정된 법과 개정 전 법을 가리켜, "신법"과 "구법"이라고 부르는 것이 부적당하다는 지적도 있다. 판결문에서도 ○○○○. ○. ○. 법률 제○○○호로 개정되기 전의 법이라고 밝힌 뒤, 약칭으로 개정 전 법이라고 말하지, 구법이라는 표현은 쓰지 않는다. 구법, 신법이라는 표현이 '구법질서와 신법질서 간의 단절'이라는 느낌을 주는 점에서 꺼려지는 듯하다.

개정이 불허되는 조문도 있다. 그것은 아무리 외형상 개정된 것처럼 보이더라도, 개정된 일이 없다고 해야 한다. 두 가지 예만 든다.

첫째, 1948년의 건국헌법 전문에서 대한민국 헌법 제정의 경위와 역사적, 정치사적 맥락을 밝힌 것은 후속 헌법개정에 의하여 개정될 수 있는 것이 아니다. 후속 헌법개정시에는 그 개정의 경위와 의의를 별도의 전문으로 밝힐 수 있을 뿐이다. 그것은 1948년 건국헌법 전문의 뒤에 이어, 언제의 개정시의 전문인지를 밝혀 이어 적을 수는 있다. 그러나 1948년 건국헌법에 전문을 둔 것을 흉내내어, 마치 1948년 건국은 없었고 지금 새로 국가를 건국하듯이 '1948년 헌법의 전문을 개정'하려 하는 것은 불가능하다. 물론 정치적으로만 보면, 그것은 '이승만의 후예들'("이승만 키즈")이 대한민국의 아버지 이승만을 흉내내려 하는 것이니, 가상하게 여겨질 수도 있으리라. 그러나 1948년 건국헌법 전문은 후속 개정에 의하여 개정될 수도 없고 대체될 수도 없다.

둘째, 1948년 헌법에서 성질상 개정불가능한 조문이 있다. 그것은 후속의 정치변혁 속에서 외피(外皮)상 개정된 듯이 보이더라도, 한 번도 개정된 적이 없다고 해석할 여지가 있다.

셋째, 1948년 헌법 조문 중에는, 내용적으로 개정이 전혀 없는 조문들이 있다(영토조항, 국제법의 국내법상 지위, 기본권조항의 상당수 등). 후속 개정에서 전면 개정의 형식을 취했지만, 내용적으로 내용이 달라지지 않았으면, 개정은 없는 것이다. 즉, 조문번호만 바뀌었을 뿐 한 번도 개정된 일이 없다고 해야 한다. '구공화국' 헌법이므로 그 조문은 일괄 폐기되었다고 하는 것도 맞지 않다.

3. 특별법 우선

특별법이 일반법에 우선한다. 입법자가 일정한 경우에 대해서는 그 당사자나 사안의 특수성을 고려하여 특별한 규율이 적용되도록 정한 것이기 때문이다.

예컨대 상사매매의 소멸시효는 민법 제162조 제1항(10년)이 아니라 상법 제64조(5년)에 의하여 규율된다. 다만 도급인이 상인이고 상행위로서 도급계약이 체결된 경우에도, 도급인의 보수청구권은 상법 제64조가 아니라, 민법 제163조 제3호(3년)에 의한다. 민법 제163조 제3호는 일반사법인 민법에 편제되어 있지만, 내용상으로는 상법 제64조에 대하여 특별법의 지위에 있기 때문이다.

특정 국가와의 법률관계에 대한 특칙도 특별법에 해당한다. 예컨대 호주법원의 송달서류의 국내 송달공조의 문제에는, 일반법인 국제민사사법공조법도 적용되지만, 특별법인 한·호주 민사사법공조협정[29]의 적용을 방해하지 못한다.

29 대한민국과 호주 간의 민사사법공조조약(조약 제1504호). 2000. 1. 16. 발효.

특별법은 일반법의 적용을 배제하는 특칙인 경우가 많다. 그러나 항상 그런 것은 아니다. 어떤 특별법은 일반법을 배제하지 않고, 일반법도 적용되도록 내버려 둔다.

매매계약도 계약이지만, 매도인의 하자담보책임은 민법의 매매 쪽에서 따로 규정되어 있다. 매도인의 하자담보책임에 대한 민법 제580조, 제581조는 일반 채무불이행책임을 규정한 민법 제390조에 대한 특칙이다. 그래서 매수인은 민법 제390조에 구애받지 않고, 하자담보책임의 요건만 충족되면 이를 주장할 수 있고, 일반 채무불이행책임의 제소기한이 끝난 뒤에도 하자담보책임을 주장할 수 있다. 그러나 민법 제580조, 제581조가 적용되는 사안(매매)이라 하여 제390조의 원용가능성이 배제되는 것은 아니다. 즉, 매수인은 매도인에 대하여, 일반법인 제390조에 의한 채무불이행을 주장할 수도 있다. 이것이 확립된 판례이며, 학계에도 반대설이 거의 없다. 요컨대 한국 민법상으로, 매도인의 하자담보책임법은 채무불이행법에 대한 특별법이지만, 일반법으로서의 '일반적 채무불이행법'을 배제하는 특칙은 아니다. 즉, 두 책임은 경합한다.

제 4 장

법률(法律)의 해석(解釋)

제4장

법률(法律)의 해석(解釋)

Ⅰ. 개 관

법규범의 내용이 불명확하면 명확히 해야 한다. 이를 법규범의 “해석”이라 한다. 성문법주의 하에서는 법률과 하위법령의 해석이 자주 문제된다. 그러나 해석대상이 성문법에 한정되는 것은 아니다.

관습법도 불분명하면 해석해야 한다. 관습의 존부와 내용이 함께 문제되기도 한다. 관습법은 그 존재 여부를 판단하기도 까다롭다. 전형적인 사안유형에 초점을 두고 형성된 관습이 있는데 비전형적인 사안유형(예: 새로운 사안유형)이 문제된 경우에는, 그런 경우를 규율할 관습은 없다고 할지, 아니면 기존 관습이 그대로 혹은 변용되어 적용된다고 해석할지 문제된다.

판례도 해석의 대상이 된다. 판지의 의미가 불분명하면 밝혀야 하기 때문이다. 판결문이 추상적 원칙이나 ‘제반 사정을 종합하여 판단해야 한다’는 식의 막연한 일반론으로부터 구체적 결론으로 비약한 경우에는, 사안유형이나 절차의 진행경과를 고려하여 판지(判旨)를 구체화해야 한다. 판례간의 상충이 있거나 그런 것처럼 보일 때에는, 일부 판결례가 가지는 의미를 축소해석하거나, 학설에 의지하여 판례를 종합적으로 재인식해야 한다. 한편, 판결문에서 특정 학설이나 특정 문헌을 베끼느라 불요불급한 이론전개를 한 경우도 있다. 정치적으로 예민한 사건에서 법리설시의 외양을 빌어 립서비스를 한 것도 있다. 그런 경우에는 판결이유상의 문구의 의미를 무시하거나 축소해석하는 것도 판례해석의 역할이다.

법의 해석은 누구나 할 수 있다. 그러나 중요한 것은 공적 권한을 가진 관청의 해석, 즉 유권해석(有權解釋)이다. 특히 법원의 유권해석이 중요하다. 그래서 법의 발견·형성의 맥락에서 "법해석자"라 하면 곧 법관을 가리키는 경우가 많다. 즉, 판사가 법해석자의 대명사이다. 입법자가 법규범의 내용을 분명히 해두지 못하여 남은 짐은 법해석자에게 지워진다. 법해석에 대한 최종적 발언권은 대법원이 가진다. 다만 의회제정법("법률")의 헌법합치적 해석에 관하여 헌법재판소와 대법원의 해석이 충돌할 때 어느 것이 우선하는지에 대해서는 견해가 나뉜다.

> 법률이 어떤 내용으로 해석될 여지가 충분하고, 그런 규율내용이 위헌이 아니면, 헌법재판소는 위헌결정을 거절해야 한다. 즉, '이렇게 합헌적으로 해석되므로, 또는 해석될 여지가 충분한 이상, 우리는 위헌결정을 할 수 없다'고 해야 한다. 그런데 헌법도, 헌법재판소법도 그 권한을 명시하지 않음에도 불구하고, 헌법재판소는 법률의 헌법위반 여부를 심사할 때, 주문에서 '일정한 내용으로 해석하는 한 합헌'이라고 판단하는 "한정합헌" 결정과, 주문에서 '일정한 내용으로 해석하는 한 위헌'이라고 "한정위헌" 결정을 하는 실무를 확립시켰다. 외형상 두 결정방식에는 차이가 있으나, 본질은 같다. 즉, 후자도 법률을 위헌으로 파악하여 실효시키는 결정이 아니다. 오히려 '그 법률을 그 자체로서 헌법위반이라고 단정하여 실효시킬 수는 없다'는 합헌결정과, 법률의 합헌적 해석에 관한 유권해석이 결합된 것이다. 그래서 "한정위헌" 결정이라는 이름은 오도적(誤導的)이고, 한정합헌결정과 한정위헌결정은 둘 다 '합헌적 해석이 붙은 기각결정'에 해당한다. 헌법재판소의 합헌적 해석을 강조하여 표현하여, 둘 다 한정합헌결정이라고 하는 것은 무방할 것이다. 요컨대, 한정위헌 결정의 본질은, 합헌적 해석가능성이 현실적임을 이유로 한, 위헌결정의 거절이다.
>
> 헌법재판소가 위헌결정을 내리기를 거절하고 소위 "한정위헌" 결정을 내리는 이유는 법원이 어떤 내용으로 합헌적 해석을 하리라는 기대되기 때문이다.

그래서 헌법재판소가 "한정위헌" 결정의 이유를 설명하는 과정에서 그런 기대가 표출될 수 있다. 그러나 헌법재판소는 법원에 대하여 어떻게 해석하라고 요구할 수 없다. 그래서 헌법재판소는 법원에게 어떤 합헌적 해석을 해야 한다고 요구할 수 없다. 단지, 이와 다른 해석을 하면 위헌결정을 받게 된다고 사실상 예고하는 셈일 뿐이다. 헌법재판소는 법원이 어떤 내용으로 해석을 하리라고 '기대'할 수 있지만, 법원이 반드시 그렇게 해석해야 한다고 '요구'할 수는 없다고 생각된다. '이런 내용으로 합헌적 해석을 해야 한다'고 설시하는 대신에, '이런 내용의 합헌적 해석이 가능하므로 위헌결정으로 실효시킬 수 없다'고만 설시하는 것이 어떨까 한다.

합헌적 법률해석에 관한 유권해석은 여러 관청이 할 수 있다. 헌법재판소가 이 권한을 독점하는 것도 아닐 뿐더러, 헌법재판소가 최고의 최종적인 유권해석 권한을 가진다고 현행 헌법을 해석할 아무런 근거도 없다. 본질적으로 법률의 합헌적 해석은 헌법이 정한 위헌법률심사권의 일부가 아니다. 원래는 위헌법률심사권도 법원에 속한다는 이론구성을 받아들여 건국헌법에서부터 사법부에 맡겼는데, 나중에 위헌법률심사권만 헌법재판소에게 옮겼을 뿐이다.[1] 합헌적 법률해석 권한은 사실 누구나 가지고, 모든 관청은 합헌적으로 유권해석할 권한을 가진다. 재판의 과정에서는, 당연히 각급 법원이 합헌적 법률해석 권한을 가진다. 대법원이 독점하는 것도 아니다. 대법원의 권한이 최종적일 뿐이다. 그런데, 국회가 제정한 법률을 아예 실효시키는 '위헌법률심사권'은, 사법권의 일부로 볼 수도 있지만, 사법권이 입법권을 제한하는 문제이기도 하므로, 이 권한에 한정하여 헌법재판소에게 전속시킨 것이다. 그러므로 소위 "한정위헌" 결정에 담긴 헌법재판소의 합헌적 해석은, 여러 관청들이 할 수 있는 합헌적 해석의 하나일 뿐, 특별한 우월적 지위를 가지는 것이 아니다. 헌법재판소가 헌법과 헌법재판소법의 근거도 없이, 자신의 권한에 속하지 않는 판단을 '주문' 쪽에 적는다 하여 달라지는 것은 없다.

---

1 재판에 부수하여 재판에서 적용해야 할 법률규정의 위헌 여부를 심사하는 일은 재판에 부수한 일이므로 재판작용에 속한다는 논리 — 미국 연방대법원이 Marbury v. Madison, 5 U.S. (1 Cranch) 137 (1803) 판결에서 제시한 논리가 바로 그것이다 — 에 따라, 위헌법률심사권은 당연히 사법권의 일부로 인정되었다. 그런데 위헌법률심사가 권력의 균형을 깨뜨리지 않는가라는 염려도 작용하여, 위헌법률심사권이 '통상적 사법권'에서 분리되어 헌법위원회에 귀속되었고, 1987년 헌법에서는 헌법위원회가 헌법재판소로 재편되었다.

요컨대 헌법재판소는 법률의 헌법합치의 요구를 실현시키기 위한 권한을 제한적으로만 부여받았고, 여기에는 법원을 기속하는 합헌적 해석을 할 권한이 포함되지 않는다고 해석하는 것이 타당할 것이다. 이것이 사법부로부터 분리하여 헌법재판소를 둔 취지, 일반적 사법기능(司法機能)으로부터 위헌법률심사권만을 분리하여 준정치적 사법기관(準政治的 司法機關)에 귀속시킨 취지에 맞는다. 즉, 헌법재판소의 권한 범위를 해석함에 있어서도, 역사적 입법의사가 분명하면 그에 따라야 한다. 헌법재판소의 권한 범위가 좀 더 넓은 것이 법률의 헌법합치성 요구를 다루는 데 더 능률적이라 하여도, 이를 이유로 하는 목적론적 해석에는 좀 더 신중해야 한다. 헌법상의 권한배분에 관한 해석은 좀 더 신중을 요한다고 생각되기 때문이다.

Ⅱ. 법률해석의 여러 가지 방법 — 논리적 기술에 따른 분류

1. 확대해석(확장해석)·축소해석

문언의 통상적 의미를 넘어 넓게, 좁게 해석하는 것을 확대해석, 축소해석이라 한다. 법률효과보다는 법률요건을 놓고 확장해석이나 축소해석을 하는 경우가 많다. 몇 개의 예를 든다.

민법 제98조는 "물건이란 민법상 물권의 객체가 되는 유체물 및 전기 기타 관리할 수 있는 자연력을 말한다"고 규정한다. 제98조의 문언만 보면 무생물만을 가리키는 듯하다. 그러나 이 조문의 해석상으로는 동물과 식물도 물건에 포함된다. 이것도 확대해석의 예이다.

형법 제329조는 "재물"만이 절도죄의 객체가 된다고 규정한다. 그런데 전기(電氣)도 여기에서 말하는 재물에 속하는가? 전봇대에서 전기를 무단으로 끌어 쓴 경우에, 전기의 절도가 성립하는지, 아니면 절도죄는 성립할 수 없는지 문제된다. 처음에는 견해가 나뉘었으나, 전기도 절도죄의 객체가 된다는 대법원 판례가 확립되었다. 이것은 "재물"이라는 법문의 확대해석에 해당한다. 즉, 문리해석의 한계를 목적론적 해석으로 극복한 예로 볼 수 있다. 물론, 판례의 의미를 달리 이해하는 견해도 있을 수 있다. 즉, 민법 제98조에서 규정하듯이 형법 제329조의 "재물"의 의미를 확정한 것이고, 단순한 문리해석만으로도 충분히 이런 결론에 도달할 수 있으므로, 확대해석이라 할 것도 아니라고 할 수도 있다.

법조문에서 쓰인 어떤 용어의 확대해석과 축소해석이 확립되면, 아예 그 법률용어의 의미가 그렇게 넓거나 좁아질 수도 있다. 그래서 이것이 일반적 언어생활에서도 충분히 의식되기에 이를 수도 있다. 그렇게 되면 이제는 더 이상 확대해석이나 축소해석을 한다는 의식이 없어질 수도 있다.

국제사법 제27조/제47조 제1항~제3항[2]은 '능동적으로 국경을 넘어가 국제계약을 맺은' 소비자(능동적 소비자)가 아닌 '수동적(受動的) 소비자'에 대해서는, 웬만하면 그의 상거소(常居所) 즉 일상거소(日常居所)(habitual residence)가 있는 곳의 법에 의하여 규율되도록 보장한다. 입법자는 이러한 특별보호가 있는 사안을 명확히 한계짓기 위하여, '수동적 소비자 상황'을 입법적으로 정의한다.

2022년 개정 전 제27조(소비자계약) ① 소비자가 직업 또는 영업활동 외의 목적으로 체결하는 계약이 다음 각호중 어느 하나에 해당하는 경우에는 당사자가 준거법을 선택하더라도 소비자의 상거소가 있는 국가의 강행규정에 의하여 소비자에게 부여되는 보호를 박탈할 수 없다.

1. 소비자의 상대방이 계약체결에 앞서 그 국가에서 광고에 의한 거래의 권유 등 직업 또는 영업활동을 행하거나 그 국가 외의 지역에서 그 국가로 광고에 의한 거래의 권유 등 직업 또는 영업활동을 행하고, 소비자가 그 국가에서 계약체결에 필요한 행위를 한 경우
2. 소비자의 상대방이 그 국가에서 소비자의 주문을 받은 경우
3. 소비자의 상대방이 소비자로 하여금 외국에 가서 주문을 하도록 유도한 경우

---

2 2001년에 제27조 제1항~제3항으로 신설되었다. 2022년 개정으로 수동적 소비자계약의 정의(약간의 개정 있음)는 제42조 제1항으로 국제재판관할 규정체계 내에 두게 되었고, 준거법 지정규칙은 제47조 제1항~제3항으로 조문번호가 바뀌었다. 2022년 개정 전후 조문을 병기한다.

> 2022년 개정 제42조(소비자계약의 관할) ① 소비자가 자신의 직업 또는 영업활동 외의 목적으로 체결하는 계약으로서 다음 각 호의 어느 하나에 해당하는 경우 대한민국에 일상거소가 있는 소비자는 계약의 상대방(직업 또는 영업활동으로 계약을 체결하는 자를 말한다. 이하 "사업자"라 한다)에 대하여 법원에 소를 제기할 수 있다.
> 1. 사업자가 계약체결에 앞서 소비자의 일상거소가 있는 국가(이하 "일상거소지국"이라 한다)에서 광고에 의한 거래 권유 등 직업 또는 영업활동을 행하거나 소비자의 일상거소지국 외의 지역에서 소비자의 일상거소지국을 향하여 광고에 의한 거래의 권유 등 직업 또는 영업활동을 행하고 그 계약이 사업자의 직업 또는 영업활동의 범위에 속하는 경우
> 2. 사업자가 소비자의 일상거소지국에서 소비자의 주문을 받은 경우
> 3. 사업자가 소비자로 하여금 소비자의 일상거소지국이 아닌 국가에 가서 주문을 하도록 유도한 경우

> 2022년 개정 제47조(소비자계약) ① 소비자계약의 당사자가 준거법을 선택하더라도 소비자의 일상거소가 있는 국가의 강행규정에 따라 소비자에게 부여되는 보호를 박탈할 수 없다.

그런데 공급자가 소비자의 상거소지국에서 광고 등의 활동(제27조/제42조 제1항 제1호)을 하지 않았고, 소비자가 자신의 상거소지국에서 컴퓨터를 이용하여 온라인상으로 주문하는 경우도 수동적 소비자계약에 해당하는가? 제1호에 해당할 수 없으므로 제2호나 제3호에 해당해야 하는데, '어느 국가에서 주문을 받았다', '어느 국가에서 주문했다'는 말의 통상적인 의미는, 그 국가에서 주문행위를 했음을 뜻한다. 즉, 원래부터 그곳에 있으면서 또는 그곳에 가서 행위를 하는 것을 말한다. '행위자가 다른 국가에서 인터넷을 통하여 그 국가로 통신을 연결하여 행위하는' 경우는 포함하지 않는다. 그렇지만, 그처럼 제2호와 제3호의 문리해석에 얽매이면, 수동적 소비자계약의 특칙을 둔 입법목적이 적절히 달성될 수 없다. 이 입법목적을 생각할 때(목적론적 해석), 제2호의 문언을 넓게 해석하여 '소비자의 상대방이, 소비자가 자신의 상거소지국에서 인터넷으로 주

문할 수 있도록 기술적 준비를 갖추고, 소비자가 자신의 상거소지국에서 한 주문을 받은 경우'도 포함한다고 해석하는 것이 타당할 것 같다. 이것은 목적론적 해석으로써 제2호를 확대해석하는 것이다. 한편, 이런 확대해석을 부정하는 견해도 있을 수 있다. 소비자의 상거소지국에서 공급자의 광고 등의 활동이 없었는데도 인터넷을 스스로 뒤져 해외의 공급자에게 주문했으면, 그런 소비자는 능동적 소비자에 해당한다는 것이다. 문언, 규정체계, 역사적 입법취지, 규율목적 등을 고려하여, 이런 확대해석을 할지 말지 결정하게 된다.

민사소송법 제8조는 "재산권에 관한 소를 제기하는 경우에는 거소지 또는 의무이행지의 법원에 제기할 수 있다"고 규정한다. 여기에서 "거소지"를 언급한 것은 의무이행지의 일례를 든 의미만 가질 뿐, 독자적 관할기초가 되지 못한다고 해석하는 것이 바람직하다. 왜냐하면, 계약, 불법행위, 물권 등의 재산법사건이라는 이유로 거소지관할을 인정하는 것은 당사자들이 자연스럽게 기대할 만한 것이 아니어서, 당사자들의 관할법상 이익을 적절히 형량한 것으로 보기 어렵기 때문이다. 아무리 한국의 국토가 작고 판사의 전국적 인사이동이 잦다고 해도, 국내토지관할을 가볍게 여길 수는 없다. 실제로 법원실무에서 원고나 법원이 제8조의 거소지관할을 원용하는 예는 보기 어렵다.

설사 거소지관할을 인정하더라도, 여기에서 말하는 "거소"는 원고의 거소나 피고의 거소 중 하나만 가리키는 취지로 보는 것이 적절할 것이다. 왜냐하면, 재산권에 관한 소라는 이유로 원고의 거소 관할법원에도 소제기할 수 있고, 피고의 거소 관할법원에도 소제기할 수 있다고 하는 것은 과도하기 때문이다.

이렇게 민사소송법 제8조에서 거소지관할을 해석상 사문화하거나, 원고거소지관할과 피고거소지관할 중 하나만 인정되도록 좁히는 것은, 목적론적 해석방법에 의하여 매우 과감한 축소해석을 하는 드문 예이다. 그 배경에는 특수한 사정이 있다. 거소지관할의 문리해석을 뒷받침할 역사적 입법의사가 전무하다시피 하다. 제8조의 입법 당시에 역사적 입법의사가 워낙 부실했다. 아예 이유서가 만들어진 일이 없고 입법 후에도 왜 거소지를 언급했는지에 대하여 학계에서조차 아무런 논의도 없을 정도로 '생각 없이' 입법한 것으로 보인다. 게다가

관할법상의 이익균형을 너무 심하게 무너뜨린다. 건국한지 얼마 되지 않아 6.25 전쟁을 겪어 국가가 없어질 위기를 겪으면서 급히 입법을 준비해야 했던 사정이 없었다면, 이런 일은 없었을 것이다.

민사소송법 제8조가 의무이행지관할을 규정한 부분은 국제관할법에 의무이행지관할규정이 따로 신설될 때까지 국제재판관할법에도 유추적용된다(국제사법 제2조 제2항). 의무이행지의 국제관할규정이 2022년 개정 국제사법 제41조로 신설되었지만, 제2항은 여전히 의무이행지 개념의 세부적 구체화를 해석에 맡긴다. 그래서 국제관할 및 국내관할법상 부수적 급부의무나 보호의무(부수의무)의 이행지에도 관할을 인정할지 문제된다.[3] 유력설은 부수적 급부의무나 부수의무만의 이행지를 관할법상의 의무이행지에 포함시키지 않는다. 민사소송법 제8조를 국제관할법에 유추적용할 때에는 이런 해석상 유연성이 유추적용의 틀 내에서 소화된다. 그래서 이것을 굳이 목적론적 감축이라고 부를 필요는 없다. 2022년 개정 국제사법 제41조 제2항도 마찬가지로 해석되어야 하는데, 이것은 축소해석 내지 목적론적 감축에 해당한다. 이런 제한적 해석은 국내토지관할법 해석에도 참고될 수 있다(유사한 문제에 관한 판례의 참고적 효력). 국내토지관할규정으로서의 제8조 자체를 그렇게 해석하는 것도 축소해석 내지 목적론적 감축에 해당한다.

2. 물론해석(勿論解釋)과 반대해석(反對解釋)

법률규정에서 언급이 없는 사항도 마찬가지로 규율된다고 해석하기도 한다. 이를 물론해석(勿論解釋)이라 한다. 법률규정에 언급이 없는 사항은 반대로 규율된다고 해석하기도 한다. 이를 반대해석(反對解釋)이라 한다.

헤이그국제사법회의에서 2019년에 만든 '민상사의 외국판결의 승인집행에 관한 협약'(약칭 재판협약)[4]에는 다음 규정이 있다. 제5조 제1항 (a)호, 제3조 제2

---

3 하급심 판결례 중에는 계약관계에서 발생하는 보호의무의 이행지에도 의무이행지의 국제재판관할이 인정된다고 설시한 예가 있다. 서울지법 1997. 5. 8. 선고 95가합11856, 96가합14175 판결(중간판결)(확정)(진양산업/판엔지니어링).

4 Convention of 2 July 2019 on the Recognition and Enforcement of Foreign Judgments in

항 (d)호는 법인이나 단체인 피고의 "주된 사무소·영업소 소재지"국에 일반관할을 인정한다. 이 협약의 전속관할규정(제6조)을 위반하지 않는 한, 이 국가에는 온갖 재산관계 사건이 다 제기될 수 있다. 피고가 자연인인 경우에도 그의 "사업 내지 영업"활동에 관해서는 유사한 규정이 있다(제5조 제1항 (b)호). 한편, 판결국에 있는 사무소·영업소가 "주된" 것이 아닌 경우(즉 "종(從)된" 것인 경우: 예컨대 지점)에는, 그 사무소와 영업소가 관여한 법률관계(계약, 부당이득, 거래적 불법행위 등)에 대한 소(訴)에 한하여 관할을 인정한다(제5조 제1항 (d)호). 그런데 세 번째 조문에는, '법인격 부인에 의해 타 법인의 주된 또는 종된 사무소·영업소를 피고의 사무소·영업소로 간주하여 (d)호를 충족할 수는 없다'는 취지의 규정이 있다. 그런데 그런 규정이 앞의 두 조문에는 없다. 그렇다면, 앞의 두 경우에는 '남의 사무소·영업소를 법인격부인 법리에 의해 피고의 사무소·영업소로 간주하는' 것도 허용되는가? 그렇지 않다고 한다.[5] 제5조 제1항 (d)호의 그 문구가 앞의 두 조문에는 규정되어 있지 않지만, 마찬가지로 해석되어야 한다는 것이다. 이것은 물론해석의 예이다.

민법 제1001조는 일정한 경우에는 대습상속(代襲相續)을 인정한다. 대습상속이란, 조부모 사망시 손자녀가 부모세대를 뛰어넘어 상속하는 것을 말한다. 부모세대의 자리에 대신 들어가서 상속하는 것과 같다는 뜻이다. 민법 제1001조는, 원래 상속인이 될 자(예: 사망자의 자녀)의 사망과 상속결격만 대습사유로 인정한다. 그런데 그가 상속을 "포기"한 경우도 대습상속이 인정되는가? 다수설은 부정한다. 제1001조가 대습사유로 사망, 상속결격만 언급하고, 상속포기는 언급하지 않으므로, 아마도 입법자의 의사는 상속포기는 대습사유로 인정하지 않는 취지일 것이라고 해석한다. 법률조문이 명시적으로 언급되지 않는 사항은 반대로 규율된다고 해석하는 것이다. 즉, 반대해석의 예이다.

2019년 헤이그 재판협약은 의무이행지관할을 절충적으로만 인정한다. 대륙법계에서는 의무이행지관할이 널리 인정되지만, 영미법계에서는 이것이 아직

Civil or Commercial Matters (Judgments Convention). 한국 미서명.

5 2018. 5.의 특별위원회 4차 회의에서 이 점이 이견없이 확인되었다.

새로운 관할기초임을 고려한 결과이다. 그래서 당사자가 의무이행지를 약정했거나(제5조 제1항 (g)호 (i)), 의무이행지가 피고의 "목적적이고 실질적"인 활동지이기도 해야 한다(동호 (ii)). (ii)는 미국의 국내법과의 정합성을 고려한 것이다. 그런데 국제재판관할은 항상 "실질적 관련"(substantial connection)이 있어야만 인정될 수 있다고 일반적으로 말해도 무방하다. 그렇다면, 일반관할(제5조 제1항 (a)호)을 인정하기 위해서도 판결국이 피고의 "실질적 활동지"이어야 하는가? 그럴 필요는 없다고 해석함이 타당하다는 데 의문이 없다. 즉, 제5조 제1항 (g)호 (ii)는 '계약사건의 의무이행지관할로서 의무이행지의 합의가 없는 경우'에 대해서만, 법정지가 피고의 "목적적" 활동지이자 "실질적" 활동지일 것을 요구한다. 제5조 제1항의 다른 호가 규정하는 관할은 (g)호 (ii)가 규정하는 강화된 심사기준을 충족하지 않아도 된다고 해석해야 한다. 이는 제5조 제1항 (g)호 (ii)를 반대해석하는 것이다.

3. 유추해석(類推解釋)

확대해석, 물론해석 또는 반대해석을 하면, 그 결과 법률의 흠결은 처음부터 없었던 것으로 해석되고 있는 것이다. 이와 달리, 법률에 흠결이 있음을 인정하고 유추에 의하여 법의 흠결을 보충(Lückenfüllung)하는 경우도 있다. 이것에는 다른 규정으로부터의 유추(규정유추, 법률유추)와, 다른 사항과 관련된 규정체계 전체로부터 유추(체계유추, 법유추)의 두 가지가 있다. 유추에 의한 흠결보충은 "유추해석(analogische Anwendung)"이라 하여 법률해석방법의 하나로 분류하기도 하고, "유추에 의한 법창조"로서 '재판에 의한 법창조(법의 계속형성)(Rechtsfortbildung)'의 일종으로 분류하기도 한다.

유추에 의한 흠결보충에 있어서는 법규를 '끌어다 쓰는'(준용(準用)하는) 과정에서 다소 변용되기도 한다. 그러므로 유추해석을 할 때에는 유추의 대상인 규범을 규율대상에 맞게 적응(適應)시켜야 하는지, 어떻게 다듬어 끌어써야 하는지도 검토해야 한다.

4. 열거주의(列擧主義)와의 관계

법령에서 권리, 의무, 권한 등의 목록을 둘 때에는, 한정적(限定的) 열거(列擧)의 취지일 수도 있고, 예시규정(例示規定)일 수도 있다. 어느 쪽인지 불분명하면 해석으로 밝혀야 한다.

분야에 따라서는 열거주의가 요구된다. 형법 분야에는 '법률로 정해 놓은 범죄만이 범죄로 인정된다'(죄형법정주의, 罪刑法定主義). 그 목록은 '한정적 열거'의 취지로 해석된다. 그래서, 명시적 규정이 없는 범죄유형(구성요건)을 유추해석 등으로 창설하는 해석은 금지된다.

관청의 권한도 헌법과 법률로 정한 것에 대체로 한정된다(예: 국제재판관할, 특별법원의 사물관할, 행정기관의 규제권한). 그러나 엄격한 열거주의는 아니다. 예컨대 민사사건에서 국제재판관할이나 국내토지관할의 사유로 법률조문에 없는 것을 해석으로 인정할 수 있는 부분이 있다. 원고의 복종관할은 조문이 없지만 국제·국내관할법상 인정된다(다툼 없음). 국제재판관할법은 실체준거법의 결정, 적용과 밀접한 관련이 있어서, 절차법적 관점에 치우쳐 입법된 성문법에는 반영되어 있지 않는 국제관할사유가 있을 수 있다(예: 준거법소속국관할(forum legis), 반정(反定, renvoi)에 의한 준거법소속국관할, 국제재판관할법상의 반정(反定), 권리보호필요성관할, 긴급관할).

열거주의가 적용되는 경우에도, 확대해석이 항상 금지되는 것은 아니다. 그러나 확대해석이 제한될 수는 있다.

Ⅲ. 법률해석의 여러 가지 방법 — 해석자료에 따른 분류

1. 전통적 해석방법: 문리해석, 체계해석, 역사적 해석, 목적론적 해석

문리해석(文理解釋), 체계해석(體系解釋), 역사적 해석(歷史的 解釋), 목적론적 해석(目的論的 解釋)의 네 가지 기준은 사비니에로 거슬러 올라가는 전통적인 법해석방법이다. 법의 일반원칙이라 할 수 있다. 다만 어느 해석방법에 얼마나 비중을 둘지는 법적 전통에 따라 다른 경향이 나타나기도 한다.

가. 문리해석(文理解釋)

법문(法文)의 문자적(文字的), 사전적 의미에 따른 해석을 말한다. 문언적(文言的) 해석, 문자적 해석, 또는 문법적(文法的) 해석(grammatical interpretation)이라고도 한다. 이것이 해석의 출발점이다.

예컨대 민법 제3조는 "사람은 생존한 동안 권리와 의무의 주체가 된다"고 규정한다. 이를 문리해석하면, 사망자는 아무런 권리의무의 주체도 될 수 없다. 그러나 사람은 죽은 후에도 그 명예를 보호받고, 시신에 대한 권리보호의 주체로 된다. 즉, 사망자도 인격권의 일부를 누린다. 민법 제3조의 문리해석만으로는 이를 밝힐 수 없다.

민사소송법 제5조는 국내적 차원에서 법인의 보통재판적을 정한다.

> 제5조(법인 등의 보통재판적) ① 법인, 그 밖의 사단 또는 재단의 보통재판적은 이들의 주된 사무소 또는 영업소가 있는 곳에 따라 정하고, 사무소와 영업소가 없는 경우에는 주된 업무담당자의 주소에 따라 정한다.
> ② 제1항의 규정을 외국법인, 그 밖의 사단 또는 재단에 적용하는 경우 보통재판적은 대한민국에 있는 이들의 사무소영업소 또는 업무담당자의 주소에 따라 정한다.

제2항은 외국법인에 대해서도 국내토지관할법적으로는 보통재판적이 인정될 수 있게 한다. 즉, 외국법인의 경우 한국에 그 주된 사무소·영업소가 있을 리 없지만, 한국 안에 둔 복수의 종된 사무소·영업소 중 비교적 주된 것이 있는 곳에서는 어떤 사건이든 제소당할 수 있도록 정한다. 이 점은 제5조 제2항의 문리해석만으로도 충분히 밝혀진다.

나. 체계해석(體係解釋)

해당 법조문이 속한 규정체계에 비추어 그 법조문의 의미를 밝히기도 한다. 이것을 체계해석이라 한다.

예컨대 민사소송법 제5조 제2항은 외국법인의 보통재판적을 정한다. 문리해석만으로는, 이것이 '국제적'인 차원의 보통재판적, 즉 국제재판관할법상의 보통재판적까지 정하는 것처럼 보일 수도 있다. 그러나 민사소송법 제1장 제1절은 '국내'적 관할배분만을 정한다. 이러한 규정체계를 고려할 때, 제5조 제2항은 국내토지관할법상의 보통재판적만을 정한 것으로 풀이해야 한다.

다. 역사적(歷史的) 해석

실제의 입법과정은 일정한 논의와 절충의 과정을 통하여 이루어진다. 입법작업의 경과에 착안한 해석을 역사적 해석이라 한다. 입법자가 실제로 가졌던 입법의도를 찾아 그에 의거하는 해석방법이다.

민사소송법 제5조 제2항이 국내토지관할만을 정한다는 해석은 역사적 해석에 의해서도 뒷받침된다. 그 전신인 일본 민사소송법 조문이 제정될 때에도, 그것이 식민지 한국(1910년에 "조선"으로 개칭)에 의용(依用)될 때에도, 대한민국 민사소송법을 제정하면서 이 조문을 존속시킬 때에도, 국제재판관할 문제를 규율하기 위하여 이 조문을 둔다는 의식은 없었던 것으로 보인다.

국회가 제·개정하는 법률과 같은 민주적 입법의 경우에는, 오히려 입법기초자의 의사를 확인하는 일이 중요하다. 즉, 국회에서의 토론내용보다는, 오히려 입법기초자료, 즉 입법안의 작성과정에서 마련된 행정부의 입법이유서, 공청회자료, 유관기관(예: 대한변호사협회)의 검토의견 등이 역사적 해석의 중요한 자료가 된다. 역사적 해석이 '입법자가 실제로 가진 입법의사'를 찾는 것이기는 하지만, '입법자가 합리적인 입법의사로서 제시한 바'를 찾는 것이기 때문이다.

그렇다 하여 민주적 입법과정에서의 토론내용이 역사적 해석의 자료가 전혀 될 수 없는 것은 아니다. 특히, 국회에서 의견합치(consensus)[6]로 원안이 수정되었다면, 국회 의사록이 중요한 자료가 될 것이다. 의회에 서면으로 제출된 입법안이 너무 간략하게 되어 있어 제안자가 국회에서 입법이유를 좀 더 보충설

6 컨센서스(consensus)란 회의에서의 의견합치를 말한다. 원래는 만장일치를 뜻했다. Henry M. Robert III, Daniel H. Honemann & Thomas J. Balch, Robert's Rules of Order Newly Revised, 11th ed., Da Capo Press, 2012, 서문, p.l. 그러나 오늘날에는 그 의미가 완화되어, 의견을 모으는 과정에서 반대의견이 표명된 일이 없으면 충분하다.

명했고, 그 부분의 당부가 논란이 되지 않았다면, 그 부분의 의사록도 참고자료가 될 여지가 있다.

국회 전문위원의 검토보고서의 참고가치는 불투명하다. 그 본래의 기능은, 국회의 전문위원회의 내부적 참고자료에 가깝다. 단지 심의과정의 투명성을 높이고 여론을 모으는 데에도 도움될 수 있어 국회 포털에 공개할 뿐이다. 그것은 입법기초자의 의사를 보여주는 것도 아니다. 국회에서 원안이 수정된 취지를 밝혀주는 효용을 가질 가능성도 희박하다. 게다가 행정부가 제출하는 입법안의 경우에는 그에 부수하여 기재된 내용을 전문위원 검토보고서에 그대로 옮겨 적는 것이 관행이다. 그러므로 국회에서 전문위원 검토보고서에 의지하여 원안을 수정하는 드문 경우가 아닌 한, 전문위원 검토보고서의 참고가치는 낮다.

의회(국회, 지방자치단체의 의회)에서의 발언을 법해석자료로서 중요하게 다루는 일에는 고도의 주의를 요한다. 예컨대, 그 입법에 찬성하는 국회의원이 입법반대파를 달래기 위해 그들의 의구심을 무마하는 발언을 했더라도, 그 발언 내용이 액면 그대로 받아들여져서는 안 된다.[7] 소수의 반대파의 협조를 이끌어내는 정치적 제스처로서, 입법안의 문구만 조금 수정하여 통과시키는 경우도 있다. 이런 경우에 반대파의 의견에 대해서는 아무런 의미도 부여하지 않는 편이 낫다. 이런 경우에 소수파의 목소리는 다수파의 정치적 성의표시를 끌어내었을 뿐이고, 정치적 입법의 기초를 이루는 '집단적 의사표시'의 내용에 영향을 주었다고 하기 어렵다.[8] 토론과정에서 반대의견을 몰아붙여 공격하는 발언에는 다양한 내용이 담길 수 있는데, 그것을 일일이 참고하여 역사적 입법의사를 규명하려 하는 것은 의미없는 일이라고 생각된다.

---

7 영국에서 의회의 법안심리 중의 발언은 아예 법률해석의 자료가 되지 못한다.

8 내용적으로 이견이 있어서 입법에 반대하는 것이 아니라, 전혀 관련 없는 다른 입법안과 함께 묶어 주고받기식 타협을 하기 위하여 전략적으로 입법절차 진행에 대하여 비협조의 수단을 사용하는 경우도 있다. 이처럼 입법안 연계, 즉 "log-rolling"(입법안 굴리기)"의 입법전술에 따르면서도, 겉으로는 입법파(입법 찬성파)의 입법안에 대한 내용적 비판을 내세우는 경우가 있다. 이런 전술적 차원에서 입법안 통과에 진통이 있었던 일에 대해서도 별다른 의미를 부여하지 않는 것이 타당하다.

라. 목적론적(目的論的) 해석

법률규정이 어떤 법정책이나 어떤 형태의 이익형량을 추구하는 것인지에 비추어 그 법률규정을 해석하는 것을 목적론적 해석 또는 목적적(합목적적) 해석이라 한다.

민사소송법 제5조 제2항이 국내토지관할만을 정한다는 해석은 목적론적 해석에 의해서도 지지된다. 피고 법인의 주된 사무소·영업소가 예컨대 일본에 있으면, 어떤 사건이든 제소될 수 있다는 곳, 즉 보통재판적 있는 나라는 일본이라고 해야 한다. 피고 법인이 한국에 '종된' 영업소를 두고 있다는 이유만으로, 한국과 관련 없는 온갖 사건으로 피소될 수 있다고 하는 것은 국제재판관할법상의 이익형량에 맞지 않는다. 다만 여하한 이유(계약사건의 의무이행지관할, 불법행위지관할 등)로든 한국이 국제재판관할을 가질 때, 한국 내의 국내토지관할은 '한국 안에 있는 사무소·영업소 중에서 주된 것'의 소재지에 일반적으로 인정할 수 있다. 민사소송법 제5조 제2항은 그렇게 풀이된다. 즉, 국내관할 차원에서는 그리고 그 차원에서만 그곳에 일반관할을 인정하는 취지로 해석된다. 이것은 관할법상의 적절한 이익형량을 실현한다는 목적에 맞게 법률조문을 해석하는 것, 즉 목적론적 해석의 예이다.

목적론적 해석에서는 다음 두 가지 점에 유의해야 한다.

첫째, 해석기준으로서의 입법목적은 합리적이어야 한다. 그러므로 역사적 입법자가 추구한 입법목적을 합리적으로 재구성해야 하는 경우도 있다.[9] 이 경우에는 가정적(假定的)인 입법목적이 해석기준이 된다. 가령 역사적 입법자가 상충하는 두 목적을 추구하거나 양자를 조화롭게 추구한다고 립서비스를 했을 뿐이라면, 해석자가 그 두 목적을 어떻게 절충시키는 것이 '합리적인 입법목적' 인지를 밝혀야 한다.

헤이그아동탈취협약(1980)[10]은 국경을 넘어 탈취된 아동의 신속한 반환이 본

---

9 Alfred Denning, The Closing Chapter (Butterworths, 1983), p.98.

10 '국제적 아동탈취의 민사적 측면에 관한 협약'(Convention of 25 October 1980 on the Civil

안재판(本案裁判) 수준의 심리를 거치지 않고 이루어질 것을 요구한다. 그러나 그런 신속한 반환이 자녀에 "심각한 위험"을 초래하는 경우는 예외로 한다(Art. 13(3)(b)). 이것은 국제사법상의 공서양속(公序良俗, 줄여서 公序, ordre public)의 일례를 명시한 특별유보조항(特別留保條項)이며, '가처분'적 반환명령의 예외사유이고, 본안재판에서의 결론에는 직접적 영향이 없다. 그래서 그 예외사유 유무의 심리가, 어느 부모(또는 양육권자)의 '자녀 거소지정권'을 우선시키는 것이 타당한지, 또는 '자녀의 최선의 이익에 맞는 거소는 어디인지'의 심리로 흘러서는 안 된다. 그것이 이 협약을 교섭한 국가들의 역사적 입법의사이고, 체약국들의 주류적 판례이다.[11]

그런데 비주류적 체약국들의 판례는 그런 예외적 사정 유무에 관하여 본안재판에 가까운 심리를 해도 되고 오히려 바람직하다고 한다. 제13조 제3항 b호의 본안재판화를 주장하는 후자의 견해는 '주로 자녀를 불법탈취하고 협약에 따라 내어주는' 체약국들이 내세우는 입장이며, 협약의 체약국 지위는 누리면서도 협약의 기본취지를 몰각시키기를 자부하는 것이라는 점에서 문제의 소지가 많다.

그렇지만 헤이그아동탈취협약의 주관기관인 헤이그국제사법회의의 실무를 보면 아래에서 위로의 귀납적 방식에 따라 해석론을 통일하려는 노력이 보인다. 이 협약의 이행상황을 점검하는 특별위원회가 5~6년마다 개최되는데, 대립하는 해석론 간에 우열을 지우거나 '틀린 해석을 꾸짖는' 일을 삼간다. 타당하다고 생각되는 견해를 기조로 하여 회의를 진행하고, 그 과정에서 그 견해의 타당성이 드러나도록 하는 방식으로 해석론의 수렴을 유도하는 정도에 머무른다. 상설사무국이 특별위원회의 위임을 받아 해석론 통일을 위하여 노력하는 경우에도, 판례 데이터베이스를 관리하여 체약국에서 나타난 해석론들을 비교하기 쉽게 하고, 정설에 따른 해설서와 실무지침서를 마련하는 정도로 부드럽게 접근한다. 이런 접근은 적절하다. 더 나은 방법이 별로 없기 때문이다. 체약국 간의 외교적 협의는 다자적 법통일조약의 해석을 통일하는 데 비능률적이기 쉽다. 더구나 국제사법(國際私法)통일조약을 포함한 사법통일조약(私法統一

Aspects of International Child Abduction). 한국은 2012. 12. 13. 비준서 기탁, 2013. 3. 1. 발효.

11 곽민희, "헤이그 아동탈취협약 적용사건에 관한 각국의 판결 및 이행입법의 쟁점별 분석: International Child Abduction Database(INCADAT)를 대상으로", 경상대 법학연구 제24권 제1호(2016. 1.), 109~113면 참조.

條約)의 권위적 해석은 국제사법재판소(國際司法裁判所, International Court of Justice, ICJ) 판사들에게 맡겨서는 만족스러운 답을 얻기 어렵다. 그들은 사법(私法)의 비전문가인 데다가, 국제법 전문가로서 강제적 법규범의 성격이 아직 미약한 국제법을 어떻게 국내법 수준으로 발달시킬지에 몰두하는 경향이 있기 때문이다.

그런데 의외로 한국의 가정법원들에서는 두 견해가 대등하다고 보고 어느 쪽이 더 타당한지는 구체적 사안별로 따지겠다고 표방하여 왔다.[12] 모권보호와 자녀이익보호를 "조화롭게" 절충하려 한 나머지, 가처분적인 신속반환을 우선시하는 목적론적 해석에는 관심이 없는 것처럼 보이기까지 하였다. 다행히도 최근에는 이 점을 개선하고 이 협약의 목적에 맞게 해석, 운영하려는 노력이 보인다.[13] 특별위원회 및 상설사무국의 노력과 가정법원의 노력이 서로 부응한 것으로 평가할 수 있다.

둘째, 여러 해석가능성 가운데, 입법목적을 실현하기에 적절한 쪽을 택한다. 이는 상충하는 법정책, 이익 중 '우선'되어야 하는 법정책, 이익을 '극대화'해야 한다는 의미인가? 항상 그런 것은 아니다. 오히려 '뒤로 물러나는' 정책과 이익에 대한 배려도 필요하다. 즉, 입법자는 '뒤로 물러나는 정책과 이익은 다른 제도에 의해 배려된다는 전제 하에, 여기에서는 어떤 정책과 이익을 우선시하려 한다'는 식으로 '합리적 입법목적'을 탐구, 파악해야 한다. 이것이 바로 필립 헥크(Philipp Heck)가 말하는, 이익형량의 바람직한 방법이다. 합리적 입법자라면 그런 방법으로 이익형량했으리라고 상정하고 해석해야 한다. 만약 이익법학(利益法學, Interessenjurisprudenz)의 이름 하에, 상충하는 정책과 이익 중 '우선시되는' 것을 증진하는 데에만 신경을 쓴다면, "목적법학(目的法學, Zweckjurisprudenz)"이 되어 버리며, 이것은 이익형량의 바람직한 형태가 아니다.[14] 목적론적 해석을 한다 하여, "목적법학"이 되어서는 안 된다.

---

12 예: 2017. 7.에 서울에서 개최된 헤이그국제사법회의 가입 20주년 기념 학술대회 겸 아시아 태평양 주간 학술대회에서 법원 측 패널리스트의 발언.

13 이민영 기자, "한국 법원은 왜 영어도 못하는 아기를 美로 돌려보냈나", 서울신문 2019. 7. 3. 참조.

14 Philipp Heck, Das Problem der Rechtsgewinnung, Mohr, 1912.

2. 상위법(上位法) 및 국제법 합치적 해석

오늘날에는 상위법합치적(上位法合致的) 해석과 국제법을 고려하는 해석도 중요한 역할을 한다. 국제법합치적 해석 가운데 국제공법상의 강행규범, 즉 국제적 강행규범(강행적 국제법)에 합치하도록 해석하는 것은 헌법합치적 해석과 유사한 형태로 이루어진다.

가. 헌법합치적(憲法合致的, 합헌적) 해석

법률은 그보다 상위의 법규범인 헌법에 위반할 수 없다. 보통의 입법자라면, 입법자가 굳이 헌법위반적인 법률을 제정하여 그것이 위헌심사에 의하여 실효(失效)되기를 기다릴 리가 없다. 그러므로 법률규정이 헌법위반적인 내용으로 해석될 수도 있고 아니라고 해석될 수도 있다면, 위헌적 요소가 없는 쪽으로 해석해야 한다. 이것을 헌법합치적 해석, 즉 합헌적 해석이라 한다.

국회가 제정한 법률(형식적 의미의 법률)을 아예 失效시키는 권한은 헌법재판소가 독점한다(헌법 제111조 제1항 제1호). 그러나 헌법합치적인 유권해석을 할 권한은 각급 법원, 기타 관청이 두루 가진다.

문제는 헌법재판소와 대법원의 합헌적 해석의 내용이 상충할 때 어느 것이 우선하느냐이다. 헌법재판소는 자신이 합헌적 해석의 최종적 권한을 가지며 대법원도 이에 따라야 한다고 한다. 대법원은 합헌적 해석도 해석의 한 방법일 뿐이고, 법률의 해석에 관한 최고의 권위는 대법원이 가지므로(헌법 제101조 제2항: "最高法院[최고법원]인 大法院[대법원]"), 헌법재판소도 대법원이 내린 '합헌적 해석'의 선례가 있으면 이에 따라야 한다고 주장한다. 이 견해가 대체로 타당하다.

1971년 헌법에서 위헌법률심사권을 일반법원에서 떼어내고 위헌법률심사제청권만 남겼는데, 이 때 합헌적 해석권한은 헌법위원회로 이관하지 않았다. 이런 권한배분은 1987년 헌법이 헌법위원회를 헌법재판소로 개조한 뒤에도 달라지지 않았다. 법원의 합헌적 해석권한은 원래부터 사법권(司法權)의 일부이다.

이와 달리, 위헌법률심사권은 Marbury v. Madison[15] 판결에서 비로소 정당

---

15 5 U.S. (1 Cranch) 137 (1803).

화한 것이고, 합헌적 법해석권한처럼 당연히 '논란 없이' 사법권(司法權)에 속하는 것이 아니다. 그뿐만 아니라, 위헌법률심사권은 '사법권(司法權)의 입법권에 대한 간섭'의 요소를 가진다. 한국에서 위헌법률심사권 행사에 한 동안 조심스러웠던 것도, 법원에 의한 몇 번의 위헌법률심사가 정치적으로 큰 파란을 일으킨 것도 이 때문이었다. 위헌법률심사권을 헌법위원회에 전속시키고 다시 헌법재판소로 재편한 것도 이 요소를 최소화하거나 조심스럽게 활성화하려 했기 때문이다.

물론, 헌법재판소도 합헌적 해석권한을 가진다. 그러므로 헌법재판소가 '일정한 합헌적 해석'을 전제로 위헌법률심사를 기각하는 것도 정당하다(그것을 "한정위헌" 결정이라고 부르는 것이 어색할 뿐이다). 그러나, 헌법재판소가 위헌법률심사를 전담하는 기관이다 보니 합헌적 해석을 할 일이 자주 생긴다는 점, 그리고 합헌적 해석이 가능한 한도에서는 위헌법률이라 하여 실효시킬 필요가 없다는 점을 이유로, 헌법재판소의 합헌적 해석이 법원의 합헌적 해석보다 위에 있는 최종적인 것이라고 할 수는 없다. 위헌법률심사권의 본질과 헌법재판소의 역할의 본질은 입법권의 행사결과를 제약하는 것이지, 법원의 사법권(司法權)을 제약하는 것이 아니다. 법원은 다른 관청의 합헌적 해석보다 헌법재판소의 합헌적 해석을 더 중시할 수는 있으나, 그것은 법원이 자발적으로 그렇게 하는 것일 뿐이다. 어디까지나 합헌적 법률해석 권한은 법원이 본래적으로 가지고 있다. 사법권(司法權)의 본질적 부분의 일부이며, 한국의 헌법 제정사에서 한 번도 박탈당한 적이 없다.

그런데 헌법재판소는 입법연혁을 무시하고 도식적 해석에 의하여 최고위의 권위적 헌법해석권한을 확보하려 한다. 단순히 헌법학 학술행사를 주최하는 데 그치지 않고, 지하철역 광고판, 기관 홍보책자 등에서 헌법의 수호자라 하면 곧 헌법재판소만 떠올리게끔 홍보한다. 헌법재판의 중요성을 강조하여 인적, 물적 설비를 늘리고, 이를 바탕으로 많은 사건을 소화하면서, 다시 그 실적을 내밀어 법원을 물량공세로 압박한다. 강한 권력기관이 나서서 권한을 더 확대하려고 여론공세, 정치공세를 벌인다. 헌법재판소가 헌법재판의 가장 강력한 부분인

위헌법률심사권 등을 가지고 있는 것을 이용하여, 그보다 약한 권한도 확보하려 한다.[16]

나. 국제법합치적(國際法合致的) 해석

독일처럼 국내법질서 내에서도 국제법(국제법의 국내법적 효력)이 국내법보다 우위에 서는 경우에는(일원설), 국제법합치적 해석이 헌법합치적 해석과 마찬가지로 요구된다. 그러나 한국법상으로는 국제법과 국내법은 대등하다. 즉, 국제법의 국내법적 효력은 국내법과 대등하다(이원설). 그래서 원칙적으로는 국제법합치적 해석은 한국에서는 인정되지 않는다. 다만 다음의 두 가지 점에서는 한국에서도 국제법합치적 해석이 요구된다.

국가주권은 강행적 국제법규범, 즉 국제법상의 강행규범의 제한을 받는다. 국제법적 강행규범을 위반하는 국내법규범은 그 효력이 제한된다. 첫째, 그 국가가 자신의 국내법규범을 적용한 데 대하여 국제법적 책임(예: 사인(私人)에 대한 원상회복이나 손해배상책임)을 질 수 있다. 둘째, 그 국가의 국내법이 국제법의 국내법적 효력을 어떻게 정하느냐에 따라, 그 국내법규범의 효력이 부정되거나 제한될 수 있다. 그러므로 국내적 입법자가 굳이 이러한 결과를 감수하면서 국제법적 강행법규를 위반하는 내용으로 국내법을 입법한 것은 아니라고 해석하는 법해석원칙이 인정된다.

국가가 국제조약을 체결(또는 가입)하면서 일정한 내용의 국내법 입법의무를 부담하는 경우도 있다. 그렇게 입법된 국내법은 국내적 이행입법(履行立法,

---

16 헌법재판소의 홍보자료(책자, 견학시 방영하는 동영상)를 보면, 1987년 헌법 개정을 한국 헌법사의 일부로 인식하기보다는, '6.29 선언을 이끌어낸 정치투쟁'만을 유독 강조하고, 1987년 개정만 과도하게 강조한다. 이런 홍보활동은 의아한 일이다. 그런데 바로 여기에서, 헌법재판소의 왜곡된 시각과 왜곡된 여론공세, 정치공세를 이해하는 열쇠를 찾을 수 있다. 아마도 이런 인식을 반복 주입함으로써, 위헌법률심사권이 원래 일반 사법부에 의하여 행사되었던 일을 과거지사로 묻어버려 하는 듯하다. 그리고 위헌법률심사권이 사법부에서 헌법위원회로 이관되고 헌법위원회가 헌법재판소로 재편된 역사적 발달과정에서 눈을 돌리게 하려고 하는 듯하다. 그리고 1987년 개정에 의하여 한국 헌법사가 1987년 개정 전과 후로 완전히 단절되는 것으로 인식하도록 유도하는 듯하다. 그래서, 마치 1987년이 대한민국의 위헌법률심사 역사의 '처음'인 것처럼 시선을 유도하면서, '처음'부터 '위헌법률심사권'에 부수하여 '최종적인 합헌적 법률해석권'도 헌법재판소에 넘어왔다고 보아야 하지 않느냐라고 몰고 가는 논리를 은연중에 피력하는 듯하다.

implementing legislation)(시행법)이라고 한다. 이를 해석할 때에는 그 국내입법의 의무를 부과한 국제조약에 맞게 해석되어야 한다. 이것도 국제법합치적 해석의 일부이다.

3. 국제조약의 해석

법률해석의 전통적 방법 4가지와 상위법합치적 해석, 국제법합치적 해석은 국제조약의 해석에 대해서도 타당하다. 다만 국제조약의 해석에 관해서는 몇 가지 고유한 문제가 있다.

첫째, 그 조약이 타 체약국에서 어떻게 해석되는지 고려해야 한다(통일적 해석, uniform interpretation). 국내법의 해석에서는 대법원의 법해석 통일기능(권한)에 기댈 수 있다. 그래서 한 하급심법원이 의식적으로 다른 하급심 판례와 견해를 달리하거나 대법원 판례와 조심스럽게 견해를 달리해도, 판례의 통일에 이르기 용이하다. 그러나 조약의 각 체약국들은 별개의 법질서를 가지고, 통일적 해석을 실효적으로 부과할 초국가적 권력체[17]는 없는 것이 보통이다. 그만큼, 각 체약국에 의한 통일적 해석이 더 절실히 요청된다. 통일적 해석이 깨어지면 그 조약에 의해 각 체약국이 타 체약국에 대해 지는 의무의 내용이 달라지는데 이는 바람직하지 않다. 체약국별로 해석이 둘로 나뉘면 그 한도에서 두 개 버전의 조약이 시행되고 있는 결과가 된다. 특히 법통일조약의 해석이 체약국별로 나뉘어 고착화되면 법분열이 고착화되어 법통일조약의 효용이 줄어든다.

둘째, 한 국가가 복수의 국가와 별도로 조약을 체결했고 그 규율내용이 상충하는 경우에는 조약충돌(conflit de conventions)의 문제가 된다. 조약간의 충돌은 법통일조약에서 특히 문제로 된다. 상이한 법통일조약 중 어느 것을 따를지의 문제가 되기 때문이다.

---

17 국제조약에 의하여 해당 분야에 전문성을 가지는 국제적 법원을 설치하고 강제적 재판권을 부여하는 예가 있다. 가장 대표적인 것은 다음의 둘이다. 유럽연합법의 통일적 해석은 유럽사법재판소(유럽대법원, European Court of Justice, ECJ)에 의하여 보장된다. 유럽인권협약(European Convention on Human Rights, ECHR)은 유럽인권재판소(유럽인권법원, European Court of Human Rights, ECtHR)에 의하여 통일적으로 해석된다.

Ⅳ. 법률해석과 계약해석의 공통점과 차이

법률은 입법자가 정한 것이다. 입법행위가 글로 표현된 결과물이 법률이다. 그 의미를 밝히는 작업이 법률해석이다.

계약은 계약당사자들이 정한 것이다. 계약의 내용이 언어나 거동에 의하여 표현된 것을 자료로 계약의 내용을 밝히는 것이 계약해석이다.[18] 계약자유의 한계 내에서, 계약이 계약당사자에 대하여 법을 대신한다(민법 제105조 참조).

계약도 해석의 대상이 된다. 언어적 표현의 의미를 밝힌다는 점에서는 법률의 해석과 계약의 해석이 공통된다.[19][20] 그러나 법률과 계약이 가지는 법적 지위의 차이와 기능상 차이로 인하여 해석원칙에도 차이가 생긴다.

> "재판대상인 사건을 규율하는 법률은 당사자의 의사표시나 법률로부터 나온다 …. 두 경우 다 문언의 의미가 탐구되어야 한다. 당사자나 입법자의 의사에 따라 사전에 정해진 법적 결과가 어떤 조건 하에서 발생될 것인지 밝혀야 한다. 이처럼 해석의 대상은 말(언어)이다. 물론 그 두 가지 해석대상 — 한편으로는 당사자의 의사표시, 다른 한편으로는 법률 — 양쪽의 해석기준이 모든 점에서 동일하지는 않다. 의사표시의 해석 … 에 있어서는 모름지기 주관적 척도(主觀的 尺度)가 적용될 수 있다. 미리 정한 법적 결과는 그 당사자들에만 해당된

18 법률행위(Rechtsgeschäft)에는 계약 외에 단독행위와 집합적 행위(합동행위)도 있다. 법률행위의 해석에 공통된 원칙을 탐구하더라도, 다시 각각의 종류의 단독행위(예: 유언)의 해석시의 특수성을 다시 검토해야 한다.

19 대법원 2009. 7. 23. 선고 2009재다516 판결은 판례의 해석에 있어 "사람의 의사표현행위 일반에서와 마찬가지로, 그 설시의 문구에만 구애될 것이 아니"라고 했다. 법규범의 해석과 의사표시의 해석 간의 공통점을 지적한 점에서 흥미롭다.

20 계약에 대한 서면주의의 연장선상에서, 계약의 해석에 관해서는 '문언적 해석'에 큰 비중을 두는 입법례도 있다. 예컨대 영미법은 계약문언 외의 자료를 계약해석의 자료로 삼는 것 자체를 제한한다. 이것이 구두증거(口頭證據, 口述證據) 배제원칙(parol evidence rule)이다. 한국법에는 이 법리가 없고, '당사자가 그 문서로써 법률행위를 한 문서', 즉 처분문서(處分文書)에 각별히 높은 증거력(증명력)을 인정할 뿐이다. 대법원 1982. 12. 14. 선고 82다카413 판결(공1983, 276); 대법원 1984. 10. 23. 선고 83다카2048 판결(공1984, 1845) 등. 당사자가 무의미한 문구로서 적은 문구는 법적 합의의 효력을 가지지 않는다는 예문해석(例文解釋) 법리는 계약의 엄격한 문리해석에 대한 적절한 제한법리이다.

> 다. 구체적·개별적 규율이 문제된다. 따라서 당사자들이 의사표시를 이해했거나 이해할 수 있었는지만이 관건이 된다. 반면에 법률의 해석은 다수의 사건을 고려에 넣는 추상적·일반적 규율과 관련된다. 따라서 이에 대해서는 규범이 유사한 사건에서 동일하게 해석되어 동일하게 적용되도록 보장해 주는 객관적 척도가 적용되어야 한다."[21]

첫째, 법률은 사회규범이고 계약은 당사자간의 규범이므로, 객관성의 요청이 달리 나타난다. 법률은 일반규범이다. 그 적용요건에 맞는 한 누구에게나 적용된다. 따라서 객관적 입법의사가 중시되어야 한다. 그리고 헌법과 일정한 국제법규범에 합치하는 것이어야 한다. 그러나 계약은 계약당사자간의 특별규범이다. 따라서 계약당사자들의 주관적 의사가 중시될 필요가 법률해석의 경우에 비하여 크다. 사법관계(私法關係)에서 헌법과 국제법 합치의 요구는 완화된 형태로 나타난다. 그래서 계약의 해석에 있어서는 '헌법합치적 해석'이나 '국제법합치적 해석'이라는 해석기준은 비중이 작다. 그것들은 '당사자가 유효한 법률행위를 의도한 것으로 해석한다'는 해석원칙('법률행위에 유리한' 해석)의 일부를 이룰 뿐이다. 이것은 당사자의 '의사'에 따른 해석(주관적 해석)의 한 내용에 불과하다.

둘째, 흠결의 존재가치와 그 보충방법도 다르다. 법적으로 의미있는 사항에 관한 한, 법적 규율은 있어야 한다. 그래서 입법자가 입법적 해결을 하고자 마련한 것이 법률이다. 물론 입법자에게는 입법의 공백을 남겨두는 선택지도 있다. 그러나 실제로 입법의 공백이 남겨진 사항도, 입법자가 입법으로써 해결할 수 있었던 사항이다. 유사한 논점에 대해서는 입법적 해결이 이루어져 있다면, 이를 참고하여 유추하는 것이 종종 적절하다. 그러나 계약은 당사자가 체결하든 말든 원칙적으로 자유이다(계약체결의 자유). 어떤 내용을 포함시킬지도 자유이다(계약내용결정의 자유). 어떤 사항에 대하여 약정상의 흠결이 있는 것은 비정상이 아니다. 따라서 계약상의 흠결을 유추에 의하여 보충하는 것은 '가정적

21 Reinhard Bork, Allgemeiner Teil des Bürgerlichen Gesetzbuch, 3. Aufl., 2011, Rn. 121.

인 계약자유'에 의하여 정당화되는 범위 안에서만 가능하다. 그 한계를 넘는 것은 재판관에 의한 규범의 '부과'에 해당한다.

V. 해석(解釋)의 한계(限界)

법의 해석에는 한계가 있다. 판사가 법문의 의미를 밝힌다고 하면서 법해석의 한계를 넘어서면, 그는 이미 사법적 법형성(司法的 法形成)의 단계에 들어선 것이다. 그렇다고 법해석의 한계를 넘는 일이 사법(司法)적 법형성의 이름으로 항상 허용되는 것은 아니다. 오히려 법의 흠결을 발견하고 유추해석 등의 방법으로 흠결을 보충하는 일을 조심스럽게 해야 한다. 이렇게 하지 않으면 법률과 정면으로 충돌하는, 즉 법률을 위반하는 초법률적인 법형성이 된다. 입법권과 법해석권력의 한계 설정도 확고부동한 것은 아니므로, 이것이 비상수단으로 정당화되기도 한다. 그러나 그것이 불가피한 경우인지를 의식하면서, 의식적으로 아주 조심스럽게 초법률적 법형성을 할지 고민해야 한다.

법해석자는 법해석의 가장 바깥의 외연만 존중할 것이 아니라, 법해석방법 하나하나의 한계에도 주의를 기울여야 한다. 그리고 법해석권한이 법의 강제력으로 뒷받침되는 강제적 권한임을 생각하여, 가급적이면 파급효가 적은 해석방법을 택해야 한다. 그래서 해석, 유추해석, 사법(司法)적 법형성의 한계 내에서의 법형성, 이 한계를 넘어서는 사법적(司法)적 법형성의 순서로 진행하되, 각 방법의 한계를 의식해야 한다. 뒤로 갈수록 더 신중해야 한다. 일정한 결론에 이르려는 목적의식에 치우쳐 법해석·계속형성의 방법론과 그 한계를 의식하지 않고 내달리는 경우일수록, 단순한 법해석이라고 내세우는 일이 많다. 법해석과 계속형성의 원리와 한계에 대한 방법론적 숙고가 없을수록, 법해석·적용권한을 자의(恣意)적으로 행사하거나 남용하기 쉽고, 자신의 결론에 이르는 과정을 방법론적으로 설명하려는 생각을 덜 하게 된다. 이런 예를 보면서 반면교사로 삼아야 한다.

법해석의 한계는 주로 법문에서 발견된다. 법률의 문언이 해석의 출발점이

기 때문이다. 규정체계, 입법연혁, 규율목적을 고려하고 상위법이 부과하는 한계도 고려하여 문언의 사전적 의미보다 좁게 또는 넓게 해석될 수는 있지만, 문언을 너무 많이 떠난 해석이어서는 안 된다.

그런데 문리해석이라 하여 법해석의 한계로부터 자유로운 것은 아니다. 기본원칙을 정하는 법규일수록 주상적 문언을 자주 사용하게 된다. 헌법에도 그런 조문이 많다. 그런데 현실이 바뀌면서 그 문언의 사전적 의미가 포착할 수 있는 폭이 넓어지기도 한다. 그렇다 하여 그런 넓은 의미의 해석이 항상 정당한 것은 아니다.

> 혼인의 실질적 요건은 각 배우자의 본국법에 의한다(국제사법 제36조/제63조[22] 제1항). 이것이 배분적 연결방식이다. 그래서 한국인과 외국인이 혼인한 경우에 한국인에 대한 실질적 혼인요건과 그 흠결의 효과에 관해서는 한국민법이 적용되고, 외국인에 대해서는 그의 본국법이 적용된다. 한국 민법 제815조 제1호는 "당사자 간에 혼인의 합의가 없는" 것을 혼인무효사유로 규정한다. "합의"라고 말하지만, 동의 없음을 뜻한다. 그래서 한국인이 혼인에 동의하지 않은 하자가 어떻게 취급되는지는 한국법에 의한다. 외국인의 부동의에 대한 규율을 한국법에 의할 일은 없다. 그런데 대법원 2022. 1. 27. 선고 2017므1224 판결은 한국민법 제815조 제1호가 외국인 배우자의 혼인에 대한 동의요건도 정하고, 그 불충족의 효과도 정한다고 해석한다. 그 근거로 "합의"라는 문언을 들 뿐이다. 이런 기계적 문리해석에만 얽매인 나머지, 혼인의사의 요건을 쌍방적 요건으로 취급하는 극히 이례적인 해석에 빠진 셈이 되었다. 배분적 연결방식을 정면 공격하여 무력화는 급진적인 해석론으로 흘렀다. 한국과 혼인하는 외국인에 대해서는, 한국민법이 항상 개입하겠다는 것이다. 자신의 본국법에 따라 유효한 혼인동의를 한 외국인에 대하여, '당신이 다른 나라 사람과 혼인할 때에는 그래도 되지만 한국인과 혼인할 때에는 한국민법상의 동의요건도 누적적으로 충족해야 한다'고 하겠다는 것이다. 이런 엄청난 해석론을 무리하게 감행할 각오를 하고 설시한 것인지 의문이다. 이 질문을 회피한 채, 단순히 기계적인 문리해석의 뒤로 숨은 것으로 보인다. 법률심의 격(格)에 맞지 않는다.

22 2022년 개정 전 제36조와 2022년 개정 후 제63조는 규정내용이 같다. 조문번호만 바뀌었다.

법조문은 허공에서 튀어나온 것이 아니다. 개별 법조문이 따로 현실문제에 대응하기 위하여 입법된 것도 아니다. 오히려 과거에서 물려받아 미래로 전해 줄 법이 주어져 있고, 그런 역사적 소여(所與) 속에서 개별 법조문이 만들어진다. 그래서 이런 흐름 속에서 법문의 의미를 탐구해야 한다. 여기에서 법적 제도의 혈통(pedigree)론(계통론)이 나왔다.

법학이 양적으로 풍부해지고 외국법의 비교법적 연구도 활발한 가운데 판사의 법해석과 법형성 권한도 팽창했다. 그래서 판사가 학설에서 마음에 드는 부분을 골라 채택할 여지가 커졌다. 이렇게 학설과 사법부(司法府)의 권한이 동반 팽창하면, 법의 인식가능성(특히 투명성)과 법적 안정성이 저하되거나 위협받을 수 있다. 영미법계의 경우에도 학설에 의한 법해석을 따르는 일은 이례적이지만, 이 점을 숨기지 않고 어느 문헌을 참조하였는지를 판결이유에 명시한다. 이렇게 하여 법의 인식가능성(투명성)과 법적 안정성을 유지하려 한다.

그런데 헌법해석에서 정치적 또는 정책적 견해를 법해석에 주입(注入)하는 일은 특히 위험할 수 있다. 사회변화에 따라 판례가 점차 자연스럽게 변화하여 훗날 헌법사학자의 눈으로 보았을 때 헌법해석이 바뀌었다고 인식되는 일은 별 문제가 아니다. 그런데 일부 정파(政派)는 역사(歷史, history)란 과거를 회고하여 인식하고 서술하는 것이라는 전통적 이해를 뛰어넘어, 역사를 의식적으로 만들어나가야 한다고 생각한다. 이런 '역사 만들기'론에 바탕을 두고 일정한 정치적 또는 정책적 견해를 헌법해석에 의식적으로 주입하기 위한 기획소송을 벌인다. 법률가들이 일반적으로 최선의 법해석을 위하여 진실된(sincere) 노력을 기울이는 가운데, 특정한 견해를 가진 정치운동가들이 전략적(戰略的, strategic)으로 조직적 법정투쟁(法廷鬪爭)을 전개한다. 이렇게 하여 사법(司法)의 정치화(politicization)의 문제가 심화된다.

미국에서는 1960년대부터 연방헌법의 해석을 놓고 이런 시도가 행해졌다. 일부 정치운동가들은 법적 정의(正義)를 정의(正義) 자체와 혼동시키다 못해 정치적 올바름(political correctness)과 혼동시키면서, 그들의 정치적 견해를 증진하는 정치적 또는 정책적 견해를 법해석에 개입시키려고 시도해 왔다. 그래서 기획소송을 통한 법정투쟁, 특히 헌법해석투쟁에 심혈을 기울인다. 정치의 측면에서는 큰 논란거리가 아닐지 모른다. 법정(法廷)을 인식제고(awareness－raising)의 무대로 활용하는 것이어서, 정쟁(政爭)의 장(場)이 조금 확대된 것에 불과하기 때문이다. 그러나 법적으로는 심각한 문제이다. 정치적 합목적성에 따라 헌법의 해석을 법해석방법론의 상궤(常軌)로부터 해방시켜 헌법해석의 이름으로 헌법질서를 변경시키는 헌법변경(constitutional change)의 시도이기 때문이다.

이 시도는 여러 각도에서 풀이될 수 있다. 첫째, 정치적 견해의 극심한 분열, 대립으로 헌법개정이나 입법적 개혁이 어려워진 부분을 돌파하기 위하여, 법해석의 일반적 한계를 넘는 비상수단을 상시적으로 활용하려는 시도일 수 있다. 둘째, 철인정치(哲人政治)적 요소를 실천할 제도와 장치들이 약화된 부분을 보완하고자, 최고법원에 의한 철인정치(哲人政治)를 추구하는 것일 수 있다. 셋째, 정치적 입법과정에 수반되는 타협을 피하고 사법(司法)을 정치화시켜 법정투쟁의 형태로 정면대결하려는 것일 수 있다.

이런 정치적 기획소송과 법정투쟁은 1960년대 이래 미국에서 일부 성공을 거두었고 헌법재판에 의한 헌법변천(constitutional change)을 가져왔다. 이에 대한 미국의 헌법학계의 평가는 극명히 양분되어 있다.

다수설은 긍정적으로 평가하는데, 그 논지는 다음과 같다. 헌법학자는 법정투쟁의 정치적 측면에 연연할 필요 없이 헌법해석의 측면에만 초점을 맞추면 된다. 헌법의 가치관련적 특성은 때때로 역동적 헌법해석을 요구하고 정당화한다. 헌법의 해석방법은 일반적인 법해석방법과 달라야 한다. 정치적으로 지배적인 견해가 시대에 따라 달라진 부분을 헌법해석에 반영함으로써 생기는 헌법변경은 헌법재판기능의 본질을 벗어나는 것이 아니다. 그래서 정치적 기획소송의 부산물로 생긴 과감한 헌법해석도 엄연히 헌법해석으로서 의미를 가진다. 그뿐만 아니라, 정치적 혁신파의 견해를 헌법적으로 받아들인 연방대법원 판례들은 철인정치적 헌법해석으로 정치적 견해대립을 비교적 원만히 가라앉힌 정치적 업적도 거두었다.

소수설은 정치적 기획소송과 이를 받아들인 연방대법원 판례를 부정적으로 평가한다. 헌법도 역사성을 가지므로 헌법해석도 일반적인 법해석과 마찬가지의 한계 하에서만 가능하다고 본다. 일반적 법해석과 달리 헌법해석에서는 정치철학의 구현을 위한 합목적적 해석도 허용되고 해석의 한계도 느슨하다는 다수설에 대하여, 그렇게 이례적으로 느슨하고 정치에 무방비한 헌법해석은 법해석방법론에 맞지 않고, 사법자제(司法自制, judicial restraint)의 전통에도 맞지 않으며, 사법(司法)의 정치화를 가져와 사법부(司法府)의 독립도 해친다고 반박한다. 소수설의 대표자는 스칼리아(Antonin Scalia)[23] 연방대법관(1986~2016 재임)이다.

소수설은 일반적인 법해석방법에 충실해야 한다는 점을 강조하기 위하여 본원주의(本源主義, originalism)를 내세운다. 이 학설명은 법해석작업의 행동반경을 인위적으로 제한하는 느낌을 준다. 그러나 그 주장취지는 미국의 법현실의 맥락 속에서 이해되어야 한다. 미국 연방헌법이 대륙법적 성문법인 것은 분명하지만, 유럽인권법원이 유럽인권협약을 신축적으로 해석하여 그 체약국에게 하달하기 위하여 창설된 것과는 다른 점이 있다. 미국연방헌법은 연방정부가 제한된 권력을 가지도록 했다. 기본권을 침해하는 주법(州法)의 효력을 부정하는 법원으로는 연방법원 외에 주법원도 있다. 그래서 연방헌법이나 그 수정조항에 명시되지 않았다는 이유로 기본권을 부정할 수 없다는 조문은 연방헌법에 들어가지 않았다. 새로운 기본권의 헌법적 보장은 먼저 주(州)의 수준에서 이루어지게 마련이고, 연방헌법으로 보장하려면 전국적으로 의견을 모아 연방헌법 수정조항을 추가해야 한다. 또, 연방헌법이 연방의회의 입법권만 규정한 경우에, 연방의회의 입법이 없더라도 '언젠가 생길지도 모르는 연방의회의 가정적 입법의사'를 헤아려 재판규범으로 삼을 수는 없다고 해석하는 것이 정상일 것이다. 그런데 뉴딜(New Deal)파동 이후 연방대법원은 새로운 기본권조항을 추가하는 해석도 하고, 연방의회가 언젠가 가질지도 모르는 가정적 입법의사에 근거하여 이와 충돌하는 주법의 효력을 부정하는 해석을 감행해 왔다. 소수설이 본원주의(원의주의)를 이야기하는 것은, 헌법해석작업이 법해석방법의 정도(正道)

---

23 이탈리아계인 Scalia의 성(姓)은 "스칼리아"로 발음된다. 이탈리아어의 발음을 살려, "리"에 강세를 두고 길게 발음한다. 그런데 국내언론은 미국이 이민자들의 국가임을 잊었는지, 한동안 스캘리아로 표기하는 오류를 고집했다.

를 벗어나 정치적 견해대립까지 해결하겠다고 나설 일이 아니라 어디까지나 법해석방법에 충실해야 한다는 점을 완곡하게 지적한 것으로 생각된다. 다수설이 역동적 법해석가능성을 강조하려다가 법해석방법의 일반적 틀을 벗어나기를 주저하지 않는 태도가 워낙 심하다고 보고, 법해석의 목적과 한계를 재차 주지시키려 하는 것이다. 즉, 법해석은 이미 존재하는 또는 그러한 것으로 간주되는 법을 인식하는 작업이고, 특히 성문법의 해석은 그 성문법을 만든 입법취지를 밝히는 작업임을 강조한다. 새로운 해석방법론을 주장하는 것이라기보다, 사법(司法)의 정치화, 헌법해석의 정치화에 직면하여, 헌법도 역사성을 가지며 헌법해석도 법해석의 일반적 방법의 틀과 한계 내에서 이루어져야 한다는 점을 환기시키려 한다. 헌법해석은 법해석의 일반적 한계에 얽매일 필요가 없고 정치철학의 역동적 전개, 자기실현작업도 될 수 있다는 견해가 다수설 측에 섞여 워낙 목소리를 높이므로, 아무리 헌법이라도 그렇게 해석할 수는 없다는 점을 상기시키려는 것이다.

한편, 스칼리아 대법관은 대법원에서 특유의 달변과 달필로 본원주의에 충실한 의견을 다수 남겼다. 그래서 본원주의라 하면 곧 스칼리아의 헌법해석방법론과 동일시되다시피 한다. 이런 현상은 미국에서 연방대법원의 절대적 권위에 힘입은 것이기도 하다. 또, 스칼리아가 심각하지 않고 즐거운 얼굴로 본원주의자로 자부하면서 소신을 지킨 덕분이기도 하다.

소수설이 문언중심주의(textualism)를 주장하는 취지도 마찬가지일 수 있다. 1930년대부터 수십 년 동안 헌법조문의 문언을 너무 크게 벗어난 해석이 감행되었는데, 이 점을 직시하고 해석론의 기본으로 돌아가자는 것이다. 문리해석만 강조하자는 것이라기보다, 문리해석이 너무 무시되어 온 점을 시정하자는 것이다. 단지 '문리해석의 과도하고 지속적인 일탈을 규탄한다'고 공격적으로 말하지 않고, '그동안 워낙 자유롭게 해석해 오다 보니, 제 의견을 들으면 문리해석을 좀 강조한다는 느낌을 받게 될 것입니다'고 말하는 것이다.

본원주의가 역사적 입법의사의 규명에 치중한다고 비판하면서 원의주의(原

義主義)로 번역하기도 한다. 그러나 이것이 본원주의의 전부는 아니다. 첫째, 본원주의가 역사적 입법의사에 치중하는 것은 아니다. 오히려 입법자가 자의(恣意)적으로 어떤 입법의사를 가졌는지에 초점을 두는 것이 아니라, 입법자도 그가 물려받아 현재에서 미래로 흐르는 법의 역사성의 흐름 속에서 입법한다고 본다. 그래서 법해석의 실마리는 법문, 입법연혁 또는 당해 입법에 앞선 역사적 법발달에서 두루 찾게 된다. 이것이 보통법의 일반적 해석방법이며, 본원주의는 헌법해석에 관해서도 이를 일관할 것을 주장한다.

본원주의가 헌법해석론을 넘어 일반적으로 주는 시사점은 개념어를 학자적으로 자유롭게 해석하는 데 대한 의심 내지 반론에 있다. 현재의 법해석자의 자의(恣意)를 염려하는 비관주의에 뿌리박고 있다. 법문이 일견 무색투명하여 보이는 추상적 개념어를 사용했어도, 그 법문은 역사적으로 발달되어 온 법제도를 배경으로 그 흐름 속에서 나온 것이며, 그 개념의 후대의 발달에 백지위임한 것은 아니라는 것이다. 본원주의에 반대하는 견해는 현재의 판사가 헌법의 역사적 발달의 주인공이 되어야 하고, 앞선 역사에 구속되는 것은 부당한 속박이라는 입장에 선다. 그래서 스칼리아의 본원주의를 헌법상 권한과 권리의 "혈통"론으로 비판한다.[24] 그러나 스칼리아는 "혈통"(pedigree)론자로 불리우기를 거절하지 않고 도리어 환영한다. 즉, 스칼리아의 본원주의에 대한 비판론의 주류가 지적하고, 특히 지퍼스키가 뚜렷이 부각시켰듯이, 스칼리아의 본원주의의 핵심은 "혈통"론에 있다. 즉, 성문법도 역사적 발달의 맥락 속에서 만들어진 것이므로 그 역사적 맥락 속에서 해석되어야 한다는 것이다.

> 스칼리아 대법관은 스스로 판결문에서 "혈통"론을 판지로 언급할 만큼 솔직하다. 그는 Burnham v. Superior Court of California[25]에서, 현재(presence)지관할의 근거를 그 역사적 "혈통"(pedigree) 즉 계보(系譜, geneology)에서 찾았다. 그리고 이런 전통적 관할기초가 적법절차(Due Process) 위반으로 평가받기는

---

24 예컨대 Benjamin C. Zipursky, The Pedigrees of Rights and Powers in Scalia's Cruzan Concurrence, 56 University of Pittsburgh Law Review 283 (1994)("권한의 혈통 원칙"과 "권리의 혈통 원칙"으로 나누어 비판).

25 110 S. Ct. 2105, 2116 (1990).

어렵다는 의견을 밝혔다. 이 부분은 스칼리아 대법관이 쓴 복수의견(複數意見, plurality opinion)에 나온다. 복수의견이란 다수의견이 되지는 못했지만 가장 많은 수의 법관이 찬성했고 다른 별개의견과 합쳐 재판의 결론을 좌우한 의견을 말한다. 결합다수의견(相對多數意見)으로도 번역될 수 있다. 다수의견이 아닌 만큼, 개별 대법관의 고유의견이 좀 더 부각되어 있다. 그래서 사안유형별로 현재지관할이 적법절차 위반인지를 판단하는 연방대법원 판례 전체를 파악하려 할 때에는, 이 복수의견의 어조를 조금 누그러뜨려 읽는 것이 적절할 수 있다.

스칼리아 대법관의 유력설을 따르는 데에는 현실적 어려움도 있다. 그의 견해는 미국의 연방의회가 영국의 의회처럼 제 기능을 할 것을 전제하고 있다. 행정부와 입법부가 판례법의 틀 밖에서 이루어져야 할 개혁 의제(reform agenda)를 발견하고(동종 사안의 재판을 지켜봄으로써 간취할 수도 있다) 이를 입법안으로 만들어 의회에서 충분한 논의를 거쳐 입법할 것을 기대한다. 그러나 미국 연방의회는 정치적 싸움의 장으로 전락해 있고, 입법기관으로서 제 구실을 못 하고 있다.[26] 그래서 궁여지책으로 연방사법권(聯邦司法權)의 한계를 넘어서라도 판례로 새로운 규율을 도입해야겠다고 할 만한 경우가 예외적으로 있을 수 있다. 이런 예외적 맥락을 분명히 의식하고, 그야말로 최후의 피할 수 없는 선택으로 '초헌법적 헌법해석'을 하고, 그런 방법론적 무리에 대하여 응분의 비판을 감수한다면, 문제가 비교적 작을 것이다.

26 James R. Maxeiner, Failures of American Methods of Lawmaking in Historical and Comparative Perspectives, Cambridge University Press, 2019 참조.

제 5 장

법률(法律)의 흠결(欠缺)의 보충(補充)

제5장

법률(法律)의 흠결(欠缺)의 보충(補充)

Ⅰ. 의의 및 기능

1. 사법적(司法的) 법형성(法形成)의 필요와 한계

특정 법역(法域) — 국가나 분방(分邦) — 에 해당되는 법을 가리켜 법률이라고 말하기도 한다.

헌법은 의회제정법(議會制定法, statutory enanctments, statutes)만을 법률이라고 부른다. 이것은 좁은 의미, 형식적 의미의 법률이다. 한국은 성문법주의(成文法主義)가 강하여, 법규범은 성문법으로 갖추고, 그것도 의회제정법으로 성문화하는 것이 바람직하다고 보기 때문에, 의회제정법이야말로 법률의 대명사라고 보는 것이다. 그러나 법의 오랜 역사 속에서 보면, 이렇게 의회제정법이야말로 법률의 인식자료로서 가장 정상적이고 바람직한 것이라고 보는 견해가 팽배한 것은 최근의 일이다. 유럽 내에서 독일은 전국적으로 통일된 근대적 법질서를 갖춘 역사가 짧고, 통일된 민족과 독일어를 형성한 지도 얼마 되지 않다. 그래서 독일의 법과 법학은 법률(Gesetz)이라는 단어에 '의회제정법 형태의 실정법'이라는 의미를 분명히 담는다. 이것이 한국에 강하게 영향을 미쳐, 법률이라고 하면 곧바로 의회제정법만을 떠올리게 되곤 한다.

그러나 법률이라는 용어는 더 넓은 의미도 가진다. 즉, 중세말·근대초 도시

> 국가의 법규(statuta) 개념을 이어받아 특정 법역(法域)에 특유한 실정법(實定法) 내지 인정법(人定法)을 법률이라고 부르기도 한다. 이 개념이 더 오래전부터 쓰였다. 불어 loi, 중세영어 ley는 이런 의미이다 영어의 law도 '셀 수 있는 명사'로 쓰이는 경우(a law, laws)에는 이런 의미이다.
>
> 입법권을 독립시키는 현대 입헌주의 국가에서는 의회제정법만을 법률이라고 불러야 하고, 후자의 의미로 법률을 이야기해서는 안 된다고 할 것인가? 그렇지 않다. 의회의 입법권 독점[1]은 절대적인 것이 아니다. 두 가지 점에서 그렇다.
>
> 첫째, 의회의 입법권 독점론은 국가주권사상과 결부되어 있다. 초국가적이거나 비국가적인 법은 없고 앞으로도 생길 수 없다고 하여, 국가권력을 교회권력으로부터 독립시켰고(교회와 국가의 분리, 즉 政敎分離), 개별 국가의 권력을 제국 권력으로부터 독립시켰다. 그러나 오늘날 초국가법과 비국가법은 나름대로의 역할을 하고 있다. 유럽연합법의 사법통일(私法統一)의 법학적 기초도 국가법질서들의 근저에 깔린 공통법(共通法)에서 찾아지고 있다. 초국가법은 탈국가적인 국제적 상관습이나, 국가법을 제약하는 국제법규범의 형태로 존재한다.
>
> 둘째, 의회의 입법권 독점론은 주권국가 개념과 결부되어 있다. 그러나 현실세계에는 외국, 비국가법, 국제공법과 같은 다른 법질서도 공존한다. 그래서 법질서간의 저촉이라는 법률저촉(法律抵觸, conflictus legum, conflict of laws, conflit de lois)의 문제가 생긴다. 이 문제를 해결할 때에는, 상충하는 법률들이 의회제정법인지 여부는 아무 의미도 가지지 않는다. 요컨대 상이한 법질서의 실체법 간의 저촉은 개별적 실체법규들 간의 저촉으로 파악되며, 그 실체법규가 의회제정법규이든 아니든 상관없이 해결되어야 한다. 이 맥락에서 그 실체법규 하나하나는 법규(statute, statuta)나 법률(law, loi)라고 불러야 한다.

사안(事案)에 적용될 법률(특정 법역의 성문법 및 불문법)이 마련되어 있지 않은 듯이 보여도, 판사는 기존 법원칙(法原則)과 법규칙(法規則)의 신중한 해석(확대해석 등)을 통하여 법규범을 발견하여 사안을 포섭(包攝)하고자 노력해야 한다. 법해석 권한은 법적용 권한에 내재한다. 판사는 강제적 국가권력의 일부로서 사법권(司法權)을 행사하는 권위적 법적용자이므로, 권위적 법해석권한도

---

1 헌법 제40조도 이를 명시한다.

가진다.

그런데 법적용자로서의 판사의 권한은 여기에 그치지 않는다. 사안에 적용할 법률이 없더라도 민사(민상사)의 실체관계를 재판할 때에는 관습을 조사하여 그것에 법적 효력을 인정하여 적용하고자 시도해야 한다(민법 제1조 전단). 이렇게 관습을 재판규범으로 삼음으로써(그런 의미에서 그 관습을 관습법이라고도 부를 수 있다) 행위규범과 재판규범을 일치시킬 수 있다. 그렇게 할 만한 것이 없어도, 많은 법질서에서 일반적으로 인정되는 법원칙(일반적 법원칙, general principles of law),[2] 즉 조리(條理)(민법 제1조)에 의하여 재판할 수 있다.

사안에 적용할 법률이 흠결된 경우에, '이 문제에 적용되는 법이 없다'고 하여 결론으로 직행해야 하는 경우도 있다. 형법(실질적 의미의 형법, 즉 형사실체법)에 흠결이 있으면 죄형법정주의(罪刑法定主義)에 따라 무죄(無罪)로 판단해야 한다. 또, 국가기관, 기타 공공기관의 권한행사에 법률상 근거가 없으면 그 권력작용은 위법한 것으로 판단해야 한다. 민사관계에서도 그런 경우가 있다. 법원이 법률관계에 비송(非訟)적으로 개입하는 형성판결(形成判決)은 법률에 근거가 있어야 한다.[3] 형성의 소를 제기할 법적 근거가 없거나, 법률로 정한 원고적격을 갖추지 못하면, 법원은 청구를 받아들일 수 없다. 일반적(一般的) 행동자유(行動自由)가 원칙이며, 이에 대한 법적 제한은 예외이기 때문이다.[4]

그러나 민사재판에서는 민사실체법의 흠결을 이유로 재판을 거절하는 재

---

2 헌법 제6조 제1항이 국제법의 연원(淵源)으로서 언급하는 "일반적으로 승인된 국제법규"도 여기에 해당한다. 물론 국제법관계에 관한 것만을 말한다.

3 대법원 1993. 9. 14. 선고 92다35462 판결(공1993, 2751); 대법원 1997. 10. 27.자 97마2269 결정(공1997, 3742); 대법원 2001. 1. 16. 선고 2000다45020 판결(공2001, 446).

4 헌법 조문은 일반적 행동자유를 따로 명시하지 않고, 신체의 자유(제12조), 거주이전의 자유(제14조), 재산권의 보장(제23조), 행복추구권(제10조), 직업선택의 자유(제15조), 사생활의 보호(제17조), 양심의 자유(제19조), 종교의 자유(제20조 제1항), 표현의 자유(제21조) 등의 구체적 예시규정만 둘 뿐이다. 생명의 자유도 따로 언급하지 않는다. 그러나 헌법의 기본권 조문은 남김없는 열거가 아니다. 일반의 보편적 존엄을 규정한 제10조와 그 뒤에 이어지는 기본권 조문들 사이의 행간에서, 더욱 중요한 기본권을 읽어낼 수 있다. 게다가 헌법 조문도 역사의 산물로서, 필요에 따라 조문을 만든 점이 있다. 생명의 자유와 일반적 행동자유는 너무나 당연시되다 보니, 1948년 헌법을 만들고 9차례의 개정을 거치면서도, 이것들을 명시적으로 언급하려는 생각을 미처 하지 못했던 것 같다.

판거절(Justizverweigerung)은 불가하다. 그래서 민사실체법이 입법적으로 흠결된 경우에는 다른 방법으로 보충해야 한다. 관습으로 보충할 수 있고, 그것이 없으면 조리에 따라서라도 민사적 권리의무의 유무와 내용을 규명해야 한다. 그런데 관습이나 조리에 의하기 전에 판사에 의한 법형성을 먼저 시도하게 된다 판사가 구체적 사안을 재판하면서 만든 법규범은 당장은 재판규범으로서 변통된 것이지만, 법(법률)의 일부로 자리잡아 행위규범으로도 된다.

법률흠결을 보충하는 최후의 수단은 조리(條理)이지만, 조리에 의한 흠결보충은 드물게만 행해진다. 조리의 존재를 인정하고 그 내용을 확인하기란 간단한 일이 아니기 때문이다. 그래서 민사관계라 해도 법률에 흠결이 있고 재판과정에서의 사법적(司法的) 법형성에 의하여 그 흠결이 보충되지도 못하는 경우가 빈발한다. 그런 경우에는 당사자의 이익이나 호소(呼訴)는 법적 뒷받침을 받지 못하고, 법원은 청구기각, 항변 배척 등으로 답하게 된다.

이보다 조심스럽기는 하지만, 공적 권한의 근거규범도 재판과정에서 법해석의 한계를 넘어 법률흠결이 보충되는 경우가 있다. 예컨대 국제재판관할과 국내토지관할의 사유는 법률로 규정하는 것이 정상적이지만, 법률의 규정이 없더라도, 적절한 이론구성에 의하여 사법적(司法的) 법형성으로 조심스럽게 흠결보충될 수 있다. 엄격한 열거주의(列擧主義, numerus clausus)가 적용되는 것은 아니기 때문이다. 예컨대 한국 법원에 소제기한 원고에 대하여 한국법원이 가지는 국제재판관할은 2022년 개정 국제사법에도 규정되어 있지 않지만, 복종관할(jurisdiction by submission)의 일반이론에 따라 당연히 인정된다. 넓은 의미의 신분법(身分法, 人法) 분야에서는 국제재판관할기초를 남김없이 열거하기 어렵고, 준거법소속국관할(準據法所屬國管轄, forum legis), 반정(反定)에 의한 준거법소속국관할(지시관할), 국제재판관할법상의 반정(反定) 등도 당위성이 있으면 인정될 수 있다.

그런데 판사에 의한 흠결보충은 사법권(司法權)의 본질에 따른 한계 내에서만 가능하다. 그래서 법관에 의한 '유추(유추해석)'은 실질적으로 '법창조(법의 계속형성)'의 하나임에도 불구하고, 법관은 가정적(假定的, 가상적) 입법의사를 묻는 완곡한 접근방법에 따른다. 즉, '입법자가 이러한 낯선(새로운) 사안유형을 고려했다면 이에 대해 어떤 입법을 했을 것인지' 묻고 판사가 입법자 대신 법률의 흠결을 보충한다. 이것은 법률해석작업의 일부라고 볼 수도 있지만, 실질적으로는 판사가 법을 만드는 셈이다. 이를 사법적 법형성(司法的 法形成, judicial lawmaking)이라 한다.

판사는 "양심에 따라" "심판"(심리하고 판단)할 직업적 의무를 진다(헌법 제103조). 판사도 사람이고 법률흠결의 보충도 기계적인 것이 아니므로, 이 과정에도 법관의 양심(良心, conscience)이 개재된다. 여기에서 양심은 판사로서의 전문직업(profession)적 양심을 말한다. 굳이 말하면 철저히 훈련된 '법적 사고방식'(legal mind)에 따라 움직이는 마음작용을 가리킨다. 즉, 과거에서 미래로 이어지는, 영속(永續)하는 법률가집단(the legal profession)의 일원으로서, 법률가집단을 대변하여 판사의 직무에 임하는 양심을 말한다. 그러나 판사의 주관적 신념에 충실할 수 있다는 취지가 아니다.

입법(立法)과 사법(司法)을 구별하여 입법부와 사법부에 분장(分掌)시키는 것이 헌법상 권력분립의 기본원칙이지만, 가급적이면 법률흠결을 적절히 보충하여 실체판단을 해 주는 것이 좋다. 그렇다고 입법기관이 개별적 사건의 규율을 위한 유권적 조언(advisory opinion)이나 처분적 입법을 하는 것은 별로 바람직하지 않다. 오히려 판사가 법률흠결을 보충할 법적 규율을 보충하는 데 유리한 입장에 있다. 그래서 재판관(裁判官)에 의한 법형성이 일정한 한계 내에서 인정된다.

그러나 — 입법에 의해서든 오래된 판례로든 — 확고하게 존재하는 법을 권위있게 사안에 적용하여 재판하는 것이 사법작용(司法作用)의 본질이다. 이 역할에 충실하는 것이 법원의 권위 확보의 지름길이다. 판사가 광범위한 입법권도 가진다면, 재판과정은 법의 엄정한 적용의 요구와 개별 사안에 즉응(卽應)한 입법 요구가 뒤섞여 혼란에 빠질 것이다. 그래서 개별 사건의 재판을 맡은 재판부가 스스로 법을 만들어 적용하는 것은 하나의 역설(逆說)이며 궁여지책이다. 이 점은 사법적(司法的) 법형성이라는 용어에도 표현되어 있다.[5] 독일어권에서는

5 한국어로 "judicial lawmaking"을 "사법적 입법(司法的 立法)"이라고 번역하면 이런 역설이

사법(司法)적 법형성의 적절한 역할을 법의 "계속형성(繼續形成, Fortentwicklung)"으로 표현한다. 입법은 완전할 수 없어 미완의 과제가 남게 마련이고, 입법의 틀 내에서 조심스럽게 입법흠결을 보충하는 일은 판사의 몫이다.

판사가 법형성작용을 할 때에는 '다른 유사한 문제에 대한 해결'을 끌어다 쓰는 유추(類推, analogy, Analogie)의 방법을 쓰는 경우가 많다. 법해석도 사법적(司法的) 법형성의 일부라고 볼 여지도 있지만, 유추에 의한 흠결보충부터는 한층 명백히 사법적(司法的) 법형성이다.

법률흠결이 있는데도 유추할 만한 법규범이 없으면 더욱 난감한 상황이 된다. 이런 경우 판사 스스로 목적론적 관점에서 흠결보충을 시도하기도 한다. 즉, 법관이 법률흠결을 보충하는 해결방법으로 유추의 방법에 머무르지 않고 법률해석의 한계를 넘어 보다 자유롭게 형평에 맞는 해결을 하기도 한다. 그러나 입법이 아니라 '사법적(司法的)' 법형성이라는 한계가 따른다.

법률의 해석이나 흠결보충이 기성(既成)의 법규범과 정면으로 충돌하기도 한다. 초법률적 법형성(법창조)이나 법률위반적 해석(*contra legem* Auslegung)[6]으로 불리운다. 입법자가 의식적으로 법률흠결을 남긴 경우일수록 그럴 일이 적고, 목적론적 해석이나 흠결보충일수록 그렇게 되기 쉽다. 초법률적 법형성은 어디까지나 편법(便法) 내지 비상조치(非常措置)이며, 극히 예외적인 경우에만 시도되어야 한다. 이 개념이 독일어권의 법학문헌에 당당히 등장한다 하여 그 실례(實例)를 남기려고 서두를 일은 아니다. 학자는 존재하는 법현상(legal phenomena)을 포착하여 기술(記述)한다. 개념과 용어로 현상을 포착하고 분석, 평가한다. 독일어권 법학자는 그런 개념에 해당하는 일을 벌이라고 부추기고 있는 것이 아니다.

전면에 드러나게 된다. 한국의 학계에서 선호되는 "사법적 법형성(司法的 法形成)"이라는 번역어는 '구체적 사안의 타당한 해결'의 요청과 '사법권의 한계를 넘지 않을 것'이라는 요청을 미묘하게 화해시키는 느낌을 준다. 그래서 법원과 입법부, 법학자를 안심시킨다. 그러나 이런 역설과 헌법적 권한충돌(사법권의 한계 유월)의 요소를 전면에 드러내기를 피하게 되므로, 사법적(司法的) 법해석 내지 법형성 권한의 한계를 가볍게 다루게 할 위험도 따른다.

6 Karl Larenz의 용어.

유추(유추해석)이든 초법률적 법창조이든, 법의 흠결(빈 틈)을 보충(보완)하거나 부분적으로 수정보완하여 법질서의 완결성을 유지, 회복하는 긍정적 기능을 한다. 특히 실체사법(實體私法)은 오히려 법질서의 완전성을 전제하면서 법률흠결을 보충하여 재판해야 한다. 법관이 '이 사안에 맞는 실체규범이 마련되어 있지 않다'는 이유로 민사상 청구를 기각하는 '재판거절(裁判拒絕, Justizverweigerung, denial of justice)'은 부당하다. 입법자의 태만의 불이익을 사인(私人)에게 지우고, '이례적인 사안의 당사자'를 '통례적인 사안의 당사자'에 비해 홀대하는 것이기 때문이다.

그러나 판사의 목적론적 사고가 법해석작업에 지나치게 개입하여 사법권(司法權)의 한계를 넘을 위험도 따른다. 직능단체로서의 법조계(법률실무가 집단)가 자기절제(특히 司法自制)와 능동적 법해석·계속형성을 조율하는 전통이 약할수록, 일관성이 떨어져 법치주의(法治主義)가 위협받을 수 있다. 일반적으로는 사법자제(司法自制)가 지배하면서 특정 분야에서 일정한 방향의 목적론적 해석·계속형성만 팽배하면, 그 특정 분야의 사법(司法)적 법형성이 정치적 입법, 그것도 특정 이익집단의 편에 서는 로비입법에 준하는 기능을 하게 된다.

판사는 "법관(法官)"이라는 단어를 쓰더라도 사전적 의미대로 '법을 책임진 관리'가 아니라 '재판을 책임진 관리'이다. 재판은 추상적 법이 구체적 사건에서 권리의무로 구체화됨을 강제적으로 확인하고 그 이행을 명하는 것이다. 그래서 개별 사건에서의 해석과 계속형성은 현존하는 법의 틀 내에서 이루어져야 한다. 재판에 의한 법형성도 재판기능의 맥락을 벗어나서는 안 된다. 그렇게 말할 수 있게끔, 사법적 법형성권(司法的 法形成權)은 자기억제(自己抑制) 속에서 조심스럽게 행사되어야 한다. 이러지도 저러지도 못하는 고뇌와 숙고 속에서 행사되어야 한다.

2. 법률의 해석(解釋)과 법률흠결(法律欠缺)의 보충(補充)의 관계

법률의 흠결보충은 법률의 해석의 다음 단계이지만, 양자의 경계는 종종 모호하다. 법해석자가 법조문을 목적론적(Teleologie)으로 축소해석하여 법률의 흠결을 비로소 발견하는 경우에 특히 그렇다. 즉, 판사가 목적론적 관점에서 법률조문에 문언과 다른 의미를 부여하느냐(목적론적 해석), 아니면 목적론적인 감축을 하고 그러한 목적론 하에 다른 규정이나 규정체계로부터 유추하느냐(목적론적 감축 및 흠결보충)는 실제로는 별 차이가 없다. 그래서 법해석자가 어느 쪽을 표방하고 있든 목적론적 "해석"이라고 부르고, 유추에 의한 흠결보충도 "유추해석(類推解釋)"이라 하여 해석방법의 하나로 분류하기도 한다. 이 경우, 문리해석, 체계해석, 역사적 해석을 "해명적 해석(解明的 解釋)"으로 통칭하여 유추해석과 대비시킨다.

판례가 스스로 태도를 조정하거나 바꿀 수도 있고, 입법적 해결로 판례를 뒤로 물러나게 할 수도 있다. 그러나 판례에서 제시된 법률론이 논리 및 법정책적(法政策的)으로 타당한지와 사법권(司法權)의 한계 내인지의 검토는 주로 학계에 맡겨진다. 판례, 기타의 유권해석, 학술문헌 등에서 제시된 해석론은 평가의 대상이 된다. 단순히 평이한 법률해석인지, 아니면 어떤 사안유형에 대해 흠결이 있다고 하고 '유사한 문제에 대한 다른 조문'을 유추적용(類推適用)한 것인지 따져 보아야 한다. 초법률적 법형성례를 평가할 때에는 법해석·형성의 한계를 넘어선 것이 예외적으로 부득이했는지, 아니면 과도했는지도 평가해야 한다. 해석의 한계 내에 머무른 경우에도, 타당한 해석인지 평가해야 한다. 학설을 평가할 때에도, 해석론의 이름으로 입법론 내지 초법률적 법형성을 주장하는 것은 아닌지 비판적으로 검증해야 한다.

3. 유권적 해석과 법률흠결의 보충은 판사의 임의가 아니라 직무에 맡겨져 있다

근대법은 "법관은 법을 안다"(iura novit curia)고 전제하고 법관에게 법률의 직권탐지의 직무를 지운다. 당사자의 권리와 의무를 파악하려면 그 기준이 되는 추상적 법을 알아야 하는데, 이것(재판규범)을 법관 스스로 알아내야 한다는 것이다. "사실을 이야기하라, 그러면 법을 주리라"라는 법언(法諺)은 바로 이런 의미이다. 그래서 법률의 의미가 불분명하면 해석해야 한다. 법률에 흠결이 있으면 보충해야 한다. 그것은 판사의 직무이지 임의적 권한이 아니다.

이것을 오해하여, 법관이 법을 적용하여 권리의무를 인정하여 "준다"든가, 판사가 당사자의 어려움을 헤아려 "구제"(救濟)한다고 생각해서는 곤란하다. 법관이 이행을 명하는 의무와 권리는 법이 사안에 적용된 결과이고, 판사가 주관적으로 재판하기 전에도 법은 이미 적용되고 있다. "판사가 의지적으로 마음을 내어 법을 적용하여 준다"고 여긴다면, 그것은 법을 전면적으로 임의규정으로 오해하는 것이다.

민사소송에서 불법행위의 피해자, 채무불이행을 당한 채권자, 부당이득으로 손해를 입은 자는 재판 전에도 민사실체법에 따라 손해배상청구권, 금지청구권, 강제이행청구권, 부당이득 반환청구권 등의 구제방법(구제수단, remedies)을 가진다. 이것은 강학상(講學上) 구제방법(救濟方法)이나 구제수단으로 번역되고 있지만, 제재(제재방법, 제재수단, sanctions)와 동의어이다. 미국 연방독점규제법에 따라 미국 연방공정거래위원회(Fair Trade Commission)의 청구로 민사법원이 금지명령을 내리고, 한국 독점규제법에 따라 공정거래위원회가 법원을 통하지 않고 스스로 시정명령(是正命令)을 부과하듯이, 민사법 분야에서는 원고의 청구로 법원이 민사적 제재(civil sanctions)를 부과한다. 민사적 제재를 부과하는 판결을 받을 권리는 실체적 권리로서 재판에 앞서 존재한다. 그 권리를 자의 손을 들어 상대방에게 제재를 내리는 것은 판사의 직무이다. 판사는 그 제재를 부과해야, 즉 구제방법을 부여해야 하는 것이지, 당사자를 긍휼(矜恤)히 여겨 구제해 주는 것이 아니다. 마찬가지로, 법률이 불분명하여 해석이 필요하면 판사는 법률해석의 직무를 진다. 민사법 분야에서 법률에 흠결이 있어 판사의 사법적(司法的) 법형성이 요구되면, 판사는 법의 계속형성의 직무를 부담한다. 가부간에 일정한 내용으로 해석 내지 유추해석해야 하는 것이지, 그렇게 해석하거나 유추해석해 주어도 되고 안 해 주어도 되는 일이 아니다. 그 작업이 아무리 막연하고 난처하더라도 조심스러운 이유설시로 헤쳐나갈 일이지, 이 직무 수행을 외면해서는 안 된다.

Ⅱ. 법률흠결의 확인

1. 법규범의 부존재

문제되는 사항에 대한 법규범이 아예 없는 경우도 있다. 이 경우에는 먼저 다른 규정의 확장해석(확대해석)이나 반대해석의 가능성을 검토하여야 한다. 그래도 보충되지 않는 흠결은 유추(유추해석)에 의한 보충의 대상이 된다.

2. 목적론적(目的論的) 감축(減縮)(목적론적 축소해석, teleologische Reduktion)

법관이 목적론적 감축을 감행하는 일은 흔하지 않다. 사안이 이미 어떤 법규에 의해 다루어지고 있으면, 법관이 이를 피하기 쉽지 않기 때문이다. 그러나, 문제상황이 기존의 법규가 예상한 것과 크게 달라, 기존 법규의 규율내용이 부적당한 경우도 있다. 그런 경우에는, 다른 내용의 규율을 하려는 목적의식 하에 기존 법규를 축소해석하는 시도도 해 볼 수 있다. 그런 목적론적 사고가 없었으면, 그런 축소해석을 하지 않았을 것이다. 이 점에서 통상적인 축소해석과는 구별되고, '목적론적' 감축 또는 '목적론적' 축소해석이라 한다. 목적론적 감축으로써 다소는 '인위적'으로 법률흠결을 '발견'하게 된다. 그리고 그 흠결을 보충하는 과정에서 법관도 일정한 행동반경을 가진다. 즉, 해당 법규의 규율을 벗어나, 그 법규가 속한 법의 나머지 부분의 문언, 체계, 역사적 입법의사, 입법목적을 고려하고, 법체계 전체적으로 균형있는 이익형량도 꾀하게 된다. 정면에서 법관의 형평판단을 주입시킬 수는 없지만, 적절한 규율에 '걸림돌'이 되는 지나치게 광범위한(그래서 당면한 문제상황까지 획일적으로 다루는) 법규를 벗어나 평이하고 균형잡힌 해석으로 돌아갈 수는 있다. 이런 방법으로 판사는 기존 법규를 사안에 그대로 적용하는 것이 타당한지 제한적으로나마 가치판단할 기회를 가지게 된다.

판사가 기존의 법규를 해당 문제유형에 그대로 적용하는 것이 부당하다고 평가하여, 그 문제유형에 대해서는 입법적 흠결이 있다고 보았으면, 목적론 하에 인위적으로 흠결을 발견한 것이므로, 이를 스스로 보충해야 한다. 어떻게 보충할지 확신이 없으면 처음부터 목적론적 감축을 하지 않아야 한다.

판사는 다른 법규를 끌어와 그 법규처럼 규율할 수도 있다(규정유추, 즉 법률유추). 관련된 규정체계에 비추어 적절한 규율내용을 끌어올 수도 있다(법유추 즉 전체유추). 즉, 법관 스스로 법질서 전체적인 가치판단을 시도하여 보는 것은 좋으나, 사법권(司法權) 행사 중의 법형성이라는 맥락상 한계에 따라야 하므로, 다른 법규들에서 발견되는 요소를 끌어와 적용시켜야 한다. 흠결을 어떻게 보충하느냐는, 원래부터 입법자가 명백히 법률흠결을 남겨 둔 경우이든, 통상의 축소해석을 한 경우이든, 목적론적 감축을 한 경우이든 같다.

Ⅲ. 법률흠결의 보충

1. 법형성권한의 배분: 입법과 법해석자에 의한 법의 계속형성

법규의 의미가 불분명하여 해석으로 밝혀야 한다든지, 현존하는 법에 흠결이 있거나 이를 수정해야 할 때, 법의 해석, 흠결보충 내지 수정 권한은 누가 가질 것인가? 이것은 법형성권한 배분의 문제이다.

이 문제에 어떻게 답할지는, 해석의 대상이 '보편적 법'인지, 아니면 특정 국가(정확히는 법역, 法域)의 법률(각종 성문·불문법규를 포함하는 넓은 의미)인지와도 관련된다. 문명세계의 공통적, 보편적 법원칙에 맡겨진 부분이 클수록 학설에 큰 역할이 맡겨지게 된다. 재판과정에서 변호사나 판사가 법학자에게 국제사법과 이에 의하여 적용될 외국법의 해석을 질의하는 일이 많다. 관련된 내외국법의 내용이 같으면 국제사법적 판단은 불필요하므로, 관련된 내외국 실체법의 조사에서 시작하여 국제사법에 의한 준거법 결정에로 나아가게 된다. 국제사법은 보편타당성의 요청이 특히 강한 분야여서, 학설의 역할이 큰 편이다. 국제사법이 기독교세계에 공통된 자연법으로 생각된 법칙학설 시대에도 마찬가지였다. 반면에, 일국에 특수한 법일수록, 국가로부터 공식적으로 법형성권한을 부여받은 유권해석기관의 역할이 크게 마련이다. 국가별로 법전을 마련하는 국가법시대가 되면서, 국가별로 최고의 권위를 가지는 유권해석기관을 두게 되었고, 외국의 학설·판례의 참고가치는 위축되었다.

법원은 재판의 과정에서 새로운 사안유형과 문제를 접하고 구체적이고 심화된 문제제기를 하고, 쌍방 당사자의 변론을 거쳐 그 답을 찾는다. 여기에, 법원이 법해석의 주체로서 가지는 독특한 장점이 있다.

법의 해석, 흠결보충 내지 수정을 할 때에는 누구의 목소리와 어떤 자료에 중요한 비중을 둘 것이냐를 묻게 된다. 학설, 판례, 법원 외 기관의 유권해석, 관습, 조리, 지혜, 선과 형평 등 다양한 연원 내지 해석자료가 경쟁하고, 그 각각을 탐구하는 기관, 전문가집단 등이 법형성권한 내지 법형성에 영향을 미칠 사실상의 권력을 놓고 경쟁한다.

대륙법계에서는 완벽한 포괄적 법전을 제정하고 그 흠결이나 수정도 황제 직속 유권해석기관에 질의하여 얻은 회신에 따라 하도록(그에 따라 재판하도록) 시도했던 적이 있다. 프로이센에서는 사법권 억제를 꾀하여, 프로이센 일반란트법의 해석과 흠결보충은 황제 직속 법해석위원회에 질의(부탁)하여 하도록 일원화했다. 권위 있는 법해석을 고도로 중앙집권화하고, 그것도 사법부(司法府) 밖으로 끌어낸 시도이다. 그러나 법전에서 완전한 포괄성을 추구한 시도는 금방 포기되었다. 그래서 오늘날의 대륙법계, 즉 오늘날의 법전주의(法典主義)는 법원칙과 법규칙의 골자를 추린 간결하고 체계적인 법전을 알기 쉬운 언어로 작성, 반포하여 수규자(受規者)[7]의 조감가능성을 높이는 데 치중하고 있다. 추상적 사

---

7 법규범을 부과받는 자를 말한다. 즉, 스스로 법규범의 적용가능성 하에 놓이거나 법규범을 적용하여 타인의 권리의무관계를 파악하고 실현시키는 입장에 놓이는 사람을 말한다. 법은 특정한 법률관계의 당사자만을 구속하는 것이 아니라, 일반적 구속력을 가진다. 그래서 법공동체에 속한 사람들이 모두 수규자가 된다. 수규자의 범위는 그 법규를 정한 국가의 국민이나 그 국가에 거주하거나 현존한다든가 하는 사람에 국한되지 않는다. 민법, 상법, 민사소송법의 인적(대인적) 효력범위 자체를 국적, 주소, 거소, 현존 등에 의하여 일반적으로 한정지으려는 시도는 오늘날의 현실에 맞지 않는다. 사비니(Friedrich von Savigny)의 지적처럼, 적어도 19세기부터 각국의 국민은 국경과 국적에 얽매이지 않고 "국제법적 공동체"를 이루어 살고 있기 때문이다. 물론 개별 실체법규가 공간적으로 어디까지 적용될지를 하나하나 스스로 정하는 것이 최선의 국제사법의 규율방법일 것이다. 그러나 단순히 일국의 실체법과 절차법 전체가 획일적으로 자국민, 자국거주자 등에게만 적용된다고 못박는 것은, 즉 일국법(一國法) 전반의 대인적 효력범위론으로 국제사법을 통째로 대체하려 하는 것은 지나치게 쇄국적인 접근방식이다. 일국법 전반의 대물적 또는 영토적 효력범위론으

고로써 모든 사건을 해결할 수 있다는 생각을 벗어나, 구체적 사건을 재판하는 판사가 자신의 직업적 지혜와 감각의 도움을 받아 '입법자가 이런 문제의 존재를 알았다면 어떻게 규율했을 것인가'를 해석하여 흠결보충하는 작업방식을 중시한다. 판사는 이렇게 하기 위해, '새롭게 간취된 문제에 대해서까지 입법자가 기존 법규를 그대로 적용하고자 하는 취지는 아니었을 것이다'라는 논리에 따라 흠결을 확인한다. 그리고 기존의 법규범(개별적 법규범 또는 그 체계)에 기대어 흠결을 보충한다. 판사에 의한 흠결의 확인과 보충의 필요성은 어디까지나 구체적 사건에 대해 여하간 재판을 해 주어야 한다는 필요성에서 끌어낸다. 판사의 법형성 권한은 사법권(司法權)에 부수한 것이며, 그렇기 때문에 조심스럽게 아껴서 행사되어야 한다. 이런 조심스러운 계속형성 방식에 장점이 있기 때문에, 법의 계속형성의 임무를 주로 법원에게 맡기는 것이다.

오늘날 유럽연합 사법재판소(Court of Justice of the European Union, 구 명칭: European Court of Justice, ECJ)와 유럽인권재판소(European Court of Human Rights)는, 각기 일정한 유럽법(예컨대 국제사법 분야의 '규정'들과 유럽인권협약)의 해석권한을 독점한다. 이렇게 하기 위하여, 19세기에 프로이센이 그렇게 했듯이, 그 논점은 그 기관들에게 회부(부탁)하도록 한다. 이것은 예외적인 입법례이고, 유럽연합의 '제국'으로서의 속성을 보여주는 것이다. 사건을 직접 재판하는 각급 법원이나 기타 관청이 두루 유권해석권한을 가지는 입법례가 압도적으로 많다.

2. 유추(類推)에 의한 흠결보충(欠缺補充), 즉 유추에 의한 법창조(法創造), 즉 법의 계속형성(繼續形成)

가. 개별적(個別的) 유추(규정유추, 법률유추)

유사한 문제에 대한 법률규정을 끌어다 쓰는 것을 말한다. 입법자가 스스로 준용규정을 두고 있지 않지만 법적용자가 그러한 준용규칙을 해석에 의하여 창조하여 보충하는 것이다.

로 국제사법을 대체하려 하는 시도도 마찬가지이다. 구체적 법률관계에서 어느 나라의 법을 적용할지는 국제사법에 의하여 정해진다.

유추해석의 결과로 설정된(특히 판례로) 법규범을 끌어다 쓰는 것도 가능하다. 방법론적으로는 규정유추와 마찬가지 방법에 의한다. 다만 유추의 대상인 법규범이 성문법규칙이 아닌 불문법규칙일 뿐이다.

규정유추의 예를 든다.

채권자취소권에 대한 국제사법 제31조(2022년 개정 전)/제51조(2022년 개정 후) 본문의 유추적용. 채무자가 여러 채무를 부담하고 있는데, 이를 다 변제할 자력(資力) 없이 그중 한 채권만 이행하면, 다른 채무의 채권자들은 그들의 채권을 변제받을 가능성이 낮아지게 된다. 그래서 민법 제406조는 법원의 판결로써, 한 채권만의 변제를 취소하고 그 변제로 이익을 얻은 채권자에게 그의 수령이익을 되돌려 놓도록 명한다. 이것이 채권자취소권이다. 그런데 채권자취소권을 행사하는 채권자의 채권의 준거법은 A국법이고, 취소대상인 채권의 준거법은 B국법인 등으로, 채권자취소권이 여러 나라와 관련될 수 있다. 그런 경우에, 채권자취소권의 요건, 행사방법, 효과는 어느 나라 법에 의해야 하는가? 한국 국제사법에는 이 문제를 다루는 규정이 없다. 학설이 대립한다. 채권자취소권은 그 본질이 부당이득 반환채권에 가장 가까우므로, 이득지법을 적용해야 한다는 견해가 있다. 한국에서 이 견해를 따르려면, 부당이득에 관한 국제사법 제31조/제51조 본문을 채권자취소권에 유추적용하는 것으로 하면 된다.

한국 국제사법 제32조(2022년 개정 전)/제52조(2022년 개정 후), 제33조(2022년 개정 전)/제53조(2022년 개정 후)는 불법행위의 준거법을 정한다. 지식재산권 침해(2022년 개정 전 제24조/개정 후 제40조)를 제외하면, 특수불법행위에 관한 별도 규정은 없다. 그래서 지식재산권 침해 외의 특수불법행위 유형들은, 우선 제32조/제52조, 제33조/제53조의 적용을 받는 것으로 해석하게 된다. 그런데, 가령 인격권침해나 제조물책임에 대해서는 불법행위 일반에 관한 국제사법 규정 중 일부만 적용하는 것이 타당하다고 해석해야 할지 모른다. 가령 이 두 특수불법행위에 대해서는 제32조/제52조 제1항(불법행위지법 지정), 제4항(비전보적 손해배상 배제), 제33조/제53조(사후적 법정지법 선택 허용)는 타당하지만, 제32조/제52조 제2항(공통상거소지법 지정)과 제3항(부종적 연결)은 타당하지 않다고 생각할 수 있다. 그런데 이렇게 규율하려면, 인격권침해나 제조물책임은 아예 국제사법 제32조/제52조, 제33조/제53조에서 말하는 "불법행위"

에 속하지 않는다고 하여(목적론적 감축) 두 조문의 적용범위에서 벗어난 뒤, 일부 조항만 유추적용하여야 한다(규정유추에 의한 흠결보충).

나. 전체적(全體的) 유추(전체유추, 법유추)

유사한 문제가 다른 분야에서 어떻게 규율되고 있는지를 참고하되, 해당 규정만을 따오는 것이 아니라 규정체계 전체를 비교하여 직질한 규율을 만들어 보충하는 경우가 있다. 이를 전체적 유추, 전체유추 또는 법유추(法類推)라 한다. 이 경우에는 준용대상인 규정체계 내에는 존재하지 않는 규범을 판사가 적절히 만들어 낸다.

국제사법 제26조(2022년 개정 전)/제46조(2022년 개정) 제2항 제2호는 "물건 또는 권리를 이용하도록 하는" "이용계약"에 대하여 계약당사자들이 합의로 준거법을 정하지 않았으면, "물건 또는 권리를 이용하도록 하는 당사자"의 상거소지법(법인 기타 단체의 경우에는 주된 사무소·영업소 소재지법)에 의하게 하고, 그 계약의 체결에 그 당사자(공급자)의 사무소·영업소가 관여했으면 그 소재지법에 의하게 한다(다만 '그 계약과 가장 밀접히 관련된 법'으로 추정하는 형태로 규율). 그런데 지식재산권 이용계약에도 이 조문을 적용하여 '지식재산권자의 상거소지법이나 사무소·영업소 소재지법'을 준거법으로 삼아야 하는가?

유력설은 이를 부정한다. 그 근거를 명확히 밝히지 않으나, 제26조/제46조 제2항 제2호가 말하는 이용계약이 지식재산권 이용계약은 포함하지 않도록 축소해석하는 취지일 수 있다.[8] 그런데 이런 축소해석은 마땅한 대안이 없이는 하기 어렵다. 왜냐하면, 제26조/제46조 제2항 제2호를 단순히 적용되지 않게 하고 나면, 제1항에 의하여 '제반 사정을 종합하여 계약과 가장 밀접히 관련된 법을 결정'하는 매우 불확실한 판단방식에 내맡겨야 하기 때문이다. 실로 위 유력설은, 단순히 제26조/제46조 제2항 제2호의 적용범위를 좁히는 취지가 아니라, 지식재산권 이용계약의 경우에는 '지식재산권 이용권자의 상거소지법'을 최밀접관련법으로 추정해야 한다고 주장한다. 이것은 제26조/제46조 제2항 제1호,

---

8 지식재산권 이용계약의 경우에는 제26조 제2항의 최밀접관련 추정이 범주적으로 깨어진다는 취지의 해석론일 수도 있다. 논리적으로는 두 가능성이 다 있다.

제2호, 제3호로부터 '그 계약을 특징지우는 급부를 가려내고 그 급부의무의 주인공 격인 당사자의 상거소지법'을 최밀접관련법으로 추정하는 규율방안이 채택되고 있음을 간취하고, 이를 지식재산권 이용계약에 맞게 다듬은 것이라 할 수 있다. 즉, '지식재산권의 이용을 허락하는' 것이 아니라 '지식재산권의 이용을 허락받는' 것이 지식재산권 이용계약의 핵심이라고 보아, '공급자' 격인 '이용허락자'가 아니라 '이용자'의 속인법을 최밀접관련법으로 추정하는 것이다. 이런 규칙은 어느 개별 규정으로부터 유추한 것이라기보다, 제26조/제46조 제2항 제1호~제3호의 규정체계로부터 유추한 것이다. 이상과 같은 해석은 제26조/제46조 제2항 제2호의 목적론적 감축과, 제26조/제46조 제2항 제1호~제3호로부터의 전체유추(법유추)의 예이다.

다. 유추해석(類推解釋)의 근거(根據)

유추해석의 근거는 다양할 수 있다. 역사적 입법자의 실제 의사에 유념하여, 입법자가 합리적 입법자였다면 가졌을 만한 의사를 탐구할 수도 있다. 또, 입법 후에 사회가 그 입법에 대하여 기대하는 목적에 근거를 둘 수도 있다.

3. 판사(判事)에 의한 초법률적(超法律的) 법형성(法形成)

'유추'의 논리적 한계를 넘어 판사가 적극적으로 법규범을 창설하는 경우도 있다. 입법자가 전혀 예상하지 못한 새로운 사태에 직면하는 경우에 판사는 불가피하게 입법권을 침범한다. 이것은 사법권의 한계를 넘는 비상적 조치이다. 평석자는 한편으로는 이런 문제점과 이례성을 인식해야 하고, 다른 한편으로는 초법률적 법형성의 당부(當否)를 평가해야 한다. 법관의 입법론적 문제제기와 의견표명을 촉매제로 입법론적 검토를 하여 입법으로 보다 명쾌하게 문제를 해결하는 바람직할 수도 있다. 판사가 초법률적 법형성에 이르지 않고 문제제기만 한 경우에도 마찬가지이다. 즉, 판결에서 입법적 과제를 넌지시 시사하거나, 단순히 "입법에 의한 해결은 별론으로 하고" 법에 따라 판단한다고 설시한 경우에도, 이로부터 입법론적 문제의식을 간취할 수 있다.

2001년 개정 전 국제사법(당시 법률명은 "涉外私法") 제13조 제1항은 불법행위는 불법행위가 벌어진 장소의 법에 의하여 규율된다고 규정하고 있었다. 이것은 섭외적 불법행위의 준거법(準據法) 결정기준에 관하여 기존에 제시되었던 학설인 법정지법설, 피해자속인법설, 가해자속인법설, 불법행위지법설 중에서 맨 마지막의 것을 입법적으로 채택한 것이었다.

그런데 독일의 경우에는 제2차 세계대전으로, 한국의 경우에는 베트남남전의 참전과 베트남 및 중동에의 근로자 파견에 의하여 새로운 사안유형에 부딪치게 되었다. 동일한 국가의 국민이고 그 국가에 살고 있던 사람들이 외국에 일시적으로 나가 있던 중 그들 간에 불법행위가 벌어졌다. 한국의 각급 법원은 이런 경우에 불법행위지법보다 쌍방 당사자의 공통속인법(共通屬人法)을 적용하는 것이 타당하다고 생각했다. 이러한 해결은 섭외사법(涉外私法) 제13조 제1항의 규정을 어기는 것이었지만, 대법원도 이를 지지했다. 결국, "우연적이고 형식적"으로 불법행위지가 외국으로 되었을 뿐이고 그 외에 섭외적 요소가 없다면 그런 사안은 섭외사법(涉外私法)에 의해야 할 섭외적(涉外的) 사안이 아니며 따라서 단순히 한국법을 적용하여야 한다는 것으로 판지가 모아졌다.[9]

그러나 무엇보다 섭외사법(涉外私法) 제13조 제1항이 가장 중요하게 생각하는 요소인 불법행위지가 외국에 있는데도 섭외적(涉外的) 사안이 아니라고 하는 것은 말이 되지 않는다. 가해자와 피해자가 외국에 1년 이상의 장기간의 고용계약을 체결하여 외국에 체류하던 중 불법행위가 일어난 사안에서 불법행위지가 외국인 것이 "우연적이고 형식적"인 데 불과하다고 하기는 곤란했다. 결국, 실제로는 복수의 나라(불법행위지와 본국)가 관련된 사안에서 어느 법(공통속인법)이 최밀접관련법인지를 가려내고 있으면서도, 겉으로는 복수의 나라 중 그 나라(공통본국)와만 관련된 순수한 국내적 법률관계라고 말하고 있는 것이다. 이것은 명백한 궤변이다. 판례는 초법률적 법형성이라는 비상수단을 쓰기 위하여, 의식적으로 위트있게 이런 궤변을 사용한 것이다.[10] 그 결과, 섭외

---

9 대법원 1979. 11. 13. 선고 78다1343 판결(임채영/공영토건)(집27(3)민,137; 공1980. 1. 15.(624), 12363); 대법원 1981. 2. 10. 선고 80다2236 판결(X/현대건설)(공1981. 4. 1.(653),13679).

10 그런데 내국법지정규칙을 초법률적으로 형성해야 하는 경우도 아니고, 국제사법 제8조/제21조(예외조항)라는 비상장치의 신설로 그럴 필요가 없어졌음에도 불구하고, 사안의 섭외성 유무를 일일이 따지는 모습이 종종 보인다. 서울고등법원 2006. 4. 19. 선고 2004나89525 판결(미공간); 대법원 2008. 1. 31. 선고 2004다26454 판결(미공간); 부산지방법원 2009. 6. 17. 선고 2006가합12698 판결(미공간); 서울고등법원 2010. 7. 1. 선고 2008나68090 판결(미

사법(涉外私法) 제13조 제1항에 대한 중요한 예외가 창설되었다. 즉, '공통의 속인법에의 연결'이라는(또는 불법행위지가 우연적이고 형식적인 경우에 한하여 그렇게 한다는) 예외규칙이 판례에 의하여, 해석의 한계를 넘어 창설되었다.[11]

그런데 이것은 성문법에 씌여지지 않은 예외일 뿐 아니라, 법해석(유추해석 포함)의 한계를 넘는 것이므로, 입법적으로 정리되는 것이 필요했다. 2001년 개정시 공통본국법주의보다 공통상거소지법주의가 낫다는 견해가 채택되어, 이를 명문화한 제2항이 신설되었다(제32조/제52조 제2항).

Ⅳ. 판사에 의한 법해석·형성의 한계

법의 해석에도, 유추에 의한 흠결보충(유추해석)에도 한계가 있다. 이를 묶어 '법해석'의 한계라고 말하는 것이 보통이다. 이는 이해할 만하다. 엄밀한 의미의 '해석'과 '유추해석'의 한계는 본질적으로 사법권(司法權)의 한계에 기인하는 점에서 같기 때문이다. '유추에 의한 흠결보충'이라는 표현 대신 '유추해석'이라는 표현을 쓰는 것도 같은 이유에서 일리가 있다.

공간); 대법원 2011. 4. 28. 선고 2010도15350 판결(공2011, 1107); 서울고등법원 2013. 1. 23. 선고 2012나24622 판결(미공간); 대법원 2014. 12. 11. 선고 2012다119443 판결(미공간); 서울고등법원 2015. 6. 16. 선고 2015누82 판결(미공간); 서울중앙지방법원 2015. 8. 21. 선고 2012가합32190 판결(미공간); 광주고등법원 2015. 12. 10. 선고 2014나760 판결(미공간); 대법원 2017. 5. 30. 선고 2014다233176 판결(공2017, 1352); 서울중앙지방법원 2017. 8. 25. 선고 2017가합518187 판결(각공2017, 599); 대법원 2019. 12. 24. 선고 2016다222712 판결(공2020, 332) 등. 과거에 불법행위지법규칙의 엄격성을 피하기 위하여 편법으로 동원된 논리를 명실상부한 대법원 판례인 것처럼 착각해서인 것 같기도 하고, 국제사법의 목적조항(제1조)를 '국제사법의 사항적 적용범위를 엄격히 한정하는 조문'으로 착각한 탓인 듯도 하다. 물론, '섭외적 사안이 아니면 국제사법을 적용할 실익은 없을 것'이라고 소박하게 생각해도 대부분의 경우에 별 문제는 없다. 그러나 항상 그런 것은 아니다. 예컨대 계약은 순수하게 국내적인 것이라도 국제사법의 적용대상이 되어, 국제사법 제25조(2001년)/제45조(2022년에 조문번호만 수정)에 따라 타국법을 준거법으로 선택할 수 있다. 또 피상속인은 자신이 어느 나라에 부동산을 소유하기 전에도, 내가 죽으면 그 나라에 소재한 모든 부동산은 그 나라(부동산소재지)의 법에 따라 상속된다고 미리 지정해 놓을 수 있다. 제49조(2001년 개정)/제77조(2022년에 조문번호만 수정) 제2항. 요컨대, 외국적 요소가 있는 사안, 즉 섭외적 사안에만 국제사법이 개입한다는 다수설에 매달려서는 국제사법을 제대로 해석, 적용할 수 없다.

11 이호정, 국제사법(경문사, 1981), 305~306면.

심지어 초법률적 법형성도, 판사가 사법작용(司法作用)의 틀 안에서 한다는 점에서, 어느 정도는 목적론적 법해석(유추해석)과 마찬가지로 한계를 가진다. 법관은 이런 한계를 스스로 인식한다. 사법관(司法官)이 재판을 하면서 법형성을 하는 맥락을 스스로 인식한다. 좀 더 구체적으로, 법관은 법해석(유추해석)의 한계를 의식하면서 실로 궁여지책으로, 억지로 그 한계를 뛰어넘는다는 인식을 스스로 하고 있다.

판사에 의한 법해석·계속형성이 특히 까다로운 문제가 되는 경우는 목적론적으로 법률의 해석, 유추해석, 초법률적 법형성 작업에 임할 때이다. 아래에서는 법해석·형성의 한계를, 형평재판의 금지와 사법적(司法的) 법해석·형성의 과거지향성이라는 두 가지 점으로 요약하여 본다.

1. 형평재판(衡平裁判)의 금지

법관이 법규범의 속박을 벗어나 자신이 타당하다고 생각하는 내용으로, 즉 형평에 맞게 해석하는 것은 목적론적 해석이 아니다. 그것은 판사가 자신의 가치판단에 따라 입법하는 것이다. 이는 입법권의 잠탈이다. 근대적 법질서에서 판사는 "법(法)"에 따라 재판할 뿐이고,[12] 고대의 솔로몬 왕처럼 내지 법(法)으로 무르익기 전의 지혜(知慧) 내지 형평(衡平)에 따라 재판할 권한은 가지지 않는다.[13] 솔로몬처럼 재판하면 "법의 지배(rule of law)"(법치주의)는 위협받는

---

12 헌법 제103조도 이 점을 확인적으로 규정한다. "법관은 헌법과 법률에 의하여 그 양심에 따라 독립하여 심판한다." 법관은 항상 법(헌법 포함)에도 따르고 양심에도 따라 재판해야 한다. 첫째, 법에 준거해야 한다. 자의(恣意)로 재판해서는 안 된다. 둘째, 법관의 직업적 양심에 따라 확신을 형성하여 재판하여야 한다. 양심에 따라야 한다는 것은, 확신 없이 가볍게 대충 재판해서는 안 된다는 의미이다. 사실판단에서든 법률판단(법적 판단)에서든, 가령 '남들이(가령 원고나 피고의 소송대리인이 또는 여론이) 그렇다고 하니까 그런가보다'라는 식으로 재판해서는 안 된다는 것이다. 혹자는 '법의 흠결이 있으면 법관이 자신의 형평관념에 따라 재판할 수 있다'는 의미로 오해한다. 이런 착오는 법관에게 확신형성의 의무를 면제해 주는 점에서도 잘못이고, 형평재판을 함부로 허용하는 점에서도 잘못이다.

13 사적 재판(私的 裁判)인 중재(仲裁, arbitration)에서는 당사자들의 명시적 합의가 있으면 "선(善)과 형평(衡平)(aequum et bonum"에 의하여(ex aequo et bono) 중재재판을 할 수 있다. 한국 중재법(제29조 제3항)도 이를 인정한다. 중재법 제29조 제3항의 반대해석(反對解釋)에 의해서도, 판사(判事)가 법(法)으로 형성되어 있지 않은 "善과 衡平"에 따라 재판

다.[14] 요컨대 목적론적 해석방법은 입법자가 실제로 염두에 두었거나 합리적인 입법자라면 염두에 두었을 입법목적, 또는 입법 후 사회가 그 입법에 대해 기대하는 목적에 비추어 해석하는 것이다. 목적적 해석을 할 때처럼 일정한 입법목적을 상정하고 법률흠결을 보충하는 경우에도, 입법자가 미처 생각하지 못한 사안유형에 대해 어떻게 입법했을 것인가 라는 가정적 입법의사를 묻고 그런 낯선 사안유형에 대해서도 일관된 규율을 하려는 것이지, 법관이 스스로 적절하다고 생각하는 목적을 추구하도록 허가하는 것이 아니다. 형평 관념이 무르익어 법적 규칙이 형성되는 데 이르지 못한 상태에서, 단순한 형평 관념이 법률흠결을 파고들어 법규범의 역할을 하는 것은 허용되지 않는다.

해석과 법의 흠결보충에서 목적론적 접근을 얼마나 중시할지는 구체적 사안에 대해 어떤 법적 규율을 줄 것이냐라는 실체적 정의(substantive justice)의 문제에 머무르지 않고, 법형성권한의 배분이라는 헌법적 논점이기도 하다.[15] 어떤 법률조문(영미법계에서는 법률조문이나 판례)을 해석할 때 문리해석이나 체계해석 또는 역사적 해석을 우선시킨다는 것은 입법자가 실제로 의도했거나 논리적으로 그렇게 의도한 것으로 해석되는 바에 주목한다는 뜻이다. 설사 입법취지를 최선으로 실현하는 데 방해되더라도 법률조문과 체계로써 정해놓은 바에 따르는 것이다. 그만큼 판사의 법형성권한은 억제된다. 반대로 목적론적 해석·유추해석을 활성화할수록 판사의 법형성 권한이 커진다. 법관(法官)이 입법의도(立法意圖)를 가장 잘 실현하기 위해 법률문언(法律文言) 또는 규정체계(規定體系)나 역사적 입법의사(歷史的 立法意思)과 다른 해석을 하는 것은 법관 자신의 생각을 법문(法文)(또는 규정체계나 입법당시의 입법취지)에 우선시키는 것이다. 목적론적 접근을 얼마나 중시할지는 법률의 흠결을 발견하고 보충할 때 더 예민한 문제가 된다. 법률흠결의 존재가 명백한 경우도 있지만, 목적론적 차원에서 문법적

할 수 없음을 재확인할 수 있다.

14 솔로몬 왕이 판결을 빙자하여(또는 곧바로 뒤집을 요량으로 판결을 내려) 아이가 자신의 아기라고 주장하는 두 여인을 시험한 것은 전근대적이다. 증거조사절차와 판결효에 관한 극도의 변칙으로서, 절차법적 안정성을 염두에 두지 않았다. 또, 생명권과 친권을 희롱했다.

15 영국에서는 일찍이 Lord Hailsham of Saint Marylebone이 이 점을 지적했다고 한다. Alfred Denning, The Closing Chapter (1983), p.93.

해석을 깨뜨리고 법률의 흠결을 찾아내는 경우도 있다. '입법자가 이례적인 사안유형까지 똑같이 규율하겠다는 취지로 입법되었을 리는 없다'고 판단하여 법률조문을 좁게 해석하는 것(목적론적 감축)이 그것이다. 기존의 법률조문이 있음에도 해당 사안은 그 규정이 만들어질 때 초점을 둔 사안유형과는 다르다는 이유로 그 규정을 피하려 하는 경우가 있다. 당면한 사안유형의 해결에는 그 규정이 적절하지 않아 오히려 걸림돌이 되므로, 그 규정을 좁게 해석하여, 해당 사안유형에 대해서는 오히려 입법흠결이 있다고 파악한다. 그리고 그렇게 확보한 법률흠결을 유추해석으로 보충한다. 이처럼 목적론적 해석방법은 법률흠결의 발견부터 보충까지의 과정을 지배할 수도 있다. 그러나 법관이 자유롭게 현재의 시점에서 법을 창조하는 것은 사법권의 본질과 어울리지 않으므로, 법관은 목적론적 감축에 의해 걸림돌이 되는 조문을 피하고, 비슷한 문제를 규율하는 다른 규정이나 규정체계로부터 유추하여 흠결을 보충하는 방법을 따르는 것이 보통이다.

목적론적 해석은 영미법계에서도 중요한 역할을 한다. 공식적으로는 영미법계는 판례에 의한 기존 판례의 개혁을 하지 않는다. 그러나 실질적으로는 이를 신중히 공들여 행한다. 영미법계에서는, 기존의 제정법과 보통법을 해석함에 있어 목적론적 접근이 중요한 돌파구를 제공하고 있다. 먼저, 보통법의 발전적 확대를 꾀할 때, 목적론적 접근이 중요한 역할을 한다. 즉, 기존 보통법규칙이 기존에 빈발했던 문제유형을 어떻게 규율했는지를 자세히 분석하고, 새로 등장한 문제유형에 대해서도 동일한 문제의식을 일관하려고 시도한다. 또, 제정법에 의한 개혁의 폭을 좁게 해석하는 맥락에서도 목적론적 감축(목적론적 축소해석)이 중요한 역할을 한다.

2. 과거지향(過去指向)

법은 만들어 놓는 것이다. 즉, 규율대상인 문제유형을 상정하고 이에 "대비하여 답을 마련해 놓는"("provide for") 것이다. 인간이 인간의 법규범, 즉 실정적 법규범을 설정하는 데에는 시간이 걸린다. 문제를 인식하고 규율의지를 형성하여 법규범을 만든다.

법은 미리 마련해 두고 사안에 적용한다. '과거에 만든 법'을 '현재의 사안'에 적용한다. 법규범의 설정과 법의 적용 사이에는 시차가 전제되어 있다. 그래서 당사자의 예견가능성과 법적 안정성이 확보된다. 미리 마련해 둔 법이 어떤 내용인지 불분명하면 해석으로 밝혀야 한다. 그렇게 하더라도 당사자의 예견가능성과 법적 안정성이 크게 위협받지는 않는다. 왜냐하면, 법관도 입법 당시로 눈길을 돌려, '그런 내용이 법이 이미 마련되어 있었다고 해석'하는 것이기 때문이다.

재판도 과거를 다룬다. 판사의 시선은 기본적으로 과거를 향한다. 형성재판에서도 기존의 사실관계를 전제로 사법작용(司法作用)이 개입한다. 그래서 '좀 더 과거에 만든 법'을 '조금 뒤의 과거에 생긴 사안'에 적용한다. 판사는 미래지향적으로 베풀어주는 자가 아니라, 과거에 대하여 재단하는 자이다.[16]

권리침해에 대한 구제방법(구제수단, remedies)을 어떻게 인정하여 이행판결로써 명할 것인지 판단할 때에도, 판사는 오늘의 입장에서 내일을 위하여 구제방법을 개입시키는 것이 아니다. 과거에 이미 원고가 구제수단을 취득한 것을 포착하고 그것을 명한다. 다만 재판이 사건 발생 직후에 벌어지지 못하고, 시간이 흐른 후에 이루어지고 있다. 그래서 사건 발생 직후로 소급하여 그 때 이미 이행판결이 내려져 있도록 할 수는 없다. 그래서 하는 수 없이(과거로의 시간여행이 불가능하다는 한계 때문에) 오늘자로 이행판결을 할 뿐이다. 혹자는 손해배상액 산정을 판결시를 기준으로 하는 것이 타당하다고 하면서, 사법권은 '현재와 미래'에 적극적으로 개입하여야 한다고 말한다. 그러나 이는 '사건은 과거에 생겼지만 재판은 나중에 한다'는 현실적 조건을 곡해하여, '판사는 현재와 미래를 기준으로 지금 그리고 앞으로 적절하고 형평에 맞는 판결을 내릴 수 있고 내려야 한다'고 말하는 궤변이다.

16 입법과 판례의 평석자의 입장도 마찬가지이다. "법조인은 과거의 진실을 밝혀 현재의 정의를 세우는 사람이다." 한석훈, 박근혜 대통령 탄핵과 재판 공정했는가, 기파랑, 2021, 12면.

법은 미리 마련해 놓는 것이라는 점, 그래서 만들어 놓은 법을 나중에 생긴 사안에 적용하는 것이라는 점은, 판사가 법을 해석(유추해석 포함)하는 데에도 틀을 제공한다. 즉, 법관은 '어떤 법이 마련되어 있는가', 즉 '과거에 어떤 법을 마련해 두었는가'를 놓고 법을 해석한다. 사법적(司法的) 법형성을 할 때에도, '과거에 어떤 법이 마련된 셈쳐야 하는가'를 따진다. 흔히, '현실이 바뀌면 법이 따라와야 한다'는 말을 한다. 그러나 이것을 놓고, '어제 현실이 바뀌었으므로 오늘 법을 만들어 소급적용한다'고 단순히 생각해서는 안 된다. 그렇게 단순하게 이론구성하면, 사법(司法)작용의 과거지향성이 증발하여, 사법적(司法的) 법해석·형성권이 남용될 수 있다. 좀 더 생각해 보면, 판사에 의한 법해석·법형성에서도, 법관의 눈은 과거를 향하고 있음을 알 수 있다. 즉, '나중에 새로운 현실이 등장할 것을 입법자가 알았다면 입법자는 어떤 규율을 마련해 두었을 것인가'라는 과거지향적 질문을 하고 있다.

목적론적 해석을 하거나, 목적론적으로 법률흠결을 발견하고 보충할 때에도 마찬가지이다. 법공동체가 입법 후에 비로소 어떤 사안유형에 대한 문제의식을 구체화하고 어떤 규율을 하겠다는 규율의사를 구체화하였고, 그 점에 착안하여 목적론적 해석·유추해석을 하는 경우에도, 논리적으로는 입법 당시로 거슬러 올라간다. 입법 당시에 그런 사안유형을 생각했다면 어떻게 문제의식과 규율의사를 구체화했을지 추측한다.

그런데 가치기준에 의존하는 법조문을 해석할 때에는, 재판시의 가치기준이 너무 쉽게 개입할 우려가 있다. 그 가치기준이 기본권 보장과 같은 이념적인 것일 때에는 이런 '소급적 법해석·형성'의 우려가 더 크다. '과거의 일을 현재의 기준으로 재단한다', '현실이 생긴 후 법을 조작하거나 만든다'라는 무리한 사고방식은 사법적(司法的) 법해석·형성권의 남용, 폭주를 가져올 위험을 가지는데, 가치기준에 중점을 두는 법조문을 해석할 때에는 이 위험이 더 커진다. 그런데 개별 법관이 항상 이 위험을 충분히 의식한다는 보장은 없다. 그래서 실제로는, 이런 위험을 의식하고 법해석·형성에 조심성(prudence)을 발휘한 판결례와, 이런 위험을 별로 의식하지 않은 결과 법해석·형성의 한계가 적절히 의식되지 못한 판결례가 종종 혼재한다. 후자의 판결례는 사법부(司法府)를 정책논쟁, 이념논쟁의 한복판으로 몰고 간다. 후자를 지지하는 논자는 사법권(司法權)의 한계에 유념하는 견해를 놓고, '현실에 눈감은 구태의연한 소극적 접근'으로 매도하기도 한다. 그러나 일탈을 억제하면서 사법권(司法權)의 본연에 임무에 충실하는 보다 성숙한 태도는 전자이다.

Ⅴ. 유추해석이 금지되는 경우

성문법규에 한정적으로 열거된 규율만이 인정되고, 그 외의 규율은 인정되지 않는 경우가 있다. 이것이 열거주의(列擧主義)이다. 이 경우에는, 다른 조문의 확장해석(확대해석)으로 해결되지 않는 법률의 흠결이 있으면, 그것으로 법발견 작업은 종료된다. 아무런 법적 규율도 없는 것으로 결론지워진다. 유추에 의한 흠결보충의 여지는 없다.

몇 가지 법분야에서 이러한 열거주의가 인정된다. 법적 규율이 수규자에게 중요한 불이익으로 작용하는 경우에 열거주의가 타당할 수 있다. 대표적으로, 형사법 분야는 죄형법정주의 및 유추해석 금지의 일반원칙에 의하여 지배된다. 또, 행정규제에 있어서도 열거주의가 채용된다. 어떤 규제를 부과할지, 그리고 무엇을 규제대상으로 하는지가 문제된다. 법문에서 규제대상을 적극적으로 열거하는 것을 "적극적 목록(positive list)" 방식이라 하고, 반대로 규제대상에서 제외되는 것을 명문으로 규정하는 방식을 "소극적 목록(negative list)" 방식이라고 부르면서, 전자의 입법기술이 규제의 최소화를 촉진하는 점에서 타당하다고 이야기된다. 자연법사상과 전통의 지배가 확고한 형사법 분야에서는 이러한 "positive list" 방식이 이미 확립되어 있다. 그런데, 형벌법규는 그 존재만으로도 사인(私人)의 행위를 효과적으로 규제하는 부분이 있지만, 행정법규는 재정지출을 요하는 일정한 행정작용을 근거지우는 것이 일반적이다. 따라서 행정법에서 열거주의는 규제행정법의 분야에 한정되지 않는다.

그런데 형법과 행정법에서도 법문에서 추상적 개념을 규정하는 일은 드물지 않다. 다양한 인간사(人間事)를 일일이 구체적으로 규정하는 데에는 한계가 있다. 수규자가 합리적으로 예견가능한 범위에서는 새로운 사안유형도 포섭할 수 있는 추상적 법문을 사용할 수도 있어야 한다. 이에 의하여 형법에서의 죄형법정주의와 규제행정법에 있어서의 열거주의는 완화된다.

민사법 분야에서도 열거주의가 채용되는 경우가 있다. 예컨대 행위무능력의 사유라든지 소멸시효의 중단, 정지사유로는 성문법규로 규정된 것만이 인정된다. 소장의 송달, 증인의 소환이나 증거서류의 제출명령 부과와 같이, 국가의 고권적 작용이 개입되는 맥락에서도 열거주의가 적용되는 경우가 종종 있다. 그래서 한국 법원은 한국 절차법이 인정하는 방식으로만 재판상 서류를 송달할 수 있으며, 그 절차법이 인정하는 한도 내에서만 당사자 또는 제3자에게 증거서류의 제출을 요구할 수 있다.

열거주의를 채택하는 것은 아니지만 유추해석의 범위에 다소 제약이 따르는 경우도 있다. 관할법이 그 예이다. 국제형사관할은 형법 제1조에서 정한 입법관할 규정에 따라 엄격히 제한되고, 국제형사재판관할도 이에 따른다. 국제민사재판관할도 당사자 특히 피고의 이해관계에 중대한 영향을 미치는 문제이기는 하지만, 유추해석이 상당히 넓은 범위에서 허용된다.

국제민사소송법을 포함한 민사절차법에서는 유추해석이 아예 금지되는 것은 아니다. 국제재판관할법에서도 그러하다. 최근까지 일본, 대만과 한국의 국제재판관할법에는 전면적 흠결이 있었는데, 3국의 판례는 국내토지관할규정을 국제재판관할의 문제에 유추적용했다. 프랑스 판례도, 국내법상 존재하는 국제재판관할법의 광범위한 흠결을 보충하기 위하여 프랑스 민사소송법의 국내토지관할규정을 유추적용했다. 다만 프랑스 판례는 "유추에 의한 흠결보충"이라는 논리구조를 분명히 한 점에서 일본 판례보다 낫다. 한국에서는 프랑스 판례를 본받아 명쾌한 논리구조를 따랐더라면 좋았을 것이다. 그러나 한국의 판례는 '개별 사안에서 결론을 뒤집을 것을 요구하는 특별한 사정이 없으면 유추적용한다'는 일본 판례·학설의 모호한 공식을 모방했다. 이 모호성, 불투명성을 극복하고자, 한국의 입법자는 국제사법 제2조를 신설하여 '유추적용'의 과정을 정면에서 밟을 것을 요구했다. 그러나 법원에서는 이 조문을 법원에 광범위한 법형성권한을 부여하는 수권조항으로 풀이하여, '어떤 토지관할규정을 어떻게 유추적용했는지'는 분명히 말하지 않고 개별사안별로 결론만 알려 주는 식으로 판시하는 태도를 2019년까지 일관했다.[17] 확실성과 예측가능성이 고도로 보장되어야 하는 국제재판관할법에서 이처럼 법적 불확실성이 극대화되는 사태는 바람직한 것이 아니다. 이 점에 의견이 모아져 일련의 국제재판관할규정을 신설하는 개정(2022년 국제사법 개정)이 이루어졌다.

법원은 그것이 속한 국가, 즉 "법정지국(法廷地國)"[18]의 국제재판관할법이 인정하는 관할근거가 있는 경우에만 국제재판관할권을 가지지만, 관할사유가 반드시 성문법규로 규정되어 있어야 하는 것은 아니다. 예컨대, 국제재판관할권 있는 외국법원에 소제기하는 일이, 가령 그 국가가 내전상태인 등의 이유로 기대불가능하고, 사안이나 당사자가 한국과도 최소한의 관련은 있다면(예컨대 원고가 한국에 거소를 두고 있거나 현존하고 있는 경우), 한국 법원의 국제재판관할이 "긴급관할"(緊急管轄, 필요적 관할, 必要的 管轄, jurisdiction by necessity, forum necessitatis)의 이름으로 정당화된다.

열거주의에 의한 유추해석 금지 없이 비슷한 결과를 얻을 수도 있다. 성문법규에 흠결이 있는 사항에 대하여 반대해석(反對解釋)을 하면 그렇게 된다. 반대해석이란, 성문법규에 규정되지 않은 사항에 대해서는 성문법규에 규정된 법률효과를 인정하지 않는 해석방법을 말한다. 민사법에서 법률의 흠결을 반대해석으로 보충할지, 아니면 확대해석(확장해석)이나 유추해석에 의하여 보충할지는 기계적으로 판단할 것이 아니고, 관련 법정책을 고려하고 제반 이익을 형량하여 신중히 판단하여야 한다.

---

17 국제사법 제2조 제2항에 따라 국내토지관할규정을 선별적으로 유추적용하는 태도는 대법원 2019. 12. 24. 선고 2016다222712 판결(공2020, 332)에서 되살아났다. 국제사법 개정안이 공청회(2018. 2. 26)에서 공개, 논의된 영향을 받은 것 같다.

18 국가는 자국 영역 내에서만 법원을 설치할 수 있다. 사법주권(司法主權)은 영역 내에만 미치기 때문이다. 따라서 "법원소속국"이라는 말은 "법원이 소재한 나라"라는 말과 통한다. "법원의 소재지"(法廷地)인 나라를 가리켜 법정지국이라 한다.

Ⅵ. 법률흠결(法律欠缺)의 입법적(立法的) 해결: 준용(準用), 의제(擬制)

입법자도 법률의 흠결에 대한 해법을 마련할 수 있다.

먼저, 입법적인 의제(擬制)에 의해서도 법률흠결이 예방될 수 있다. 의제규정이라 함은 "A는 B로 본다"는 식의 규정을 말한다. 해당 사인유형(A)을 어떻게 다룰지를 세밀히 따지는 대신에, 법률규정에 의해 규율되고 있는 다른 사안유형(B)과 마찬가지로 취급하도록 하는 것이다.

또 다른 방법은 준용규정(準用規定)이다. 준용규정은 당면한 문제(A)를 다른 문제(B)에 대한 규정에 준하여 그와 마찬가지로 규율하되, 규율의 구체적 내용은 해당 문제에 맞게 적절히 가감할 수 있는 여지를 남긴다. B에 대한 규정을 B에 "준(準)하여 적용(適用)"한다는 의미에서, B에 대한 규정을 A에 "준용"한다고 말한다. 법관이 어떤 규정을 유추적용하듯이, 법률의 규정이 스스로 '(다른 경우에 관한 규정인) 제00조를 준용한다'고 하는 것이 준용규정이다.

준용규정은 단순히 조문의 수와 양을 줄이고 조문체계를 간결하게 하기 위해 기존의 법률규정을 끌어오는 입법기술에 불과한 경우가 대부분이다. 예컨대 민법은 제654조는 사용대차(使用貸借)에 대한 일정한 규정들을 임대차(賃貸借)에 준용(準用)한다. 입법자가 임대차를 어떻게 규율할지 확신이 없어서 이렇게 규정한 것이 아니라, 단순히 동일한 내용을 반복 규정하는 번잡을 피했을 뿐이다. 이런 입법기술은 조문수를 줄여, 조감가능성을 높인다. 이런 경우에는 유추대상인 규범을 유추과정에서 변용시킬 필요가 별로 없다. 사용대차에 관한 규정에서 '대주'를 '임대인', '차주'를 '임차인'으로 대치하면 충분하다.

> 민법 제654조는 사용대차에 관한 제615조를 임대차에 준용한다. 제615조는 "借主[차주]가 借用物[차용물]을 返還[반환]하는 때에는 이를 原狀[원상]에 回復[회복]하여야 한다. 이에 附屬[부속]시킨 物件[물건]은 撤去[철거]할 수 있다" 고 규정한다. 이 규정은 '임차인이 임차물을…'이라는 내용으로 용어만 바꾸어 준용하면 된다.

실로, 규정유추의 경우에 비하여, 준용의 경우에는 규율내용의 변용가능성이 훨씬 적다. 그런 변용이 필요하다면 입법자가 준용규정을 두기보다 따로 구체적으로 규정하면 되기 때문이다.

그런데 때로는 구체적 규율내용에 관해 입법자에게 확신이 없어서, 구체적 검토를 법해석자에게 미루려는 취지에서 준용규정을 두기도 한다. 해당 법률문제에 대한 숙고를 거쳐 명문의 법률규정을 두는 것이 최선이다. 그리고 충분한 확신이 없다면, 아예 입법의 공백을 남기는 방법도 있다. 그러나 입법의 공백이 너무 넓으면, 법관이 그 흠결을 어떻게 보충할 것이냐의 불확실성이 생기므로, 그만큼 법적 안정성이 위협된다. 그래서 '준용 대상인 규범이 어떻게 선별되고 변용되어야 하는지'를 해석자에게 맡긴 채 막연히 일정한 규정체계나 특정 법령을 포괄적으로 준용하라고 규정하기도 한다. 이런 준용규정(準用規定)을 둠으로써, 개략적인 규율을 정하면서도 구체적 규율 여하에 관해 융통성의 여지를 남길 수 있다.

> 행정소송법 제8조 제2항은 "행정소송에 관하여 이 법에 특별한 규정이 없는 사항에 대하여는 법원조직법과 민사소송법 및 민사집행법의 규정을 준용한다"고 규정한다.[19] 이를 문리해석하면 법원조직법과 민사소송법의 규정 중 행정소송법에 규정이 없는 사항에 관해 정한 규정을 전부 준용해야 하겠지만, 입법자의 의사는 그런 것이 아니다. 오히려 법원조직법과 민사소송법의 규정 중 준용하기에 적당한 조문을 선별하고, 그 내용도 적절히 다듬어 준용하라는 취지이다.
>
> 가사소송법 제12조(표제: 적용법률)는 "가사소송 절차에 관하여는 이 법에 특별한 규정이 있는 경우를 제외하고는 「민사소송법」에 따른다"고 규정한다. 이 규정은 "준용한다"고 하지 않고 "따른다"고 하며, 표제에서 "준용"이 아니라 "적용"이라고 하므로 준용규정이 아니라는 것이 가족법학계의 통설인 것으로 보인다.[20] 준용과정에서의 적응, 수정가능성은 없고, 목적론적 감축과 흠결보충

19 순한글로 바꾸어 인용함.

20 김원태, "외국가사재판의 승인집행에 관한 문제의 재검토", 국제사법연구 제6호(2000), 58면(민사소송법의 외국판결 승인요건에 관한 민사소송법 조문은 "재산상 청구에 관한 것뿐만 아니라 신분상 청구에 관한 판결에도 적용된다").

이라는 통상의 방법으로만 차별화할 수 있다는 것이다. 그러나 가사소송과 재산관계 소송의 차이는 단순한 것이 아니다. 한 규정이 다른 맥락에 원용되면 그 맥락에 맞게 적절히 다듬어지게 마련이다. 그러므로 "따른다"거나 "적용"한다는 문언에도 불구하고 준용규정이 되지 않을 수 없다.[21]

이것은 전형적인 준용규정이라기보다는, '조심스럽게 그러나 적극적으로 유추해석을 꾀할 것을 허가'하는 포괄적 지시규정에 가깝다. 이처럼 '준용대상인 규정의 선별'과 '변용가능성'에 대해 해석자에게 큰 재량을 부여하는 준용규정은, 개별 규정을 명시하여 그 규정을 간단히 준용할 것을 명하는 것과 구별되어야 한다. 양자 간의 차이는 전체유추(체계유추)와 규정유추 간의 차이와 비슷하다.

입법자는 이처럼 해석자에게 광범위한 재량을 부여하는 형태의 준용규정이라는 점을 명시하기도 한다. 예컨대 행정소송법은 민중소송(民衆訴訟)과 기관소송(機關訴訟)의 절차에 대해 자세한 규정을 두는 대신, '그 성질에 반(反)하지 않는 한' 취소소송 등에 관한 규정을 준용하라고 규정한다(제46조).

일정한 규정체계 전체를 지시하는 준용규정을 두면서, 더 나아가 실질적인 지침을 제공하는 예도 있다. 이것은 준용과정에서 어떤 규율내용을 선별하고(즉 솎아내고) 어떻게 규율내용을 변용할지에 대하여 막연하나마 기준을 정해 두는 취지이다.

국제사법 제2조 제2항은 "법원은 국내법의 관할 규정을 참작하여 국제재판관할권의 유무를 판단하되, 제1항의 규정의 취지에 비추어 국제재판관할의 특수성을 충분히 고려하여야 한다"고 규정한다. 준용대상 규정을 신중히 선별하고 필요에 따라 적극적으로 변용할 것을 요구하는 취지를 밝히기 위하여, "국제재판관할의 특수성"이라는 표현을 쓰고, "참작"이라는 이례적인 표현까지 쓴다.[22]

---

21 김원태, 상게논문에는 이런 견해에 동조하는 듯한 서술도 있다. 같은 논문, 58면(외국가사판결의 승인요건에 관하여 민사소송법의 외국판결 승인요건 규정을 "준용"할지를 검토해야 한다).

22 다만 제2조 제2항은 입법기술상 개선의 여지가 있다. "참작(參酌)"이라 함은 "이리저리 비

또, 제1항[23]에서 규정하는 국제재판관할법의 지도원리를 고려하라고 하여, 준용대상 조문의 선별과 변용 작업의 실질적 근거를 제시하고 있다.

그런데 대법원은 국제사법 제2조 제1항이 법원에게 거의 무제한적인 법형성권을 부여한 것으로 착각하여 왔다. 제2조 제1항의 문언에 이끌려 오해에 빠진 것 같기도 하다. 미국 대외관계법 제3차 법재록[24](1987) 제421조와 닮았다고 여긴 것 같기도 하다. 또, 무제한의 수권조항으로 해석하면 법원의 재량이 무제한으로 커진다는 점에 매력을 느낀 것 같기도 하다.

미국 대외관계법 제3차 법재록(1987) 제421조는 국제재판관할법에도 적용되는 대외관계법의 궁극적 기준을 "합리성"(reasonablenss)으로 보고, 국제재판관할도 그 추상적 기준을 충족하느냐가 핵심이라고 규정하면서, 기존의 통설적 입법례·판례가 인정해 온 국제재판관할기초들을 고려요소(considerations)의 차원으로 격하시켜 나열했다. 아마도 한국 대법원은 국제사법 제2조를 위 법재록 제421조와 동일시했던 것 같다. 실로 판례에서 국제재판관할 유무 판단에 관련된 고려요소들을 나열한 뒤 "실질적 관련" 기준을 충족하는 수준인지 평가하는 판단방식은 이 법재록 제421조를 빼어닮았다. 그런데 미국에서는 피고의 국제·주제재판관할법상 이익이 절차적 기본권의 문제로, 즉 연방헌법의 적법절차(適法節次, Due Process) 보장의 문제로 취급된다. 국제·주제재판관할에 관한 연방법원의 판례의 총체가 이 기초 위에 서 있다. 대법원은 보고자 Lowenfeld의 주관이 강하게 작용한 대외관계법 제3차 법재록에만 시선이 쏠린 나머지 미국에서 적법절차 심사의 초점이 어디 있는지를 간과하고 길을 잃은 것으로 평가된다.

여러 가지 문제점과 학설의 비판에도 불구하고, 대법원은 2019년 6월까지 제

추어 보아서 알맞게 고려하다", "헤아린다"는 뜻이어서(네이버 국어사전), '국제재판관할과 국내적 토지관할의 적절한 차별화를 꾀하라'는 취지가 잘 드러나지 않는다. "국제재판관할의 특수성"이라는 표현도 자칫 '국내적 토지관할법은 보편적인 것이고 국제재판관할법은 독특한 것'이라는 취지로 오해될 우려가 있다. "법령이나 조약에 국제재판관할에 관한 규정이 없는 경우에는 국내적 토지관할에 관한 규정내용 가운데 국제재판관할을 규율하기에 적절한 것을 준용한다"는 정도로 규정하는 것이 좋을 것이다.

23 "법원은 당사자 또는 분쟁이 된 사안이 대한민국과 실질적 관련이 있는 경우에 국제재판관할권을 가진다. 이 경우 법원은 실질적 관련의 유무를 판단함에 있어 국제재판관할 배분의 이념에 부합하는 합리적인 원칙에 따라야 한다."

24 Restatement (Third) of Foreign Relations Law of the United States (1987). 지금은 그 후신인 Restatement (Fourth) of Foreign Relations Law of the United States (2018)가 나와 있다.

2조 제2항의 포괄적 지시규정(준용규정)이 있는 것에 눈감고, 제2항을 아예 언급하지도 않았다. 원심판결이 제2조 제2항에 따라 민사소송법의 국내토지관할 규정들을 하나씩 사안에 대입하여 검토한 사안에서도 마찬가지였다. 그런 원심 판지는 인용도, 언급도 하지 않았다.[25] 그 결과, 국제재판관할법이 불필요하게 불투명해져 법적 안정성은 피폐해졌다.

이런 법적 불안정성을 극복할 수 있게 된다는 점에서, 2022년의 국제사법 개정으로 일련의 국제재판관할규칙들을 신설한 일은 실로 환영할 일이다.

대법원 판례는 이 개정안이 2018년에 나온 뒤에야 비로소 국제사법 제2조 제2항을 활성화하는 태도로 바뀌었다(대법원 2019. 6. 13. 선고 2016다33752 판결). 늦었지만 다행스러운 일이다. 그 결과 2022년 개정 전후의 사안을 판단하는 방식이 지나치게 대조되는 일을 피할 수 있게 되었다. 법의 역사적 연속성이 회복될 수 있는 약간의 시간여유를 확보하게 되었다. 물론 아직 중요한 일이 남아 있다. 기존의 모호한 판례를 규칙식 접근(rule-like approach)에 따라 재해석하는 데 힘써야 한다. 2022년 개정이 어떤 변화를 가져왔는지를 구체적으로 밝혀야 한다. 그리고 2022년 개정이 남긴 해석론적 논점을 논의할 때, 기존의 판을 뒤엎고 백지(白紙, clean slate) 상태에서 새로 논의하려 할 것이 아니라, 기존 판례의 선례로서의 가치를 존중하면서, 신중히 해석작업에 임할 것이 요청된다.

25 대법원 2005. 1. 27. 선고 2002다59788 판결; 대법원 2006. 5. 26. 선고 2005므884 판결; 대법원 2008. 5. 29. 선고 2006다71908 판결; 대법원 2010. 7. 15. 선고 2010다18355 판결; 대법원 2012. 5. 24. 선고 2009다68620 판결; 대법원 2012. 5. 24. 선고 2009다22549 판결; 대법원 2013. 7. 12. 선고 2006다17553 판결; 대법원 2013. 7. 12. 선고 2006다17539 판결; 대법원 2014. 4. 10. 선고 2012다7571 판결; 대법원 2014. 5. 16. 선고 2013므1196 판결; 대법원 2015. 1. 15. 선고 2012다4763 판결; 대법원 2019. 6. 13. 선고 2016다33752 판결.

제 6 장

성문법(成文法) 외의 법원(法源)

제6장

성문법(成文法) 외의 법원(法源)

성문법이 아니면서 법원(法源), 즉 법의 인식근거(認識根據)가 될 만한 것으로, 관습, 학설, 조리(법의 일반원칙), 선(善)·형평(衡平)·지혜(知慧), 판례, 실무 등이 있다. 이 중 일부는 법원(法源)으로 인정되고, 일부는 간접적 자료로만 된다.

Ⅰ. 관습(慣習)

1. 보충적(補充的) 효력설(効力說)

근대법질서는 신질서(新秩序), 즉 신체제(新體制, nouveau régime)의 법질서를 의미했다. 이것은 구법질서와 양립불가능한 것이므로, 구법질서 하에서 효력이 인정되던 관습은 대부분 폐기되거나 근대법에 맞게 변형되었다. 그러나 민사법에서는 성문법의 흠결을 방치할 수는 없다. 법의 흠결은 보충되어야 한다. 성문법은 없지만 관습이 있는 경우 관습에 의거하는 것은 종종 현명한 일이다. 그 관습은 기존 관습이 성문법질서에 나름대로 적응하여 살아남은 것일 수도 있고, 완전히 새로 나온 관습일 수도 있다. 어느 경우이든, 성문법의 흠결을 관습에 의하여 보충할 수 있다. 이것이 보충적 효력설(補充的 效力說)이다. 한국민법학계에서는 보충적 효력설이 통설이다.

2. 대등적(對等的), 즉 변경적(變更的) 효력설(効力說)

프랑스의 구법(舊法, l'Ancient Droit)시대의 통설은 변경적 효력설이었다. 관습은 이성법(理性法)과 대등한 효력을 가진다. 특정 지역에 고유한 관습은 보편적으로 어디에서나 타당한 이성법(理性法)에 대하여 특별법이다. 또 관습은 종종 후법(後法)(나중에 생긴 법)이기도 하다. 따라서 관습은 이성법(理性法)에 우선한다. 성문법질서가 부분적으로나 전면적으로 도입된 후에도 이 학설이 바뀌어야 할 필연적 이유는 없다. 신질서와 조화가능한 내용으로 계속하여 유지되고 있거나 성문법규 시행 후에 새로 등장한 관습은 신법질서 내에 수용가능하다.

한국 판례는 통설인 보충적 효력설 자체에 대하여 정면으로 도전하고 있지는 않지만, 성문의 강행법규를 회피하는 탈법행위로 보여지는 거래행위에 대하여 그 유효성을 인정하는 등 변경적 효력설에 가까운 태도를 때때로 보여준다.

3. 일본법 이식(移植)과 계수(繼受)과정에서 관습(慣習)의 역할과 지위

한국에서는 1910년대 초의 조선민사령을 필두로 일본의 민법전, 상법전 등이 이식되었다. 1945년 군정법령과 1948년 건국헌법에 의하여 그 효력은 유지되었고,[1] 1950년대 말과 1960년대 초에 걸쳐 의용법률을 대신할 대한민국 법률들이 입법되었다.

이 과정 속에서, 한국의 전통법(구체적으로는 조선 패망 당시의 법)은 관습으로서 존속하거나 입법에 의하여 부분적으로 성문법질서 내로 흡수되는 외에는 소멸했다. 일본 식민지기에 한반도에서 재판권을 행사한 법원질서에서 최고법원인 조선고등법원 판례가 관습법의 대등적(변경적) 효력설에 충실했다면, 기존 관습이 근대법질서 내에 수용가능한 내용으로 존속하는 한 그것은 법적 지위를 잃지 않았을 것이다. 그러나 현행 민법 제1조와 같은 규정은 의용민법 내에 이

1 이를 추인(追認)적 의미의 계수(繼受, reception)로 평가할 여지가 전혀 없지는 않다. 실제로 그렇게 보는 견해도 있다. 조규창, 비교법(하)(소화, 2005), 423면(타율적 계수가 자율적 계수로 전환되었다고 설명). 그러나 이미 이식된 근대법을 폐기하는 과격한 조치(중화인민공화국은 건국 직후 그렇게 했다)를 하지 않고 그 효력을 유지시킨 것을 일종의 계수라고 말하는 데에는 다소 과장이 섞인다.

미 있었으며, 한국의 입법자도 민법 제1조에서 관습에 대하여 보충적 효력만이 인정됨을 명정(明定)했다. 다만 관습법이 큰 중요성을 가질 수 있는 영역인 물권법(物權法)에서는 관습에 의한 물권의 존재가능성을 열어두는(민법 제185조: "物權[물권]은 法律[법률] 또는 慣習法[관습법]에 依[의]하는 外[외]에는 任意[임의]로 創設[창설]하지 못한다") 획기적인 입법을 했다. 사회변화에 따라 관습 자체가 변화하도록 기다리는 점진적 태도를 보여준다. 학계에서는 낡은 관습의 온존에 따르는 문제점을 염려했으나, 구 관습 존속에 따른 폐해가 드러난 예는 드물다.

Ⅱ. 학설(學說)

학설은 법의 구조와 발달원리를 설계하기도 하고, 법률(과 관습)의 해석과 흠결보충에 관한 구체적 논점에 대하여 답을 찾기도 한다. 법원 기타 관청은 학설을 참고하여 유권해석을 한다. 분쟁이 어떻게 공적으로 해결될지 예상하여 법률상담이나 의견서의 형태로 법률자문을 제공하는 것은 변호사의 몫이다. 그래서 변호사도 법령과 판례가 다루지 않는 문제에 대해서는 학설을 참고하여 법원 기타 관청의 법해석을 예측하게 된다.

학설은 판례를 다루기도 한다. 먼저, 판례가 기존 학설 중 어느 것을 선호했는지를 밝혀야 한다. 판례는 과거의 어떤 사건에서 내려진 판단례인데, 그 판지(判旨) 자체나 현재 사안에 대해 시사하는 바가 불분명하면 판례를 해석하여 그 의미를 밝혀야 한다. 판례 간에 상충하는 듯 보이는 부분이 있을 때에는, 그것이 실제로 상충되는 것인지 밝히고, 실제로 충돌이 있다면 어느 쪽이 타당한지를 따져야 한다. 판례는 구체적 사안을 해결한 현장감각을 담고 있는 경우가 많다. 재판 현장에서 느껴진 문제의식을 이론적으로 검증하고 체계적 이론구성의 면에서 보충하거나 수정하는 일도 중요하다. 이것은 학설, 후속 실무와 입법의 몫이다. 요컨대 판례가 해석론 내에서 가지는 의미를 밝히고 평가하는 일은 학설의 당면과제 중 하나이다.

판례가 법원(法源)의 지위를 가지는 영미법계에서는 이 작업이 학설의 일차적 역할이다. 그러나 한국법에서는 판례 자체가 법원(法源)이 되지 못하므로, 판례의 해석작업이 중요한 경우는 적고, 오히려 판례를 평가하는 일이 한층 더 중요하다.

한때 학설이 법원(法源)에 준하는 지위를 인정받은 때도 있었다. 그러나 오늘날에는 학설(學說)은 법원(法源)으로 인정받지 못하고 있다. 국제법(국제공법) 학계에는 여전히 학설도 법원(法源)으로 인정하는 견해가 있으나, 국제사법재판소(國際司法裁判所, International Court of Justice; ICJ) 규정(規程) 제38조 제c호는 문명국가들의 법에서 일반적으로 발견되는 "법의 일반원칙(general principles of law)"을 보충적 법원으로 인정하고 있을 뿐이다.

오늘날에는 입법자와 법률실무가(실무계)(특히 법관)의 법형성 권력이 학자(학계)의 그것을 압도하고 있다. 그것은 국가 입법권의 내실화와 법률실무계(법조계)의 발달이 동시에 진행된 데 기인한다. 그래서 실제 재판과정(또는 관청의 허가나 질의응답 형태의 유권해석)에서 학설을 참조하는 일은 비교적 드물다. 판례가 없거나 판례의 의미가 불분명한 논점이 있거나, 기존 판례의 문제점이 지적되어 그에 도전하는 경우에 대체로 한정된다.

오늘날에는 법원의 재판에서도 상당히 정교한 이론구성을 시도하는 일이 있다. 상세한 이론적 설시가 없더라도 학술문헌의 수준으로 주목할 만한 입장을 취한 판례도 있다. 이런 판례는 학설과 동렬에 놓고, 여러 견해들 중 하나로서 논의할 수 있다. 그래서 소수 판례를 가리켜 '소수의 견해' 내지 '소수설'이라고 지칭하기도 하고, 하급심 판례가 점차 정립되어 나가는 과정을 묘사하면서 '그런 취지의 다수설(다수의 견해)이 형성되고 있다'고 말하기도 한다.

"통설(通說)"이라 함은 '널리 통용되는(받아들여지는) 학설'을 말한다. 기본적으로 학계의 견해가 거의 일치하고 있음을 말한다. 학계의 공통된 견해가 실무계에서도 널리 받아들여지고 있는 것을 가리키는 의미일 때도 있다. 또, 판례가 학계에서 널리 수긍되고 있는 것도 통설도 불리울 수 있다.

학설이 나뉘고 소수설을 무시하기 어려운 경우에는 좀 더 완곡한 표현을 쓰는 일이 많다. 통설에 도전하여 주장되는 소수설로서 나름대로의 설득력이 돋보이는 것은 "유력설(有力說)"이라고 한다.[2] "전통적 학설"을 먼저 설명한 다음, "근래의 학설 가운데에는" 이런저런 견해도 있다 라고 서술하기도 한다. "다수설(多數說)", "소수설(少數說)"이라는 표현은 복수의 학설이 팽팽하게 나뉘어 그 대립이 유지되고 있는 경우에 쓴다. 여기에서 다수, 소수라 함은 과반수(過半數)에 의한 집단적 의사결정을 할 때의 의미와는 조금 다르다. 어떤 학설을 지지하는 문헌의 숫자나 학자의 숫자가 많다는 이유만으로 곧바로 다수설이라고 하는 것은 아니다. 지지도의 우열이 분명한 경우에 한하여 다수설, 소수설이라고 부르는 것이 좋다. 지지도가 엇비슷하면 제1설, 제2설 등으로 부르거나, '일부 학설은 이렇게 주장하고 다른 일부의 학설은 이렇게 주장한다'고 서술하는 것이 무난하다.

Ⅲ. 조리(條理)

민법 제1조는 "法源[법원]"이라는 표제 하에 "民事[민사]에 關[관]하여 法律[법률]에 規定[규정]이 없으면 慣習法[관습법]에 依[의]하고 慣習法[관습법]이 없으면 條理[조리]에 依[의]한다"고 규정한다.[3] 이것은 법원(法源)의 순서를 원론적으로 밝힌 것, 즉 법률의 흠결에도 불구하고 재판을 거절하지 않고 어떤 규율이 적절한지를 재판과정 내에서 판단하여 적용하겠다는 점을 명시한 조문이기도 하다.

그렇지만 이를 넘어서는 역사적 의미도 가진다. 구법질서와 결별하고 포괄적인 근대적 민법전을 도입함에도 불구하고 그 민법전의 규정에 흠결이 있음을 처음부터 자인하면서, 조리(條理), 즉 사물의 본성(事物의 本性, Natur der Sache,

2 "유력자(有力者)"라고 할 때의 "유력"과 비슷한 의미이다.

3 또한, 2001년 개정시 삭제된 섭외사법(涉外私法)(2001년에 법률명도 국제사법으로 개칭) 제28조는 "商事[상사]에 關[관]하여 本章[본장]에 다른 規定[규정]이 없는 事項[사항]은 商慣習[상관습]에 依[의]하고 商慣習[상관습]이 없으면 民事[민사]에 關[관]한 準據法[관습법]에 依[의]한다"고 규정했다. 이 규정의 의미에 관해서는 이호정, 국제사법(경문사, 1981), 441~444면 참조.

nature de la chose)의 이름으로 해외 입법례와 해석론을 참고하여 적절히 재판하겠다는 점을 밝힌 것이다.

그래서 의미의 조리(사물의 본성)만을 가리키는 것은 아니다. 해외의 입법과 해석론이 나뉘더라도, '법적 규율기준으로 삼을 만한 무난한' 해결책을 찾아 법률흠결을 보충해야 한다. 그것이 반드시 '최선'의 규율일 필요도 없고, 여러 입법례·학설 중 '평균(average)'이나 '중간치(median)'를 선호할 필요도 없다. 각국의 입법, 조약, 판례, 학설에 대체로 공통되는 가장 기본이 되는 부분을 파악하여, 조리(條理)의 이름으로 원용하여야 한다. 이런 '조심스러운 비교법작업'을 하여 흠결보충하여야 한다.

실로 외국의 입법과 해석론이 법률해석과 유추적용 과정에서 중요하게 참고되는 일이 때때로 있다. 특히 상급법원에서 판례를 변경하거나 새로운 문제에 대하여 판례를 제시할 때 그런 일이 종종 있다. 그렇지만 법원은 이 때 굳이 '법률과 관습이 흠결되어 조리에 의해 재판한다'고 하지 않는다. 오히려 법률의 해석이나 해석론에 의한 흠결보충의 차원에서 내외국 입법, 국제입법, 내외국 학설·판례 등을 참고한 것이라고 말하는 경우가 대부분이다. 이것은 합당하다. 그 법질서의 역량으로 해석론을 전개하여 재판규범으로 삼을 수 있으면, 이미 법률의 흠결은 '법률'의 단계에서 보충된 것이고, 관습이나 조리로 넘어갈 필요가 없기 때문이다. 겨우 조리에 의지하여 재판하는 방법은 최후의 보루로 남아야 한다.

외국법은 조리의 내용으로도 될 수 있다. 조리에 의한다는 것은 재판의 장면에서의 비교법작업을 상정하고 있다. 국제법의 법원으로서의 '법의 일반원칙'은 곧 조리이며, 그 발견을 위한 비교법작업의 본질은 같다. 예컨대 국제법정에서 '국제사법에 의하여 지정되는 실체사법으로서의 국가법'을 떠나 국제법 자체의 실체사법규범(實體私法規範)에 의하여 재판하는 경우가 있는데(예: 대량학살에 대한 임시적 국제사법기구에서의 민사재판) 이 때 실제로는 '법의 일반원칙'의 이름으로 문명국가들의 법을 비교하여(법원이 직접 비교하거나 학계나 비정부적 국제기구에서 미리 만든 일반원칙 편찬물을 참조하여) 일반원칙을 발견하여 적용한다.

실체관계를 규율하는 외국실체법의 내용을 확실히 조사, 파악하지 못한 경우, 즉 준거외국법(準據外國法)의 불명(不明)의 경우에는 조리에 의하여 재판하는 일이 자주 생긴다. 이 경우에도 실체재판을 거부할 수 없기 때문이다.

Ⅳ. 선(善), 형평(衡平), 지혜(知慧)

법적용자(法適用者)가 최선을 다하여 즉 직업적 "良心[양심]에 따라"(헌법 제103조) 발견한, '법(法) 이전의 선(善), 형평(衡平) 내지 지혜(知慧)'에서 법적 규율 기준을 찾아야 할 때도 있다. 물론, 선, 형평 내지 지혜 자체가 독립적 법원(法源)이 되는 경우는 극히 드물다. 오히려 그것들은 법(法)과 구별되는, 법(法) 이전의 것이다. 그것들은 대개의 경우에는 법해석과 유추해석의 과정을 이끌 뿐이다.

선, 형평, 지혜는 법적 규율을 어떻게 할 것인가에 대해 부차적이고 보충적인 지침만을 주어야 한다. 그러나 그것은 '미묘하게 결정적'인(critical) 요인이 될 수 있다. 법관이 어떻게 "良心에 따라" 재판했는지가 바로 그것이다. 판결문에는 이유가 제시되어야 하는데(민사소송법 제208조 등), 구체적으로 어떤 착상에 의하여 일정한 내용의 해석론과 유추해석에 이르게 되었는지를 논리적 단계별로 낱낱이 설명해야 하는 것은 아니다. 그러나 그에 대한 간결한 언급은 판결의 설득력을 더할 것이다. 왜 그런가? 바로 법규범 사이의 행간(行間)을 연결하는 '선, 형평, 지혜'가 법적 규율의 중요한 실질적 근거 중 하나이기 때문이다. 그래서 그것에 대해 법관이 어떻게 파악했는지를 설득력 있게 서술하는 판결문의 호소력이 더 크게 마련이다.

중재에서는 법규범 외에 '형평과 선(aequum et bonum)'을 실체관계 규율의 준거규범으로 인정하는 입법례가 많다(예: 한국 중재법 제29조 제3항). 중재도 본질은 재판이다(다툼 있음).[4] 형평과 선을 준거규범으로 하여 내려진 중재판정도 다른 중재판정과 동일한 효력을 가지고, 국가법(각국의 중재법)이나 뉴욕협약 등

---

4 중재(仲裁)의 본질에 관해서는 계약설과 재판설이 대립한다.

의 국제협약에 의한 승인·집행대상으로서도 여느 중재판정과 다름 없이 취급된다.

법관이 발견하는 '지혜'는 법관에 의한 법의 창조(계속형성)로 이끌지만, 중재재판부가 구체적으로 인식하는 '형평과 선'의 내용은 그렇지 않다. '형평과 선'은 애당초 법외적(法外的)인 것으로 정의(定義)되고 있기 때문이다.

V. 판례(判例)

1. 판례의 의의

어떤 법규범이 판결이유의 일부로 설시됨으로써 비로소 표현된(인식가능한) 경우가 있다. 그러한 법명제, 즉 판지(判旨, ratio decidendi)[5]를 판례(判例, judicial precedent, Rechtsprechung, la jurisprudence)라 한다. 판례라 하면 판례로 설시된 개별적 법규칙(법명제)을 가리키기도 하고,[6] 판례의 집적체를 가리키기도 한다. 판례를 법원(法源)의 하나로 인정하는 법질서에서는 "판례"와 "판례법(case law)"이라는 표현을 혼용한다.

즉, 법원이 판결로서 설시한, 법에 관한 의견을 가리켜 사법적 선례(司法的 先例, judicial precedent), 즉 판례(判例)라 한다. 사법적 유권해석(司法的 有權解釋), 즉 법원이 재판작용을 하면서 제시한 유권해석이 판례이다. 법원조직법 제7조 제1항 제3호는 "法院[법원]에서 判示[판시]한 憲法[헌법]·法律[법률]·命令[명령] 또는 規則[규칙]의 解釋適用[해석적용]에 관한 의견"이라고 표현하지만, 헌법, 법률, 명령, 규칙 외의 형태로 존재하는(또는 인식가능한) 법에 대한 사법적(司法的) 유권해석(有權解釋)도 판례에 해당한다.

판례(判例)는 사법적 선례(司法的 先例, 재판의 선례, 선행 재판례)보다 약간

---

5 "ratio decidendi"는 넓은 의미로는 판결이유 전체를 가리킨다. 좁은 의미로는 그중 구체적 법규범의 측면만을 가리킨다. 여기에서는 좁은 의미로 썼다.

6 이를 가리켜 "판결례(判決例)", "결정례(決定例)" 등으로 부르기도 한다.

좁은 개념이다. 판례(判例)라 함은 사법적 선례(司法的 先例)에서 법규범의 해석(과 흠결보충)에 관한 부분만을 의미한다. 예컨대 '법관의 재량행사에 관한 선례'(예: 소송지휘권의 구체화에 관한 선례)는 '확립된 법원실무'라고 할 수는 있을지언정 원칙적으로 판례는 아니다.[7] 그것이 '재량의 법적 한계'를 정하는 데까지 이르렀을 때 비로소 '판례'가 된다.

예진대 한국에는 국세석 재판관할권의 재량적 불행사에 대한 법률상 근거가 없다. 동일한 당사자 간의 동일한 사건이 외국 법원에 먼저 소송계속되어 있는 경우에도 같다. 유력한 학설은 외국법원에 먼저 소송계속되었고 그 외국의 판결이 한국에서 승인요건[8]을 갖출 것으로 예상되는(그렇게 믿을 만한) 경우에는 — 일부 학설은 한국이 소송지로서 명백히 더 적절(편리)한 경우는 제외시킨다 — 내국(內國)[9] 소송을 중지(진행중단)하거나 각하해야 한다고 주장한다. 그런데 법원 실무는 이 학설을 정면으로 받아들이지는 않았다. 단지 그런 경우에는 다음 변론기일을 늦추는 방식으로 운영의 묘를 기할 뿐이었다. 외관상으로만 보면 '국제적 이중소송을 이유로 하는 소송절차 진행중단'의 법리가 판례상 인정되고 있는 것처럼 보인다. 그러나 법원은 그러한 절차 운영의 근거를 '국제적 이중소송'에 대한 판례 법리에 있다고 말하지 않고, 재판장의 소송지휘권에서 찾을 뿐이었다. 재판실무(judicial practice)(즉 사법권 행사에 있어서의 관행(慣行))는 있으나, 이에 대한 이유(理由, ratio) 제시가 없다. 오히려 이런 법원실무는 '국제적 이중소송의 법리'에 근거한 것이 아니라고 스스로 거듭하여 밝

---

7 가령 법관은 '대법원 판례를 다투는 무모한 시도는 하지 말라'거나 '당사자가 포기할 수 없는 본안전 항변'이라도 그것을 철회하라고 충고하여 당사자의 다툼을 철회시킬 권한을 가지지 않는다. 설사 법원실무상 "소송지휘권"이나 '준비절차에서의 쟁점 정리' 권한에 근거하여 그런 식으로 당사자의 법률주장을 철회시키는 일이 널리 행해져 왔더라도, 그런 권한이 판례(判例)에 의하여 부여되었다고는 하지 않는다. 기껏해야 '소송지휘권 내지 쟁점정리권한' 남용적인 법원실무가 널리 퍼져 있다고 할 수 있을 뿐이다. 이런 형태의 소송지휘권 내지 쟁점정리권한 남용은 실질적으로도 그 위법성이 중대하다. 당사자가 대법원 판례를 다투도록 내버려 두면, 하급심이 대법원 판례를 추종한 데 대해 불복하여 상고했을 때, 그 상고이유에는 '판례를 다투는' 내용이 들어 있게 되고, 상고심에서의 심리불속행 대상에 포함되지 않게 된다. 그런데 이런 소송법상의 이익 내지 권리를 사실심 법관이 업무부담 경감과 신속을 내세워 희생시키는 것이며, 대법원에서 다투어 볼 기회도 박탈시키는 것이다.

8 외국 재판의 승인을 위한 요건은 민사소송법 제217조와 제217조의2에서 정하고 있다.

9 내국(內國)은 외국(外國)의 반대말이다. 여러 나라의 독자를 위해 보편적인 맥락에서 설명할 때에는 "대한민국", "우리나라"라는 표현이 부적당하므로 그 대신 "내국"이라 한다.

혀 온 셈이다. 그래서 '국제적 이중소송을 이유로 한 재량적 소송 진행중단'의 법리는 판례상 확립되어 있다고 말하기 곤란했다.

2022년 국제사법 개정으로 국제재판관할의 재량적 불행사 법리인 "불편의 법정지"(forum non conveniens) 법리가 입법적으로 도입되었다(제12조). 그리고 국제적 이중소송의 경우에는 외국법원에 먼저 소송계속된 것을 우선시키는 것을 원칙으로 하되 예외를 인정하는 입법적 해결이 이루어졌다(제11조).

영미법계는 단편적 판지를 판례라고 말하지 않고, 수많은 판결의 판지가 쌓이는 가운데 밝혀지거나 형성된 원칙·규칙의 체계를 판례라고 부른다. 개별 판결의 논지 가운데에는 잘못된 부분도 있고, 판례의 주류적 흐름에서 벗어난 부분도 있다. 그런 부분들은 판례를 구성하지 않는다. 일본의 저명한 주석서가 법률조문, 판례, 학계의 평석, 학설에 의한 흠결보충 등을 모아 저술하면서 "판례체계"라는 이름을 달듯이, 영미법계는 개별 판지들의 선별적 종합, 성문법에 의한 체계화와 수정, 후속 판결과 학자의 평석, 학설에 의한 재구성의 시도 등으로 이루어지는 종합체를 가리켜 "판례"라 한다. 그래서 판례의 변화도 서서히 일어나게 마련이다. 대륙법계와 달리, 개별 판결에 담긴 논지가 곧 판례인 경우는 적다. 물론 그런 경우가 없는 것은 아니다. 판결이 적을 때일수록 그런 경우가 자주 있었다. 예컨대 아주 오래 전에 특정한 한 개의 판례로 판례법상의 원칙 내지 규칙이 정립된 경우에는 그 하나의 판결만 인용함으로써 판례를 인용하는 것이 된다.

영미법계 법질서에서는 판례가 법원(法源)의 하나이며, 법의 가장 기본적인 인식근거이다. 포괄적인 입법이 완비되어 있지 않은 것을 '입법의 미비'라 하지 않는다. 오히려 법원의 법형성기능을 정면에서 인정하여, 적극적으로 판례의 법원성을 인정한다. 관습법을 보존하고 학설의 도움을 받아 다듬는 작업은 법원에 의한 법발견작업의 일환으로서 공식적으로 행하여지며, 그 결과물(판례)은 법원(法源)의 하나로, 그것도 중요한 법원(法源)으로 인정된다.

한국을 포함한 대륙법계 국가에서는 판례는 법이 아니다. 그래서 "판례법"이라는 표현을 조심스러워한다. 입법자가 특정한 법정책적 입장을 떠나, 오래된 로마법의 유산과 현대의 학설과 판례를 종합 요약하여 '법전(法典, code)'이라는 포괄적 규칙체계를 마련하고, 다른 법률가들은 이를 중심으로 법을 발견하고 발달시키도록 한다. 선행 판례의 구속력을 인정하면 법률심에 과도한 법형성권한을 인정하게 되고 법의 인식근거(인식자료)가 번잡해진다고 생각한다. 물론, 한국에서도 법관들은 법률심(상고심)의 판례통일기능을 존중하면서, 법해석에 일관성을 유지하고자 한다. 이것은 법원에 대한 신뢰를 유지하고 법해석·발달에 신중을 기한다는 점에서 타당하다. 그리고 이런 경향으로부터 '판례의 사실상의 구속력'이 간취된다. 한국에서도 법률심(대법원)의 판례는 '사실상의 법원성(法源性)'을 가진다. 즉, 판례 그 자체가 법은 아니지만, 선행 판례가 대체로 존중되고 신중하게만 재검토된다는 점에서, 판례로부터 법을 간취(인식)할 수 있다.

판례법주의와 법전주의는, 법의 골격을 중심적 권위와 여러 법률가들의 경쟁, 협력을 함께 갖추려는 점에서 공통되지만, 그 방법은 다르다. 두 법전통의 본질적 차이는 기존의 법을 인식하고 씀으로써 법을 발달시키는 '방법'의 차이에 있지만, 오래된 것의 존중과 새로운 현실의 고려의 두 요구의 수용장치를 갖추려 하는 점에서는 공통된다. 법의 계승과 발달의 원리·장치로서의 두 법전통은 모두 타당함을 실증하고 있다. 그 메커니즘이 신중하고 현명하게 사용했을 때에만 법질서가 바람직하게 작동하며, 권력의 균형과 성실한 운영이 흔들리면 실패할 수 있다는 점도 양 법계에 공통된다.

대륙법계와 영미법계 중 어느 것이 나은가를 따지고 그중 나은 쪽으로 바꾸려 하는 것은 법적 전통의 근간을 "사회공학(social engineering)"의 대상으로 삼는 것으로서 위험하다. 오히려 어느 한 법계나 국가의 법전통의 매력을 내세워 권력의 균형을 흔들고 법의 적용과 발달의 안정적 기초를 뒤흔들려 하는 정치적 기도가 아닌지 주의깊게 감시할 필요가 있다.

판례로서의 가치를 온전히 가지는 것은 최고법원의 판례만이다. 그보다 하급의 법원(소위 "하급심")의 판례는 참고적 가치를 가질 뿐이다. 실정법(법원조직법, 상고심절차에 관한 특례법)상 판례로서의 지위도 하급심 판례에는 해당이 없다.

상급법원의 재판에 있어서의 판단은 당해 사건에 관하여 하급심을 기속한다(법원조직법 제8조). 한국에서는 항소심이 1심법원의 판결이나 이를 대신하는 행정심판을 파기한 경우에는 스스로 재판을 한다. 항소심법원은 법률심이자 사실심이기 때문이다. 그러나 순수한 법률심이 원심과 법리판단을 달리하여 원심판결을 파기한 경우에는, 사실관계를 살펴 다시 재판할 필요가 있는 경우가 대부분이다. 그래서 그런 경우에는 대개 원심판결을 파기하고 원심에 사건을 환송하게('파기환송') 된다. 한국에서는 대법원만이 이러한 역할을 맡는다. 환송심은 당해 사건에서의 대법원의 판단에 구속("기속")된다. 이것은 대법원 "판결"의 기속성이다. 흔히 이를 "판례(判例)"의 기속성(羈束性)이라고 부르기도 하나, 정확한 표현이 아니다. 환송심이 상급심의 판단에 따르는 것이지, 상급심의 법률론을 판례로서 참조하는 것이 아니기 때문이다. 판례가 법원(法源)으로서 혹은 이에 준하는 의미에서 어떤 효력 내지 기능을 가지는지는, '당해 사건'이 아니라 '다른 사건'을 재판함에 있어서이다.

2. 판례의 효력

가. 법원성(法源性): 법의 인식자료(認識資料)로서의 판례

(1) 독자적 법원(法源)은 아님

영미법상의 선례구속의 원칙(doctrine of stare decisis)에 의하여 판례는 법원(法源)으로 인정받는다. 그러나 한국에서는 판례를 법원(法源)의 하나로 인정하지 않는다(통설). 즉, 한국법은 선례구속성의 원칙을 인정하지 않는다.

대법원 판례라 하더라도 법적 권위가 아닌 설득적 권위, 즉 참고적 선례성을 가질 뿐이다. 즉, 어떤 해석론이 타당한지, 관습의 내용을 어떠한 것으로 확정해야 하는지, 법률보다 하위의 법령이 헌법에 위반되는지에 대한, 고도의 설득력을 가진 해석론일 뿐이다. 물론 여기에서 설득력이라 함은 내용상의 설득력 이상의 것이다. 대법원 판례에 어긋난 해석은 상고심에서나 대법원 판례를 따르는 다른 법원 기타 관청에서 받아들여지지 않을 것이고, 따라서 종국적으로 유지되기 어려울 것이다. 대법원 판례는 이처럼 상고제도에 의하여 뒷받침되는 심리적 강제력을 가진다. 실무에서는 대법원 판례가 가지는 사실상의 권위 내지 사실상의 구속력이 매우 강하게 느껴지고 있다.

이론상으로는 대법원 판례의 설득적 권위는 대법원 스스로에게도 미친다. 대법원은 기존의 대법원 판례를 전원합의체에서 공식적으로 변경하기 전에는 이와 다른 해석론을 대법원 판례라고 부를 수 없다.[10] 대법원은 스스로 대법원 판례를 해석하거나, 상충하는 듯한 대법원 판례들을 상호 구별하거나, 대법원 판례에 대한 도전을 신중히 고려하여 이를 변경할지 판단한다. 이렇게 하여 대법원 판례의 설득적 권위가 보완되고 유지된다.

(2) 보조적(補助的) 법원(法源)이라고는 할 수 있음

판례는 독자적인 법원(法源, 법의 인식자료)은 아니다. 그러나 해석상 쟁점이 있는 경우에 법률의 내용을 확인하고, 관습이 불명확한 경우에 관습을 확인하고, 또 명령이나 규칙의 헌법·법률 위반 여부를 확인함에 있어 중요한 보조자료가 된다.

판례는 해석론상 논점에 관하여 최종적 판단권한을 가진 관청인 사법기관이 내린 유권해석이다. 실무가에게는 법령 다음으로 판례가 중요하다. 판례는 고도의 설득력을 가지는 유권해석례이다. 법원에서 법이 어떻게 해석되고 적용될지 예측하는 데 가장 중요한 자료이다. 그렇기 때문에 대법원은 자신의 판례에 일관성을 기하고자 노력한다. 법원조직법도 대법원 판례의 일관성을 요구하는 부분이 있다. 특히 기존 판례와 다른 태도를 취하고자 할 때에는 전원합의체를 거치도록 한다(법원조직법 제7조 제1항 제3호).

그러나 성문법주의 법질서에서는 판례가 법원(法源)인 것은 아니다. 따라서 영미법계에서와 달리 판례의 해석론에 정면으로 도전하는 것도 얼마든지 시도해 볼 수 있다.

한편, 법에 대한 유권해석 및 법적용 과정에서 실제로 지배적 역할을 하는 기관이 법원이 아닌 경우도 있다. 먼저, 행정기관(사법행정기관 포함)이나 사실심

---

10 이 점은 법원조직법 제7조 제1항 제3호의 해석론으로 인정된다.

법원의 재량사항의 경우에는, 그 재량범위 내에서는 그 재량을 가지는 기관이 최종적 판단권한을 가진다. 법률가는 그 재량행사의 패턴이나 선례에도 주의를 기울여야 한다. 예컨대 재정경제부(외국인투자 관련) 등의 행정기관이나 한국은행(외국환거래 관련), 증권거래소 등의 공공기관이 인허가를 함에 있어 어떻게 그리고 얼마나 신속히 결정을 내릴지에 관하여 조사할 필요가 있다.

법현실과 사법작용 간의 괴리가 병리현상인 경우도 있다. 가령 즉각적 권리구제가 아니면 무의미하거나 소송비용을 부담할 실익이 적어 권리자 스스로 권리실현을 포기하거나, 권리자 자신의 위법행위가 국가기관의 제재를 받게 될 우려가 있어, 사인(私人)이 법원에서 권리구제를 받기가 현실성이 없는 경우도 있다. 또, 행정기관이나 집행관 등의 권력기관이 사실상 법적용의 임무를 부분적으로 혹은 전적으로 방기(放棄)하고 있어, 규제적 법령이나 (집행권원을 보유한) 판결채권자가 법에 기대기 곤란한 경우도 있다(예: 행정기관이 소위 "떼법"을 의식하여 대집행을 보류하거나, 부동산의 명도집행을 위임받은 집행관이 무단점유자의 반발을 제지하는 최소한의 물리력의 행사도 행사하지 않는 일). 이런 경우에는 "살아 있는 법(living law, law in action)"과 공식적 법(formal law) 간에 괴리가 있다. 법률가는 이런 법현실에도 주의를 기울일 필요가 있다.

(3) 법(法)에 준하는 기능

(가) 대법원 스스로에 대한 절차적 제약

대법원의 선행 판례가 대법원 스스로를 '구속'하지는 않는다. 그러나 기존 대법원 판례를 변경할 때나, 기존 대법원 판례를 다투는 변론에 대하여 심리할 때에는, 상고심 절차를 좀 더 신중히 진행하도록 요구한다. 현행법은 두 가지 점에서 그렇게 한다.

첫째는 전원합의체의 요구이다. 판례의 변경은 전원합의체에서 할 수 있다(법원조직법 제7조 제1항 제3호). 대법원이 자신의 선행 판례에 구속되는 것은 아니지만, 자신의 선행 판례와 다른 해석론을 따르거나 그와 다른 내용으로 흠결보충을 하려면 신중한 절차에 따를 것이 요구된다.

둘째는 상고심 심리속행 및 이유의 실질적 설시의 요구이다. 원심판결이 법률·명령·규칙 또는 처분에 대하여 대법원판례와 상반되게 해석한 때는 상고심 심리 속행사유가 된다(소송촉진등에 관한 특례법 제4조 제1항 제3호).

(나) 하급심(下級審)에 대한 설득적(說得的) 권위(權威)

법률심이 내린 선례가 法으로서 구속력을 가진다고 하지 않는 한국에서도, 대법원 자신 및 하급심 법원에 대하여 설득적 권위를 가진다. 하급심은 '대법원 스스로도 이런 사건에서는 기존 판례와 견해를 달리하고자 할 것이다'라고 생각되고 이렇게 생각하는 근거를 충분히 설득력 있게 제시할 수 있는 '극히 예외적인' 경우가 아닌 한, 대법원 판례를 존중하는 것이 타당하다.

(4) 헌법재판소와의 관계

헌법재판소의 판례도 헌법적 논점에 대하여 판례로서의 가치를 가진다. 그러나 법률의 합헌적 해석은 법률의 해석 문제의 일부이고, 법률의 해석에 대한 최고법원은 대법원이다. 따라서 헌법재판소가 법률의 합헌적 해석을 한 예가 있더라도, 그것은 대법원 판례에 우선하지 못한다.

그런데 헌법재판소는 한정합헌 결정도 내릴 수 있다. 그리고 한정합헌 결정에서는 일정한 법률규정이 일정한 내용으로서 사안에 "적용"되는 한도에서는 위헌이라고 설시하는 경우가 있다. 이것은 그 법률규정을 그런 내용으로 "해석"하면 헌법에 위반되는 규율이 되어버린다는 취지이다. 그런데 헌법재판소가 내린 그와 같은 '합헌적 해석'의 판지 부분은 대법원 판례에 대해서는 열위(劣位)에 있는 것이 아닌가? 대법원은 그렇게 본다. 반대로 헌법재판소는 대법원을 비롯한 법원이 헌법재판소의 '합헌적 해석'례와 어긋나는 '합헌적 해석'을 하는 것은 헌법재판소법, 즉 한정합헌 결정의 효력에 위반된다고 주장한다. 이러한 헌법재판소와 대법원의 입장은 양보 없이 팽팽히 대립하고 있다.

3. 판례의 형성절차

가. 일 반

판례가 설시되는 절차는 판례의 기능과도 관련되는 중요한 문제이다. 그

절차는 나라마다 다르다.

프랑스 파기원(Cour de cassation)은 여러 부를 두고 있어 각 부별로 상충하는 판례가 나오는 일이 흔하다. 파기원은—"헌법사건" 및 "행정사건"과 대비되는 의미에서—사법사건(司法事件)의 최고법원이다. 각 소부(chambre)[11]에서 판례를 설시하게 되어 있고, 민사부만 하더라도 여러 개이므로, 파기원 판례가 소부 별로 갈리는 일은 흔하다. 상충하는 파기원 판례가 이미 나와 있어 후속 사건에서 어느 판례를 따라야 할지 문제되면, 각 부의 부장판사 등으로 구성된 전체합의체(전체회의, 총괄합의체)(Assemblée plénière)[12]에서 재판하여 판례를 통일한다. 동일 사건이 재상고된 등의 경우에도 전체합의체에 회부된다. 프랑스에서는 상충하는 파기원 판례가 공존하고 학설과 파기원 내의 타 부(部)와 전체합의체에 의하여 비교, 검토되는 일은 일상적인 일이다. 이러한 운영방식은 다양한 판례가 신속히 나오고 다시 비교되어 통일될 수 있도록 하는 장점을 가진다. 즉, 최고법원 판례의 가변성을 확보하여 오히려 사법부(司法府)의 행동반경과 현실적응력을 보전할 수 있다.

한국에서는 대법관 3인 이상으로 구성된 부(部)(흔히 "소부(小部)"라 함)에서 만장일치가 이루어지지 않는 한 전원합의체에 회부되도록 한다(법원조직법 제7조 제1항). 이는 판례의 상충과 변경을 최소화하려는 취지로 보인다. 그러나 실제 운영은 주심(主審) 대법관의 주도권에 대한 양보가 대폭 이루어져, 주심 대법관의 의견에 대한 반대의견의 표명은 자제되고 있다. 그래서 대부분의 사건에서는 실질적으로 1인 재판부로 운영되고 있다.[13] 이것은 사법부 내에 법적 견해가 이미 통일적으로 형성되어 오고 있기 때문일 수도 있다. 그러나 애매하거나 어려운 사건이 없을 수 없다. 이런 사건에서 또는 종래 대법원 판례가 별로 없

11 민사부는 민사 1, 2, 3부(실체분야별로 나뉨), 상사부, 사회부의 5개이고, 형사부 1개가 있다. 사안이 복수의 부에 관련될 때, 또는 복수의 부에서 상이한 판례를 내리고 있거나 상이한 법적 판단을 받을 가능성이 있을 때에는 혼합부가 구성되어 이에 회부된다.

12 전체합의체는 전원재판부는 아니다. 즉, 파기원 대법관 전원으로 구성되는 것은 아니다. 각 부에서 3명의 대법관(부장대법관, 최선임대법관, conseilleur)이 차출된다.

13 민홍기, "상고제도 개선방안", 대한변협 정책토론회『상고제도 개선방안, 어떻게 해야 하나?』(2022. 1. 12.) 자료집, 40면.

던 분야에서는 대법원 판례 간의 상충이 생길 수 있고 실제로도 생기고 있다.

판례의 상충은 수규자의 예견가능성을 저해하지만, 법의 권위의 훼손으로 직결되는 것은 아니다. 추후에 다른 상고사건에서 전원합의체 판결을 통하여 판례를 통일할 수 있다. 법원조직법 제7조 제1항 제3호는 판례 변경이 대법관 전원의 참여 하에 의식적, 공식적, 명시적으로, 그리고 투명한 절차에 의하여 이루어질 것을 요구한다. 보다 심도 있는 논의가 이루어질 수 있다. 대법원에 의한 법해석이나 법형성이 단번에 완벽하게 완결지워지지 못하고, 이처럼 3단계(2개 판례의 순차적 제시와 그 충돌의 해결)로 이루어지는 일은, 난제를 해결함에 있어서는 자연스러운 판례발달과정의 일부가 될 수 있다.

그러나 판례변경이 비공식적으로(법원조직법 제7조 제1항 제3호에 의하지 않고) 이루어지는 일이 빈발한다. 대법원 판례들 간의 불통일을 미연에 방지하기 위하여 법원조직법 제7조 제1항의 장치를 두지만, 대법원은 대법원 판례의 분열이 생겼다는 사실을 부각시켜 정면으로 다루기를 꺼린다. 대법원 판례의 상충이 생기는 경우에, 대법원이 이를 자인하고 '대법원 판례의 통일을 위하여' 전원합의체에서 심리, 판단하도록 하는 일은 거의 볼 수 없다. 학계의 판례평석에 의하여 대법원 판례 간의 상충이 밝혀진 경우에도 마찬가지이다. 오히려 상충하는 두 판례 중 어느 하나를, 전원합의체 판결 없이 우선시키고, 다른 하나를 사장(死藏)시키는 일이 많다. 이것은 대법원 판례 중 하나를 폐기하는 것인데, 법원조직법 제7조 제1항 제3호에 따라 전원합의체에 회부하여야 함에도 그렇게 하지 않는 것이다. 애당초 상충하는 판례를 낼 때부터, 선행 판례와 어긋나는 판례를 낸다는 점을 의식하면서도, 법원조직법 제7조 제1항 제3호에 따라 전원합의체에 회부하지 않고, 편의적으로 소부에서 판단하기도 한다. 그러나 대법원 판례의 상충에도, 선행 판례와 견해를 달리할 필요를 느낀 데에도 이유가 있을 것이다. 그러므로 조용히 처리할 일이 아니라, 충분한 논의를 거쳐 판례의 통일을 꾀하는 것이 타당하다.

나. 대법원 판례의 변경과 대법원 판례의 상충의 통일

대법원은 자신의 해석론을 변경할 경우에는 전원합의체에서 재판하며 '판례변경'의 점을 판결이유에서 설시한다. 그렇게 하도록 법원조직법(제7조 제1항 제3호)에서 정한다. 다만 대법원이 실질적으로는 판례를 변경하면서도 판례변경 절차를 밟지 않고 방치하는 경우가 있다. 대법원은 자신의 판례 간에 상충이 있는 경우에 이를 통일하기 위해서도 판례변경과 동일한 절차를 거쳐야 한다고 해석하는 것이 타당하다.

대법원 전원합의체는 대법원 판례를 변경할 필요가 있는 경우(법원조직법 제7조 제1항 제3호) 외에도, 기존의 대법원 판례 간에, 대법원 판례와 하급심 판례 간에 또는 하급심 판례 간의 상충이 있는 사안으로서 "部[부]에서 재판함이 적당하지 아니"한 경우(동항 제5호)에 중요한 기능을 할 수 있다.[14]

소부에서의 합의체적 심리의 내실화[15]도 대법원 판례 간의 상충을 줄이는 데 기여할 수 있다. 특히 선례들을 해석하거나 그 타당영역을 구별지우는 일에 공(功)을 들일 수 있다. 상고심의 내실화에 따른 업무부담 가중은, 상고심의 사건수를 줄이고 상고심의 법관을 늘리는 데에서 해결책을 찾는 것이 정도이다.

상고허가제의 부활도 신중히 검토할 필요가 있다.[16] 다른 한편으로는 대법관 외에 대법원판사를 두고 소부의 판단에 참여하도록 법원조직법을 개정할 수 있다. 가령 소부(小部)는 대법관 1인 내지 2인과 대법원판사 2인 내지 3인으로 구성하고, 대법원판사도 소부 판결에 서명하지만 소수의견은 낼 수 없게 할 수 있다. 그리고 전원합의체는 대법관들의 전원합의체로 하여, 대법원 판사는 제외

---

14 현행 법원조직법 제7조 제1항의 각호는 판례 변경이 필요하다거나 부(部)에서 재판함이 적당하지 아니함을 "인정하는 경우"에는 전원합의체에 회부되어야 한다고 규정한다. 이러한 "인정"의 주체가 누구인지(소부인지, 전원합의체인지, 대법원장인지, 그 셋 모두인지)의 문제가 제기된다. 소부(小部)가 인정하는 경우에 한하여 전원합의체에 회부되고 있는 것이 대법원의 실무로 보인다. 그러나 이러한 해석은 법원조직법 제7조 제1항 본문의 문리해석과 어울리지 않는 듯하다. 2019년에 들어 김명수 대법원장은 대법원장의 권한으로 중요사건을 선정하여 전원합의체에 회부한 일이 있는데, 이는 이례(異例)일 뿐 일반화하기 어렵다.

15 정확히 말하면, 소부에서의 심리가 형해화되어 있는 현실을 타개함을 의미한다.

16 상고허가의 결정을 항상 대법원이 할지, 아니면 일차적으로는 원심법원이 스스로 상고허가의 결정을 하도록 하고, 원심의 상고불허가결정에 대하여 대법원에 항고할 수 있게 할지는 입법적으로 논의의 여지가 있다.

함이 타당할 것이다.[17] 이렇게 하면, 상고심 실무를 뒤흔들지 않으면서, 대법원의 본연의 역할을 회복시키고, 법원조직법을 보다 충실히 지킬 수 있다. 대법원에 자주 상고되기 어렵거나 새로운 논점에 대해서도 법률심으로서의 기능을 다할 수 있다.[18]

4. 판례의 구성요소

가. 판지와 방론

판지(判旨, ratio decidendi)는 법원이 판결의 근거(기초)로 삼은 법명제를 말한다. 법원이 판결이유에서 설시했지만 판결의 근거로 삼지 않은 법명제라든지, '법명제'에까지 이르지 않고 어떤 참고적인 고려요소를 설시한 것 등은 방론(傍論, dictum, 복수형 dicta)에 불과하다. 방론은 판지의 일부를 이루지 않고, 따라서 판례가 되지 못한다. 다만 대법원이 구체적 사건을 재판하면서 설시한 방론은 중요한 참고적 가치를 가지는 경우가 많다.

법원이 판시한 법률론 중 법원의 논리전개에 불가결한 것만이 판지에 해당하는가? 아니면 법원이 판결의 근거로 삼은 법명제라면 그것이 반드시 필요한 것은 아니었더라도 판지에 해당하는가? 후자로 보는 것이 타당할 것이다. 대법원이 판결의 근거로서 복수의 법리를 드는 경우가 흔히 있다. 또, 대법원이 논제(문제)(issue)를 좁게 설정(파악)할 수도 있음에도 넓게 파악하는 경우가 있다.

> 예: 국제사법 제26조/제46조 제2항 각호에 규정되지 않은 계약유형(예: 지식재산권 라이선스계약)에 대하여 계약당사자들의 준거법합의가 없으면 지식재산권자의 본거지법을 최밀접관련법으로 추정하는 해석론을 설시하게 되었다고 하자. 이 해석론을 설시하는 방법에는 두 가지가 있다. 하나는, 제26조/제46조

---

17 대법관 자체를 10명 남짓까지 증원하는 방안도 제안되고 있지만, 대법관이 너무 많아지면 전원합의체의 기능이 저해될 수 있다는 반론이 있다. 대법관 증원론자는 전원합의체를 부장합의체로 대치하는 대안을 제시한다. 절충안으로 대법관보다 낮은 대법원 판사를 임명하는 방안도 제시되어 있다.

18 상세한 개선방안은 위 자료집, 특히 김용섭, "상고제도 개선의 합리적 방향모색", 같은 자료집, 61~94면 참조.

제2항 각호를 일반화하여 '계약은 일반적으로 계약특징적 급부의무자의 본거지법에 의한다'는 해석론을 세우고, 그에 따라 지식재산권 사용허락계약도 지식재산권자의 본거지법에 연결하는 방법이 있다. 다른 하나는, 단순히 지식재산권 사용허락계약이 동산이용계약(제26조/제46조 제2항 제2호) 내지 역무제공형 계약(제3호)과 닮았다는 이유로 제2호 내지 제3호를 지식재산권 사용허락계약에 유추적용하는 방법이다. 그런데 판결문이 문면상 전자처럼 설시했어도, 판지를 후자로 해석할 여지는 있다.

나. 다수의견, 소수의견(보충의견, 반대의견, 별개의견)

많은 나라에서는 최고법원 내지 최상급법원[19]에서의 법관들 간의 견해 대립을 공개한다. 어려운 문제에 대해서는 견해가 나뉘는 것이 당연하므로, 소수의견의 존재가 법률심의 권위를 훼손하지 않으며, 오히려 이를 공개하는 편이 중지(衆智)를 모으고 사법부에 대한 신뢰를 유지하는 데 도움된다고 보는 태도라 할 수 있다.[20]

한국에서는 대법원과 헌법재판소에서만 법관들 간의 견해 대립을 공개한다. 고등법원 이하에서는 법관 간의 심의내용을 공개하지 않는다. 고등법원도 사실판단에 중점을 두는 사실심으로 자리매김하는 태도라고 할 수 있다. 지방법원과 고등법원의 합의부를 3인의 부장판사급 경력자로 구성하는 경우(대등재판부)에도 이 점은 다르지 않다.

법관 간의 의견 대립을 인정하고 공개하는 경우에는 다수결[21]에 따라 '법원의 의견(opinion of the court)'을 정해야 한다. 입법례에 따라서는 어느 대법관의 의견이 '법원의 의견'인지를 따로 명시하지 않는 예도 있지만(예: 영연합왕국의 대

19 일부 국가는 급별관할(級別管轄) 제도를 채택하여, 사건의 종류나 소송가액에 따라 상고심을 달리 정하고 있다. 예컨대 영연합왕국(United Kingdom)에서는 최고법원(Supreme Court)이 최종적 상고심이 되는 사건도 있고, 그보다 한 단계 낮은 최상급법원인 항소원(Court of Appeal)이 최종적 상고심이 되는 사건도 있다. 중국에서도 최고인민재판소가 항상 최종적 상고심인 것은 아니며 사건의 급별(級別)로 다르다.

20 소수의견을 공개하는 의견의 상세는 허완중, "헌법재판에서 소수의견제도", 헌법재판연구 제6권 제1호(2019), 196~203면.

21 다수결(rule of majority)은 의견일치(consensus) 즉 만장일치(unanimity)에 대한 차선책이다. 반드시 만장일치가 요구되는 경우가 아닌 한, 다수결에 의할 수밖에 없다.

법원[22]과 Court of Appeal),[23] 한국의 대법원과 헌법재판소에서는 이를 명시한다. 다수결의 원칙에 따라 '법원의 의견'을 구성하는 의견으로 채택된 의견을 '다수의견(majority opinion)'이라 한다. 그 외의 의견은 소수의견(minority opinion)이다. 그중 다수의견에 반대되는 결론에 이르는 것은 반대의견(dissenting opinion, dissent)이라 한다. 다수의견의 논거를 보충하는 것은 보충의견, 다수의견과 결론은 같이하나 이유는 다른 것은 별개의견이라 부른다.

상고심리영장(writ of certiorari)을 발부할 수는 있었더라도, 심리과정에서 쟁점이 까다롭거나 복잡하다든지, 상고인과 피상고인의 주장이 둘 다 나름대로 설득력을 가짐이 밝혀질 수도 있다. 더구나 미국에서는 연방대법원의 역할을 넓히려는 견해와 제한하려는 견해가 팽팽하게 맞서고 있다. 이것은 사법부(특히 최고법원)가 입법과 행정의 타당성에 대하여 적극적으로 개입하여야 한다고 주장하는 사법적극주의와 이에 반대하는 사법소극주의의 대립이기도 하고, 주(州)와의 관계에서 연방권력을 강화하려는 견해와 지나친 팽창을 피하려는 견해 간의 대립이기도 하다. 대법관의 성향이 절반씩 나뉜 상황에서 약간의 중도파가 나오면, 과반수의 찬성을 얻는 다수의견(majority)이 형성되지 못하게 된다. 미국 연방대법원은 이를 피하기 위하여, 논점을 잘게 쪼개어, 사건의 결론을 좌우하는 일부 논점에 대해서라도 다수의견을 형성하는 식으로 재판하기도 한다. 그런 경우에는 논점 1, 2에 대해서는 다수의견이 없지만, 논점 3에 대해서는 다수의견이 있다. 이 경우 논점 3에 대하여 다수의견을 설시한 법관이 논점 1, 2에 대하여 설시한 의견을 가리켜 "복수의견(plurality opinion)"이라 한다.

5. 판례의 형태: 추상성이냐 구체성이냐

개별적 판례는 종종 구체적인 사안유형에 대한 것이다. 그래서 판례상의

---

22 2009년 9월까지 "귀족원(House of Lords)"이 수행하던 최고법원으로서의 기능은 2009년 10월부터 최고법원(Supreme Court of the United Kingdom)이라는 명칭의 새로운 기관이 담당하고 있다.

23 영연합왕국의 최고법원(Supreme Court)에서는 개별 대법관이 각자 자신의 의견을 설시하며, 이 의견들을 비교, 분석하여 최고법원의 판지를 파악하는 것은 주석자들(commentators)의 몫이다.

규칙은 성문법규만큼 간결하고 포괄적이지 않은 경우가 대부분이다.

그런데 구체적 사안을 배경으로 설시된 판지도, 그 문구만 떼어놓고 보면 일반적, 추상적 명제의 형태로 표현되어 있는 경우가 많다. 그 판결을 내린 법관이 그처럼 넓은 판지를 설시하고자 한 것일 수도 있다. 그런데 판례상 규칙이 일반적이고 추상적일수록 다른 판례와 상충할 가능성이 커진다. 그래서 판례로서의 가치가 약해질 수도 있다. 이를 피하는 것이 좋다. 첫째, 개별 법관은 당해 법질서의 일반의지를 대변하여 획일적인 가치판단이나 결단을 내릴 위치에 있지 않기 때문이다(司法的 法形成의 내재적 한계). 둘째, 판례간의 상충은 판례의 기능과 사법부에 대한 신뢰를 약화시키기 때문이다. 그러므로 법원이 당면한 사안유형의 맥락 내에서만 일정한 판지를 설시하기를 선호하는 것은 당연한 것이다.

판례가 일반추상적인 내용일수록, 후속 사건에서 법원의 손이 묶인다. 입법자가 입법권을 자주 쉽게 행사하는 경우에는 이런 상황이 덜 불편하다. 입법으로 판례를 수정하면 되기 때문이다. 예컨대 유럽연합이 그렇다. 그러나 입법부가 입법권을 덜 일상적으로 행사할수록, 사법부(司法府)의 법형성권한(法形成權限)에 장기적으로 큰 짐이 지워진다. 이런 경우에는 선행 판례가 지나치게 포괄적 내용으로 설시되면 후속 사건 재판에 부담이 될 수 있다. 그래서 이런 나라에서는 당면한 사안유형의 맥락에 국한하여 조심스럽게 다듬어진 판례가 설시되게 된다.

6. 판례의 해석과 그 사항적 포섭범위의 획정

때때로 대법원 판례들이, 또는 대법원 판례와 하급심 판례가 상충하는 경우도 있다. 이런 경우, 어느 한 판례가 무의미하다고 배척하기에 앞서, 양 판례를 조화시키는 '판례의 해석' 작업을 시도해 볼 필요가 있다. 그 방법 중 하나는, 각 판례에서 판지가 일반, 추상적 명제로 표현되어 있음에도 불구하고 실제로 판례로서의 의미를 가지는 것은 일정한 형태의 사안유형에 국한된다고 해석하는 것이다.

Ⅵ. 공식적 법에 관한 기타의 보조적 참고자료

1. 법원 외의 관청의 유권해석례

법원만이 유권해석을 하는 것이 아니다. 법원 외의 관청도 유권해석을 한다. 노동위원회의 재결도 유권해석을 담으며, 분쟁해결에 중요한 역할을 한다. 관청은 아니지만 사회에서 중요한 역할을 하는 단체(예컨대 증권거래소, 예탁결제원)의 선례도 하나의 법해석·적용례로서 의미를 가진다. 변호사나 법학자의 의견서에 담긴 해석론이라든지, 중재나 조정의 선례도 '유권'해석이 되지 못하지만, 행위규범으로서의 법률의 효력이 발휘되는 장면에서 중요한 준거가 될 수 있다.

2. 법원과 기타 관청의 실무

법률가들은 어떤 권리의무가 법원에서 승인되는지에 관심을 가진다. 그래서 특히 법원실무는 '현실적으로 존재하는 법'을 파악하는 데 중요하다. 민사소송사건, 신청사건, 가사소송 및 가사비송 사건, 도산사건 등에 관한 법원실무제요[24]는 법령, 판례, 법원실무를 묶어 간략히 설명하고 있어, 법원 외의 법률실무가들에게도 널리 참조되고 있다.

법원에까지 가기 전에 행정관청에서 어떻게 권한행사하느냐가 중요한 경우에는, 행정'법'뿐만이 아니라 행정관청의 '실무'도 살펴야 한다. 행정관청의 처분에 불복하여 법원에서 승소하더라도, 행정관청에서 불리한 처분을 받았다는 역사적 사실 자체를 되돌릴 수 있는 것은 아니므로, 현실적 관점을 가진 법률가는 행정관청이 어떻게 권한행사하는 경향이 있는지도 주의깊게 살펴볼 필요가 있다. 행정관청의 인허가(예컨대 재정경제부에서 어떤 외국인투자가 첨단기술을 도입하는 것으로서 세제상(稅制上) 혜택을 부여받을 대상인지 가려내는 조치)에 있어서의

---

24 법원행정처에서 사법발전재단을 통해 간행한다. 예: 법원실무제요 민사소송(I)~(III); 법원실무제요 형사(I)~(II); 법원실무제요 민사집행(I)~(IV); 법원실무제요: 가사(I)(2010); 가족관계등록실무; 국제거래재판실무편람(2006년 개정판) 등.

재량행사에 관해서는 자료는 공개되어 있지 않은 경우가 많고, 이에 관한 정보는 실제로 동종 사건을 대리한 경험이 있는 법률사무소가 이를 자신의 노우하우로 내세우기도 한다.

관청에서의 관행도 법률해석과 유추해석을 이끄는 참고자료가 될 수 있다. 법적 확신 없이 일정한 내용으로 법을 적용한 공적 행위가 행하여지는 경우가 있다. 이것은 논리를 담고 있는 것이 아니어서 판례는 될 수 없지만, 공권력의 행사로서 일정한 행동(거동)에 해당한다는 점에서 의미를 부여할 여지가 있다. '실무(practice)'(예: 서울가정법원 재판실무)라 부를 수 있다.

실무가 먼저 확립된 후에 법해석문제가 본격적으로 부각되기도 한다. 예컨대 서울가정법원은 국제이혼소송관할에 관하여 원고본국·주소지관할을 일반적으로 인정한다. 이렇게 하는 것이 국제재판관할법적으로 정당하다는 판단을 담은 것이면 하급심 판례의 의미를 가진다. 이런 처리가 국제재판관할법적으로 정당화되기 때문이 아니라, 피고가 한국에 부재하여 궐석판결을 내리게 되는 경우여서 항소, 상고될 가능성이 없으니 실무적으로 실용적인 해결을 한다는 취지에 불과하다면, 재판실무의 의미를 가질 뿐이다. 이러한 처리가 해석론상 타당한지가 법원에서(당심법원의 후속재판에서 또는 상급법원에서) 다루어질 수 있다. 기존의 재판실무에 의식적으로 또는 무의식적으로 나타나(반영되어) 있었던 해석론이 판례로서 채택될 것인지도 논의되게 된다.

Ⅶ. 비공식적 법원(法源)으로서의 비국가법 기타 연성법

공식적 법(公式的 法)으로서의 효력이 없고 그보다 약한 지위만 가지는 것을 연성법(軟性法, soft law)이라 한다. 국가에 의하여 강행적으로 실현되지 않는다는 의미에서 "연성"법이고, "연성"이기 때문에 "법"다운 법이 못 된다. 이렇게 "연성법"이라는 용어는 형용모순을 담고 있다.

넓은 의미의 연성법 중에는, '국가의 법'은 아니지만 법규범으로서의 실질적 요소를 갖춘 것도 있다. 그것은 단순한 연성법의 수준을 넘어 법률관계의 준거법(準據法)으로 기능할 여지가 있다. 그래서 비국가법(非國家法, non-state law)으로 불리운다. 비국가법은 당사자자치에 의하여 계약준거법이 될 수 있다는 견해가 있다. 이 견해는 두 가지 근거를 내세운다. 첫째, 비국가법도 법사회학적 관점에서는 법의 기능을 한다. 둘째, 당사자자치의 본질은 실질법규의 계약내용으로의 원용(실질법적 지정)에 있고, 국가법인지 아닌지는 별로 중요하지 않다. 이 견해를 조심스럽게 주장하는 측은, 당사자가 계약준거법으로 선택할 수 있는 대상은 "법"이 아니라 "법규(법적 규칙)"(legal rules, rules of law)라고 하면서, 비국가법을 "법"이라고 말하기는 어렵더라도 약정준거법이 될 수 있다고 말한다. 이 견해를 좀 더 과감하게 주장하는 측은, 비국가법도 법이므로 약정준거법이 될 수 있다고 말한다.[25]

그런데 연성법이 실체준거법으로 되어 판결이나 중재판정이 내려지면, 그 효력에는 특별한 것이 없다. 국가법이 실체준거법으로 되어 내려진 경우와 다르지 않다. 비국가법인 연성법이든, 비국가법도 되지 못하는 연성법이든 같다. 그래서 비국가법의 준거법적격이 관건이 된다. 국가법원에서 비국가법이 실체준거법이 될 수 있다고 정하는 국제사법 입법례는 드물다. 그러나 비국가법이 중재의 실체준거법으로 될 수 있다고 정하는 중재국제사법 입법례는 많다. 심지어 중재는 '선과 형평'을 실체준거규범으로 삼아 재판할 수도 있는 것이 보통이므로, '비국가법이 되지 못하는 연성법'이 중재의 실체준거규범의 되는 길도 활짝 열려 있다.

25 두 어법을 혼용하기도 한다. 헤이그국제사법회의에서 2015. 3. 19.에 만든 '국제상사계약 준거법결정 원칙'(Principles on Choice of Law in International Commercial Contracts)은 비국가법이 계약의 약정준거법이 됨을 인정한다. 모두해설 1.1과 제3조에서는 준거법선택의 대상이 "rules of law"라고 말하고, 제3조에서는 비국가법도 "rules of law"에 포함된다고 말한다. 여기까지는 실질법적 지정론에 의존하는 색채가 비교적 두드러진다. 그런데 제2조에서는 비국가법까지 포함하여 "법"(law)이라고 통칭한다. 이 국제문건(조문 및 해설)의 완역으로 이혜랑 역, 헤이그 국제상사계약 준거법원칙 해설, 사법연수원, 2017.

제 7 장

법발달(法發達)의 역학(力學)

제7장

법발달(法發達)의 역학(力學)

Ⅰ. 문제제기

사회변화는 이해관계의 균형을 흔든다. 법은 최소한의 변화로써 새로운 상황에 대응하여, 보다 큰 법적 평화를 도모한다. 법의 변화는 기본적으로 법률가들에 의하여, 법학과 실무를 통하여 이루어진다. 20세기 후반부터는, 국가가 적극 개입하여 이해관계를 재조정하고자 하여, 의회와 행정부에 의한 입법이 양적으로 폭발하고, 법적 규율이 미치는 분야도 다양해졌다. 동시에, 판례도 법의 발달을 위하여 적극적으로 개입하고 있다. 그래서 법의 발달과정에서 입법, 학설, 판례가 차지하는 비중도 변화하고 있다.

단일한 법형성주체가 법형성권한을 독점하지 않는 한, 법의 발달은 여러 법형성주체의 권력 분점과 분업 속에서 이루어진다. 낙관적 관점에서 보면, 바람직한 법적 규율을 실정화, 제도화하기 위하여 어떻게 협력하고, 대립하는 견해 중에서 어떻게 선택할지가 관건이라고 할 수 있다. 그래서 법형성주체 간의 논쟁과 상호비판까지도 일종의 "대화"로 볼 수 있다. 대표적으로 담론이론(談論理論)이 이 입장에 선다. 미국 학계에서도 사법(司法)이 정쟁(政爭)의 장이 되고 판례를 입법으로 뒤집는 일도 정치에 의하여 지배되고 있는 현상을 타개하는 방안으로, 의회와 법률심 간의 법리적 대화를 이야기하기도 한다. 한국에서는 법원과 헌법재판소 사이에서 합헌적 법률해석의 구체적 내용에 대한 견해대립이 평행선을 긋는 일이 많은데, 다른 견해의 장단점을 충분히 숙고하였음을 밝히면서 의견을 달리한다면, 장기적으로는 건설적인 견해대립이 될 수 있을 것이다.

재판과정에서 권위적 법해석기관과 그 기관에 법해석을 구하는 자 간에 이루어지는 의사소통도 최선의 해석을 모색하는 공동의 노력으로 볼 수 있다. 그래서 재판부는 권위적 해석권한을 가지지만, 단순히 자신의 해석론을 하달하기만 할 것이 아니라, 소송대리인이 제시한 문제제기와 해결방안을 존중하고 그에 대한 견해를 밝히는 것이 바람직하다. 당사자를 대리하는 소송대리인의 역할까지도 사실의 주장과 입증에 국한된다고 여긴 나머지 소송대리인의 법적 견해에 대하여 진지하게 검토하고 답할 필요는 없다고 여겨서는 곤란하다. 그것은 "사실을 말하라 그러면 법을 주리라"라는 법언(法諺)을 오해한 것이다. 권위적 법해석기관인 법원이 소송대리인의 법적 주장을 무시하고 사실에 즉응(卽應)하여야만 최선의 법해석에 이를 수 있다고 생각하는 것은 곤란하다. 법률심이 사실심의 판단을 취소하는 경우에도 단순히 법률심의 판단을 알려주면서 사실심이 그와 달리 판단한 것은 모두 잘못이니 취소한다고만 하는 것은 아쉬운 판단방식이다. 사실심이 제시한 해석론에 대한 견해를 밝히는 형식이 좋다. 사실심의 해석론을 지지하지 않는 경우에도, 나름대로 일리 있는 견해를 제시한 것으로 평가될 만한 부분이 있다면 그렇다고 밝혀 두는 것이 좋다.

소송대리인이 특정 학설을 인용하거나 나름대로 획기적인 주장을 하고 판사가 그에 설득되어 판결이유로 채용하는 경우도 있다. 그런 경우 한국에서는 그것이 판사 자신의 견해이고 당연한 것인 듯이 설시하는 경향이 있다. 그러나 이렇게 판례가 갑자기 특정 법리를 전폭적으로 채용하듯이 설시하는 것은 바람직하지 않다.

실제로 법원에서 일어난 일은 개별 사건을 해결하기 위하여 그 법리의 설득력에 귀기울인 것에 불과하다. 법적 이론이 획기적으로 바뀌거나 도약하려면 풍부한 학설적 논쟁의 결과 통설이 바뀔 정도의 신고(辛苦)의 과정이 필요하다.

획기적인 입법적 개혁도 그 배경에는 오랜 학설사가 있는 경우가 많다. 판례가 이론의 수준에서 변화하는 것도, 기존 판례로는 만족스럽게 해결할 수 없는 문제상황들을 접하면서 방향과 초점을 바꾸어 나가면서 결국 하나의 학설을 버리고 다른 학설을 채택하는 수준의 변화에 이르는 것이 정상적이다. 그렇지 않고 한 건의 사건을 재판하면서 단번에 특정 이론을 전격 채용하는 식으로 판례를 성급히 바꾸려 하면, 그런 이론적 대전환이 다른 사건의 재판에 부담될 수 있다. 그 이론에 따라 도식적으로 해결된다고만 설시하기도 곤란하기 때문이다. 그렇다고 선행판결의 판지를 판례변경절차에 의하여 바꾸기도 어색하다. 그래서 선행판결의 판지를 '일회적인 이론적 판지'로 여겨 외면하게 되곤 한다. 이렇게 판례발달의 과정에서 일회적으로 이론적 차원에서 돌출했다가 다시 원점으로 돌아가는 일이 생기면, 법해석기관으로서의 법원에 대한 신뢰를 저해할 수 있다.

그러므로 개별 사건에서 적절한 결론에 이르기 위하여 특정 학설이나 소송대리인의 새로운 법리주장이 아주 잘 맞아 들어간다고 보여지는 경우에도, 그 이론 자체를 판례로 전격 흡수한다고 한다든지, 소송대리인이 그 법리를 제시했다는 맥락을 판결이유에 적지 않고 마치 법원 스스로 그 이론을 전면적으로 내면화한 것처럼 설시하는 것은 위험하다. 오히려 소송대리인의 변론이나 그가 인용한 학설을 인용하면서 그것이 설득력 있다고 생각된다고 밝히고, 그래서 당면한 사건의 해결을 위하여 채용한다고 설시하는 것이 안전하다. 그렇게 해야, 다른 사건에서 같은 학설이 주장될 때 그 학설을 무조건 따르지 않고 견해를 달리할 여지가 확보된다. 판례발달의 개개의 장면에서 공로를 학설이나 소송대리인에게 돌림으로써 오히려 판사의 법해석의 행동반경이 넓게 확보, 보존될 수 있다.

마찬가지 이유에서, 사실심이 학설이나 소송대리인의 해석론을 따르지 않고 나름대로 새롭게 제시한 견해가 주목할 만하여 상고심이 이를 채택하는 경우에도, 해석론이 이렇게 한 단계 발전한 데 대한 공로를 사실심에 제시하는 것이 좋다.

판사는 당사자의 재판청구에 즈음하여 해석론을 밝힐 뿐이다.[1] 법관에 의한 법형성은 판단기회의 우연성이라는 한계를 가진다. 게다가 판사는 변론을 듣고 판단한다.[2] 그래서 사법과정(司法過程, judicial process)은 판사를 포함한 법률실무가로 하여금 문제의 핵심을 생생하게 직시하게도 해 주지만, 법형성의 맥락은 한계를 가지게 된다. 그러므로 점진적인 판례발달을 도모하는 태도가 판사에 의한 법해석과 법형성에 알맞다. 바로 영미법계의 법률심도 그렇게 한다.

행정고등고시와 공무원시험 과목으로 법률과목이 다수 들어가고 변호사 자격자가 행정부와 의회에서 일하는 것은 기관간의 법적 대화를 원활히 하는 점에서도 바람직하다. 행정부에서의 법정책 형성과 입법안 작성, 의회에서의 심의, 국회의원이 제출하는 입법안에 대한 심의가 원활해지게 마련이다. 나아가 재판과정에서 제시된 문제에 대한 입법적 해결 모색에도 도움될 수 있다. 그렇지만 기관간의 균형이 깨어져 일부 기관이 독주하는 결과를 빚을 수도 있다.

법 발달의 역학은, 좁게는 하나의 법명제가 논리와 논쟁을 통하여 발달하는 과정을 통하여 관찰할 수 있다. 그러나 항상 최선의 논리, 정책, 이익형량이 우선하는 것도 아니며, 논쟁과정을 최대한 풍부하게 하는 것이 반드시 최선은 아니다. 그래서 여러 법형성 주체들 간의 관계 내지 역할분담이 문제된다. 각 법형성 주체가 적절한 역할을 맡을 필요가 있다. "각자는 그의 자리에(suum cuique)"라는 아리스토텔레스의 배분적 정의가 관건이 된다.

Ⅱ. 논리(論理)와 논쟁(論爭)을 통한 법의 발달

1. 규범적(規範的) 삼단논법(三段論法)의 한계

법은 언어로 표현된다. 그리고 언어로 타인에게 전달된다. 법을 어떤 내용으로 할지 생각할 때에도 이 점을 전제로 하면서 생각하게 된다. 그래서 법에서

1 윤성근, "법원은 어떻게 시민을 보호하는가"(2015. 7. 21. 양천구청 특강), 법치주의를 향한 불꽃, 바른디자인, 2021, 263면.

2 Ibid.

사용하는 언어는 논리적 언어이다. 그리고 법적 규율은 논리에 의하여 상당한 정도까지 밝혀질 수 있다.

특히, 어떤 문제를 규율하는, 현존하는 법적 규율이 어떤 내용인가라는 질문에 답할 때에는, 어떤 내용의 규율을 하고 있는 법률규범(대전제)이 어떤 체계개념을 사용하는지, 사실(소전제)이 그 체계개념에 의하여 포섭(包攝, subsume)되는지(즉 그 사실이 그 체계개념의 사항적 적용범위에 속하는지), 그 법률규범은 어떤 규율을 부과(명령) 내지 확인하고 있는지, 그 규율은 구체적 사안에서는 어떤 내용인지(결론)라는 논리적 순서에 따라 답하게 된다. 이것이 바로 '규범적 삼단논법'이다.

다만 규범적 원칙(당위칙)에는 곧잘 예외가 인정된다. 왜 그런가? 사실적(존재적) 삼단논법은 추상적 사실명제로부터 구체적(개별적) 사실명제를 도출하려(꺼내려) 한다. 사실에 사실을 대응시킨다. 결론은 대전제에 완전히 내포되어 있다. 일부 사안은 다르다는 식의 예외란 없다. 그러나 '규범적 삼단논법'은 규범명제, 즉 사실에 규범을 대응시키는 명제를 다룬다. 이런 경우에는 추상적 명제가 구체적 명제를 완전히 내포할 수 없다. 규범이 사실을 내포할 수는, 즉 사실이 규범 속에 완전히 들어 있을 수는 없기 때문이다. 단지, 대체로 이런 종류의 사실에 대해서는 이렇게 하여야 한다, 그렇지만 항상 그렇지는 않다고 말할 수 있을 뿐이다.

예컨대 '사람은 언젠가 죽는다'는 추상적 사실명제는 이미 '사람인 소크라테스도 언젠가 죽는다'는 구체적 사실명제를 완전히 내포하고 있다. 그러나 '살인은 금지된다'는 추상적 규범명제는 온갖 상황 하에서의 살인이 일률적으로 금지되어야 한다는 취지가 아니다. 오히려 통례적(통상적)인 사실을 전제로, '대개의 살인은 해서는 안 된다'는 취지에 불과하다. 그런데 법규범이 실효성을 가지려면 단호하여야 한다. 만약 법률규정이 '대개의 경우 살인은 금지된다'고 규정한다면, 사람들은 형벌을 충분히 두려워하지 않을 것이다. 따라서 법규정의 문장은 예외의 가능성을 언급하기를 생략한 채, '(모든) 살인은 금지된다'고 단호하게 규정하는 경우가 많다.

따라서 법률가는 어떤 원칙이 어떤 '통례적 사안들'을 전제로 만들어졌는지, 그리고 어떤 경우는 예외로 취급되어야 하고 어떻게 달리 규율되어야 하는지를 논의할 수 있어야 한다. 입법자의 가장(假裝)된 단호함, 획일적 가치판단은 해석자의 섬세한 사안유형 분석과 이익형량에 의하여 보완되어야 한다. 후자가 법학의 가장 어렵고 빛나는 부분이다. "해석법학은 법학의 꽃이다."[3]

2. 법리공방

종종 법의 발달은 상반된 입장으로부터의 논쟁을 통하여 이루어진다. 반론을 받고 이에 재반론하는 과정에서 자기 편의 논리가 확충된다. 논쟁이 이어지면서 의제(議題, 논의해야 할 주제, 안건)가 분명해지거나, 또는 의제가 생각보다 복잡하다는 것이 밝혀진다. 그러면 법관은 분명해진 의제에 대하여 명쾌한 결론을 내리거나, 혹은 복잡하게 얽힌 의제들의 판단순서와 판단방법을 정하는 일종의 의제설정(議題設定, agenda setting)을 하여, 최대한 실행가능한 선에서 우선 몇 가지 논점에 대해 결론을 내려 줄 수 있다.

(연습문제)

대법원 2005. 7. 21. 선고 2002다1178 판결("본건 판결")과 관련하여 다음 사항들을 요약, 정리한 보고서를 제출하라.

1. 사실관계
2. 원고와 피고의 주장
3. 원심판결의 이유
4. 상고이유
5. 다수의견, 별개의견, 보충의견
6. 본건 판결을 인용한 판결들의 내용

3 이호정(李好珽) 교수님 말씀.

3. 규범적 확신 또는 결단

판사는 사실관계를 확정하고 그러한 사실관계에 해당되는 법률조문, 관습법 등의 법규범을 확인한 뒤 이를 사안에 적용한다. 이 과정이 명쾌한 한에서는 법관의 가치판단이 개입될 필요도, 여지도 없다.

그러나 어떤 법률조문이 해당 사실관계에 적용되는지(그 사실관계를 포섭하는지)가 불분명하거나, 그 조문의 해당성(relevance)은 분명하지만 그 규정내용이 불분명한 경우에는 그 법률조문의 불분명한 점을 밝히는 작업, 즉 해석작업이 필요하다. 여기에서는 법관의 가치판단이 개입될 여지가 있다. 문리해석, 체계해석, 역사적 해석, 합리적 해석, 목적론적 해석, 확대·축소해석, 물론·반대해석 등의 법해석방법(요령)은 법관이 선택가능한 법해석방법으로 어떤 것이 있는지, 그리고 어떤 논리적 합리화가 필요한지를 알려준다. 그러나 법관은 자신의 전문가적 양심에 따라 적절한 법해석방법을 선택하여 일정한 결론을 내리고 이에 대하여 전문가로서의 책임을 져야 한다. 따라서 법관은 규범적 확신에 이를 수 있을 때까지 여러 가지 해석가능성을 놓고 고민하여야 한다.

때로는 어떤 내용의 규율이 가치판단상 타당하지만, 법해석의 틀 내에서는 그러한 결론에 이르기가 무리인 경우가 있다. 법관은 해석론의 한계에 부딪친 경우이다. 이 경우에는 법관은 자신의 전문가적 가치판단을 타협시키게 된다. 그는 법적용자이지 입법자가 아니기 때문이며, 보다 근본적으로는 대한민국 헌법이 입법권과 사법권을 이처럼 획정하고 있기 때문이다.[4] 이러한 경우 법관은 그러한 해석가능성을 언급함이 없이 결론내릴 수도 있다. 혹은 그러한 해석가능성이 있지만 그것이 해석론의 한계를 넘는다고 간략히 밝힐 수도 있다(예컨대 일정한 특수사안유형에 대한 특칙을 인정하는 것은 해석론의 한계를 넘으므로 일반원칙에 따라 판단한다고 하거나). 혹은 좀 더 나아가 일정한 내용의 규율이 입법적으로

4 대륙법계 국가에서는 법관을 포함한 법률가의 전횡을 경계하여 국민주권의 원칙에 따라 제어하는 데 초점을 두고 있다. 그러나 영미법계 국가들은 다른 곳에 선을 긋고 있다. 그 국가들은 판례법의 점층적 누적과 수정보완과정에 의하여 관습법의 지위와 법적 안정성이 보다 잘 보장되리라고 신뢰하고, 의회주권이 판례법에 우선함을 인정하면서도 국회의 입법권의 지나친 행사를 경원시하는 전통을 가지고 있다.

도입되는 것이 타당하지만, 이는 입법에 맡길 사항이고, 법적용자로서는 해석론의 한계상 그러한 규율을 따를 수 없다고 설시할 수도 있다. 이런 설시는 입법론적 논의의 자극제가 될 수도 있다.

4. 변호사의 역할

변호사는 법관보다 현장과 당사자에 가까이 있다. 대개의 경우 변호사는 특정 당사자를 대리하거나 조언을 통해 돕는다. 변호사는 일방 당사자의 세세한 사정, 이해관계, 감정을, 법관에 비해 더 절실히 이해할 수 있다.

변호사는 일방 당사자의 절실한 이해관계를 생각하면서 사건을 접하므로, 기존의 법명제가 말하는 바가 얼마나 당사자에게 절실한지 알 수 있다. 예컨대 타인의 땅을 사는 매매계약을 체결하고 소유권이전은 아직 안 이루어진 상태에서 그 토지 위에서 건설공사를 하는 자는, 공사용 차량이 드나들지 못하게 건설현장 입구를 막고 농성하는 인근 주민들로 골머리를 앓다가 변호사에게 찾아간다. 물론 '점유'만 가지고 있더라도 그러한 방해행위를 하지 않을 것을 요구할 권리가 있다. 변호사는 이것이 한국민법(제202조, 제203조)에 규정되어 있음을 법학교육과정에서 이미 배웠다. 그러나 이 사건을 접하면서 그러한 법리가 얼마나 당사자의 이해관계의 절실한지를 알게 된다. 그리고 '점유보호청구권은 소유권법이 확립된 오늘날에는 존재이유가 거의 없는 것 아닌가'라고 생각했던 것이 현실에 대한 이해부족이었음을 깨닫게 된다.

다른 예를 든다. '법률관계와 생활관계는 구별되어야 한다', '법률행위가 유효하려면 구체적 권리의무를 형성하려는 확정적 의사가 필요하다'는 점은 법학교육에서 익히 배웠다. 그런데 가령 근로관계의 당사자간에 일정 종류의 상여금 지급범위를 '확대시키도록 최대한 노력한다'고 합의했다고 하자. 그 후 사용자 측에서 변호사에게 조언을 구한다. 변호사는 위 법리를 떠올려, 이러한 조항(소위 '최선노력조항')은 무효라고 조언한다. 한편, 근로자 측의 변호사는, 일반적으로는 최선노력조항이 무효이지만, 유효일 수도 있는 가능성을 탐구하게 된다. 그래서 '의사표시의 해석은 표시행위에 표현된 당사자의 의사의 내용을 확인하는 데 있다'는 원칙과, 이러한 원칙을 이해함에 있어 좀 더 당사자의 내심의 의사에 중점을 두는 이론(意思主義)을 떠올리게 된다. 또, 위와 같은 합의 자체만으로는 법적으로 의미 있는 합의가 되지 못하더라도, 주변 상황을 종합하여 '사용자에게 신의 있고 성실하게 행동(상여금 지급대상 확대를 위해 신의있고 성실하게 노력)할 의무가 있고 이를 위반한 경우 이로 인하여 상대방이 입은 손해를 배상하여야 한다'는 주장을 할 여지가 전혀 없지는 않다는 것을 알게 된다. 그래서 그 방향으로 주의를 집중하여 사실관계를 상세히 파헤치고 법적으로 설득력 있는 변론을 제시하게 된다.

때로는 변호사는 기본의 법 아래에서 당사자가 느끼는 허탈감을 접하고 이에 공감하면서 기존의 법리가 해석론적으로 다소 재해석 내지 수정되어야 할 필요성이 있다는 것을 법관 기타 관청 앞에서 변론하게 된다. 그리고 특정 산업계나 이익단체, 기타 이해관계를 같이하는 사람들에게 조언을 하면서, 어떤 점에서 입법적인 해결이 필요하고 그것이 얼마나 절박한 문제인지를 이해하게 된다. 그리고 그러한 입법이 이루어질 수 있도록, 행정부 소관부서라든지, 관련 분야의 교수, 그 분야에 관심을 가지고 있는 국회의원 등과 접촉하여 입법안 준비를 위하여 힘써 줄 것을 건의하고 그 과정에서 중요한 역할을 할 것을 자원하게 되기도 한다.

Ⅲ. 입법과 법해석의 관계, 또는 입법부와 사법부의 분업

1. 대륙법계의 경우

대륙법계에서는 종래 법으로 인식되어 온 법원칙들과 법규들을 입법부가 굵직한 추상적 문장으로 요약하는 법전화(法典化) 작업과 입법부의 손으로 기존의 법을 일시에 과감하게 손질하는 개혁입법이 활발하다. 그것이 입법부의 일상적인 역할이다.

대륙법계의 법전은 관습법과 로마법, 그리고 교회법의 상호작용 속에 존재하는 복잡한 법상태를 대신하기 위하여 만들어진다. 법규의 내용을 명쾌하게 하여, 법률가의 법률지식 독점을 완화시키고, 기존의 복잡한 입법적 선례, 판례, 학설을 파악, 분석하여야 하는 부담을 없애거나 줄이고자 한다. 이런 법전화의 시도는 특히 17~19세기에 활발했는데, 이런 포괄적 법전화의 역사적 경험과 유산에 의하여 대륙법계의 법적 전통이 형성되었다. 이렇게 형성된 법전통(法傳統) 내지 법문화(法文化)는 대륙법계의 실제의 법형성작업에 영향을 미친다. 기존 법전을 지속적으로 다듬고, 새로운 분야에서도 체계적 입법을 만들기를 주저하지 않는다.

> 물론, 법정책(法政策)이 주도하여 이루어지는 개혁입법, 특히 규제적 입법은 대륙법계의 법전통의 전유물이라고 할 수 없다. 영미법계에서 판례에 의한 개혁에 한계를 절감하고 먼저 입법에 나서는 일도 자주 볼 수 있다(예: 독점규제법, 증권거래법, 주권면제법). 이런 분야에서는 법학계, 입법부(立法府), 사법부(司法府) 간의 전통적 분업에 의지할 시간적 여유가 없고, 행정부(집정부)[5]에서 정책형성을 맡은 부서(경제규제법, 소비자보호법, 사회보장법, 국적법, 이민법 등)의 분야가 주도하여 입법의 골자(骨子)와 방향을 정한 뒤 법률가들이 조력하는 형태로(또는 법률가들이 정책형성작업에 참여하는 형태로 입법과정이 진행된다. 그리고 새로운 분야인 만큼 법률가들이 종래 업적을 쌓아 온 것이 적다. 그래서 법률가들의 역할을 어떻게 정하느냐에 관한 대륙법계, 영미법계 간의 차이가 그대로 반복되는 일은 적게 마련이다.

5 전통적인 용어인 행정부(行政府)는 "administrative branch" 내지 "administration"의 번역어이다. 집행부(執行部)라는 용어는 이와 동의어인데, "executive branch" 내지 "the executive"를 한국 헌법학계에서 이렇게 번역한 것이다. 한국 헌법학계에서는 1980년대경부터 강학상 용어로 후자를 자주 쓰고 있다. 그러나 집행부의 용어는 어색하고 행정부의 용어가 훨씬 낫다. 첫째, 국가법의 강제력을 뒷받침하는 최후의 보루는 (국가법원의) 판결의 강제집행(强制執行)이다. 그리고 강제집행은 "집행"으로 줄여쓴다(예: 민사집행법). 그리고 소송의 대부분은 민사(民事), 형사(刑事), 행정(行政)으로 분류된다. 그래서 집행이라 하면 민사, 형사, 행정판결의 강제집행을 떠올리게 된다. 둘째, 행정국가화라는 용어를 보아도, "행정국가"라 하지 "집행국가"라 하지 않는다. 셋째, 행정법 학자들과 행정법 분야의 입법(예: 행정절차법, 행정소송법), 판결집(판례공보, 대법원판결집, 하급심판결집의 민사, 형사, 행정의 편제)을 보아도 "행정"법이라 하지 "집행"법이라 하지 않는다.

한때 독일어권 법전들은 기존의 법을 전면 폐지하고 새로운 법전의 내용을 망라적인 것으로 만들어, 학설과 판례의 역할을 소멸시키려 했다. 그러나 이러한 시도가 비현실적인 것임이 밝혀졌다. 그래서 19세기 말부터는 기본원칙과 약간의 기술적 사항들(예: 단축된 소멸시효기간, 제척기간)을 간결한 문장으로 못박는 형태의 법전으로 만족하게 되었다. 세부적 규율은 해석론에 미루고 성문법에서는 함축적인 추상적 법문으로 만족하는 입법방식이 강화되었다. 이렇게 한 분야의 전반에 걸치는 포괄적 법전의 형태로 일반법을 도입하고 그 한도에서 개별 특별법규들을 폭넓게 대체하는 것은 입법자의 그러한 입법의도에 따른 것이다. 그리고 이러한 입법방식은 대륙법계 입법의 특징이다.

이와 달리, 영미법계의 단행법률(Act)은 명확하게 정의(한정)된 일정한 문제에 관해서만 기존 법을 대신하여 들어서고자 한다. 입법의 소재가 한정되므로 자세한 규정을 둘 여유가 있고, 그렇게 세밀하게 규정하는 것이 영미법계의 분석적 전통과도 어울린다. 그래서 구체적 문제유형별로 자세하고 정교한 법률조문을 두는 것은 대륙법계보다 영미법계의 제정법의 특징으로 자리잡게 된다.

성문법주의는 분야별로 포괄적 법전을 두기를 지향한다. 그 전형은 프랑스에서 찾을 수 있다. 기본법 쪽의 법전은 민법전, 민사소송법전, 형법전, 형사소송법전이다. 후대의 다양한 법분야의 발달은 해당 분야의 많은 법령들을 낳았다. 입법자는 다시 이 법령들을 법전으로 엮어 편찬하여 수규자들에게 제공한다. 그래서 소비법전(Code de la consommation), 노동법전(Code du travail), 사회보장법전(Code de la sécurité sociale), 스포츠법전(Code du sport) 등이 나왔다. 다만 프랑스에서도 국제사법과 같이 법률, 조약, 유럽연합 입법 등에 규정이 산재하여 있는 분야에서는 법전 편찬을 훗날로 미루기도 한다.[6]

미국(연방 및 주)에서도 단행법률(Act)들을 제정한 뒤 몇 년의 시차를 두고 분야별 장(章) 내로 편제시키는 입법실무가 확립되어 있다. 이로 인해 조문번호

---

6 국제사법의 국가적 법전화는 스위스의 1987년 국제사법이 선구적이다. 정식 명칭은 “국제사법에 관한 연방법률(Bundesgesetz über das internationale Privatrecht)”이고, 흔히 “국제사법 법률(Internationales Privatrechtsgesetz 또는 IPR-Gesetz)”로 약칭된다. 벨기에도 2004년에 국제사법전(Code de droit international privé)을 편찬하여 이에 뒤따랐다.

도 새로 부여되나 그 순서는 바뀌지 않는다. 이와 달리, 기존 조문의 편제만을 묶는 이러한 법전화는 그다지 의미가 없다고 보는 견해도 있다.

독일의 경우는 분야마다 사정이 다른데, 이것은 역사상의 굴곡과 지역적 분권(법률가집단의 중심지 역할을 할 진정한 의미의 수도(首都)의 부존재)의 전통에 기인하는 부분이 크다. 민사소송법(Zivilprozeßordnung)은 중재법 등까지 포괄하는 점에서 "법전(法典)"으로서의 성격이 강하다. 그러나 민법전은 일반민사법만을 담는 작은 법률이기를 표방하고 있다. 그래서 약관규제법의 사법적(私法的) 규율 부분까지는 특별법이라기보다 일반법 쪽에 넣는 것이 좋겠다고 하여 근래에 민법에 편입시킨 정도이다. 또, 독일에서는 프랑스처럼 소비법전을 편찬하거나 소비자법이라는 독립된 학술분야를 상정하기를 꺼린다.[7] 독일도 법문의 함축성과 법의 조감가능성을 중시하는 최소주의(minimalism)를 추구하고 있다. 한편, 독일 상법전은 원래는 종합적 법전으로서의 체제와 규모를 갖추고 있었으나, 양차 세계대전을 거치면서 회사법 쪽이 별도 법률로 분리된 후 지금도 그대로 남아 있어, 법전(法典)으로서의 성격이 약해져 있다.

한국의 입법자는 대륙법계, 즉 법전주의의 전통을 따르면서도, 민법, 상법, 민사소송법, 형법, 형사소송법 등에 일반법적 내용만 담아 슬림화하는 것이 특징이다. 그 점에서 일본의 예와 독일 민법의 예를 본받고 있다고 할 수 있다. 프랑스처럼 특별법 분야에서 개별 법령들을 법전으로 편찬하는 일도 드물다. 예컨대 민법, 민사소송법에 대해서는 주택임대차보호법, 소송촉진등에 관한 특례법 등 다양한 특별법들이 따로 있다. 소비자법 분야의 법률들도 "소비자기본법"과 각종 특별법(방문판매에 관한 법률, 전자상거래에서의 소비자보호에 관한 법률 등)로 나누어 입법한다. 노동법, 조세법도 마찬가지이다. 심지어 기본법의 일부인 민사소송법은 도산법, 중재법 등을 포함하지 않은 소형(小型) 법전(미니 법전)이었는데, 2002년에 이를 다시 민사소송법과 민사집행법으로 분리하기까지 했다. 다만 다행히도 한국의 출판업계는 일본의 예를 본받아, 여러 법령들을 분야별로

7 한국외국어대학교의 이진우 교수는 이러한 독일적 전통을 한국에 그대로 이식할 것을 역설하고 있다. 흥미롭게도 그는 한국법이 독일법 쪽에 뿌리를 두고 있으므로 독일 입법자가 택한 법전편찬방식을 따라야 한다는 계보론(系譜論, geneology)을 전면에 내세우고 있다.

편제하여 독자들에게 내놓고 있다. 그 민간 출판물들은 법률조문간의 참조지시를 부기하고, 중요 판례의 요지를 수록하기도 한다.[8] 법제처의 법령정보 데이터베이스, 로앤비 등의 온라인 법령 정보집적체(database)도 이를 본받고 있다.

이처럼 포괄적 법전을 새로 제정하여 기존 법질서를 전면적으로 대체하는 작업방식은 대륙법계 법전의 공통적 특징이다. 물론 구체적 계기는 각국의 법전별로 달랐다. 프랑스민법전은 게르만법의 요소가 많았던 북부 프랑스의 관습법과 학술적 로마법을 절충시켜 제정되었다. 그것은 프랑스민법전 기초자들의 입장이 반영된 것이었다. 그 기초 및 제정 당시의 통치자인 나폴레옹은 프랑스혁명기의 혼란을 극복하고 질서를 회복하기 위하여 법전편찬작업을 가속화시켰다. 법원실무에서 자연스럽게 받아들일 수 있고 기존의 통설에 따라 실용적인 해결을 할 수 있는 법전으로서 만들어졌다. 그 결과, 게르만 관습법적 요소가 많이 보존되었다. 내용적으로는 완곡한 개혁을 담았지만, 이 법전은 기존의 민사법("구법(舊法)")을 전면적으로 폐지하면서 제정되었다. 그래서 프랑스민법전 제정 후에는 학설과 판례에는 신법의 해석과 법률흠결 보충의 역할만이 남았다. 관습의 입지도 제한되었다. 신법의 관점에서는, 신법질서 하에서도 살아남은 관습이나 새로 등장한 관습은 '관습에 의하여 성문법이 변경될 수 있는가'의 관점에서 다루어지게 되었다. 한 세기 뒤에 만들어진 독일민법전에서는 관습법적 요소가 훨씬 줄어들었다. 로마법 원칙을 따를 때에도 원래의 것보다는 독일 보통법학으로 개량된 형태의 것을 기준으로 했다. 법전이 보다 높은 합리성을 가지는 만큼 관습의 입지도 약화되었다. 그러나 '학설과 판례에 대한 관계에서의 법전의 압도적 중요성'이라는 대륙법계의 본질적 특징은 마찬가지로 가지고 있다. 대륙법계 국가별로 학설과 판례의 역할이 실질적으로 더 크기도 하고 적기도 하다. 민법전의 역사가 오래되고 내용적으로도 과거의 유산을 많이 가지고 있었던 프랑스민법전 하에서는 '청구권'이나 '법률행위' 개념의 도입이 학설에

8 민법, 형법 등 과거에 제정된 주요 법률에는 항 번호가 없다. 줄을 바꾸어 씀으로써 별항이 되었을 뿐이다. 그러나 후대의 법령에는 공식적으로 항 번호가 붙어 있다. 민간에서 출판하는 법률조문집에서는 항 번호(①, ② …)가 없는 법령에 대해서도 편의상 항 번호를 붙여 출간한다.

의하여 이루어지는 등 학설의 역할이 실질적으로는 좀 더 컸다. 그러나 이것은 본질적 차이는 아니다.

유럽대륙의 법률선진국의 예를 보면, 법률의 해석이나 흠결보충을 위하여 학설에서 제시한 여러 가지 해결방법들이 법원에서 고려되어 판례로서도 등장하는 경우가 많다. 재판과정에서 새로운 문제가 발견되는 경우에는, 1심 판결 자체가 주목을 받고, 학계에서 신속한 판례평석을 통하여 기존 학설을 적용 내지 응용한 해결방안을 제시한다. 프랑스의 경우에는 3개월마다 간행되는 정기간행 학술지의 판례평석위원들(학계 원로나 중진급이 보통이다)이 해당 기간에 나온 주요 판례(최고법원 및 하급심)에 대하여 1~3페이지 정도씩의 간략한 평석을 붙인다. 독일에서는 학계 대가가 간략히 작성하는 이런 형태의 소평석 외에, 보다 넓은 범위의 학자나 실무가가 작성하는 소논문 형태의 판례평석도 상당히 신속히 간행되고 있다. 매주 간행되는 Neue Juristische Wochenschrift라든지 매월 간행되는 Archiv für die civilistische Praxis, 그리고 격월로 혹은 분기별로 간행되는 정기간행물—국제사법 분야에서는 Praxis des Internationalen Privatrechts (약칭 IPRax)나 Rabels Zeitschrift für ausländisches und internationales Privatrecht (약칭 RabelsZ)—에 이른다.

대륙유럽 국가에서는 판례가 나오기에 앞서 많은 하급심 판례들이 나오고, 학계의 판례평석을 받게 된다. 나아가 독일의 경우에는 각 지역의 저명한 법학자가 주 항소법원(주 최고법원)의 법관을 겸직하는 관행이 있다. 학계의 영향 하에 지역별로 다양한 판례가 나오고, 그것이 다시 학계의 연구대상이 된다. 학계의 깊숙한 관여 속에서 판례와의 대화과정이 이어진다. 연방최고재판소(Bundesgerichtshof, BGH)의 판결이 나온 뒤에도 다르지 않다. 모든 사안은 새로운 사안이라 할 수 있으며 이는 하급심의 행동반경을 만들어 준다. 학계와 법원 판례 간의 상호작용은 계속된다.

이처럼 유럽대륙에서 학설이 판례에 대하여 주도적인 위치를 가지는 것은, 게르만 영주들에 의한 전근대적 재판이 학문적 훈련을 받은 법률가들에 의하여 대체되어 온 역사적 과정과 무관하지 않다. 이탈리아 등 외국 대학에 유학하고 돌아온 법률가들은 자국에 설립된 법과대학에서 후학을 양성했으며, 법과대학에 의한 법학의 발달이 그 나라의 재판실무의 발달과 국가적 입법을 이끌었다. 민족국가의 법전은 민족 고유의 언어와 함께, 독립된 주권국가의 상징이자 민족국가의 내적 통합의 장치였다.

2. 영미법계의 경우

영미법계에서는 판례가 가장 기본적이고 주된 법원(法源)이다. 보통법과 형평법은 불문법으로 존재하는 것으로 상정되고, 판사는 이를 밝혀낼 뿐이라고 말한다. 이런 사상(思想) 내지 의제(擬制)를 내세웠기 때문에 보통법 법원과 형평법 법원의 사법권(司法權)과 법발견(法發見) 권한을 확립시키고 법원칙들과 법규들을 세워나갈 수 있었다.

이 과정에서 법학계의 역할은 상당히 적었다. 영미법계에서 법학은 법원에서의 법발견, 적용과 유리(遊離)되어 있었다. 그런 현상은 오래되어, 대체로 20세기 중엽까지 이어졌다. 그래서 대륙법계와 달리 영미법계에서는 판사가 법을 인식할 때 학설에 덜 의존하고, 판례에 더 의존한다. 판례(judicial precedents) 즉 판례법(case law)라 함은 법률심의 하나하나의 판결의 판지(判旨)를 따로 가리키는 것이 아니라, 과거로부터 축적되어 온 판결들로부터 그 판지들을 종합, 체계화하여 인식한 것을 가리킨다. 그래서 판례를 가리키는 단어는 단수형의 "judicial precedent"가 아니라, 복수형의 "judicial precedents"이다. 물론 어떤 논점에 대하여 법률심이 내놓은 판결이 한 개밖에 없으면 개별적 선례라는 의미에서 "(judicial) precedent"라고 단수형으로 지칭한다. 그렇지만 앞으로 판례가 어떤 내용으로 발달되어 나갈지가 단번에 못박아졌다는 의미는 아니다.

영미법계의 법률심의 대법관들은 신중하고 우아하면서도 소신 있는 의견을 내놓을 수 있어 대륙법계의 판사들의 부러움을 받지만, 이런 부분이 과잉된 주목을 받거나 오해되어서는 안 된다. 대륙법계에서는 영미법계에서 주목할 만한 발전을 이루어낸 판례만 집중적으로 참조하게 마련이다. 그리고 대륙법계가 가지지 못한 신선한 부분에 주목하게 마련이다. 이런 판결은 숫자가 매우 적다.

그리고 판례법주의(判例法主義)라고 불리우는 영미법계에서도, 사법적(司法的) 법형성(法形成)(judicial lawmaking), 즉 재판과정에서의 법형성권한은 무제한적인 것이 아니다. 법률심의 판사들은 종래 형성되어 왔고 앞으로도 이어서 써야 할 판례의 무게 하에서 판결한다. 700년 이어졌고 앞으로도 영원히 이어질 보통법의 역사 속에서 한 부분의 퍼즐을 다듬어 채워 넣는, 집합체적 직능단체의 일원으로서 스스로를 인식하고 있다. 자신의 재임 중에 최대의 권력을 행사하거나 전임자의 업적을 뒤집기를 주저하지 않는 일은 영미법계의 대법관상(大法官像)과는 거리가 멀다. 그래서 조심스러운 표현을 쓰게 되고, 그러면서도 소신을 솔직히 밝혀 두기 위하여 우아한 표현을 쓰게 된다. 대륙법계가 주목해야 할 부분은 바로 이렇게 시간을 초월하여 과거, 현재, 미래로 이어지는 역사적 연속성 개념이다.

미국에서 때때로 특정 정치성향의 대법관이 임명되곤 하나, 이것은 미국의 대법관 임명절차가 고도로 정치화(政治化)된 병리현상에 불과하다. 그리고 그런 경우에도 연방대법관으로 임명된 후에는 자신을 지명한 정파(政派)의 의견을 대변하는 모습이 별로 보이지 않는다는 연구도 나와 있다.[9]

영미법계에서는 법전화(法典化)와 개혁입법(改革立法)의 역할도 제한적이다. 판사들이 인식하여 관리하는 법이 잘 작동하고 쉽게 인식가능한 한, 입법이 굳이 나서지 않는다. 그래서 법해석(法解釋)을 포함한 법발견(finding the law, Rechtsfindung) 작업에서는 판례로 확립된 법원칙(principles of law)과 법규(rules of law)를 금과옥조(金科玉條)로 여긴다. 성문법계에서도 개정의 엄두를 내기 어려운 중요한 법률조문이 있듯이, 영미법계에는 판례법상 확립된 원칙과 규칙이 있다.

그래서 판례가 크게 변화하는 경우에도, 오랜 동안 판결이 집적된 끝에 변화하는 것이 보통이다. 특정 선례를 정면으로 뒤집는 일은 극히 드물다. 대륙법계에서는 판례에 제한적 역할만 부여하므로(예컨대 한국에서 상고이유의 내실있는

---

9 Youngsik Lim, "An Empirical Analysis of Supreme Court Justices' Decision Making", *Journal of Legal Studies*, 29: 721~752 (2000).

검토의 요건으로 판례위반 등을 따지듯이), 개별 판결의 판지를 판례라고 부르고 가볍게 다룬다. 그래서 한 개의 최고법원 판결로 한 개의 판례가 성립할 수 있고, 최고법원의 한 개의 후속 판결로 선행 판례가 번복될 수 있다. 개별 판결상의 판지가 곧 판례라면, 영미법계에서도 대륙법계처럼 1개나 수개의 선행 판지를 폐기하고 대치하는 형태로 순식간에 판례가 변경될 것이다. 그러나 그것은 영미법계의 방식이 아니다. 영미법계에서 판례의 변화는 서서히 일어난다. 판례법리의 방향이 바뀌고 판결례들이 집적되어야 한다. 그래서 과거로부터 현재로 이어지고 미래로 이어질 보통법(내지 형평법)이 변모해야 한다. 과거, 현재, 미래의 최고법원 판사들로 구성되는, 법률심이라는 집합적 직능단체(collective enterprise) 자체의 의견이 바뀌었다고 말할 수 있어야 한다. 현직 대법관들의 의견합치(consensus)만으로 임의로 판례가 변화하는 것이 아니다. 그것은 본질상 의회에 걸맞는 회의체적 의사결정 방식일 뿐, 최고법원에 맞지 않는다.

그래서 판례의 결정적 변화를 가져오는 의견을 설시할 때에도, 오래 전부터 그와 뜻을 같이하는 의견들이 설시되었음을 애써 강조하고, 자신의 의견이 새로운 것이 아니라고 말한다. 가끔은 주관적 견해를 강조하는 경우도 있지만, 그것은 먼 훗날을 기약하는 소수의견인 경우가 많다. 법률심은 대체로 법의 새로운 발견 또는 형성을 자제(自制)한다. 단번에 획기적인 판례가 나오는 것이 아니라, 기존 판례를 재해석하여 새로운 발달방향을 예고하는 판결례와 소수의견들이 나온 뒤에 주류적 판례가 이를 따라가는 경우가 많다.

영미법계에서 판사가 또는 판사들이 과연 법을 만드는가에 대해서도 견해가 나뉜다.10

한편에는 사법적(司法的) 법형성, 즉 사법적(司法的) 입법(立法)을 부정하는 전통적 견해가 있다. 보통법(普通法, common law)은 "기억할 수 없는 태고적부터"(from time immemorial) 존재한 것으로 간주된다. 판례가 발달하는 것도 재판과정에서 불문법에 대한 이해가 발달하는 것이지, 판사가 법을 설정하는 것은 아니라고 한다. 보통법의 존재를 전제하면서 판사의 역할을 법의 인식(認識), 즉

---

10 상세는 William Geldart, *Introduction to English Law*(11th ed., 1995), pp.10~14 참조.

법의 발견(發見)에 국한시킨다.[11] 형평법(law of equity)도 선(善)과 도덕(道德)의 요청을 법으로 형상화하여 인식하는 것일 뿐이다. 요컨대 법은 이미 존재한다고 의제하면서, 법을 어떻게 잘 인식할지를 따진다. 판례의 역할은 보통법, 형평법, 제정법규로 구성되는 법의 내용을 해석하는 데 있다고 한다.

다른 한편에는 판사가 재판과정에서 필요에 따라 법을 만들고 있다고 보는 신조류가 있다. 그러나 이 견해도 전통적 견해와 크게 다른 것은 아니다. 오히려 다음의 점에서 견해가 일치한다. 즉, 판례로 법을 발달시키는 일을 사법적 법형성이라 하든(새로운 견해), 법형성은 아니라 하든(전통적 견해), 그 권한은 개별 판사에게 맡겨지거나 현재의 판사들에게만 맡겨지는 것이 아니라, 과거, 현재, 미래의 판사들에게 집합적으로 맡겨져 있다고 한다. 의회 제정법이 판례에 우선하여 판례를 개폐한다는 의회주권(議會主權) 즉 의회우위(議會優位, parliamentary sovereignty) 원칙도, 판사가 사법(司法)적 법형성을 하고 있는가 아닌가의 견해대립과는 무관하게 당연시된다. 사법(司法)적 법형성을 긍정하는 견해는 현재의 판사들이 법을 현실에 적응시키는 중요한 역할을 좀 더 능동적으로 하고 있다고 보고, 또 그렇게 좀 더 능동적인 역할을 기대하는 점이 다를 뿐이다.

판사가 보통법을 발견할 뿐인지 아니면 만들기도 하는지에 관한 견해대립이 사법자제(司法自制), 구체적으로 위헌법률심사(違憲法律審査) 자제의 강약으로 직결되는 것도 아니다. 위헌법률심사, 즉 의회 제정법에 대한 사법심사(司法審査, judicial review)는 입법부의 입법이 국가나 국제사회의 기본법에 포함된 강행법규(특히 입법기관의 권한을 권력의 배분 면에서 또는 기본권을 침해할 수 없다는 한계 면에서 제한한 부분)에 위반되는지를 심사하여 실효시키는 것이다. 이에 따라 의회주권, 즉 의회제정법의 우위의 원칙은 절충된다. 그래서 판사들과 정치인들 간의 권력배분의 문제이기도 하다. 검사, 변호사, 법학자도 재판과정에서의 법형성에 참여한다고 보면, 법률가들과 정치인들 간의 권력배분의 문제이다. 법률가들의 권력을 앞세우기를 자제하는 사법소극주의(司法消極主義, judicial passivism)의 입장에서는 의회주권을 좀 더 존중하고 사법심사를 자제하게 된다. 법률가들의

---

11 상게서, p.10.

권력을 좀 더 앞세우는 사법적극주의(司法積極主義, judicial activism)의 입장에서는 사법심사를 능동적으로 하게 된다. 그렇지만 사법적극주의에는 사법권의 본질에 따른 한계가 있다. 극단적 사법적극주의는 정치적 입법에 대한 사법(司法)의 우위(judicial supremacy)에 이르게 되므로 받아들여지기 어렵다.

영미법계 국가들에서는 한 분야를 원칙적으로(입법상의 흠결이 없는 한) 남김없이 규율하기 위하여 포괄적 법률을 제정하는 법문화가 약하다. 영미법계에서도 그런 법률이 제정되는 경우도 있다. 미국의 뉴욕주 민사소송규칙(그 기초과정을 주도한 필드 대법관의 이름을 따서 Field Code라고 부르기도 한다), 연방민사소송규칙(Federal Rules of Civil Procedure), 연방민사증거규칙(Federal Rules of Evidence), 통일상법전(Uniform Commercial Code, 약칭 U.C.C.), 영연합왕국의 Civil Jurisdiction and Judgments Act(오늘날은 주로 영연합왕국 내의 준국제적 재판관할 및 판결승인을 규율), Civil Procedure Rules 등이 그 예이다. 그러나 그런 법전의 경우에도 그러한 입법의 개개 법률조항이 당연히 기존 판례법리를 전면적으로 폐기하는 취지라고 해석하는 것이 아니다. 오히려, 기존의 판례법리의 연장선상에서 꼭 필요한 개량을 하는 취지라고 해석하는 경향이 있다.

영미법계에서는 학설이 판례를 이끄는 일이 전통적으로 드물었다. 그러나 법과대학이 생기고 주석서, 실무가용 체계서, 법재록(法再錄, Restatement of the Law) 등이 나오면서 재판에 참고되고 있다. 학계의 노력으로 의회제정법이 만들어져 판례의 효력을 상실시키는 예도 종종 있다. 수십 년 전부터 법과대학의 연구역량이 제고되어 입법과 판례발달 양면에서 기여도를 높이고 있다. 법원에서는 학설과 보통법계에 속하는 외국의 판례를 참고하는 일이 자주 있다. 독일 등 대륙법계의 입법을 참고하기도 한다. 주로 판례를 이론적으로 정리하거나, 판례의 불분명한 부분을 보완하거나, 판례의 문제점을 해결하기 위하여 그렇게 한다. 학설이나 외국법이 판례에 영향을 준 경우에는 학술문헌이나 외국법을 참조표시하거나 언급하여 판례발달의 계기를 분명히 한다.

3. 유럽연합법의 경우

유럽연합법은 헌법적 조약에서 유럽연합의 입법기관의 입법권을 정한다. 의회에서의 교섭보다는 전문가적 입법에 무게중심이 있다. 관료적 정책결정·집행기구인 위원회(Commission)에서는 회원국에게 지침(指針, Directive) — 지령(指令)이라고도 번역됨 — 을 내려 일정한 내용의 입법의무를 부과하고 불이행시 벌금을 부과한다. 또, 각료이사회(Council of Ministers)가 단독으로 혹은 유럽의회(European Parliament)와 공동으로 제정, 공포하는 규정(Regulation)은 회원국에서 직접적 효력을 가지는데, 규정을 기초하고 그 시행의 성과를 조사, 평가하여 규정의 개정안을 작성하는 일도 위원회가 한다. 한편, 각 회원국에서 지명한 재판관으로 구성된 유럽연합 사법재판소에서는 회원국 법원의 법령질의에 대하여 추상적 법률론으로 응답한다. 요컨대, 입법과 해석 양면에서 권력기구가 법형성 권한을 광범위하게 장악하는 모습을 볼 수 있다.

이러한 변화 앞에서 학설의 영향력이 줄어드는 모습도 보여진다. 개별 회원국 내에서는 학설과 판례 간의 대화가 장기간에 걸쳐 이어지고, 최고법원에서도 소수의견이 발표되고, 또 최고법원이 좁은 범위에서 해석론을 밝히고 후속 판례에서 다시 이와 차별화된 해석론을 밝힌다든지 판례를 변경한다든지 한다. 이런 일은 유럽연합 사법재판소에서는 거의 찾아볼 수 없다. 유럽연합 사법재판소는 많은 법분야(특히 국제사법 분야)에서 일정한 법률해석문제에 대하여 추상적 유권해석을 제공하는 단심의 법령해석기관이다. 유럽연합 '규정'에 대한 유럽연합 사법재판소의 권위적 유권해석은 거의 '규정'의 조문 자체에 필적하는 권위를 가진다. 그 판례가 '규정'의 개정으로 뒤집어지는 일은 극히 드물다.

4. 한국의 경우

한국은 대륙법계의 법전을 가지고 있고 대법원도 프랑스의 파기원을 모델로 만들어졌다. 그러나 실제 운영에서는 한국적 특징이 나타난다.

첫째, 한국에서는 대법원 판례의 실질적 영향력이 매우 크다. 물론 공식적으로는 판례(判例)의 법원성(法源性), 즉 판례가 강제적 법규범으로서 가지는 의미는 매우 제한적이다. 대법원에서 기존 대법원 판례와 다른 판례를 채택하려면 판례변경절차를 거쳐야 하고(법원조직법 제7조 제1항 제3호), 상고이유에서 대법원 판례를 다투면 상고심절차특례법상 심리불속행을 면할 수 있을(제4조 제1항 제3호, 제4호) 뿐이다. 그러나 대법원 판례가 가지는 권위는 거의 절대적이다. 대법원의 입장은 항상 단호하다. 원심이나 소송대리인의 견해 또는 학설을 검토하면서 그 설득력의 경중에 관하여 의견을 술회하는 모습은 거의 보이지 않는다. 대법원 판결의 추상론은 마치 학계의 표준서처럼 다듬고 증보된 것이어서 학술문헌과 교과서를 대신하는 역할까지 한다. 게다가, 대법원 판례의 문장 하나하나가 하급심 재판관에게 전범(典範)으로서 모방의 대상이 된다. 그래서 사실심 법관도 법률심 법관처럼 판결이유를 작성, 제시하곤 한다.[12] 대법원은 법형성의 종합적 원천을 자부하고 있으며, 이러한 자세는 사실심 재판관에 의하여 답습되고 있다.

한국의 대법원은, 대법원 판례가 해석론의 거의 대부분을 잘 해결해 주고 있으며, 학설대립을 불필요한 것으로 만들어, '학설대립으로 인해 빚어지는 법적 평화의 와해'를 불식시키고 있다고 자부하는 듯 보인다. 대법원은 일반론의 성격이 강한 형태로 광범위한 추상론을 제시한다. 이에 의하여 법관의 판단여지를 넓힌다. 대법원이 해당 법분야의 지도원리에 직접 호소하는 광범위한 일반법리를 설정하고, 재판관의 판단여지를 극대화했으므로, 이제는 그 판단여지를 지혜롭게 행사하여 다양한 구체적 사안들을 원만하게 해결할 수 있고, 따라서 더이상 다양한 학설이 경쟁할 필요도, 이를 참조할 필요도 없게 되었다는 말을 하는 듯하다. 대법원은 이러한 '대법원 판례의 완전성' 가정(내지 모델)을 내

12 가령 대법원 판례에서 "일정한 사안유형에서 어떤 일반조항의 원용 여부는 행위의 동기, 결과, 주변사정 등을 고려하여 판단하여야 한다"고 판시했다 하자. 이 판례는, 사실심이 행위의 동기, 결과와 주변사정을 하나하나 차례로 구체적으로 심리할 것을 요구한다. 또, 판결이유에서도 그 중요한 점에 대하여 설시할 것을 요구한다. 그러나 사실심 판결이유에서는 그러한 주요 간접사실이 어떻게 고려되었는지에 대한 구체적 설시 없이, 단순히 대법원 판례의 설시귀절을 옮겨 적으면서 대법원 판례의 요구에 충실했음을 "자부(自負)"하는 데 머무르는 경우가 종종 있다. "일정한 사안유형에서 그 일반조항의 원용 여부는 행위의 동기, 결과, 주변사정 등을 고려하여 판단하여야 하는바, 본건의 행위는 그 일반조항에 위반된다고(혹은 위반되지 않는다고) 판단되고"라는 식으로 설시하곤 한다.

세워, 법형성과정에서 대법원의 역할의 극대화를 추구하는 것 같다. 단순한 '최고재판소'를 넘어 '법에 관한 가장 높은 기관'이고자 하면서, 실질적으로 '사법해석에 의한 흠결보충'위원회의 임무를 자임하는 셈이다.

둘째, 대법원이 어떤 논점에 대하여 해결을 미루는 경우에, 그 점을 드러내기를 꺼리고, 단지 광범위한 추상론을 내세우는 데 그친다. 그럼으로써, 어떤 구체적 논점이 제기되었고 그것이 얼마나 심각한 것인지를 가린다. 이것은 대법원 판례의 완전성의 이미지와 이에 따른 심리적 권위를 유지시키는 데에는 도움될 수 있다. 그러나 어떤 논점들은 미해결로 남겨두고 있는지를 판결이유에서 알아볼 수 있게 내버려 두는 것이 좋다. 그럼으로써 학설과 하급심으로부터 다양한 해석론이 제시되도록 유도할 수 있다. 일부 학설은 상고심의 당사자들에 의해서도 원용될 것이다. 이는 대법원 스스로 해석론적 검토를 할 기회가 된다. 그 경우에도 대법원은 스스로 확신을 가지는 한도에서만 법률론을 정립하고, 다른 부분은 미해결의 논점으로 남겨 학설의 기여를 유도할 수 있다.

셋째, 1심법원은 법리구성에 공을 덜 들이고, 고등법원에서 상세한 법리구성을 시도하며, 대법원으로 올라가면 다시 해석론의 과감성이 줄어들어 완곡한 형태로 바뀌는 경향이 때때로 보인다. 대법원에서 고등법원의 법리구성을 '타자(他者)'의 논리로 놓고 존중하면서 자신의 입장이 이와 어떻게 다른지를 구체적으로 논의한다면 좋을 것이다. 이렇게 된다면, 구체적 논점에 대한 법리설시에 집중하게 되고, 불필요하게 상위의 대원칙부터 설시하는 일은 최소화될 것이다. 이것이 바로 미국에서 Rhenquist 대법원장 때 때때로 나타난 실무경향이며, 캐스 선스틴(Cass Sunstein) 교수가 말하는 사법최소주의(司法最小主義, 最小司法主義, judicial minimalism)이다. 그러나 유감스럽게도 한국의 대법원 판결은 종종 고등법원 판결의 축약판에 가깝다. 원심판결을 지지하는 경우에도 원심판결의 논리를 축약하거나 누그러뜨려 설시하는 경우가 많고, 원심판결을 취소하는 경우에도 원심판결에서 했던 고민을 전면적으로 직면하기보다는, 원심 파기에 필요한 최소한도의 논리만을 제시하는 경우가 많다. 이것은 사건의 해결에 관건이 되는 논점에 관해 구체적이지만 충실한 법리설시를 하는 것과는 차이가 있다.

넷째, 한국 학계에서는 1·2심 판결에 대한 평석이 드물다. 그만큼 학계는 '법원에서의 법형성'과정으로부터 소외되어 있다. 여기에는 몇 가지 요인이 있다. 먼저, 학계에서는 '법원 내부적인 검토가 끝난 뒤'에 학계의 입장을 밝히는 것이 적절하다고 보는 경향이 있다. 당사자 간의 이해관계에 끼어들게 될 가능성을 피하려 한다. 이는 법과대학이 사회에서 충분한 자율성을 인정받고 있지 못함을 방증하기도 한다. 또, 재판과정에서 학계의 조력을 구하는 관행(과 그 형식)도 정립되어 있지 않다. 법학자의 감정의견이 구하여지는 경우는 거의 없고, 학계의 의견 제출의 통로가 될 수 있는 법정조언자(法廷助言者, amicus curiae) 제도도 없다. 게다가, 각급법원(하급심)판결공보나 대법원 홈페이지에 '주요 판결'로 소개되는[13] 판결을 제외하면, 법적 논점이 까다롭고 사회적으로 중요한 사건이라도 판결문이 좀처럼 공개되지 않는다. 미확정판결은 '판결서 인터넷 열람'[14]도 불가능하다. 이런 실무적, 절차적 미비도 진행중인 재판에 관한 학계의 기여 가능성을 줄인다. 대법원에서는 특히 까다로운 논점에 관하여 상고이유서 제출기한이 지난 후에 연구발표회의 형태로 학계의 의견을 듣기도 한다. 그렇지만 이미 상고이유서 제출기한이 지난 후이고, 그 연구발표회 후에 구두변론이나 서면 법리공방을 허용하는 것도 아니며, 연구발표논문은 대법원 판결이 나온 뒤에 비로소 공간된다. 그래서 이 경우에도 학계의 역할은 내부소언자의 역할에 그치게 된다.

다섯째, 한국에서는 법발달의 큰 흐름에 관한 어떤 캐치 프레이즈(catch phrase)가 큰 영향력을 발휘하는 경향이 없지 않다. 예컨대 '공판중심주의', '피고인 보호', '조정 활성화', '민사의 형사화는 잘못', '위자료의 징벌적 기능', '중재친화적 접근', '외국판결과 외국중재판정에 대한 승인친화적 접근', '국제사법에서 영토주의의 극복' 등의 고려가 간단한 표제어로 표현되어 위력을 발휘하는 예가 보인다. 사안의 실질보다는 추상적 표제어의 구현에 중점이 놓여지곤 한다. 그 결과 이해관계의 균형이 갑자기 한쪽에서 다른 쪽으로 과도하게 이동한

13 대법원 홈페이지(scourt.go.kr)에서 "재판"–"주요 판결".
14 제8장 IV. 3. 나. 참조.

다. 예를 들면, '과거사 사안은 일반 불법행위와는 차원이 다르다'라는 논리가 압도적 위력을 가지게 되면서, 각급 법원에서는 경쟁적으로 "과거사" 사안에 적용될 법리 개발에 몰두하게 된다. 사회 전반의 이해관계를 균형있게 조정하기 위하여 필요한, 이론적이고 체계적인 접근은 상대적으로 소홀히 되고, 정치적 함의가 있는 사건의 피해자에게 유리한 각종 법리를 앞다투어 개발하는 식으로 판례발달과정이 전개되어 온 느낌이 있다. 예컨대 소멸시효법 전반적인 해석론(가령 불법행위에 의한 손해배상채무의 소멸시효 및 제척기간에 대한 해석론이라든지, 고의불법행위의 특별취급 가능성에 대한 해석론 등)의 발달은 상대적으로 정체되고 있다. 이런 경향은 특수사안의 특권화를 낳고 있다. 사실에 규범을 대응시키고 규범체계를 '원칙과 예외'의 구조로 체계화하는 법학의 본연의 임무에 충실함으로써 '불의(不義, 부정의) 대 정의(正義)'의 대결구도도 소화하고 완화할 필요가 있다.

Ⅳ. 법률실무와 법학의 관계

법학은 해석론과 입법론에 있어 고유의 역할을 가진다. 그 긍정적 기능은 보완, 확대될 필요가 있다.

연구기능의 무게중심이 사법부(司法府)의 위계구조의 정점에 있는 대법원 재판연구관실에 놓이는 현상은 극복되어야 한다. 물론 종래의 방식이 지식의 효율적 집중과 대법원 판례로의 활용에는 유리할 것이다. 그러나 다양한 연구자에 의한 연구와 논쟁이 가지는 순기능은 포기하게 된다. 그러므로 학설, 입법례, 내외국 판례에 대한 구체적 의견표명은 판결이유에서 하도록 하고, 대법원에서의 연구결과물은 법원도서관 간행물을 통하여 공간하는 것이 바람직하다. 그리고 비교법 연구기관은 법원 외에 학문적 조사연구기관의 형태로 설치하여, 사법기관뿐만 아니라 변호사도 유료로 그 서비스를 이용할 수 있도록 함이 타당하다. 독일의 막스플랑크 연구소들(예컨대 함부르크에 있는 외국사법·국제사법연구소, 뮌헨에 있는 지적재산권법·경쟁법연구소), 네덜란드의 아세르 연구소 등의 선례가 있다. 이러한 조사연구기관은 해석론에 관한 비교법적 조사연구 외에 입법론적 조사연구도 수행할 수 있다. 이러한 비교법적 연구기관은 개별 연구자나 연구집단이 수행하기 어려운 대규모 프로젝트를 수행하면서 법과대학과 공존할 수 있다.

법과대학은 법학의 연구기능과 교육기능을 함께 수행한다. 후자는 법학도에 대한 전문교육, 즉 법학교육을 의미한다.[15] 법학교육은 법학의 연구와 불가분의 관계에 있다. 이미 결론이 확립된 사항과 학설·판례상 논쟁이 있는 사항은 전혀 상관없이 존재하는 것이 아니다. 현안이 된 논쟁의 해결을 위해서는 기본원칙으로 거슬러 올라가 검토해야 한다. 그 과정에서 기본원칙 자체가 새로 재인식되거나 재정립될 수도 있다. 법학연구와 법학교육 간의 불가분의 관계는, 왜 법과대학이 이 두 가지 기능을 함께 맡아야 하는지를 설명해 준다.

변호사가 학설이나 자신의 해석론을 변론하는 일도 중요하다. 재판부도 설득력이 높은 약간의 학설을 언급하면서 변호사의 변론을 촉구하는 것이 바람직하다. 그리고 재판부는 변호사의 법률변론을 듣기만 할 것이 아니라, '이런 반론 가능성에는 어떻게 답할 것인지' 탐문하는 것이 좋다. 그래서 법정은 필요에 따라 학술토론장과 같이 되어야 한다. 그래야 변호사도 자신의 변론의 약점을 이해하고 더 다듬어진 변론을 할 수 있다. 이렇게 하여, 내용이 불분명한 법률조문은 해석의 대상이 되고, 기존의 확립된 법원칙이라도 구체적 문제상황에 직면하여 재차 비판적으로 숙고할 기회가 주어진다. 그래서 변호사들의 법리적 변론을 거쳐 재판하는 가운데 판례가 나온다. 이런 과정이 법발견에 중요한 역할을 한다.

다만 한국의 법률심은 영미법계의 법률심처럼 법의 점진적 발달(형성)을 주된 임무로 하지는 않는다. '결과에 영향을 미친 법해석·적용상 잘못'을 지적하여 그 부분을 취소하고 다시 재판케 하는 것이 주된 임무이다(민사소송법 제423

15 부수적으로는 비법학도나 대학 밖의 일반인을 위한 교양교육도 필요하다. 이것은 시민사회의 법학적 교양을 돕는 역할만이 아니라, '법의 학제적 연구에 대한 입문'의 역할도 할 수 있다. 일본에서는 이 중 전자를 가리켜 "법교육"이라 하고, 법의 학제적 연구는 법학계의 전통적 연구영역 내로 흡수하는 경향이 있다.

조, 형사소송법 제383조 제1호). 즉, 한국의 대법원은 프랑스의 파기원(Cour de cassation) 형의 상고법원이다. 그래서 한국에서 사법적(司法的) 법형성은, 법규범의 의미가 불명확할 때 이를 밝히거나(해석), 법의 공백이 있을 때 재판을 거부하지 않고 유추해석 등으로 흠결을 보충함에 따라 이루어질 뿐이다. 그래서 재판의 부산물인 사법적(司法的) 법형성이 한국법에서 가지는 비중은 적다. 이런 틀 속에서 학설, 입법, 판례 간의 대화, 당사자와 법률가 간, 변호사와 판사 간의 대화를 이어가야 한다.

> 대륙법계의 방법에 따라 추상적 법원칙·법규를 축약적으로 성문화한 법전을 만들고 이를 중심으로 학설과 비교법에도 크게 의존하면서 법형성을 해 나가기로 한 것이 한국법의 기본설계이다. 이것을 가볍게 무시해서는 안 된다. 물론, 영미법이 계몽주의에만 치우치지 않고 오래된 관습법과 그에 대한 정당한 기대를 중시하고 법형성에 신중한 태도로부터 배우려 한다든지, 영미법계도 포함하여 비교법적 검토를 하는 것은 바람직한 일이다. 그러나 한국이 미국과 정치적으로 가깝다는 이유만으로 한국법의 구성원리를 무시하고 미국을 피상적으로 흉내내는 것은 적절치 않다. 대륙법계의 전통은 이미 완전히 내면화했으므로 영미법계를 배울 때라고 여기는 것은 환상이다. 프랑스, 독일, 스위스, 일본 것은 이미 다 배웠다고 간주하면서 읽지 않겠다고 고집하는 것과 같다.

역사를 통해 발달되어 온 학설들을 존중하며 비교하면서, 각 법률가가 냉철한 비판적 숙고(critical reflection)에 따라 해석론을 전개하고, 우선 재판에 필요한 한도에서 판례를 세울 뿐이라는 대륙법계의 법형성방법이다. 이것은 소중한 것이다. 추상론을 존숭하는 한국문화[16]를 건설적으로 극복할 수 있는 열쇠가 될

16 한국인은 理論과 "理"(性理學의 理氣論에서 말하는 理)를 말하기를 즐기며 이것이 한국의 문화를 설명하는 열쇠라는 지적이 있다. 小倉紀藏, 『韓國は一固の哲學である―<理>と<氣>の社會システム』, 講談社, 1999, 조성환 역, 오구라 기조, 한국은 하나의 철학이다: 리(理)와 기(氣)로 해석한 한국사회, 모시는사람들, 2017. 이 책은 한국을 철학자들의 나라로 칭찬하는 어조를 띠고 있으나, 오히려 '일본은 정상'이라는 입장에서 한국을 이상한 나라로 바라보되 어조만 부드럽게 한 것이다. 이것은 두 가지로 풀이할 수 있다. 첫째, 한국이 전 세계적으로 이상하다는 의견을 정면으로 진술하는 대신에 극도로 겸허하게 진술한

수 있다.

Ⅴ. 하달식(下達式) 법형성과 상향식(上向式) 법형성

법형성의 동학(動學, dynamics)은 새로운 법명제가 어디에서 착상, 정리되어 나오는가에 따라 하달식(하향식)과 상향식으로 나눌 수 있다.

하달식(下達式, top down) 법형성은 입법자, 법적용자 등의 관청이나 학자가 궁리한 결론을 개인과 사회에 내놓는 것이다. 합리적인 이익조정이라고 생각하는 바를 하명(下命)할 수도 있다. 사회개조를 위해, 즉 사회공학(社會工學, social engineering)의 차원에서 "설계" 내지 "계획"(plan)한 바를 내려보낼 수도 있다. 또, 규범적 확신 없이 단순히 '자의적'으로 하나의 입장을 정할 수도 있다.

상향식(上向式, bottom up) 법형성은 현실, 즉 '삶'에 대한 주의깊은 관찰로부터 '규범'을 끌어내는 것을 말한다. 사회 내지 공동체의 삶에서 어떤 법적 규율이 전제되고 있는가에 초점을 맞추어 그것을 법질서의 내용으로 갖춘다.[17] 소송절차 내에서 변호사들의 변론과 논쟁을 통해 법률의 해석, 관습의 발견, 조리(條

것일 수 있다. 둘째, 일본은 정상이고 외국들은 특이하다는 일본 특유의 고립주의적 세계관에 입각하여, 일본 자신을 또 하나의 중심국가(center state) — 중국(中國)이 바로 그런 뜻이다 — 로 여기는 또 하나의 중화주의(central-magnificence-ism)에 빠진 것일 수 있다. 어느 쪽이든, 한국의 문명 내지 문화가 오로지 성리학으로만 이루어진 것처럼 단순화하고, 형이상학 내지 도덕론의 지배가 큰 다른 문명권과 비교하는 관점이 누락된 문제점을 지적하지 않을 수 없다. 양자적 비교연구(bilateral comparative study)는 이렇게 자기중심적 양자비교에 빠질 수 있는 위험을 띤다. 한편, 한국어 번역서에서 두음법칙(頭音法則)을 무시하고 理를 항상 "리"로 쓰는 것도 의문이다. 理와 氣는 "이(理)와 기(氣)"로, 理氣論은 "이기론"으로 적어야 한다(두음법칙이 작용한 다른 예: 이론(理論), 이치(理致), 이념(理念), 이과(理科)). 일본에서 새로 만든 개념을 원어대로 소개하는 경우라면 일본어 발음대로 적어야겠지만, 이기론(理氣論)은 한국에서 오래된 것이고, 조선에서 일본으로 전파되었다.

17 영국의 형이상학·정치철학자 로저 스크러턴의 표현을 빌면 "사회가 어떻게 작동하는지를 이해하고 사회가 성공적으로 작동하기 위해 필요한 공간을 만드는" 것. Roger Scruton, How to be a Conservative (2014), p.119. 스크러턴이 이것을 "보수주의(conservatism)"의 본질이라고 칭하는 것(Ibid.)은, 상향식 법형성방법이 현대 영국의 정치철학으로서의 보수주의의 핵심적 내용을 이루기 때문이다.

理), 선(善), 형평(衡平), 지혜(知慧)의 탐구, 판례의 해석과 당부에 대한 숙고 등이 이루어지는 예도 볼 수 있다. 법정 외에서도 현실이 법집행자나 입법자에게 길을 제시할 수 있다.

하달식과 상향식의 법형성과정이 항상 명쾌하게 구별되는 것은 아니다. 또, 외형적으로 어떤 행동이 나타나느냐는 본질적인 것이 아니다. 가령 법해석자가 이런 내용으로 법률을 해석하거나 이런 내용의 관습이 존재한다고 판시하면 사회구성원들이 이를 따르기에 무리가 없으리라고 생각하는 경우가 많은데, 여기에는 상향식과 하달식의 요소가 혼재한다. 수규자가 따르지 않고 배겨내겠는가라는 고려가 강하면, 하달식의 요소가 두드러진다. 개인과 사회가 필요로 하거나 기대하는 법규범이 무엇일지를 따지면, 상향식의 성격이 강하다.

Ⅵ. 상고심의 사건부담과 대법원의 정책법원화 논란

1. 상고허가제 부활의 타당성

대법원은 상고사건의 과다로 어려움을 겪고 있다. 대법원의 심리부담을 덜어 법률심으로서의 본연의 기능에 충실하게 할 필요가 있다. 상고허가제(上告許可制)는 상고심이 중요한 논점에 집중할 수 있게 도와줄 수 있다.

한국에서도 상고허가제가 1981년 소송촉진등에 관한 특례법(약칭 소송촉진법) 제정으로 도입되었다(제11조~제13조). 그런데 '재판받을 권리'를 제한한다는 비판에 밀려 1990년에 폐지되었다. 그러나 대법원이 상고심의 업무부담 과중을 견디지 못하고, 상고허가제에 준하는 해결책을 찾으려 애쓴 결과, 상고심 심리불속행제도가 1994년에 도입되었다(상고심절차에 관한 특례법, 약칭 상고심법). 상고허가제와 달리 모든 상고를 일단 수리하여 심리를 시작한다. 그러나 법률이 정한 중요한 상고이유가 없다고 판단되면 대법원은 심리를 중단하고 다른 이유 설시 없이 상고기각한다.

기존의 상고허가사유(구 소송촉진법 제11조, 제12조)와 현행의 상고심 심리속행사유(상고심법 제4조)는 거의 같다. 그리고 두 법의 문언만 보면 민사소송법 제

423조가 상고이유로 규정하는 "판결에 영향을 미친 헌법법률명령 또는 규칙의 위반"을 그대로 옮겨 놓으면서(구 소송촉진법 제11조 제1항 제1호~제2호, 상고심법 제4조 제1항 제1호~제2호), 대법원 판례의 위반(구 소송촉진법 제11조 제1항 제3호, 상고심법 제4조 제1항 제3호~제4호)과 그 보충 또는 변경 필요(상고심법 제4조 제1항 제5호)를 사유로 추가한 것처럼 보인다. 그러나 상고이유로 그런 사유를 주장하는 것으로는 부족하다. 대법원이 그런 사유가 있다고 인정해야 한다. 그래서 구 소송촉진법 제11조가 규정하는 권리상고이유와 상고심법 제4조 제1항 제1호~제5호가 규정하는 심리속행사유는 별 의미가 없다. 실제로 중요한 것은 "법령의 해석에 관한 중요한 사항"(구 소송촉진법 제12조 제1항)이나 "중대한 법령위반"(상고심법 제4조 제1항 제5호)을 사유로 추가한 부분이다. 즉, 상고이유로 들어진 법령위반, 즉 법적 논점이 "중요" 내지 "중대"하다고 대법원이 인정해야 한다. 원심판결이 대법원 판례와 충돌하거나 대법원 판례를 보충 또는 변경할 필요가 있으면 이 중요성 요건이 충족된다.

그런데 상고허가제를 부활시키는 대신 심리불속행제도라는 형태로 비틀어 도입하는 과정에서 미묘한 폐단이 생겼다. 상고인을 비롯한 당사자로서는 언제 갑자기 심리불속행 결정이 내려질지 알 수 없어 당혹스럽다. 대법원은 이에 상응하는 이익을 누린다. 대법원은 처음에는 중요한 논점이 있다고 생각하여 상고이유를 검토하기 시작했더라도, 어떻게 판결문을 쓸지가 고민되면, 심리를 불속행하여 재판의 부담을 덜어낼 수 있다는 유혹을 받게 된다. 게다가, 심리불속행 결정이 내려져도, 상고심의 인지대의 일부를 돌려주지 않는다. 결국, 심리불속행제도는 상고허가제와 비슷하지만, 경제적 부담과 절차적 불확실성을 키운 점에서 상고허가제보다 못하다. 그렇지만 대법원에게는 상고허가제처럼 요긴한 기능을 하고, 당사자에게 불확실성의 폭이 커진 만큼 대법원은 넓은 행동반경을 누리므로, 대법원의 입장에서는 상고허가제보다 만족스럽게 생각될 수 있다. 절차법의 입법에서 대법원의 발언권이 압도적임을 고려할 때, 이 제도의 문제점이 개선될 가능성은 요원해 보인다.

조문의 문언만 보면, 현행 심리속행사유는 기존의 상고허가제의 상고이유

제한(구 소송촉진법 제11조) 상고허가사유(동법 제12조)와 별로 다르지 않다. 그러나 기존 상고허가제의 장점은 상고허가에 관한 재량에 있다. 한편으로는 제11조에 의하여 상고이유를 제한하지만, 제11조의 사유가 없더라도 사건이 "법령의 해석에 관한 중요한 사항을 포함"하면 상고를 허가할 수 있게 정했다(제12조). 여기에는 눈여겨볼 미묘한 장점이 있다.

첫째, 상고허가 단계에서는 상고이유가 중요한 논점에 관한 것인지에 집중하게 된다. 상고인은 상고허가사유에 관하여 변론할 기회를 따로 가진다. 대법원은 결국 어떻게 판결이유를 쓸지, 그것이 힘들고 까다로운 작업일지를 미리 생각하기보다, 오히려 까다로운 논점일수록 중요한 논점으로 평가하여 상고를 허가하게 될 수 있다. 그래서 대법원이 기존 판례를 인용하여 손쉽게 상고기각할 수 있는지보다, 까다로운 논점이 있는 사안인지에 집중하여 사건을 가려낼 수 있다.

둘째, 상고허가절차가 상고심 변론절차로부터 분리될수록, 상고허가절차의 주체가 분명해진다. 그는 상고허가사유 유무 판단의 당부에 대하여 응분의 평가를 받게 된다. 반면에, 현행법 하에서는 심리속행사유 판단부터 상고심의 본격적 심리까지 모두 묶어 소수의 대법관들에 맡겨지고, 실질적으로는 재판연구관이 결정적인 역할을 하게 된다. 그래서 책임 소재도 불분명해진다.

셋째, 상고이유의 중대성을 가리지 않는 획일적인 '초고속 상고심 변론절차'(민사사건의 상고이유 제출기간 20일, 답변서 제출기간 10일)는 실무계와 학계에서 강하게 비판받고 있다.[18] 상고허가절차와 상고심 변론절차를 분리하면, 상고심 변론절차를 실질화하는(상고이유서와 답변서 제출기간의 연장, 구두변론의 원칙적 허용) 입법적 개혁이 좀 더 용이해질 수 있다.

이렇게 상고허가제는 심리불속행제도에 비하여 미묘한 장점을 가진다. 상고이유의 중요성 요건을 허가상고사유로 규정함으로써, 상고허가절차가 상고심 심리절차로부터 분리된다. 그래서 오히려 상고심의 심리와 재판이 필요한 까다

18 대표적으로 이시윤, "대법원에 쉬운 접근권", 대한변협신문(추후 개칭: 법조신문) 제590호 (2016. 5. 9).

로운 사건들을 골라낼 수 있게 되고, 상고허가절차의 주체가 분명해져 책임소재도 분명해진다. 상고심 변론절차의 실질화도 용이해질 수 있다. 그러므로 상고허가제의 재도입이 요청된다.

2. 대법원의 정책법원화 논란

대법원은 상고허가제 부활에 소극적이다. 그 대신 고등법원별로 상고부를 설치하여 원칙적인 최종심으로 하고, 예외적으로 법정책적 중요성을 가지는 상고사건만 대법원에 재상고하도록 하는 개혁안을 주장하고 있다. 대법원의 안은 고등법원 상고부와 대법원에의 재상고권의 제한을 골자로 한다. 원칙적으로 3심제, 예외적으로 4심제가 된다. 그런데 이 점을 강조하지 않고, 대법원의 "정책법원화"를 개혁의 골자로 내세운다. 상고사건 수를 줄여 정책법원화하고, 중요한 법정책적 논점에 관한 구두변론(소위 "공개변론")을 확대하겠다고 한다.

그러나 법해석의 한계를 넘는 정책결정은 법원의 몫이 아니다. 그러므로 대법원의 몫도 아니다. 법원은 입법원(立法院)이 될 수 없다. 정책입법을 하는 정책입법원이 되는 것은 더욱 불가하다. 입법 없이도 특정 정책을 추진하고 구체적 사건에서 강제하는 정책재판소, 즉 정책법원은 더더욱 될 수 없다.

법률심이라는 이유를 들어 구술변론의 기회를 일체 배제하면서, 오로지 "정책법원화"의 안건(案件, agenda)에 맞는 특정 논점만 골라 구술변론의 특혜를 부여하는 것도 의문이다. 구술변론을 선별적으로 실시하려면, 법해석의 난이도에 맞추어 사건을 골라야 한다. "정책법원"임을 과시하기에 적합한 모성보호(母性保護), 여권신장(女權伸張) 등의 주제만 특별히 골라 "정책법원화" 지향을 홍보하려 할 일이 아니다.

대법원이 말하는 "정책법원화"는 권력분립의 헌법원칙을 흔들고 대중매체와 같은 비국가적 권력과의 균형도 깨뜨릴 수 있다. 미국 연방대법원처럼 상고심 재판이 사회적 논란의 사회적 논쟁, 정책적 견해대립의 중심지가 되기 시작하면 그 추세는 걷잡을 수 없을 것이다. 여론의 압박이 커져 사법부(司法府)의 기능적 독립이 저해될 우려가 있다. 오히려 대법원은 법적 평화와 법적 안정성의 구심점이어야 한다. 까다로운 논점에 집중하여 상고심으로서의 역할에 충실하려 한다고만 해도 충분하다. 괜스레 "정책법원화"에서의 정책재판이라는 논란거리를 덧붙여 일을 어렵게 만들 필요가 없다. 상고심 재판부의 사건부담을 줄이는 당면과제의 해결에도 방해가 된다. 대법원은 최고의 법해석기관으로서의 기본임무에 충실해야 한다.

요컨대 정책법원화는 그 자체가 형용모순이고, 사법권(司法權)의 한계를 넘어 입법기능과 정책형성기능에까지 뛰어들어 논란을 자초하는 문제가 있다. 오히려 사법권의 한계를 뛰어넘지 않고 개별 사건을 재판할 뿐임을 강조하는 편이 낫다고 생각된다.

제 8 장

법률검토(法律檢討)의 요령(要領)

제8장

법률검토(法律檢討)의 요령(要領)

Ⅰ. 사실관계의 정리와 쟁점의 발견

본격적인 법률검토를 위해서는 법적 지식을 바탕으로 사실관계의 요점을 정리해야 한다. 예컨대 국제물품매매에서 매수인이 제3자로부터 얻어 매도인에게 전달한 인적(人的) 담보제공(擔保提供) 문서가 신용장(信用狀, letter of credit), 보증장(保證狀, letter of guarantee), 안심장(安心狀, letter of comfort, 다른 표현으로는 의향서, letter of intent) 중 어느 것인지, 계약당사자가 주장하는 상대방의 채무불이행 유형이 어떤 것인지, 그 주장이 어떻게 다투어지고 있는지, 어떤 손해가 발생했다고 주장되고 있는지 등을 확인해야 한다. 그래야 초점을 좁혀 본격적인 법률검토로 나아갈 수 있다.

판사가 사실관계를 정리할 때에는 청구원인사실, 항변사실, 재항변사실의 순서로 법률관계의 요소를 나눈다. 그리고 각 요소에 대해 당사자들이 제시하는 주장과 증거를 정리한다. 법관은 당사자들의 사실관계 주장을 의심하고 그들과 공감하지 않으면서 냉담하게 거리를 두고 재단하는 자이기 때문이다. 그래서 사실관계를 정리할 때에도 입증실패(증명책임을 다하기 위해 요구되는 증명도 충족에 실패)할 가능성을 염두에 두고, 과연 각 당사자가 자신의 입증책임(증명책임)을 다하고 있는지 가늠하려 한다.

그러나 당사자와 그의 변호사는 자신의 입증책임사항이 아니라 하여 상대방에게 미루기만 할 일이 아니다. 오히려 상대방이 증명책임을 지는 사항이라도, 자신의 기억에 맞게 사실을 밝히는 데 힘쓰는 것이 현명하다. 법률관계에 직접 이해관계를 가지는 당사자로서 절박한 입장에 놓여 있기 때문이다. 그래서 변호사가 사실관계를 정리할 때에는, 시간 순서(time line)에 따라 사태 전개의 추이를 정리하고, 누가 입증책임을 지는 사항이든 상관없이, 법률적으로 중요한 요소를 점검할 수 있도록 정리하는 것이 좋다.

Ⅱ. 성문법주의(成文法主義) 국가에서의 법률검토의 방법

성문법주의 하에서는 우선 법률조문에서 출발하여야 한다. 사안에 맞는 특별법을 간과하지 않았는지도 살펴야 한다. 조문을 찾았으면 그 의미를 더 자세히 밝히는 해석자료들(판례, 기타의 유권해석, 학설)을 찾아야 한다. 한편, 영미법계에서는 법전에서 출발하여 법적 규율내용을 파악하는 일은 위험할 수 있다. 모든 분야의 모든 중요문제에 대하여 제정법이 마련되어 있는 것은 아니고, 제정법규의 기능은 판례법을 부분적으로 보충하거나 수정하는 경우가 많기 때문이다.

그런데 성문법주의를 따르는 법질서에서도 성문법이 완전할 수는 없다. 모든 사안유형을 모두 예상하고 각 사안유형에 특유한 이해관계를 미리 파악하여 이익형량을 하고 가치판단을 내려 두는 일은 불가능하다. 또한, 다양한 사안유형에 대해 법률규정을 망라적으로 갖추는 것은 실용적이지도 않다. 조문체계를 지나치게 방대하고 복잡하게 하기 때문이다. 가령 사용자의 눈높이에 맞게 '컴퓨터 프로그램 개발계약법전', '스포츠에이전시계약법전' 등을 만들어 그 법전 내에 모든 답이 다 들어 있도록 한다고 하자. 각 법전의 조문은 지나치게 방대하여질 것이다. 개별 법전들에는 내용의 중복이 있게 될텐데(가령 채무불이행법), 한 개별분야에서 발달된 법리가 다른 개별분야들에도 타당한지를 모두 일일이 따져야 할 것이다. '같은 문제를 같게 해결'하기를 지향하는 추상적 사고는 마비

될 것이다. 원칙과 예외를 논하는 비판적 사고는 수많은 개별조문 속에서 길을 잃을 것이다.

그래서 성문법주의 하에서도 성문법에 흠결이 생긴다. 법문(法文)의 의미가 불분명하여 해석을 요하는 경우도 생긴다. 새로운 사정이나 이해관계가 등장했을 때 기존의 법률규정이 그대로 적용되어야 하는지 묻게 된다. 때로는, 법문이 그런 사안까지 포섭하는 것은 아니어서 법률에 흠결이 있다고 보고, 그래서 그 흠결이 유추에 의해 보완하게 된다. 그 과정에서 재판관에 의한 법형성이 일어난다.

이것이 반드시 입법의 실패를 의미하는 것은 아니다. 원래 규범적 삼단논법은 사실에 관한 삼단논법과 같은 논리필연성을 가지지 않는다.[1] 즉, 법원칙이나 법규는 항상 논리필연적으로 적용되는 것이 아니다. 예외적으로 규율을 달리해야 하는 경우도 있고, 실효성이 약하거나 없는 법도 있다.[2] 법리의 원칙과

---

1 한스 켈젠, 심헌섭 역, 켈젠법이론선집, 법문사, 1990, 128~129면.

2 규범적 삼단논법이 사실과학의 삼단논법과 같은 것처럼 여기면, 법규가 정하는 규율이 현실적으로 "확실"히 구현된다고 착오하게 된다. 이런 과도한 기대에 빠지는 일을 피하려면, 켈젠이 지적하듯이 법적 삼단논법의 특징을 밝히고 그 때문에 원칙과 예외를 대응시키는 '원칙－예외 사고'가 유용함을 지적하는 것으로 충분할 것이다. 그런데 미국의 홈즈 대법관은 이 점을 분명히 지적하지 못했다. 오히려 법적 도그마틱(Rechtsdogmatik)이 마치 자연법칙적 확실성을 약속하는 것처럼 말하면서, 그런 약속은 잘못이라고 하여 법적 도그마틱에 책임을 떠넘겼다. 그는 법학을 실제적 법적용의 결과를 예측하는 사회과학으로 자리매김함으로써 비로소 자연법칙적 확실성에의 기대를 벗어날 수 있다고 생각했다. Oliver Wendell Holmes, The Path of the Law, Boston Law School Magazine, Vol. 1, No. 4 (Feb. 1897), p.8. 이것이 홈즈의 사회학적 법학(sociological jurisprudence)의 출발점이다. 미국 법학계에서 홈즈의 영향력은 강하다. 홈즈를 필두로, 도그마틱을 멀리하고 사회과학적 접근을 해야 한다는 강박관념은 법의 사회과학적(특히 경제학적) 연구의 원동력이 되고 있다. 심지어 비판법학(Critical Legal Studies)을 자임하는 일군의 반항아들은 일체의 도그마틱이 권력관계에 대한 허구적 변명일 뿐이라고 주장한다.

오스트리아에서 미국으로 건너 간 이민자(émigré) 법학자 켈젠이 원칙에서 결론이 도출되는 것도 아니고, 상위법에서 하위법이 도출되는 것도 아님을 분명히 밝혔으므로, 미국 법학계가 여기에 귀기울이기만 하면 된다. 그러나 켈젠의 지적은 미국에서 큰 영향력을 가지지 못한다. 실제로는 미국법 스스로도 도그마틱을 사용하기를 피하지 못하면서도, 종종 도그마틱에 대한 과도하고 부당한 혐오(내지 과잉면역반응)를 발산한다. 그리고 미국만 도그마틱의 허구성을 직시한다는 국수주의적 생각에 빠지곤 한다. 이런 정서는 법학에서의 미국예외주의(American exceptionalism)라고 부를 만하다. 그래서 대륙법계와 영미법계를

예외의 체계를 세워 현실을 포섭하는 이론적 접근, 즉 교의론(教義論, Dogmatik)적 접근이 방법론적으로 잘못되어서가 아니다. 규범은 원래 자연법칙처럼 다룰 수 있는 단순한 것이 아니기 때문이다.

예컨대 '절도범은 일정한 징역이나 벌금에 처한다'는 법규범(예: 형법 제329조)이 있다. 그러나 그로부터, '절도범인 저 사람은 반드시 일정한 징역이나 벌금에 처한다'는 결론이 '도출'되는 것은 아니다. 예외가 있게 마련이다. 왜 그런가? 규범명제는 '규범적으로 의미 있는 사실'에만 초점을 맞추고, 그에 대해 일정한 결론을 대응시킨다. 법률명제(법적 명제)도 마찬가지이다. 무엇을 가리켜 법적으로 의미있는("relevant") 사실로 다룰지 정하고, 그러한 사정이 있으면 일반적(원칙적)으로 일정한 법률효과를 부여한다. 그러나 현실 속의 절도범은 '절도범'으로서만 존재하는 것이 아니다. '피해자가 자신의 돈을 빌어가고도 갚지 않은 사정', '그래서 화가 난 사정'도 존재할 수 있다. '굶주린 아이의 아버지'의 사정도 존재할 수 있다. '나이가 어려 형사처벌을 받기에 부적합하다'는 사정도 존재할 수 있다.

다른 예로, 채무자가 채무를 불이행한 경우에는 그로 인하여 채권자가 입은 손해를 배상해야 한다(민법 제390조 본문)는 원칙이 있다. 그러나 여기에는 예외가 있다. 채무자에게 과책(過責)이 없으면 채무불이행책임이 없다(민법 제390조 단서). 또, 그가 무능력자(예: 미성년자)로서 체결한 계약은 이행할 필요가 없다(그 계약을 취소하면 된다)(민법 제9조 제2항 등). 착오로 계약체결에 이르렀음을 이유로 계약을 취소할 수도 있다(민법 제109조 제1항 본문). 그러나 다시 '예외에 대한 예외'도 있다. 미성년자라도 법정대리인으로부터 처분을 허락받은 재산에 관해 한 계약은 취소할 수 없다(제6조). 착오를 일으킨 데 중대한 과실이 있으면

과도하게 대비시키게 되고, 비교법적 검토를 위하여 미국 밖으로 눈을 돌리는 일조차 꺼리게 된다. 원칙-예외 형태의 법리구성에서 실천적 유용성만 찾아도 될텐데, 미국의 법현실주의자들은 지나친 완벽주의에 빠진 나머지, 도그마틱은 완벽할 수 없으므로 완전히 배격해야 한다고 말한다. 지나친 도그마틱 혐오로 법리구성에 장애물을 만들기도 하고, 외국법(특히 도그마틱을 미국처럼 철저히 배격하지 않는 나라의 법)을 비교법적으로 연구하지 않겠다고 호언장담한다. 그래서 자신의 법의 재인식과 발달의 계기를 찾는 전통적 비교법 작업의 효용을 누리지 않겠다고 안간힘을 쓴다. 참으로 안타까운 일이다.

'착오를 이유로 한 취소'를 할 수 없다(민법 제109조 제1항 단서).

이처럼 법적 판단을 위해 고려될 수 있는 요소는 다양하다. 그러나 법률규범이 '제반 사정을 종합적으로 고려하라'고만 말한다면, 권리의 보호, 사회의 안정 및 법적 평화에 대한 기대에 미흡해질 것이다. 그러므로 입법자는 먼저 원칙적 법규범을 정하고, 아울러 몇 가지 '예외적 법규범'을 정한다. 그리고 실세 사건을 다루면서 예외적 법규범을 추가하거나, 기존의 원칙규정과 예외규정을 재검토하는 일은 법적용자(재판관 등)에게 맡긴다.[3] 규범적 삼단논법은 반드시 지켜져야 하는 것은 아니다. 오히려 법규범을 해석하여 사안에 적용하는 과정에서도 '원칙'과 '예외'의 형태로 법규범의 체계를 정립, 수정하여 나가야 한다. 법률가는 무의식중에 법적 삼단논법을 반복적으로 사용하게 되지만, 그것은 사고의 기초적 틀(형식)에 불과하다. 이보다 더 중요한 것은 법규범에 담겨 있는 결단과 가치판단을 이해하고, 구체적 사안에서 발견되는 여러 가지 사정과 이해관계를 고려하여 기존의 법규범을 어떻게 해석, 적용할지이다.

성문법주의 법질서 하에서의 적용법조의 조사 및 그 해석·적용의 구체적 요령은 대체로 다음과 같다.

첫째, 적용법조를 찾아[4] 해석하고, 흠결이 있으면 유추해석 등에 의하여 보충한다. 법률의 해석과 흠결보충에 있어서는 판례와 기존 학설을 참조한다.

둘째, 사법상(私法上)의 임의법규(任意法規)의 규율사항에 대해 당사자의 약정(특약)이 있는지 확인하고 그 내용을 확정한다.

셋째, 계약의 해석자료로 될 수 있는 관습(민법 제106조)이 있는지, 또 관습에 의해 임의법규의 규율을 대체할 여지가 있는지 검토한다.

넷째, 법률, 당사자의 약정이나 관습에 의한 규율이 헌법이나 국제공법상의 강행규범(강행법규)[5]에 위반하지 않는지 검토한다. 그러할 소지가 있는 경우

---

3 헌법 제10조 제1항: "司法權[사법권]은 法官[법관]으로 구성된 法院[법원]에 속한다." 헌법 제103조: "法官[법관]은 憲法[헌법]과 法律[법률]에 의하여 … 審判[심판]한다."

4 국제적 사법관계(私法關係)의 경우에는 어느 나라의 법이 적용되는지를 국제사법(國際私法)에 의해 판단한 뒤 그 국가의 법 가운데에서 적용법조(適用法條)를 찾아야 한다. 그런데 국제사법의 조문도 해석이나 흠결보충을 요하는 경우가 있다.

5 강행법규는 라틴어로 ius cogens이다. 국제법학자들은 만국 공용어를 쓸 필요를 강하게 느

에는 우선 해석에 의해 그 여지를 해소하도록 하고, 그 다음 단계로 헌법위반이나 국제법상의 강행규범 위반을 이유로 그 법률규정 등의 효력이 부정되어야 하는지 검토한다.

Ⅲ. 법령정보의 조사 및 인용

1. 법령의 의의와 종류

넓은 의미로 법률이라 하면 성문법규 일반을 가리킨다. "법령"이라고도 한다. 여기에는 국회에서 제정한 법률과 그 하위규범인 대통령령, 총리령·부령, 자치법규(조례, 규칙), 대법원규칙 등 법규의 지위를 가지는 모든 성문규범이 포함된다. 대통령이나 총리령, 부령은 법률의 위임을 받아 입법되는 경우가 많다. 행정법의 분야에서는 이것이 일반적이다. 그런 하위법령은 그 골자와 세칙으로 나누어, 골자는 "○○법시행령"이라는 이름의 대통령령으로 반포하고, 세칙은 "○○법시행규칙"이라는 이름의 부령으로 반포하는 것이 보통이다. 그 경우 시행령의 위임에 따라 시행규칙이 마련되는 것이 통례이다.

법률관계를 규율하기 위해 국가 기타 공공단체에서 만든 '규정' 가운데에는 법규의 지위를 가지지 않는 것도 있다. 그것은 수규자에 대해 구속력이 전혀 없거나 불완전한 구속력밖에 가지지 않는 경우가 있다. 그 예는 행정법 분야에 특히 많다. 행정법에서는 이를 "행정규칙"일 뿐, "법규명령"은 아니라 하여 구별한다. 그것은 국가기관이나 공공단체의 업무수칙(준칙)으로서의 효력과, 법적 규율에 대한 일응의 지침을 제공한다. 그래서 행정관청이나 사인(私人)이 법규명령이 아닌 행정규칙을 위반하여 타인에게 손해를 입혔다면, 규칙 위반도 법규명령 위반과 마찬가지로 행위자의 과실을 입증하는 데 유력한 자료가 될 수 있다.[6]

끼므로, 강행법규를 가리킬 때에도 ius cogens라고 한다. 라틴어를 썼다 하여 특별한 의미가 있는 것은 아니다. 일국법질서(一國法秩序) 내의 강행법규와 국제법질서 내의 강행법규는 본질이 같다.

6 영미법에는 법규나 규정의 위반은 곧바로 과실불법행위의 요건으로서의 과실을 확립시킨다는 "per se negligence"("즉성과실" 내지 "당연성립 과실불법행위"로 번역)의 법리가 있다.

2. 법률조문의 모습[7]

가. 법령명

법령은 단순히 제정연월일로만 표시되지 않고, 명칭이 있다. 이것은 법령의 참조를 쉽게 한다. 법령명은 띄어쓰기까지 정확히 써야 한다. 원래 법령명 내에는 띄어쓰지 않았다. 예컨내 "독점규제및공정거래에관한법률"로 붙여 썼다. 그러나 대체로 2000년대부터는 일부 또는 전면개정의 기회에 법령명도 개정하여 학교문법에 충실하게 띄어쓰도록 하는 예가 늘고 있다. 위 법률명도 2005년 개정시에 "독점규제 및 공정거래에 관한 법률"로 바뀌었다. 아직 이렇게 개정되지 않은 경우에도 편의상 띄어 쓰는 것은 무방하다. 어느 경우이든, 필요하면 작은 따옴표를 붙여 법령명임을 분명히 해야 한다.

현대의 법령명은 "…에 관한 법률"이라는 식으로 긴 경우가 있다(예: 남북주민 사이의 가족관계 및 상속 등에 관한 특례법, 부정경쟁방지 및 영업비밀보호에 관한 법률). 외국에서는 입법자가 스스로 약칭을 정하기도 하지만,[8] 한국에서는 약칭은 법령의 일부가 아니고 별칭에 불과하다. 약칭은 해당 법령을 자주 적용하는 실무부서에서 관용적으로 만들어 쓰는 것이 보통이었는데, 대체로 2000년대부터는 법제처에서 적극적으로 약칭을 만들고 있다. 입법과정에서 약칭이 제시되거나, 분야별 전문가들이나 실무가들이 만든 약칭이 먼저 통용된 것을 법제처가 채택하기도 한다. 법제처의 국가법령정보센터(law.go.kr)에서 법령명을 검색하면 공식 약칭을 알 수 있다. 공식 약칭이 있으면 그것을 써야 한다.

공식 약칭의 예:
자동차손해배상 보장법(약칭: 자동차손배법)
독점규제 및 공정거래에 관한 법률(약칭: 공정거래법)

---

7 이 부분은 2008년 1학기에 성균관대학교 법정보조사 공동강의안의 이해완 교수님 작성부분을 토대로 증보한 것이다.

8 독일, 미국, 유럽연합 등에서는 법령명이 길 때에는 입법자가 스스로 약칭을 정하는 것이 통례이다. 프랑스에서는 기존 법률을 개정하는 법률의 명칭은 긴 경우가 많지만, 그 조문을 다시 법전(예: 민법전, 소비법전 등) 체계 내에 넣어 간명히 한다.

부정경쟁방지 및 영업비밀보호에 관한 법률(약칭: 부정경쟁방지법)
자본시장과 금융투자에 관한 법률(약칭: 자본시장법)
북한이탈주민의 보호 및 정착지원에 관한 법률(약칭: 북한이탈주민법)
남북 주민 사이의 가족관계와 상속 등에 관한 특례법(약칭: 남북가족특례법)
가정폭력방지 및 피해자보호 등에 관한 법률(약칭: 가정폭력방지법)
교통사고처리 특례법(약칭: 교통사고처리법)
폭력행위 등 처벌에 관한 법률(약칭: 폭력행위처벌법)
특정강력범죄의 처벌에 관한 특례법(약칭: 특정강력범죄법)
노동조합 및 노동관계조정법(약칭: 노동조합법)

공식 약칭이 없더라도 편의상 약칭을 쓸 수 있다. 그것이 학계나 실무계에서 흔히 쓰이는 것이 아닌 경우에는, 처음에는 완전한 법령명을 처음 쓸 때 괄호 안에 약칭을 제시해야 한다. 단행본의 경우에는 공식 약칭보다 더 줄인 약칭을 쓰는 경우가 많은데, 목차 뒤의 범례(範例)에서 정리하는 것이 좋다.

예: 민법 → 民, 상법 → 商, 민사소송법 → 民訴,
민사집행법 → 民集, 국제사법 → 國私

법령을 약칭으로 인용하려면, 그 법령을 처음 언급할 때에 정식 명칭과 약칭을 언급한 뒤, 그 후에는 약칭으로만 쓰는 것이 모범적이다. 다만, 판결문, 소장처럼 형식이 중요한 문서가 아닌 경우에는, 공식 약칭이 있으면 처음부터 약칭만 써도 무방하다.

예: 독점규제 및 공정거래에 관한 법률(공정거래법)
독점규제 및 공정거래에 관한 법률(이하 “독금법”으로 약칭)
독점규제 및 공정거래에 관한 법률(이하 “獨禁法”)
독점규제 및 공정거래에 관한 법률(이하 “공정거래법”으로 약칭한다)

외국어, 가령 영어로 작성하는 의견서에서는 법령명과 그 약칭을 번역하여 제시해야 한다. 한국법제연구원에서 번역한 영문법령정보에 나오는 번역에 따라 법령명과 약칭을 적는 것이 무난하다. 영문법령정보는 법제처의 국가법령정보시스템에서 쉽게 찾을 수 있다. 한국어 법령명으로 검색한 뒤 "외국어번역"을 눌러도 되고, 처음부터 영문 법령명으로 검색해도 된다. 때때로 한국법제연구원의 법령명 번역이 어색한 경우도 있다. 아주 어색하면 더 자연스러운 번역어를 만들어 써도 된다. 영문으로 법령을 언급할 때에는 첫 글자로 약자를 만들어 쓸 필요가 생기고, 이 경우에도 널리 통용되는 것을 따르면 좋은데, 이것은 어디까지나 편의상의 약칭이므로, 반드시 앞 부분에서 정식 법령명을 적고, 어떤 두문자 약칭을 쓸지를 괄호 안에 밝혀야 한다.

예: Monopoly Regulation and Fair Trade Act (hereinafter "MRFTA")
Monopoly Regulation and Fair Trade Act (hereinafter referred to as "MRFTA")
Monopoly Regulation and Fair Trade Act (MRFTA)
Monopoly Regulation and Fair Trade Act (hereinafter "Fair Trade Act")

나. 조 문

법령의 제1조에서는 그 법령의 존재이유를 개괄적으로 밝히는 경우가 많다(목적조항). 그래서 '독점규제 및 공정거래에 관한 법률' 제1조에서는 경쟁법(독점규제법)의 필요성에 따라 이 법이 제정되었음을 밝힌다. '약관의 규제에 관한 법률' 제1조는 일반거래약관의 규제를 위해 이 법률이 만들어졌음을 밝힌다. 목적조항은 제2조 이하의 조문을 해석하는 데 별 의미를 가지지 않는다. 법률의 위임을 받아 제정된 하위법령(대통령령이나 부령으로 제정되는 시행령, 그 하위법령인 시행규칙)의 경우에는 제1조 목적조항에서 '어떤 상위법령의 위임을 받아 그 세부적 내용을 정하기 위해 제정된 것인지'를 밝힌다.

목적규정 다음에 정의규정을 두고, 총칙, 각칙의 순서로 규정하는 것이 보통이다. 일반법(lex generalis, droit commun)의 성격이 강할수록 정의규정은 불필요하고, 인위적이고 새로운 입법일수록 정의규정이 쓸모있다. 외국의 입법이나 국제조약을 보면 총칙을 각칙의 뒤에 두기도 하고, 총칙을 둘로 나누어 각칙의 앞뒤에 두기도 하지만,[9] 한국에서는 그런 예는 드물다. 실체법과 절차법을 함께 규정하는 법령(예컨대 독점규제 및 공정거래에 관한 법률)의 경우에는, 실체법규를 앞에 놓고 절차법규를 말미에 규정하는 것이 보통이다. 벌칙(罰則)은 맨 뒤에 놓는 것이 보통이다.

'법전'이라고 통칭되곤 하는 중요 법률은 편, 장, 절, 관으로 목차를 나누어 규정한다(예: 민법, 형법, 민사소송법, 형사소송법). 그 외의 법률은 보통 장(章)만을 나누거나, 장, 절을 나누거나, 장, 절, 관을 나누는 것이 보통이다. 조문체계 내에 편제를 나누고 목차를 다는 것은 이용자의 편의를 위한 것이다. 특히 조문의 조감가능성을 높이려는 것이다.

다. 조문의 표제

한국에서는 각 조(條)별로 표제를 붙이는 것이 통례이다. 그러나 다른 나라나 국제조약을 보면, 조(條)별 표제는 붙이지 않는 예도 자주 볼 수 있다. 때로는 편, 장, 절, 관의 편제와 목차를 조별 표제 안에 넣기도 한다(예: 스위스 국제사법). 조의 표제 역시 수규자가 조문을 찾는 편의를 위한 것이다.

라. 조, 항, 목, 호, 본문, 단서, 1문, 2문

각 조는 1개 또는 복수의 문장으로 이루어진다. 복수의 법문을 적절히 쪼개어 규정하기 위해, 항(項)을 나누기도 하고, 항 아래에 다시 목(目)을 나누기도 한다. 항이나 목을 나누기에는 앞뒤 문장이 밀접히 연관되어 있으면, 1개의 조나 항 내에 1문, 2문으로 이어 쓰기도 하고, 본문, 단서로 대립시켜 쓰기도 한다. 1개 문장으로 묶여 있지만 전반부와 후반부의 내용이 나뉘는 경우에는, 그것을 전단, 후단으로 지칭하기도 한다.

하나의 조, 항, 목 아래에 문장을 적는 것이 아니라 복수의 사항을 나열(열거 또는 예시)할 때에는 호(號)로 구분한다.

---

9 총칙으로 규정할 내용이 많고 복잡할 때 이렇게 한다. 국제조약에서 자주 그렇게 된다. 총칙을 둘로 나눌 때, 원칙적 조문은 각칙의 앞에 두고, 기술적인 내용이나 각칙에서 공통적 내용을 추출한 것은 각칙의 뒤에 두는 경우가 많다. 두 덩어리로 나눈 총칙의 장절 제목도 예컨대 "일반규정"(General Provisions), "공통규정"(Common Provisions)으로 구별하는 것이 보통이다.

조문을 인용할 때에는 항, 목, 호의 번호까지 구체적으로 적고, 본문, 단서, 1문, 2문, 전단, 후단을 지시하는 점도 밝히는 것이 좋다. 조문은 워낙 중요한 법원(法源)이므로, 법문의 어느 부분을 가리키는지까지 분명히 하는 것이 정밀성을 높여 설득력 제고에도 도움되기 때문이다.

조문번호를 인용할 때에는 조는 "제○○조", "○○조" 또는 "§ ○○"로, 항은 가령 "제1항", "1항" 또는 "①"로, 호는 가령 "제1호", "2호" 또는 "ii"로 적는다. 조(條)의 표제는 특히 강조할 필요가 없는 한 옮겨 적지 않는다. 본문은 "本", 단서는 "但"으로 줄여 적기도 한다. 1문, 2문은 "1문", "2문"으로 적거나 "1", "2"로 적는다. 전단은 "前", 후단은 "後"로 약칭하기도 한다.

예: '국제사법 제3조 제1항 단서', '국제사법 §3 ① 但' 또는 '國私 §3 ① 但'
'민사소송법 제217조 제1항 제2호 전단', '민소법 제217조 제1항 제2호 전단',
'민사소송법 §217 ① ii 前', '민소법 §217 ① ii 前' 또는 '民訴 §217 ① ii 前'.

마. 별표, 서식

법령의 말미에 별표나 서식이 붙기도 한다. 특히 세법 분야에서는 별표가 자세하다.

바. 부 칙

법령을 제정하거나 개정할 때마다 말미에 부칙을 붙인다. 그래서 어느 때 만든 부칙인지를 잘 확인해야 한다.

부칙은 먼저 법령의(개정법령이면 개정법령의) 시행일을 정한다. 특정 일자를 적기도 하고 공포와 동시에 또는 공포일로부터 며칠 뒤 발효한다고 적기도 한다. 공포와 동시에 발효하는 경우가 아닌 한, 항상 발효일 0시에 발표한다. 공포와 동시에 발효하는 경우에도 법령의 공포는 특정 일자의 0시를 기준으로 하는 것이 통례이다.

법령의 소급효 여하는 법령의 시행일과 구별해야 한다. 법령은 시행되어야 효력을 가진다. 그 효력은 과거로 소급하지 않는 것이 원칙이다. 법적 안정성의 요청 때문이다. 그러나 드물게는 과거의 일정시점으로 혹은 일체의 과거까지 거슬러 올라가 소급적용되기도 한다. 법령이 소급효를 가지는 것은 몇 가지 경우에 국한된다. 기존의 법상태나 사실상태에 개정법대로의 법적 의미를 부여하여 포용하기 위한 것도 있다. 시기별로 적용되는 법령이 달라 법률관계가 지나치게 복잡해지는 일을 피하기 위한 것도 있다. 또, 과거의 명백한 불합리를 시정하기 위해 후속 제개정 법령을 소급적용하는 경우도 있다. 형법 분야에서는 후법에 의해 기존의 범죄가 폐지되면, 그 후법이 소급효를 정하고 있지 않더라도, 구법 시행 중에 저질러진 범죄는 범죄 아닌 것으로 된다.

부칙에는 경과규정을 두기도 한다. 제개정 법령에 소급효를 인정하면서 경과규정을 두어 과거의 법상태 내지 사실상태를 최대한 존중하도록 길을 트는 경우도 있다. 또, 제개정 법령에 비소급적 효력만 부여하면서도, 다시 경과규정을 두어 신법 시행 후에도 기존의 법상태 내지 사실상태에 대한 신뢰가 보호받도록 하는 경우도 있다. 구 법령(개정전 법령)에 대해(또는 법령이 없던 상태에 대해) 당사자와 이해관계인들이 신뢰를 가지는 경우가 많기 때문이다. 하나의 법률관계가 제개정 법령 시행의 전후에 걸쳐 계속되거나 하나의 법률관계의 성립요건을 충족하는 사실이 시행일 전후에 걸쳐 있는 경우에도 경과규정을 둔다.

부칙에서는 해당 법령과 관련되는 타 법령의 개정과 폐지에 대해서도 정하기도 한다. 예컨대 법률용어를 변경한 경우, 타 법령에서도 마찬가지로 용어 변경을 해야 하므로, 이를 부칙에서 정한다.

3. 법령정보의 조사방법(자료)

가. 종이인쇄물

(1) 관 보

국내법령과 국내에서 공포된 국제조약을 확인하는 권위적 준거는 관보(官報)이다. 법령이나 조약의 공포가 관보 게재에 의해 이루어지기 때문이다. 관보는 종이로만 간행되다가, 전자관보가 함께 발행되게 되었다(gwanbo.korea.go.kr/main.jsp). 종이관보를 제작할 때 그 pdf 파일도 함께 만들어 인터넷상에 게재하는데 그것이 전자관보이다. 그래서 종이관보와 전자관보의 내용이 불일치하는 일은 생각하기 어렵다. 다만 관보의 인쇄에 장애가 생겨 종이관보가 단 한 부도 인쇄되지 못하고 지연되는 등의 일은 생길 수 있다. 한국에서는 종이관보가 우선하므로, 종이관보 제작과정에서 만든 전자관보 파일이 인터넷상에 정식으로 게시되었더라도, 이런 경우에는 관보 발행이 없는 것이 된다. 그래서 관보 판본에 기재된 법령, 조약의 공포는 이루어지지 않고 지연된 것이 된다. 프랑스는에서는 한국과 반대로, 전자관보만이 공식적 관보이고, 종이관보는 전자관보의 내용을 확인하는 이차적 자료에 불과하다.

한국에서의 국제조약 공포 실무는 불완전한 상태이다. 국제조약이 복수의 대등한 언어본으로 작성된 경우에는, 모든 언어본을 관보에 나란히 게재하는 것이 바람직하다. 워낙 여러 개의 언어본이 있어 번거롭다면, 그중 하나(가령 영어본) 또는 둘(가령 영어본과 불어본)만을 관보에 전재하는 방법도 생각해 볼 수 있겠지만, 그 경우에도 타 언어본을 참조할 수 있는 인터넷 주소를 관보에 적을 필요가 있다. 국제조약의 국내적 공포시에 한국어 번역을 함께 실을 것인지, 그때 한국어 번역이 국내적으로 가지는 의미가 무엇인지에 대해서도 한국의 입법실무가 확립되어 있지 않다. 국제조약의 번역이 부정확한 경우도 종종 있다. 이런 변수 때문에, 국제조약이 어떻게 관보에 게재되어 공포되었는지를 찾고 비판적으로 검토할 일이 때때로 생긴다.

(2) 대한민국현행법령집, 법전

대한민국현행법령집은 '법령집 편찬 및 발행 규정'(대통령령)에 의해 편찬 및 발행된다. 이것은 관보보다 참조하기 편리하다. 기존 법령을 개폐하는 법령의 경우, 그것은 기존의 법이 어떻게 개정되는지만을 정한다. 그래서 그것을 기존 법령과 합쳐 놓아야 현행 법령의 모습을 알 수 있다. 그렇게 정리해 놓은 것이 대한민국현행법령집이다.

사설 출판사도 같은 방식으로 현행 법령을 정리하여 '법전'으로 간행한다. 법전출판사와 현암사의 것이 대표적이다. '대법전'이라고도 불리우는 '법전'에는 모든 현행법령을 수록하지만, 별표와 서식은 생략하는 경우도 있다. 사영 출판사들은 주요 법령만을 간추려 '소법전'을 출간하기도 한다. 법학도들은 소법전을 주로 참조하게 된다.

나. 온라인 데이터베이스

온라인 법령 데이터베이스(database, DB)의 등장으로, 대한민국현행법령집을 구비할 실익이 적어졌다. 심지어 단권화되어 참조하기 편리한 대법전조차도 글씨가 작고 책장을 넘겨야 한다는 이유로 외면받기도 한다. 그만큼 온라인 데이터베이스의 이용이 편리하고 저렴하기 때문이다.

국가기관에서 관리하는 데이터베이스는 법제처 국가법령정보센터가 관리하는 법령정보가 대표적이다(law.go.kr). 대법원 종합법률정보(glaw.scourt.go.kr)도 법령에 관해서는 이것을 가져다 쓴다. 어느 쪽을 이용하든 구 법령과 제개정 연혁을 확인하고, 상하위 법령을 함께 참조할 수 있는데, 법제처의 사이트가 좀 더 편리하다.

대법원 종합법률정보는 법령, 판례, 문헌, 예규·선례로 항목을 나누어 남김없이 수록하고 있다. 특히 예규·선례를 찾는 데에는 대법원 종합법률정보 사이트가 비용도 들지 않고 유용하다. 판례검색은 사건번호를 입력창에 입력하여 해당 판결문을 획득하는 방법 외에, 조문별 검색, 주제어 검색, 선고일자별 검색, 법원별 검색, 당사자 이름에 의한 검색 등 다양한 방법으로 할 수 있다.

흥미롭게도 대법원 종합법률정보에서는 헌법재판소 결정문은 검색되지도, 원문이 수록되어 있지도 않다. 헌법재판소 결정문을 온라인으로 열람하려면 헌법재판소 홈페이지(ccourt.go.kr)에서 결정례를 검색하거나 헌법재판소 공보(pdf 파일)를 다운로드받아 열람해야 한다.

사설 업체로는 로앤비가 있는데(lawnb.com),[10] 대법원 종합법률정보에 수록되지 않은 판례를 상당수 수록하고 있어, 판례 수록의 범위가 넓다. 그리고 법원 판결문과 헌법재판소 결정문을 함께 수록하고 있다. 그 외의 점에서는 대법원 종합법률정보와 로앤비가 제공하는 서비스는 비슷하다. 로앤비는 유료 서비스이므로, 계약서 양식, 온라인 주석서, 짧은 판례평석 등을 수록하고, 법조인

10 유료이지만, 대학 단위로 가입한 경우 대학 구내에서 무료로 이용 가능.

인명록 검색기능을 강화하여 구매자(주로 법률가)의 수요에 부응하려 한다.

국회 법률지식정보 시스템(likms.assembly.go.kr/law)에서는 국회에 계류되어 있는 법령의 제개정안, 조약 비준에 대한 동의안 등을 확인하고, 심의에 관한 정보를 찾을 수 있다. 국회의원들이 대중적 주목을 끌거나 일부 이해집단을 편들기 위한 법률 제개정안을 만드는 일이 자주 벌이지는데, 이에 신속히 대응하기 위해서도 법령안 제출, 심의에 관한 정보를 열람할 필요가 있다.[11]

조약의 정보를 찾는 가장 좋은 방법은 외교통상부 홈페이지에서 찾는 것이다. 조약의 원문과 번역문뿐만 아니라, 성립일, 발효일, 한국의 서명일, 비준일, 양자조약의 경우 타방 당사국의 서명일, 비준일, 한국에 대한 발효일 등을 일목요연하게 확인할 수 있다. 그 사이트는 다음과 같다. mofat.go.kr/state/treatylaw/treatyinformation/index.jsp. 그러나 다자조약의 경우 타 체약국에 관한 현황을 확인하려면, 그 조약을 만든 해당 국제기구의 홈페이지에서 확인해야 한다(예컨대 헤이그국제사법회의 경우에는 hcch.net).

지방자치법규는 자치법규정보시스템(elis.go.kr)에서 찾을 수 있다.

훈령(訓令), 예규(例規), 고시(告示)는 다음 사이트에서 찾을 수 있다. 첫째는 법제처가 마련한 사이트이다(moleg.go.kr/lawinfo/RecentInsturction.mo). 둘째는 국가법령정보센터(law.go.kr)의 '행정규칙' 메뉴이다. 여기에서는 별도 메뉴로 '법령해석례'도 제공된다. 셋째는 로앤비(lawnb.com)의 행정자료 메뉴이다. 결정, 서식, 질의응답, 보도자료 등도 포함되어 있다. 그중 '질의응답'은 법령해석례와 같은 것이다.

다. 영문법령

외국의 법원, 중재인, 변호사 등에게 한국법을 설명할 때, 한국의 법령을 영어로 번역할 필요가 있다. 분쟁해결절차 외에도 이것이 필요한 경우가 있다.

---

11 국회는 정책형성·심의기관의 성격이 약하고 분야별 전문성이 떨어진다. 그럼에도 불구하고 입법은 입법부가 전담한다는 도식적 사고방식에 빠진 나머지, 국회의원이 제출하는 입법안("의원입법안")을 행정부 제출 법률안보다 먼저 심의하는 이상한 관행을 만들었다. 그래서 국회의원들끼리 서로 봐 주는 가운데 경솔하거나 잘못된 입법이 이루어질 우려가 있다. 변호사단체, 학계, 유관기관·단체, 이해관계인, 시민들의 주의깊은 추적, 감시 외에는 통제할 방법이 별로 없다.

외국법이 적용될 계약이라도, 한국법 내에는 섭외적 법률관계에 적용을 관철하고자 의욕하는 법규들이 있다. "국제적 강행법규", "필요적 강행법규", "절대적 강행법규" 등으로 부르며, 그 개념은 국제사법 제7조(2001년 신설)/제20조(2022년에 조문번호 수정)에 명시되어 있다. 또, 단순히 공법관계에서 일정한 내용의 약정을 금지하고 과징금이나 형사처벌 등을 부과하는 법규도 있다. 그래서 국제계약의 교섭, 체결을 위해 조언을 제공하거나 대리하는 국내외 변호사들은, 그 계약에 외국법이 적용되도록 설계할 때에도, 한국의 이런 법규들이 개입할 가능성을 검토해야 한다. 또, 한국의 기업이 주도적 지위에서 국제계약을 체결하는 경우에는, 아예 한국법을 준거법으로 약정하기도 한다(예: 한국의 중화학공업 분야 회사가 외국의 국영기업과 함께 그 외국에 합작투자기업을 설립한 후, 그 회사와 거래하는 경우). 그런 경우에는 외국의 거래상대방을 위해 한국법을 번역해 주어야 한다. 또, 미국의 상장회사 공시제도는 매우 엄격하여, 미국 증권시장의 투자자들이 참조할 수 있도록 한국법의 관련 조문을 영어로 번역하여 공시하는 경우도 생긴다. 미국의 상장회사의 고문변호사나 사내변호사는 '영어가 가능하고 미국법에 대한 이해를 바탕으로 법률서비스를 제공할 수 있는' 한국의 변호사사무실(소위 "로펌")에 한국의 관련 법령을 찾고 번역해 달라고 의뢰한다.

이런 경우에는 한국 법령을 국제거래계에서 이해할 수 있는 영어표현으로 번역하여 제공할 필요가 있다. 한국의 법령에 대해서는 법적 효력을 가지는 '공식'적 번역은 일절 없다. 영어는 한국에서 공용어가 아니기 때문이다. 다만, 법제처 산하의 법제연구원에서 주요 법령의 비공식 영문번역을 제공한다. 인쇄본으로 영문법령집을 간행하기도 하고, 홈페이지(유료, 법학전문대학원 도서관을 통해 이용 가능)에 수록하고 있다. 이 번역은 항상 정확한 것은 아니고, '외국법률용어의 평이한 번역'이라는 원칙에서 멀어진 경우도 있지만, 편리한 출발점이 될 수 있다. 그러므로 무비판적으로 이 번역만 믿고 그대로 쓰는 것은 적절치 않다. 다만 법제연구원의 것을 참고하여 수정보완하면 안전하고 편리하다. 영어로 한국법에 대한 책이나 논문을 쓸 때에도 마찬가지이다.[12]

12 한국에서는 실무적 글에서는 표절까지도 눈감아지고 있으므로, 굳이 법제연구원 번역을

라. 입법과정 정보

국회에 제출된 입법안에 관해서는 다음의 사이트가 있다.

- 의안정보시스템: likms.assembly.go.kr/bill/
- 회의록 시스템: likms.assembly.go.kr/record/
- 영상 회의록 시스템: w3.assembly.go.kr/vod/

법제처는 입법추진포털을 운영한다(inglaw.moleg.go.kr).

법무부 홈페이지(moj.go.kr)에서는 법무부에서 진행되는 입법과정(공청회 포함)과 관련 문서를 확인할 수 있다. 다만 한국 법무부는 일본 법무성과 달리, 법령 제개정위원회의 회의록까지 공개하지는 않는다.

마. 현행법령 검색

법령명을 아는 경우에는, 국가법령정보(law.go.kr)에서 검색하면 된다. 굳이 이 홈페이지로 갈 필요 없이, 구글에서 법령명을 타이프하여 찾아갈 수 있다. 해당 법령이 나오는 페이지를 찾으면, 여기에서 연혁정보, 시행령, 시행규칙의 3단 비교 보기 등 다양한 서비스가 가능하다.

법령명이 정확히 기억나지 않거나 해당 문제에 대해 어떤 법령이 있는지 잘 알지 못하는 경우에는, 주제어검색을 통해 찾아볼 수 있다. 물론 평소에 어떤 분야에 어떤 법령이 있는지 숙지하거나, 혹은 관련 판례나 문헌을 통해 관련 법령을 확인하고, 이것을 국가법령정보에서 찾아 최근의 개정 여부를 점검하는 방식이 더 바람직하다. 자신이 잘 모르는 분야에서 관련 법령을 누락하지 않고 찾고, 또 그 법령에 관한 판례와 문헌도 함께 찾는 방법으로, 대법원 종합법률정보(glaw.scourt.go.kr)를 이용하는 방법이 있다. 검색창에 주제어들을 넣고 검색항목으로 '법령, 판례, 문헌'을 포함하여 검색하면, 그 키워드가 들어간 법령, 판

옮겼거나 이를 수정보완했음을 밝힐 필요는 없다. 그러나 이를 밝히면, 혹시 번역의 잘못이 문제될 때 혼자 모든 책임을 지지 않을 수 있다. 그러나 학술적 글에서는 인용에 관한 엄격한 규칙이 적용되므로, '이 번역은 법제연구원의 홈페이지(http://elaw.klri.re.kr)의 영문번역을 수정보완한 것임'이라는 표시를 달아야 한다.

례, 문헌이 모두 검색된다. 친족상속법이나 부동산등기법과 같이 대법원 예규와 등기·등록선례에 대한 의존도가 높은 분야에서는, 예규와 선례까지 포함하여 "전체"찾기를 하면 좋다.

바. 법령연혁 검색

법령연혁을 검색하는 가장 쉬운 방법은, 법제처 국가법령정보센터, 대법원 종합법률정보 또는 로앤비에서 법령명으로 현행법령을 찾은 후, 그 입법연혁을 추적하는 것이다. 그 과정에서 개정이유, 개정문, 개정조문을 확인하여, 각 개정시마다 어떤 부분이 바뀌었는지를 확인할 수 있다.

신구조문 대비표를 활용하면 개정연혁을 파악하기 쉽다. 법제처 국가법령정보센터, 대법원 종합법률정보, 로앤비 모두 신구법령을 좌우로 대비하여 비교하는 기능을 제공한다.

현재는 폐지되고 없는 구법령을 찾아야 할 경우도 있다. 농지개혁법(1994. 12. 22. 법률 제4817호 농지법 부칙 제2조 제1호로 폐지)이 대표적 예이다. 그 경우에는 법제처 국가법령정보센터, 대법원 종합법률정보, 로앤비, 혹은 구글 키워드 검색창에서 법령명을 입력하여 찾을 수 있다.

국회의원이 제출한 입법(소위 "의원입법")안이 아닌 한, 법무부를 비롯한 행정부처의 홈페이지에서 법령의 제안취지에 관한 자료를 찾을 수 있는 경우가 많다. 의원입법안 중에도 실질적으로는 행정부처나 사법부(사법부는 법률안 제출 권한이 없으므로)가 준비하여 넘겨준 것이 있다. 대체로 두 가지 자료가 있다. 첫째, 행정절차법에 따라 입법예고를 하고 공청회를 실시하는 경우에는, 입법예고, 그에 관한 간략한 보도자료, 공청회 자료집이 관련 부처의 인터넷 홈페이지에 실린다. 둘째, 입법안을 마련한 부처나 그 소속 연구기관에서 구체적인 법령안을 만들기 전에, '연구보고서'를 작성케 하여 입법 필요성을 탐구, 정리하는 경우가 자주 있다. 그것을 보면 제안취지를 자세히 알 수 있다(예: 법무부 홈페이지인 moj.go.kr에서 "법령/자료"-"자료실"-"연구용역보고서"). 정부나 정부출연 연구소가 발주한 연구보고서는 해당 부처, 연구소의 인터넷 홈페이지를 통해 전문(pdf 형태)을 입수할 수 있다. 또, "국가정책연구포털"(nkis.re.kr)에서 통합 검색할 수 있다.

사. 법령에 연결된 부가정보

온라인으로 법령정보를 검색하면서 그 법령에 부가하여 DB에 수록해 놓은 부가정보도 볼 수 있다. 대법원 종합법률정보와 로앤비는 법령을 찾은 뒤 그에 연결된 판례를 찾을 수 있도록 한다.

로앤비는 법령의 조문별로 문헌목록도 링크하여, 클릭하면 바로 원문을 볼 수 있게 한다. 주요 법령에 대해서는 "온주"라는 이름의 온라인 주석서도 만들어 조문별로 링크해 둔다. 로앤비에서 제공하는 문헌에 한정되기는 하지만, 신속한 참조에 도움이 된다.

4. 법령정보의 인용방법

법령정보는 보통 본문에 기재한다. "○○법 제○○조 제○항에 의하면…" 이라고 서두 쪽에 기재하거나, 문장이나 절, 구의 말미에 괄호를 넣어 "…(○○법 제○○조 제○항)"이라고 표시한다. 법령정보를 각주에 기재하는 것은 판례법주의 국가에서는 흔한 일이지만 성문법주의 국가에서는 드물고 어색하다.

국내법도 정식으로 인용하려면 고유번호, 공포·발효일자를 적어야 한다(기재례: 법률 제6465호. 2001. 4. 7. 공포, 2001. 7. 1. 발효). 그러나 국내의 현행법인 한 고유번호, 공포, 발효일자 등을 생략하는 경우가 많다.[13] 그러나 다만 구 법령을 인용할 경우에는 이 점을 반드시 표시하여야 한다. 보통 판결문 작성요령에 준하여, "(○○○○. ○. ○○. 법률 제○○○호로 개정되기 전의 것)"이라고 표시한다. 적어도 "(○○○○. ○. ○○. 개정 전)"이라고 표시하여야 한다.

외국법령이나 국제조약의 명칭은 영어나 일본어인 경우에는 원어로만 기재해도 무방하다. 한국에 낯선 외국어는 조약명도 번역하는 것이 좋다. 원래 명칭과 한국어로 번역된 명칭을 함께 기재하는 것이 좋다. 다만, 한국에서 아주

---

13 그러나 외국 법률가를 위하여 작성하는 서면(가령 외국 법률가를 위하여 외국어로 작성하는 법률의견서나 국가별 조사보고서, 논문)에서는 이를 명시하는 것이 좋다. 기재례: Law No. 6465, promulgated on 7 April 2001, effective on 1 July 2001.

자주 원용되는 것이면, 한국어로 번역한 명칭만 적어도 별 문제는 없다. 일본, 중국, 대만의 법령의 경우에도 마찬가지이다. 조약의 경우에는 명칭이 길다. 따옴표나 작은 따옴표로 묶는 것이 편리할 수 있다.

> 기재례: '민상사의 재판관할과 판결집행에 관한 1968년 9월 29일 협약'(Convention of 27 September 1968 on jurisdiction and the enforcement of judgments in civil and commercial matters)"(이하 "브뤼셀협약"으로 약칭).
>
> '민상사의 재판관할과 판결승인집행에 관한 2000. 12. 22. 이사회 규정 (EC) 제44/2001호'
>
> Council Regulation (EC) No 44/2001 of 22 December 2000 on jurisdiction and the recognition and enforcement of judgments in civil and commercial matters(이하 "브뤼셀 제1규정 2000년본"으로 약칭).

양자조약의 경우에는 국문본이 외국어본과 대등한 정본으로서 대등한 참조가치를 가진다. 그러나 다자조약이 한국어를 공식언어 중 하나로 삼는 일은 아직 없고, 앞으로도 그럴 가능성은 희박하다. 그렇지만 한국에 대하여 효력을 가지게 되는 다자조약은 공포할 때 관보에 번역문이 함께 게재된다. 이 때 조약명도 번역된다. 그러므로 한국어 명칭을 쓸 때 이를 따르는 것이 좋다. 정확히 쓰려면 한국에 대하여 발효한 시점도 적어야 하겠지만, 그 조약이 사안에 적용됨이 명백하면 발효일 기재는 생략할 수 있다.

국제조약을 인용할 때 그 조문은 번역할 필요가 있다. 영어본을 옮겨 놓는 것만으로는 부족하다. 아무리 한국 법률가가 영어를 잘한다 해도, 한국어 번역본과 나란히 놓고 보는 편이 훨씬 이해하기 쉽다. 게다가 한국어로 번역하는 과정에서 의미가 더 분명해지는 경우가 많다. 본문에는 한국어 번역을 적고 각주에는 영어본의 원문을 싣는 것이 무난하다. 관보에 게재되고 외교부 홈페이지에서 검색되는 번역문을 따르는 것이 무난한 경우가 많다. 다만 명백한 번역상 오류가 있으면 정정하고 각주 등에서 이 점을 밝히는 것이 좋다.[14] 다른 사람의

14 때때로 외교부의 조문번역에 정정할 부분이 보인다. 예컨대 지식재산권 분야의 조약에서

번역을 인용했으면 이를 명시한다. 외국법을 인용하는 경우에도 같다.

예: 조문번역은 석광현, 국제사법과 국제소송 제1권(2001), 550면을 따랐음(의 것임).

Ⅳ. 판례의 조사 및 인용

법률검토는 현행의 법상태(what the law is)를 파악하는 것을 일차적 임무로 한다. 법의 개선방안을 제시하는 경우에도, 현행의 실정적 법상태의 파악에서 출발하여야 한다. 따라서 성문법령의 조사에서 출발하여, 공식적 해석(유권해석)의 선례(대표적으로 판례), 학설의 순서로 중요성을 두어야 한다.

1. 판례의 조사

사안(事案)에 바로 들어맞는 판례가 있고 그 판례의 해석론이 방법론적으로 타당하며 내용상으로도 의심할 수 없는 확고한 해결기준이면, 판례의 조사는 그것으로 마무리된다. 그러나 법률가 스스로 알지 못하는 판례가 있을 수 있고, 다른 관점과 문제의식을 사안에 대입시켜 보는 일도 때때로 필요하므로, 조금 더 넓게 '관련' 판례들을 확인하여 읽어보는 것이 좋다. 또, 판례에 의한 법발달

"country of origin"이라 함은 본원국(本源國)으로 번역해야 한다. 그 권리가 그 국가의 법에서 유래했다는 뜻이다. 그런데 한국이 가입하여 비준, 공포한 조약 번역문을 보면, 어김없이 "본국(本國)"으로 오역하고 있다. 필요에 따라 관보에 게재된 기존 번역을 정정하는 정오표(正誤表, 1개소이면 Corrigendum, 복수이면 Corrigenda)를 관보에 싣는 것도 해결방법이 될 수 있다. 이런 문제를 예방하려면, 국제조약이 국제법이라는 형식적 측면에 이끌린 나머지 국제조약은 모두 외교부 국제법률국 소관 "분야"라는 생각에서 벗어날 필요가 있다. 법통일조약이 다루는 법분야의 소관 부서(예: 법무부, 보건복지부, 여성가족부)의 협조를 구하고 직간접으로 전문가의 도움을 받아 조문번역작업에 임해야 한다. 사법(私法) 분야에서 각국 국내법을 통일하는 내용의 조약(사법통일조약, 私法統一條約)은 그릇(틀)만 국제공법이지 내용은 사법(私法)이다. 환경법, 국제투자법 등 다양한 공법분야도 마찬가지이다. 국가 간에 법을 통일하는 도구로 국제조약이라는 그릇이 쓰인 것뿐이다. 음식이 그릇에 담겼다 하여 그릇의 일부가 되지 않듯이, 매매법, 운송법, 국제사법이 법통일조약으로 통일되었다 하여 매매, 운송, 국제재판관할, 준거법결정, 외국판결의 승인집행 등이 국제법의 분야로 편입되는 것은 아니다.

은 보통 조심스럽고 점진적인 것이기 마련이어서, 판례에서 법적 개념이나 법리를 완성된 형태로 제시하지 않는 경우가 많다. 그 부분에 대해서는 학설이 그 판례를 어떻게 의미부여하고 평가하는가를 확인해야 한다.

사안에 바로 들어맞는 판례를 찾고 그에 대한 학설상의 의미부여·평가를 확인하기 위해서는, 조문과 주제어로 판례검색을 하고, 이미 확인된 판례의 원문을 (전자 DB에 사건번호를 입력하는 방법으로) 입수하고, 그에 인용된 선행판례와 "따름판례"를 읽고, 문헌(특히 교과서, 연구서, 주석서 등의 단행본)에 수록된 판례목록(색인)을 보고 해당되는 부분을 찾아 읽어야 한다. 좀 더 넓게 관련된 판례와 법개념, 법리를 이해하려면, 판례 데이터베이스의 검색과 문헌조사를 좀 더 넓은 범위에서 병행하게 된다. 어떤 판례가 사안을 남김없니 해결해 주는 것처럼 보이더라도, 조심스럽게 법령을 다시 읽고 관련 판례·문헌을 찾아본 뒤 결론을 내리는 것이 좋다. 자신에게 낯선 분야에서 판례검색을 통해 비로소 그 판례를 접했다면, 이것은 자신이 그 분야의 전문성이 그만큼 낮음을 의미한다. 그런 경우일수록 자신이 놓치고 있는 법령, 논점, 판례, 학설 등이 있을 가능성이 높으므로 각별히 주의해야 한다.

판례를 조사할 때에는, 사안에 들어맞는 듯 보이는 판결례를 1개 찾는 것으로 판례조사를 끝맺어서는 안 된다. 조문별 판례검색, 주제어 검색, 인용판례 검색, 학술문헌이나 실무지침서에 인용된 판례의 확인 등의 여러 방법으로 판례의 태도를 재확인해야 한다. 그리고 문헌에서 판례의 태도를 어떻게 정리하는지도 확인해야 한다. 또, 추상론이 일치하거나 비슷한 판결례라 하더라도 사실관계가 어떻게 달랐는지 확인해야 한다. 추상론이나 결론이 다른 판결례라면, 성급히 판례가 상충한다고 결론지어서는 안 된다. 어떤 이유에서 추상론이나 결론이 달라졌는지를 사실관계에 비추어 확인하고, 최대한 두 판결례가 상충하지 않게 해석할 방법을 찾아야 한다.

2. 구체적 사안의 해결의 실례로서의 판결문

판결문은 법원이 어떤 법률론을 따르는지를 보여준다는 점에서 판례로서의 참조가치도 가지지만, 구체적 사안이 법적으로 규율되는 하나의 샘플이기도 하다. 즉, 판결문은 구체적 사안이 어떻게 해결되는지를 보여주는 실례(實例)이다. 이를 통하여, 동종 사건에 어떤 법령(가령 특별법)과 조문이 적용되었는지, 그 해결을 위하여 어떤 판례가 원용되었는지 등을 확인할 수 있다. 이것이 법률정보조사의 실마리가 되기도 하고, 스스로 법령정보와 판례를 조사한 내용에 빠진 부분이 없는지 확인하는 자료가 되기도 한다. 그 외에, 원고가 어떤 사람을 피고로 하여 어떤 청구를 제기했는지도 알 수 있다. 이는 소제기나 신청의 제출을 준비하는 데 참고가 된다. 나아가, 각급 법원에서의 사건접수번호와 선고일을 보면, 그 사건의 재판에 특히 오랜 시일이 소요된 경우도 알아볼 수 있다. 새로운 종류의 사건이나 논점이 법원에 제기되면 법원의 판단에 긴 시간이 걸리곤 한다.

3. 판례정보의 조사(판례의 확인, 입수)

가. 공식 판결집

법원과 헌법재판소의 판결집은 따로 발간되고 있다. 대법원이 관리하는 종합법률정보(glaw.scourt.go.kr)에서도 헌법재판소 판례(결정례)는 검색되지도, hyperlink로 연결되지도 않는다. 대법원과 헌법재판소 간 권한 다툼으로 앙금이 남아 자료공유, 협조가 되지 않는 것으로 보인다.

법원 판결의 공식 간행은 법원도서관에서 한다. 그 인터넷 홈페이지에 pdf 파일을 게재하거나 데이터베이스에 수록하여 관리하고, 종이출판물은 사법발전재단에서 간행하는데, 법원도서관 홈페이지에도 pdf 파일이 게시된다. 아래와 같다.

- 대법원판결집
- 하급심판결집(과거에는 고등법원판결집으로 간행했으나, 1, 2심을 포괄하게 되면서 개칭됨)
- 판례공보(매월 1, 15일 발간)
- 각급법원(제1,2심) 판결공보(매월 10일 발간)

공식 판례집은 모두 법원도서관에서 실제 판결문을 가공하여 만든 것이다. 사건의 별칭, 판시사항, 판결요지, 적용법조, 참조판례 등은 법원도서관에서 참조자의 편의를 위해 덧붙인 것이다. 실제 판결문의 내용은 "전문"이라는 표시 뒤에 나오는 부분만이다.

대법원판결집과 하급심판결집은 사법발전재단을 통하여 종이출판물로 간행된다. pdf 파일로는 제공되지 않으나, 대법원 종합법률정보와 법고을 CD에 원문이 수록된다.

판례공보와 각급법원(1,2심) 판결공보는 사법발전재단을 통하여 종이출판물로 간행하며, 법원도서관 홈페이지(library.scourt.go.kr)에서 pdf 파일로 무료로 다운로드할 수 있다. 종이출판물은 우송에 시간이 걸리므로, 발간일을 기다려 pdf 파일을 참조하는 것이 더 빠를 수 있다. 또, 법원도서관 홈페이지에서 판례 뉴스레터를 무료로 구독신청할 수 있다(library.scourt.go.kr에서 "열린마당"–"메일링 서비스"; 법원도서관 회원가입 필요). 다만, 대법원 종합법률정보와 법고을 CD에도 원문이 수록되고, 최신판결을 검색할 수도 있으므로, 판례공보와 각급법원(1,2심) 판결공보가 나올 때마다 참고하는 절실함은 줄어든 편이다. 편리하기는 하나, 판례의 흐름을 평소에 눈여겨보는 일을 게을리하게 될 위험이 없지 않다.

판례공보를 보면 개별 판결에 대하여 '대법원판결집 수록' 대상임을 표시한 것을 볼 수 있다(일련번호 박스에 검정색으로 표시). 그 판결은 대법원판결집에도 수록된다. 월 2회 간행되는 판례공보에 수록된 판례 중에서 판례로서의 가치가 높은 중요한 판결(소위 A급 판결)을 골라 대법원판결집에 수록하는 것이다. 대법원판결집에 수록된 판결은 원심판결이 함께 수록되므로 그 대법원 판결의 판례로서의 의의를 파악하기가 좀 더 용이하다. 한국의 대법원판결집은 일본의 최고재판소판결집을 모방한 것이다. 일본의 최고재판소판결집은 수록된 모든 판결에 사건명을 붙이고 있으며, 1심, 2심, 3심 판결을 모두 수록하고 상고이유도 수록한다. 이처럼 중요 판결문으로부터 판례의 추출하는 데 도움이 된다. 한국도 원래는 이를 부분적으로 본받아 원심판결과 상고이유(내지 그 요지)를 수록했으나, 언젠가부터 상고이유를 수록하지 않고 있다. 그러나 대법원 판례는 추상론의 일방적 하달로써 일거에 정립되는 것도 아니고, 최신 판결에서 대법원 판례의 설시문구의 증보판을 내놓음으로써 일시에 쇄신되는 것도 아니다. 게다가 대법원판결집에 수록될 정도로 중요한 사건은 한국의 법과 법학의 발전을 위한 자료로서의 가치가 높다. 상고이유를 고려하고 이에 반응하는 과정을 통하여 판례가 가감되고 발달되어 나간다. 일본 최고재판소판결집처럼 1, 2, 3심 판결을 모두 수록하고 상고이유도 수록하는 것이 바람직하다.[15] 법관들은 판례가 변호사, 검사와 판사의 공동의 기여로 만들어진다는 점을 간과하고 판사의 단독 작품인 것처럼 생각하는 듯하며, 그 점이 대법원판결집 편집, 간행에 반영된 것인 듯하다.

판결문을 공간(간행)할 때에는 법원도서관의 조사심의관이 판결문 앞에 참조정보를 덧붙인다. 먼저, 굵은 글씨로 판시사항, 판결요지를 추출하여 기재한다. 한국에서는 판례의 이해에 있어서도 일반추상적 사고가 지배하는 경향이 있어, 판례 원문에서 사실관계의 특수성, 판례발달의 역학 등을 파악하고 음미하기보다는, 공간과정에서 "판결요지"로 추출된 것을 무조건 중시하는 경향이 있다. 이것은 대법원을 준입법기관으로 취급하는 셈이 되는 위험한 접근방법이다.[16] 개별 판결의 판지가 곧 판례라고 단정해서도 안 된다. "판결요지"가 곧 그 판결의 판지라고 단정짓는 것도 곤란하다. 오히려, 고딕체로 추출되어 있는 "판결요지"는 판례색인으로 활용하고, 전문을 주의깊게 읽는 것이 바람직하다. 심지어 당사자가 누구인지도 염두에 두어 사안의 특징을 파악하는 것이 좋다. 판

---

15 일본 최고재판소판결집의 이러한 편집 관행은 다른 법률선진국에서도 찾아보기 힘든 탁월한 것이므로 적극적으로 본받아야 한다. 한국은 근년에 일본의 식민지였으며 근대법의 도입이 식민지 총독부에 의한 이식(移植, transplantaion)에 의해 이루어진 역사가 있으므로, 일본의 영향을 추가로 받는 것을 꺼리거나 일본으로부터 받은 영향을 조금이라도 없애려 하는 경향이 있다. 그러나 이런 심리는 극복되어야 한다.

16 중국에서는 한국보다 이런 경향이 훨씬 심하여, 아예 최고인민법원이 "사법해석(司法解釋)"이라는 이상한 이름으로 '최고인민법원의 추상적 입법'을 발령한다. 이로써 법률을 개폐하기도 하는 부분은, 중국의 전국인민대표대회가 의회 내지 입법부로서의 성격을 부분적으로만 가진다는 점을 고려할 때, 이해할 만한 부분이 없지 않다. 그러나 아무리 비민주적 정체라 하여도, 최고의 법해석기관이 동시에 '법률까지 부분적으로 개폐하는 추상적 입법권'을 겸유하는 것은 어색해 보인다. 더구나 추상적 입법작용을 "해석"이라고 부르는 것은 어색하다.

지가 반드시 판결이유에 완전히 드러난다는 보장은 없으며, 행간의 의미를 읽는 데 사실관계의 이해가 도움될 수 있기 때문이다.

한편, 대법원이 판결이유로써 상고이유에 충분히 답하지도 않으면서 마치 까다로운 문제가 없는 것처럼 쟁점·판지 희석형 판결을 쓰는 경우가 종종 있다. 이런 경우에 대법원이 핵심논점을 비껴가는 판단을 한 사실 자체가 판결문에 드러나지 않게 된다. 대법원이 그렇게 한 법리적 이유를 풀이하기는 한층 더 어렵다. 이것이 상고심의 기능을 다하는 것인지, 판결이유의 기능을 다하는 것인지는 의문이다. 대법원 판결에서 사실관계를 길게 설명하는 부분은 줄이고, 상고이유를 좀 더 충실하게 적고, 그에 대한 법해석자로서의 술회를 좀 더 가감없이 적는 편이 나을 것이다. 그것이 "판결요지"에 굵은 글씨로 적히면 그 자체가 법률조문처럼 판지로 굳어지리라는 부담을 지지 않도록, 판결문에서 판지를 읽어내는 방법도 보다 분석적으로 바뀔 필요가 있다.

헌법재판소 간행물로는 '헌법재판소 판례집'과 '헌법재판소 공보'가 있다. 모두 헌법재판소 홈페이지에 pdf 파일이 게재되고 판례검색도 가능하다. 종이 간행물은 정기구독할 수 있다. 그 원문은 pdf 파일로 헌법재판소 홈페이지에도 게시된다.

대법원과 헌법재판소 간의 예민한 관계로 인하여, 법원과 헌법재판소가 관리하는 온라인 판례 데이터베이스는 서로 철저히 분리되어 있다. 한쪽에서 다른 쪽 판례를 검색할 수 없다. 양쪽의 판례 사이에 클릭만으로 접속되는 하이퍼링크도 없다.

나. 공공 데이터베이스

– 대법원 종합법률정보(glaw.scourt.go.kr)
– 법고을 L/X CD
– 헌법재판소 홈페이지(ccourt.go.kr)에서의 판례 원문 검색
– 대법원판결요지집(폐간)[17]

---

17 과거에는 대법원판결요지집이라는 가제식 출판물이 발간되어 유용하게 쓰였다. 이 책은 법률조문별로 주요 판례의 요지를 아주 짧게 요약하여 수록했다. 그러나 인터넷이나 법고을 CD에서 조문별 판례목록 검색과 주제어(키워드) 검색이 가능해지면서, 대법원판결요지

헌법재판소 결정을 제외하면, 판례의 검색과 원문 입수는 대법원 종합법률정보(glaw.scourt.go.kr)가 매우 유용하다. 이 웹사이트는 법원도서관이 운영한다. 맨 위에 판례, 법령, 문헌, 규칙/예규/선례의 메뉴가 있는데, 그 메뉴 중 하나를 선택해야만 검색 가능한 것은 아니다. 단지, 어느 메뉴를 선택하면 그에 해당하는 문서만 얻게 된다.

사건번호를 알고 있는 특정 판결문 원문을 찾고자 할 때에는, 메뉴의 선택 없이 검색창에 사건번호만 입력하면 된다. 어떤 문제에 대하여 어떤 판례가 있는지 검색하려 할 때에는, 약간의 요령이 필요하다. 가장 권할 만한 방법은, "상세검색"을 클릭한 뒤 조문별 검색을 먼저 해 보는 것이다. 이렇게 하면 그 조문에 대하여 옛날부터 지금까지 판례가 어떻게 발달되었는지도 파악할 수 있고, 관련성이 높은 판례들에 집중할 수 있다. 해당되는 조문이 무엇인지 잘 알지 못하면, 적절한 키워드를 넣어 검색할 수도 있다. 첫 화면에서 검색창에 검색어를 입력하면 된다. "상세검색" 메뉴를 클릭하면, 여러 개의 키워드를 넣을 수도 있다. 조문별 판례 검색과 주제어 검색은 적절히 병용하는 것이 좋다. "상세검색"에서 선고(또는 고지)일자와 법원을 특정하여 검색할 수도 있다.

중요판례를 찾았으면, 그 판결에서 인용한 판례("인용판례")와 그 판결을 인용한 후속 판례("따름판례")도 찾아 확인하는 것이 좋다. 인용판례와 따름판례는 왼쪽 창에서 그 링크를 클릭하면 원문을 얻을 수 있다. 인용판례는 판결문 본문의 하이퍼링크를 통해서도 연결된다. 원심판결, 환송판결, 환송심판결 등은 하이퍼링크로 표시되어 있는데, 원문이 수록되어 있는 경우에는 참조할 수 있다. 그런데 1심판결이나 원심판결로서 등록된 판결문은 사건번호로 검색하면 검색이 안 되고, 타 판결의 1심판결이나 원심판결로 찾아 들어가야만 원문을 찾을 수 있는 경우도 있다.

따름판례를 찾기는 쉽지만, 기존 판례에 대하여 회의적인 견해를 표명하거나 오히려 반박한 후속 판례를 찾기는 쉽지 않다. 조문별 검색, 키워드 검색 등의 과정을 통해 스스로 찾아내야 한다. 왜냐하면, 한국에서는 대법원이 기존의

집의 수요가 크게 줄었고 결국 폐간되었다.

대법원 판례와 태도를 달리할 때에, 판례변경의 절차를 밟지도 않고, 기존 판례와 어떻게 그리고 왜 다른 해석을 하는지 명시적으로 설시하지도 않은 채, 단순히 상충하는 기존 판례를 언급하지 않는 경우가 많기 때문이다. 이것은 폐습이다. 당장은 선배 대법관을 정면으로 반박하거나 평가하려 들지 않는 공손한 태도일지 모르나, 이렇게 서로 색인이 되지 않은 상충하는 대법원 판례 간의 관계를 어떻게 이해할 것이냐라는 숙제를 대법원이 스스로 해결하지 않고 떠넘기기 때문이다. 게다가, 대법원은 기존 대법원 판례에서 마음을 바꿀 때, 그 기존 판례를 인용하지 않고 무시하는 방법으로 긴 세월을 보내는 방법을 즐겨 쓴다. 즉, 이렇게 기존 판례를 따를 때에는 기존 판례가 있다는 이유만으로 반대론을 간단히 배척하지만, 기존 판례를 따르지 않을 때에는 아예 존재 자체를 무시한다. 이런 모순되고 통일성 없는 태도는 법률심으로서의 대법원에 대한 신뢰를 갉아먹는다.

여러 판례를 검색하여 비교검토하거나, 판례를 학설과 비교검토할 때에는, 각 판례의 상대적 중요성을 따져야 할 경우가 있다. 대법원 판례인지, 판례의 선후맥락, 사안의 특수성 등이 고려되어야 한다. 그래서 특정 판례가 선례로서 참고가치를 얼마나 가지는지 따져야 할 경우도 있다. 전원합의체 판결이 가장 중요하고, 대법원판결집에 수록된 판결(소위 A급 판결) 중 전원합의체 판결 외의 것이 그 다음으로 중요하다. 그 다음으로 판례공보에만 수록된 판결(소위 B급 판결)이 중요하다. 그보다는 선례로서의 의미가 적지만 그 다음 순서로 중요성이 있는 판결(소위 C급 판결)은 판례공보에는 싣지 않고 종합법률정보에만 수록한다.

종합법률정보와 법고을 L/X 데이터베이스는 법원 내부에서 이용하는 버전이 있는데, 거기에는 훨씬 더 많은 판결문이 수록되어 있고, 문헌 원문도 상당히 많이 수록되어 있다.

법원도서관에서는 법고을 L/X DVD를 매년 만든다. 사법발전재단에서 구입할 수 있다. 각 법학전문대학원 및 법과대학 도서관에도 무료 배포된다. 연구자 등이 자신이 집필한 논문의 원문을 법고을 L/X 데이터베이스에 수록하도록 동의하면, 그 사람에게는 법고을 L/X DVD가 매년 무료로 배부된다. 판례공보, 각급법원(1, 2심) 판결공보가 나올 때마다, 업데이트용 파일이 대법원 홈페이지(scourt.go.kr) 내의 법원도서관 홈페이지(library.scourt.go.kr)에 게시된다. 그것을 일일이 다운로드받을 필요도 없다. 법고을 앱을 가동하여 “업데이트”를 클릭하면 된다. 법고을은 문헌의 원문이 폭넓게 수록된 것이 큰 장점이다. 그러나 법령·판례의 최신정보를 얻으려면 자료를 업데이트하거나 glaw.scourt.go.kr 등에서 확인해야 한다.

헌법재판소 판례(결정례)는 헌법재판소(ccourt.go.kr) 홈페이지에서 별도의 검색 시스템에 의하여 검색, 원문입수할 수 있다. 한국에서는 위헌법률심사가 과도할 정도로 자주 행해진다. 특히 헌법소원이 과용(過用)되고 있다. 위헌 소지가 거의 없는 법률도 자주 위헌심사의 대상이 되고, 장문의 결정문이 쓰여진다. 그런 결정례는 위헌 여부의 검토를 위하여 의미를 가진다기보다, 오히려 해당 법령의 입법취지와 존재가치를 이해하는 보조자료로 활용될 수 있다.

법원도서관이 공간하거나 데이터베이스에 수록하지도 않고, 법원도서관 홈페이지에 화제의 판결이나 최근판결로 소개되지도 않은 판결을 법관 아닌 사람이 검색하기는 매우 불편하다. 어떤 판결이 있는지 검색하기가 어렵다. 그러나 특정 판결의 존재를 알고 있으면, 그 판결문의 입수는 어렵지 않다. 대법원 홈페이지(scourt.go.kr)에서 ‘대국민 서비스’-‘정보’-‘판결서 인터넷 열람’의 메뉴를 차례로 클릭하면 ‘판결서 인터넷 열람’ 페이지가 나온다. 사건번호를 알고 있으면 입력하면 된다. 그렇지 않은 경우에는 관련 법령이나 주제어로 검색할 수 있다. 판결요지를 미리보기로 읽어 선별한 뒤 구매하면 된다. 인터넷으로 원문을 요청하면 곧바로 입수할 수 있다. 비용도 저렴하다(1건당 1,000원의 수수료). 다만 판결확정일이 2013년(형사) 내지 2015년(민사) 1월 1일 이후의 것만 열람 가능하다. 그리고 미확정 판결은 열람할 수 없다.

한편, 판결문만이 아니라 소송기록을 열람하기는 매우 까다롭다. 소송기록이 스캔본으로 전산화되어 있는 경우에도, 법원도서관의 소송기록 열람 전용 컴퓨터로만 열람을 허락하고, 미리 신청을 하거나 현장에서 줄을 서야 한다. 또, 열람할 때에는 메모가 불가능하다.

다. 사영(私營) 판례집·데이터베이스

1970년대부터 1990년대에는 일본의 판례시보를 본받은 판례월보가 간행되어, 판지의 요약과 원문을 제공하는 중요한 기능을 했다. 그러나 2001년을 끝으로 폐간되었다.

사영 데이터베이스로는 로앤비(lawnb.com)가 대표적이다. 유료이지만, 대학도서관이나 기타 전문도서관(예: 서울지방변호사회 도서관)에서 기관 가입한 경우에는 기관 명의로 로그인하여 이용할 수 있다.

종합법률정보 미수록 판결문은 로앤비가 독점해 왔으나, 근래에는 경쟁업체가 늘었다. 사건번호로 미공간 판결문을 입수하려 할 때, '판결서 인터넷 열람'을 하기 전에 로앤비에 수록되어 있는지 찾아보아도 좋다. 단순히 구글 검색을 하면 경쟁업체에서 판결문을 수록하고 있는지 알 수 있다.

라. 학술지에 수록되는 판례정보

학술지에서 주기적으로 판례를 요약, 정리하여 제공하기도 한다. 다음 두 학술지는 매년말 또는 매년초에 한 해의 중요 판례를 판결요지 형태로 정리하여 싣는다. 간략한 평석과 함께 싣기도 한다. 현직 법관이 해당 분야의 미공간 판결까지 망라하여 확보, 정리한다. 이 점에서 중요한 참고자료가 된다.

- 국제사법연구: 12월에 간행되는 제2호에 당해 연도의 대법원 및 하급심 판결 요지를 요약하여 수록–판례공보 등에 수록되는 "판결요지"와는 다른 경우가 자주 있으며 정리자의 주관적 평가가 개입된 경우도 있음.
- 국제거래법연구: 12월에 간행되는 제2호에 당해 연도의 대법원 및 하급심 판결의 "판시사항"과 "판결요지" 수록.

다만 미공간 판결의 판지가 과감하게 요약되는 과정에서 부정확하게 인용되는 경우도 있다. 그러므로 문헌이나 판결에 인용된 미공간 판결 정보에는 색인 정도의 의미만 부여하고, '판결서 인터넷 열람' 서비스를 사용하여 원문을 입수하여 읽는 것이 좋다.

마. 판례해설·평석

- 대법원판례해설
- 주석서, 교과서, 연구서, 교재용 중요판례 해설집
- 판례평석에 특화된 정기간행물(서울지방변호사회의 "판례연구", 민사판례연구회의 "민사판례연구", 형사판례연구회의 "형사판례연구", 한국행정판례연구회의 "행정판례연구" 등)
- 각종 정기간행물에 수록되는 판례연구, 논문
- 법률신문(lawtimes.co.kr), 법조, 인권과정의(koreanbar.or.kr)의 연도별 판례회고

대법원판례해설은 해당 사건을 맡은 대법원 재판연구관이 대법원 판결의 배경을 이룬 학설, 판례 검토내용의 요지를 설명하는 글을 모아 놓은 정기간행물이다. 연 2회 발간된다. 담당 재판연구관의 심중을 보여주므로, 판결이유에 나타나지 않는 고려를 확인할 수 있다. 특히, 기존 학설을 어떻게 고려했는지, 기존 판례에서 애매하거나 상충된 부분을 어떻게 해결하고자 했는지 약간 더 구체적인 설명을 읽을 수 있다. 그러나 대법원판례해설에서 국내외 학설을 죽 훑어보는 부분을 제외하고, 판지를 좀 더 구체적으로 설명한 부분은 아예 대법원 판결이유에 담아야 하는 것이 아닌가 생각된다.

중요한 논점이 문제된 사안이라 하여 대법원판례해설이 집필, 간행되는 것도 아니다. 오히려 까다로운 문제일수록 대법원 판결이 상고이유 중 그 논점을 피하여 다른 논점만 다루기도 하는데, 그런 판결일수록 대법원판례해설 집필대상이 되지 않을 가능성이 높다.

연도별 판례회고와 판례평석은 평석자가 독자적인 관점에서 법학적 시각에서 판례로서의 가치와 당부(當否)를 검토하는 점에서, 판례의 조사연구에 중요한 자료가 될 수 있다. 그러나 평석자의 주관적 평가가 개입될 여지가 있으므로, 여러 평석들을 비교, 평가할 필요가 있다. 또 다수의 판례평석이 가령 특정 판례에 대해 비판적인 입장이라 하여, 그것이 통설이라고 단정짓기 곤란한 경우도 있다. 그 판례를 지지하는 법률가들은 판결이유에서 판지를 워낙 명쾌하

게 잘 설명했다고 생각하여 굳이 판례평석을 쓰지 않게 될 수 있기 때문이다.

평석자의 직업적 배경도 평석대상 판례의 선택과 평석의 내용에 영향을 미칠 수 있다. 현직 판사나 전직 판사(가령 현직 변호사나 교수)의 평석은 법원 스스로 중요 판결례라고 표방하는 데 동조하고, 또 판례의 내용에 대해서도 그 정당성을 지지, 합리화하는 경향이 있을 수 있다. 학자의 경우에는 어느 나라에서 유학했고 어느 학파에 속하여 연구했느냐에 따라 평석의 내용에 편향이 생길 수 있다. 이런 점도 감안하면서 읽을 필요가 있다. 실업계, 이익집단(예: 노동조합) 내지 정치단체화된 시민단체(예: 반일단체)의 경우에는 자신이 인연을 맺고 있는 사회경제적 집단의 이해관계나 정책적 또는 정치적 견해를 대변하게 될 여지가 있다.

사회적 또는 정치적 운동가들의 영향력이 큰 분야(예: 소위 "민족소송"이나, 정치적으로 재평가받게 된 "과거사")에서는, 압도적 다수의 출판물이 특정 견해에 따르더라도 그것을 한국 내 통설로 단정하기 어려운 경우가 종종 있다. 그런 경우에 판례가 외관상의 압도적 다수설과 정면으로 충돌하는 일이 자주 생기는 것은 이상한 일이 아니다. 그런 경우에 판례에 동조하는 학술문헌은 극소수일 것이다. 그렇지만 그 판례와 극소수의 문헌이 통설을 구성하는 경우가 종종 있다.

바. 대법원이나 헌법재판소의 법률자문의견서(내지 논문)집

대법원 판결에 앞서 학계에 자문을 구하여 대법원이나 헌법재판소 내의 연구회에서 발표된 논문을 모아 발간하는 책자가 있다. 특히 자주 참조되는 것은 비교법실무연구회에서 부정기적으로 발간하는 '판례실무연구'이다.

4. 판례의 인용방법

가. 국내판례

법원명, 선고(또는 고지)일자, 사건번호는 필수적으로 기재되어야 한다. 법원의 판결문에서도 이러한 방식을 따른다. 법원명은 "○○고법", "○○지법", "○○가법", "○○지법 ○○지원" 등으로 줄여서 기재하는 것이 보통이다. 법원의 조직과 명칭이 바뀐 경우에도 판결시의 것을 그대로 쓴다. 예컨대 서울중앙지방법원이 서울지방법원으로 불리우던 시대에 내려진 판결은 "서울지방법원" 또는 "서울지법"이라고 지칭한다. 서울민사지방법원, 서울형사지방법원 시대에 내려진 판결도 그에 맞게 인용한다.

실무적 문서에서 통용되는 기재방식은 "대법원 [선고일 또는 고지일] 선고 [사건접수번호] 판결/결정"이다. 학술문헌(특히 교과서, 주석서)에서는 "大判 1972. 4. 20. 72다248"과 같이 약호를 쓰기도 한다. 이것은 판례의 인용방식을 간소화하려는 시도이지만, 실무적 문서에는 아무래도 낯설다.

예: 대법원 1972. 4. 20. 선고 72다248 판결.
대법원 2005. 1. 27. 선고 2002다59788 판결(공2005, 294).
서울민사지법 1987. 10. 14. 선고 86가합3203 판결.
인천지법 2003. 7. 24. 선고 2003가합1768 판결.
서울가법 2006. 8. 4. 선고 2006드단6945 판결.

띄어쓰기와 마침표, 쉼표 등의 부호는 법령정보, 판례정보, 문헌정보의 인용시에 매우 중요하다. 통용되는 관례를 정확히 준수하여야 한다. 판례의 인용시에는 "연", "월", "일"이라고 쓰는 대신 마침표를 찍는다. 전자화된 데이터베이스를 참조하는 경우에는, 판결일자가 "1972. 04. 20."이라는 식으로 나와 있는 경우가 많다. 그러나 띄어쓰기에 유의하여야 하고, "04."라는 표기는 문법에 맞지 않으므로 "4."로 바꿔 써야 한다. 전자화된 데이터베이스에서는 판례공보 수록정보 표시도 권호 표시와 페이지 사이에 띄어쓰기가 안 되어 있는 경우가 많은데(예: 공2005,294), 그것도 띄어 써야 한다(예: 공2005, 294).

최근에는 판례정보를 집적한 데이터베이스의 발달로 판례의 입수가 쉬워져, 공간된 간행물(판결집, 판례공보 등) 게재정보(호수와 면수)는 필수사항이 아니게 되었다. 그러나 여전히 '대법원판결집', '하급심판결집', '판례공보'에 수록된 판례의 경우에는 간행물 정보도 기재하는 것이 의미를 가질 수 있다. 법원도서관에서 판례를 취합하여 간행함에 있어 판례로서의 중요성에 따라 A급 판례는 대법원판결집에, B급 판례는 판례공보에, C급 판례는 '대법원 종합법률정보'에만 수록하도록 하고 있기 때문이다.

미공간 판결이라는 점은 명시하는 것이 좋다. 특히 대법원 종합법률정보에도 수록되지 않았으나 법원 내부 전산망을 통하여 확인한 판례라면, 그것이 '미공개' 판례라는 점을 명시하는 것이 좋다. 미공개 판결 중에는 판례로서의 가치가 약하거나 의심스러운 것도 종종 있기 때문이다.

청구원인의 종류를 분류하여 놓은 사건명(예: 대여금, 청구이의)은 보통은 인용할 필요가 없다. 이것은 원고가 소제기시에 법원의 행정적 편의를 위해 기재하는 것에 불과하다. 게다가 나중에 청구이유를 변경하여도 사건명은 바뀌지 않는다. 그러나 누가 원고가 되어 어떤 청구를 제기한 데 대한 판결례인지가 중요할 수도 있다. 그런 경우에는 괄호 안에 인용하거나, 이 점을 풀어 서술하면 된다.

예: "대법원 1972. 4. 20. 선고 72다248 판결 이래 대법원 판례에서는 계약대금 청구소송에 대한 의무이행지관할은 계약준거법에 따라 계약대금이 이행되어야 하는 장소에 인정하여 왔(습니)다. 그러나 국제사법 2001년 개정 후에 나온 판례인 대법원 2008. 5. 29. 선고 2006다71908, 71915 판결(정산금)에서는 기존 판례와 달리, 계약대금 자체의 이행지(한국) 외에 계약특징적 급부의무의 이행지(중국)에도 의무이행지관할을 인정했고, 오히려 후자를 더 원칙적인 것으로 보았(습니)다."

예: "대법원 2008. 5. 29. 선고 2006다71908, 71915 판결에서는 냉동청어의 매도인이 매수인에게 지급한 매매대금 과지급분을 당사자간 특약에 따라 정산청구한 사건에서 의무이행지관할이 문제되었(습니)다."

중간판결인 경우에는 이를 괄호 안에 인용하여도 무방하다. 하급심 판결의 경우 괄호 안에 "(상고중)", "(심리불속행으로 확정)", "(상고기각)" 등의 정보를 기재하기도 한다. 또, 당해 하급심 판결에 대한 상고심 판결이 공간되어 있는 경우에 하급심 판결을 굳이 인용하게 되는 경우에는, 어느 사건의 하급심판결인지를 밝히는 것이 좋다.

예: 서울중앙지방법원 2005. 12. 23. 선고 2002가합78265 판결 및 그 항소심인 서울고등법원 2009. 6. 19. 선고 2006나30787 판결.
서울고등법원 2002. 9. 25. 선고 2002나4896 판결(미공간){대법원 2005. 1. 27. 선고 2002다59788 판결(김용환/휴렛팩커드)의 원심판결}.
서울고등법원 2006. 1. 26. 선고 2002나32662 판결(원고/다우케미컬)(고엽제 소송 2심판결).

영미법권에서는 판례 인용시 당사자명을 앞에 내세운다. 근래에는 대륙법계 국가에서도 이에 유사하게 당사자명을 판례인용시에(가령 괄호 안에) 명시하는 예가 보인다. "v."(versus의 약자), "c."(contre의 약자), "/" 등의 앞뒤에 원고와 피고의 명칭을 기재하기도 한다. 한국에서는 이런 표기법을 따라야 할 의무는 없으나, 판례를 기억하고 지칭하는 데 편리하다. 아주 드물기는 하지만, 사회적으로 특히 주목을 받은 사건이고, 일방당사자가 유명한 기업이면, 기업명을 담아 "○○○ 사건"이라고 이름 붙이기도 한다. 판결문을 공간하거나 열람청구에 따라 공개할 때 자연인은 완전히(예: ○○○) 또는 부분적으로(예: 홍○동) 익명화하는 것을 원칙으로 하지만, 공인의 경우에는 당사자의 실명 표기를 남기기도 한다.

한편, 공간할 때 사용한 약칭이 없더라도, 학술문헌이나 변호사가 작성하는 문서에서 당사자 이름을 괄호에 적는다든지, 사건명을 적절히 붙이는 것은 무방하다. 예컨대 아래와 같이 기재할 수 있다.

예: 서울민사지법 1987. 10. 14. 선고 86가합3203 판결(남산무역/센컨 시스템즈).
인천지법 2003. 7. 24. 선고 2003가합1768 판결(대우자동차/DWJ).
인천지법 2003. 7. 24. 선고 2003가합1768 판결(대우자동차 對 DWJ).
대법원 2008. 5. 29. 선고 2006다71908, 71915 판결(성우엔타프라이스/미호오재팬).
대법원 2010. 7. 15. 선고 2010다18355 판결(중국국제항공 사건)(공2010하, 1578).

판례의 지칭, 식별의 편의상, 사건에 별명을 붙이기도 한다. 법원도서관에서 판례를 공간할 때, 편집자가 사회적 중요성이 큰 판결이면, 드물긴 하지만 사건의 별칭을 만들어 붙였다. 일본 최고재판소 판결집에서는 오래전부터 그렇게 해 왔는데, 이를 본받은 것이다. 사건의 별명을 편집자가 만들어 붙이는 관행은, 최근에는 크게 늘었다. 게다가, 독일 학술지에서 판례를 게재할 때 그 요지를 제목으로 만들어 붙이듯이, 판시사항 내지 판결요지를 요약하여 별칭으로 붙이는 예도 생겼다.

대법원 2011. 9. 2. 선고 2009다52649 전원합의체 판결[정정반론]〈PD수첩 사건〉[공2011하,2009]

대법원 2015. 9. 15. 선고 2013므568 전원합의체 판결[이혼]〈유책배우자 이혼청구 사건〉[공2015하,1601]

대법원 2016. 11. 18. 선고 2013다42236 전원합의체 판결[건물인도등]〈표준임대료와 당초 계약상 임대료의 차액 연체를 이유로 임대차계약을 해지하고 임대주택의 인도를 구하는 사건〉[공2016하,1901]

대법원 2018. 10. 30. 선고 2013다61381 전원합의체 판결 [손해배상(기)]〈일제 강제동원 피해자의 일본기업을 상대로 한 손해배상청구 사건〉[공2018하,2317]

대법원 2019. 3. 21.자 2015모2229 전원합의체 결정[재심인용결정에대한재항고]〈여순사건 당시 군법회의 판결에 대한 재심청구 사건〉[공2019상,889]

대법원 2019. 4. 18. 선고 2016다2451 전원합의체 판결[임금]〈변경된 취업규칙상 소정근로시간 단축 조항이 탈법행위로 무효인지에 관한 사건〉[공2019상,1074]

대법원 2019. 11. 21.자 2014스44 전원합의체 결정[상속재산분할상속재산분할]〈피상속인의 전처가 낳은 자녀들인 청구인들이 피상속인의 후처와 후처가 낳은 자녀들인 상대방들을 상대로 본심판으로 상속재산분할을 청구하고, 상대방들은 청구인들을 상대로 반심판으로 기여분결정을 청구한 사건〉[공2020상,27]

그 외에도 학술문헌이나 판례평석 등에서 혹은 언론에 보도되는 과정에서 일정한 사건명이 통용되는 경우가 있다. 이것은 괄호 안에 인용하는 것이 좋다. 어느 판례를 가리키는지 쉽게 식별케 해 주기 때문이다. 기존 문헌에서 그렇게 별칭을 붙인 예가 없더라도, 편의를 고려하여 적절히 이름 붙여 써도 무방하다. 원피고의 이름과 사건의 별칭을 둘 다 써도 된다.

예: 대법원 2008. 5. 29. 선고 2006다71908, 71915 판결(냉동청어 사건).
대법원 2010. 7. 15. 선고 2010다18355 판결(김해공항 여객기추락 사건)(공2010하, 1578).
대법원 2014. 4. 10. 선고 2012다7571 판결(재일교포간 대여금반환청구사건)(공2014상, 1018).
대법원 2008. 5. 29. 선고 2006다71908, 71915 판결(성우엔타프라이스/미호오재팬)(냉동청어 사건).

그런데 당사자의 이름이 아니라 사건의 내용에 따라 별칭을 붙이는 데에는 위험성이 없지 않다. 사건의 본질에 대한 법원의 관점이 드러나고, 그것의 판례로서의 의미가 영향받을 수 있기 때문이다. 담당 재판부가 별칭을 만들어 준 것이면, '법관은 판결로만 말한다'는 원칙에 어긋날 소지가 있다. 판결이유로서 논거를 설명하는 대신에, 사건에 매력적인 이름을 붙여 판결이 타당해 보이도록 수사학적으로 몰고 갈 우려가 있다.[18] 또, 재판부가 역사책에 판결이 어떻게 기록될지, 판결문에 어떤 간판을 붙일지에 신경쓰다 보면, 그런 차원에서 예단을 가지게 될 수도 있고, 본연의 임무로부터 주의가 분산될 우려도 있다. 게다가, 법원 판결이 뉴스거리가 되면서, 법원의 권위가 실추될 염려도 있다. 한편, 편집자가 내린 평가에 따라 별칭을 붙인다면, 판례로서의 의미를 평가하는 작업에 편집자가 부당하게 끼어들어, 객관적 검토를 심리적으로 방해하는 폐단이 생길 수 있다.

---

18 오스트리아 태생으로 유대인 수용소에 감금되었다가 탈출한 심리학자 브루노 베텔하임(Bruno Bettelheim)에 의하면, 통치자는 어떤 단어나 문구의 반복사용을 강제함으로써 다음의 효과를 거둘 수 있다고 한다. 예컨대 자국 국민이나 피정복국 국민에게 '위대한 지도자 A'라는 말을 상용구로서 반복 사용하게 한다 하자. 이에 따르는 사람은, 처음에는 'A는 위대하지 않다고 생각하지만 강제에 복종해야 하므로 할 수 없이 A가 위대하다고 말한다'고 생각하게 될 것이다. 그러나 그렇게 생각하는 것은 괴롭다. 자신이 자율성을 박탈당했음을 끊임없이 되새기게 되기 때문이다. 그래서, 마음의 짐을 덜기 위해, '나 스스로 A는 위대하다고 생각한다'고 여기게 된다. Surviving and Other Essays, Knopf, 1979, p.318.

판례는 그 추상론을 따옴표로 인용하기도 한다. 비법률가를 위하여 작성하는 문서(예: 의견서)에서는, 문제 해결의 준거가 되는 법령 조문도 따옴표로 인용한다. 판례의 추상론을 인용하는 것도 마찬가지 기능을 한다. 법이 어떻게 되는지를 먼저 적고, 이에 따라 사안이 어떻게 해결될 것인지를 서술한다.

판례를 인용할 때, 판례의 추상론을 적고 말미에 괄호 안에 판례정보를 인용하는 경우가 있다. 법리가 판례에 의하여 확립되어 있고, 그에 따라 답이 비교적 명쾌하게 도출되는 경우에는 그렇게 한다.

이와 달리, 문장(문단)의 도입문구에 판례정보를 적기도 한다(예: "대법원 … 판결에 의하면", "대법원 … 판결은 … 설시했다"). 별다른 의미가 없이 이렇게 하기도 한다. 그러나 이러한 형식으로 판례를 인용함으로써, 특별한 의미를 담을 수 있다. 특히, 지금까지 나온 판례만으로는 해당 사안의 해결을 위한 명확한 답이 없을 때, 혹은 다른 판례와 종합하거나 비교, 분석하여 해결기준을 찾아야 하는 경우에, 이 점을 표현하는 수단이 될 수 있다. 가령, '어느 판결에서는 이렇게 설시했지만 다른 판결에서는 이렇게 설시했고, 이를 종합할 때 구체적 규율기준은 이러하다고 사료된다'는 식으로 서술할 수 있다.

나. 해외판례

미국 판례는 미국식으로 아래와 같이 인용한다. 미국식 인용방법도 법원제출서류에서 사용하는 방법과 학술문헌에서 사용하는 방식이 다르지만 후자를 따르는 것이 무방하다. 후자에도 몇 가지 종류가 있으나 The Bluebook이라는 이름의 지침서가 제시하는 방식이 가장 넓게 통용된다. 미국에서 사건명(당사자명)에 밑줄을 타이프하거나 이탤릭체로 쓰도록 되어 있는 경우가 많다. 그러나 한국에서는 꼭 그렇게 하지 않아도 된다. 한국어 중에 영어가 나오므로, 쉽게 분간되기 때문이다.

예: International Shoe Co. v. Washington, 326 U.S. 310 (1945).
Worldwide Volkswagen Corp. v. Woodson, 444 U.S. 286 (1980); Asahi Metal Industry Co. v. Superior Court, 480 U.S. 102 (1987) 등.

프랑스 파기원 판례는 다음과 같이 인용한다.

예: Civ. 19 oct. 1959. (민사부 1959년 10월 19일 판결이라는 의미)

유럽대법원(유럽연합 사법재판소) 판례는 다음과 같이 인용한다.

예: Case 12/76 Industrie Tessili Italiana Como v. Dunlop A.G. [1976] E.C.R. 1473 등.
Case 12/76 [1976] E.C.R. 1473 (Industrie Tessili Italiana Como v. Dunlop A.G.).
Case C−420/97 Leathertex Divisione Sintetici SpA v Bodetex BVBA [1999] E.C.R. I−6747.

V. 외국과 국제법의 법령, 판례의 조사[19]

1. 외국법 조사의 의의와 기능

외국법의 조사는 실무가에게도 중요하다.[20] 특히 다음 경우에 그렇다.

첫째, 한국 법원에서도 외국법을 적용하여 재판하는 경우가 있다. 이런 일은 사법관계(私法關係)에서는 흔하다. 계약, 불법행위 등의 재산관계로부터 혼인, 친자(부모와 자녀), 부양, 상속, 후견(後見) 등의 다양한 분야에 걸친다. 특히 매매계약, 운송계약, 보험계약, 고용계약, 소비자계약, 제조물책임, 명예훼손, 지적재산권 침해, 혼인, 이혼, 입양, 상속 등의 분야에서는 외국법이 적용되는 일이 매우 흔하다. 법률저촉법(法律抵觸法),[21] 즉 좁은 의미의 국제사법은 어떤 경

19 정인섭 외, 『해외법률문헌 조사방법』, 개정판, 박영사, 2005에서 영국(정상조 집필부분), 미국(조홍식·이우영 집필부분), 프랑스(남효순 집필부분) 부분 등 참조.

20 제2차 세계대전 후 유럽이 재건되면서, 미국 법과대학원에서도 비교법을 강조하는 움직임이 새로이 일고 있다. 듀크대의 법률외국어 강의와 뉴욕대의 외국교수 초빙 비교법 강의는 이미 1990년대에 확고히 자리잡았다. 법현실주의(legal realism)의 입김이 강한 스탠포드대 법과대학원에서도 2000년대 초부터 '법률검토 및 법률문서작성'(1학년 필수) 과목에서 비교법적 검토를 요구하는 과제를 내기 시작했다.

21 법적용법이라고도 한다. 대표적으로 최흥섭, 한국 국제사법 I: 법적용법을 중심으로, 한국학술정보, 2019.

우에 사법관계(私法關係)에 외국법이 적용되는지를 정한다. 특히 운송법, 보험법 등의 분야에서는 영국법을 준거법으로 선택하는 일이 많다. 해상법 분야에서는 라이베리아, 파나마 등의 법이 자주 적용된다. 친족상속법 분야에서는 중국, 대만, 일본, 베트남, 필리핀 등의 인접국과 북한의 법이 자주 적용된다.

둘째, 대한민국의 법률가는 외국 법원에서의 분쟁해결이나, 중재 등의 대체적 분쟁해결도 고려해야 한다. 그래서 거래계약 체결시에 이러한 분쟁해결방법을 채택할지 여부를 판단해야 한다. 또 고객이 외국에서 절차의 당사자가 되는 경우에도 적절한 법적 자문을 제공하거나 알선해야 한다. 외국의 법원 기타 관청에서는 외국법(그 나라의 법이나 제3국의 법)이 적용되는 일이 더욱 빈번하다. 국제상사중재에서도 마찬가지이다. 국제투자중재나 통상분쟁에 대한 국제법상의 분쟁해결절차(알선, 조정 및 중재)에 있어서도 외국법에 대한 지식과 정보가 유용하게 쓰이는 경우가 있다.

셋째, 대한민국이 당사국인 조약은 모든 회원국에 통일적으로 해석되어야 하므로, 외국의 문헌과 판례도 참조하여야 한다. 사법통일조약(私法統一條約)[22]이나 민사관계에서 회원국의 법원 기타 관청 간의 협조, 즉 국제민사사법공조를 정하는 조약[23]은 상이한 국내법을 부분적으로 통일한 것이 많다. 그래서 공식 해설보고서(Explanatory Report)와 함께 외국의 문헌과 판례를 참고할 일이 자주 생긴다. 때로는 교섭과정에서 작성되거나 교섭과정을 기록한 '준비문서'(Travaux Préparatoires)를 참조해야 할 경우도 있다. 다만 근래에는 준비문서의 참조가치는 낮아지는 경향이 있다. 공식 해설보고서가 자세히 작성되고, 법률적 조약(traité－loi)[24]의 교섭작업이 관료화된 영향일 것이다.

넷째, 국내법의 해석이나 입법을 위하여 외국법을 참고하여야 하는 경우도 있다. 보험법, 신탁법 등 외국에서 발달된 법리와 입법에 크게 의존하는 법분야

---

22 예: 국제물품매매에 관한 국제연합조약, 국제물품매매에서의 권리행사기간에 관한 국제연합조약, 국제적 채권양도에 관한 국제연합조약, 선박소유자책임제한협약, 해상물품운송에 관한 함부르크규칙, 로테르담규칙 등.

23 예: 헤이그송달조약, 헤이그증거수집조약.

24 입법을 위하여 만들어지는 조약을 말한다. 국가간의 권리의무를 정하는 데 초점이 있는 계약적 조약(traité－contrat)과 대비된다.

에서는 이런 일이 드물지 않다. 민상법(民商法)과 행정법에서는 일본법, 독일법이, 헌법 분야에서는 독일, 유럽인권법원, 프랑스 등의 판례와 학설이 자주 참고, 인용된다. 미국의 방대한 판례와, 그에 대응되는 영국판례는 조사, 연구하기에 힘이 더 들지만, 한국법 해석에 참고할 잠재력은 열려 있다.

아래에서는 영국, 미국, 독일, 프랑스, 일본의 법의 인식자료와 조사·인용 방법을 간략히 소개한다. 상설 국제기구의 홈페이지가 제공하는 조약 관련 정보의 검색, 입수요령도 소개한다.

2. 영 국[25]

가. 영국법의 특성

영국은 로마의 속주(屬州)로서 장기간 지배를 받았지만, 노르만 등의 잦은 침입으로 로마의 번영이 일찍 황폐화되었다. 토착민들은 로마문명이 잊혀진 상태에서 농업과 목축업에 종사하면서 만인(蠻人)의 침입, 약탈과 공물징수를 견뎌냈다. 색슨인, 프랑스에 정착한 노르만인의 순서로 정착하여 무인 지배계급을 형성했고, 봉건제도가 생겨나 오래 유지되었다. 봉건질서의 정점에는 지역별 패권을 가지는 유력 영주가 있었다. 이 과정에서 영토국가의 행정, 조세, 사법권이 일찍부터 확립되었다. 국방과 치안이라는 공공부문의 역할과 그에 대한 대가로서의 조세, 공정성(fairness) 등의 개념이 싹텄다.[26] 노르만의 약탈을 피하여 북부 잉글랜드, 서부 스코틀랜드로 가톨릭 수사(修士)들이 피신, 정착하여 기독교가 토착사회에 파고들기 시작했다. 태양, 달이나 큰 돌을 숭배하는 토착종교를 배척하지 않고 포용하면서, 토속적인 신성함의 개념이 보존되었다. 캔터베리의 주

25 John H. Farrar & A.M. Dugdale, Introduction to Legal Method, Sweet & Maxwell, 1990 등 참조.

26 영미법계 사회에서 “That's fair.”는 어떤 거래(토지 임대차 포함)가 비용부담이나 수익배분을 50 대 50으로 하는 것과 같이, 통례적이고 상식적인 거래조건에 맞는 경우를 주로 가리킨다. “That's not fair.”는 조금 더 활용의 폭이 넓은 표현이기는 하지만 마찬가지로 용례가 제한적이다. 영어권의 사회정의(social justice)론이 이런 토착적 관념을 채용하여 이론화했다. 그래서 예컨대 롤즈(John Rawls)의 공정성 개념은 모든 인간활동에 적용되며, 철학적으로 정교하게 정의된다. 두 가지 공정성 개념은 상당히 다른 것이다. 미국의 변호사들이 모두 롤즈의 추종자는 아니며, 오히려 대다수의 변호사들이 사용하는 공정성 개념은 전자의 토착적인 것일 가능성이 높다.

교에 의해 대변되는 가톨릭교회는 국왕과 타협해야 했다. 교회의 국가에 대한 지배력이 약했으므로, 교회와 국가의 분리는 영국에서는 훨씬 일찍부터 구현되어 있었다. 영국에서도 교회법을 통해 로마법의 요소가 보존되고 자연법론의 사고방식을 흡수했으나, 교회법의 세속법에 대한 영향은 대륙유럽과 다른 양상으로 나타났다.

로마가톨릭교회의 영향이 강한 유럽대륙과 독자적인 가톨릭전통을 발달시킨 영국이 미묘한 차이를 보이는 가운데, 영국이 국내적으로 정치적 통일을 보았다. 왕권이 강화되면서 로마가톨릭교회와 부딪치게 되었고, 그 결과 국교회(國敎會, Church of England)가 분리되면서 구교 및 신교와 대립하여 종교분쟁이 복잡해졌다. 개신교도는 폭동의 주체도 되었고, 박해의 대상도 되었다. 개신교도는 종교의 자유를 찾아 아일랜드 및 미국으로 대규모로 이주했다. 정부가 종교사범, 정치사범, 강력범들을 묶어 호주로 강제이주시키기도 했다. 영국이 유럽의 패권경쟁에서 밀려나 있었던 것은, 금은의 과잉유입으로 유럽경제가 요동치는 사태로부터 영국경제를 지켜주는 역설적 역할도 했다. 영국은 농업이 발달하여 유럽대륙과의 교류가 적었고, 일찍부터 교황청의 권위를 벗어나 영토주권에 입각한 국가질서를 수립했다. 이는 토착적 관습법의 강세를 의미했다. 로마법의 원전 연구로 부흥기를 맞은 대륙유럽 법학의 혜택을 받는 데에는 방해요소로 작용했다. 한편, 영국이 해외 식민지 농업(플랜테이션)과 해상무역을 확대하면서, 지중해 해상무역을 중심으로 발달한 해상법과 상사중재를 영국에서 흡수하게 되었다.

브리튼 섬의 왕조는 왕조간 전쟁과 상호연대를 통해 영국(England), 웨일즈(Wales), 스코틀랜드(Scotland)의 3개 왕조로 통합되었고, 혼인을 통해 영국과 웨일즈가 통합되었다. 스코틀랜드와는 조약에 의해 통합되었다.[27] 그래서 스코틀

---

27 양국 간에 The Treaty of Union이 체결되고, 이를 국내법화하는 The Acts of Union이 1707년에 영국과 스코틀랜드 의회를 각기 통과하여, The United Kingdom of Great Britain이 성립했다. 1920년의 The Government of Ireland Act 1920가 1921년에 시행되어 식민지 아일랜드의 일부가 영연합왕국의 일부로 되었다. 그래서 국호도 The United Kingdom of Great Britain and Northern Ireland로 바뀌었다.

랜드의 독립이 곧 반란을 의미하는 것이 아니다. 스코틀랜드와 영국-웨일즈 중 어느 한쪽이 조약을 폐기하면 스코틀랜드는 독립하게 된다.

영국이 통합되고 웨일즈, 스코틀랜드와의 통합을 이루고, 스페인과 포르투갈이 정복하고 남은 식민지에서 농업개발과 상거래를 통해 이윤을 추구하던 시기에, 유럽대륙은 제국이냐 민족국가이냐, 가톨릭이냐 개신교냐를 놓고 장기간의 분쟁을 겪었다. 종교전쟁의 변수가 정국 혼란을 가중시켰다. 전쟁을 통해 국내적 통일을 이루거나(예: 프랑스, 독일, 이탈리아 등), 패권다툼을 피해 독립공화국을 수립하거나(예: 제네바공화국, 훗날 스위스), 지역의 맹주로서 영향력을 확대하거나(예: 바바리아, 폴란드), 유럽국가간에 식민지배와 민족국가 수립에 의한 저항의 다툼이 벌어져(예: 오스트리아와 네덜란드, 스페인과 네덜란드) 결국 좁은 단위의 민족국가 수립에 이르렀다(예: 네덜란드). 스페인의 6개 이법지역(異法地域) 연합왕국은 장소적 법분열을 보존하는 통합이라는 점에서는 영연합왕국과 유사하나, 지역적 역사, 문화의 다양성을 헌법과 건국으로 묶은 점에서 오히려 독일과 유사한 점이 있다. 대륙유럽국가들은 그들간의 전쟁을 여러 차례 반복한 뒤에야, 또 영국과 미국의 개입으로 평화를 되찾은 뒤에야, 비로소 유럽공동체(유럽연합)의 형태로 상호 평화의 길을 걷게 되었다.

영국은 농업국가이고 상업국가이며 국제적으로 독립된 영토국가의 전통이 강하다. 그래서 전통적으로 영국은 유럽대륙의 정치적 상황에 대하여 국외자로서 세력균형을 위하여 개입하는 태도를 보여 왔다. 영국의 영토적 완전성과 상거래상 이익이 해쳐지지 않고 대륙유럽에서 큰 변란이나 변수가 생기지 않게 하는 데 주안을 둔다. 이런 시각에서는 '유럽국가간의 평화와 협력 보장의 대가로 유럽연합의 상위권력과 대규모 예산을 요구하는' 유럽연합 권력은 불필요하고 비대화된 상위권력으로 보게 마련이다. 그래서 유럽연합 회원자격이 가져다주는 실익이 부담보다 클 때 이를 벗어나려 하는 것은 자연스럽다. 결국 영연합왕국이 스위스, 노르웨이, 아이슬랜드, 덴마크와 달리 유럽연합에 깊이 관여했던 것이 반작용을 낳아, 유럽연합을 탈퇴(2020. 1. 31.)하게 되었다. 유럽에 속하지 않으려 하는 대중적 정서가 팽배한 결과이지만, 이로 인한 급격한 변화는 현상 유지를 선호하는 영국인들의 성향에 맞지 않는 것이기도 하다.

오늘날 영국과 웨일즈는 법이 거의 100% 공통된다. 그래서 영국·웨일즈(England and Wales)라는 표현과 영국(England)이라는 표현이 혼용되기도 한다. 그러나 웨일즈 회사법이 별도로 제정되는 등, 법분열의 양상도 보인다. 웨일즈는 별도의 입법부를 가지고 있어, 필요에 따라 영국법과 웨일즈법이 분열될 가능성은 열려 있다.

스코틀랜드는 대륙법계의 전통을 따르면서도 영국법과의 잦은 교류(특히 구 귀족원, 현 대법원의 공유)를 통해 영국법적 요소도 흡수하고 있다. 영국법도 그 개혁을 위해 스코틀랜드법의 영향을 받아들였다. 정치적, 문화적으로는, 영연합왕국 내의 정치적 안정 속에서 잉글랜드와 스코틀랜드 간에는 브리튼이라는 공통된 자의식이 발달하고, 나아가 북아일랜드를 포함한 영연합왕국(United Kingdom of Great Britain and Northern Ireland)으로서의 통합성도 커졌다. 그러나 법적으로는 영국·웨일즈와 스코틀랜드 간의 차이는 여전히 크다. 만약 스코틀랜드가 분리독립하여 유럽연합에 가입하는 일이 벌어진다면, 그 차이는 더 커질 것이다.

법적으로는 영국(England 또는 England and Wales)과 영연합왕국(United Kingdom of Great Britain and Northern Ireland)은 엄격히 구별되어야 한다. 이 교재에서도 "영국"이라 할 때에는 원칙적으로 England 내지 England와 Wales만을 가리킨다.

영미법계의 특징은 영국 특유의 역사적 경험의 산물이지만, 그 실용성으로 인하여 이민족(예: 인도, 스리랑카, 피지, 홍콩, 말레이지아, 싱가포르)에게도 받아들여지고 있다. 보통법계의 대표적 특징은 다음과 같다.

첫째, 분야별로 포괄적인 내용으로 마련된 성문법(成文法)(구체적으로는 제정법), 즉 법전(法典, code)를 갖고 있지 않는다. 그 대신, 전근대의 법질서와 결별하지 않고 전근대부터 존속하여 온 관습법을 계승, 발전시켜 오고 있다.

둘째, 선례구속성(先例拘束性, stare decisis)의 원칙이 인정된다. 즉, 법률문제에 관한 상급법원의 선행 판례, 즉 선례(precedent)는 번복되지 않는 한 동일한 유형의 사안을 재판하는 법원을 구속한다. 자신과 하급법원을 구속하는 것이 원칙인데, 스스로에 대한 구속력은 완화되고 있다.

셋째, 판례의 번복은 극도로 드물다. 대법원 판례는 원칙적으로 변경이 불가능하다.[28] 그러나 선행 판결의 판지와 다른 입장을 취하기 위해 반드시 그 선례를 폐기해야 하는 것은 아니다. 다소 상충되는 판지의 판결례들이 누석되면서 판례가 형성되고 변화하는 것을 인정하기 때문이다. 그래서 선행판결의 판지와 다른 입장을 취하는 근거로 사안유형과 맥락의 차이를 강조하는 설시를 하는 경우가 많다. 이를 가리켜 선례를 "구별"(distinguish)한다고 말한다.

넷째, 최고의 상고심은 대법원(Supreme Court, House of Lords 상고부의 後身)이지만, 차상위 상고심인 Court of Appeal의 판결례도 중시된다. 중요 사건의 1심인 High Court(Queen's Bench Division, Family Division, Chancery Division으로 구성) 판결도 자신 및 그 하급법원에 대하여 판례의 지위를 가진다. 판례간의 이런 위계질서도 판례법을 조심스럽게 발달시키는 데 도움이 된다.

다섯째, 제정법은 판례법에 우선한다. 그러나, 제정법의 입법의사는 좁게 해석되는 경향이 있다(근래의 반대경향: 유럽공동체법의 해석). 그리고, 포괄적인 제정법은 일반적으로는 나오고 있지 않다(법률명에 현혹되지 않도록 주의요함).

여섯째, 역사적 유래에 따라 보통법(common law)과 형평법(衡平法)(equity)으로 나뉜다. 양자의 구별은 연혁적인 것이다. 보통법 법원과 형평법원이 각각 보통법과 형평법에 대해서만 재판할 수 있었던 구별에 기인한다. 즉, 보통법 법원은 구체적 사안의 사정을 종합하여 유연한 판단을 하기를 단호히 거절하는 경향이 있었고, 이는 법적 안정성을 높이는 역할을 했다. 그래서 소송당사자들의 호응도 받았고, 보통법 법원의 권위를 정착시키는 데에도 기여했다. 그러나 경직적 해결만으로 만족할 수는 없으므로, Lord Chancellor 내지 그의 법원인 Court of Chancery에 직소(直訴)하는 형평재판제도가 따로 유지되었다. 1873년부터 보통법 법원이 형평법에 대해서도 재판할 수 있게 되었다. 신탁법, 회사법

28 Practice Statement (Judicial Precedent) 1966.

등의 형평법 사건을 재판하는 Court of Chancery는 High Court의 Chancery Division으로 바뀌었다. 그렇지만 보통법 법리와 형평법리의 법리적 독립성은 유지되고 있다. 그래서 전통적으로 커먼로의 영역으로 취급되어 온 법분야(예: 불법행위법, 계약법)를 재판함에 있어서는 형평법의 법리{예: 계약위반의 구제방법으로서의 특정이행(specific performance)}도 함께 고려하여 재판한다.

"common law"에는 세 가지 의미가 있다. 첫째, 대륙법계(continental European traditions)와 대비하여 영미법계(보통법계)를 가리킨다. 둘째, 성문법(written law) 또는 제정법(statutory law)에 대비하여 불문법을 말한다. 이 의미에서는 보통법과 형평(법)을 포괄한다. 셋째, 형평(법)(equity)과 보통법을 대비시키는 의미이다. 이것이 커먼로의 가장 좁은 의미이다. 영미법의 종주국인 영국에서 이 세 개념에 대해 용어를 따로 만들지 않고 중의적으로 쓰는 것은 이상하게 여겨질 수 있다. 그러나 중의적이 되더라도 평이한 표현을 쓰기를 고집하고 새로운 용어를 만들기를 꺼리는 것은 영국 문화의 핵심적 부분이다.

나. 영국의 사법제도

(1) 대법원(Supreme Court), 구 House of Lords(귀족원)

영국, 웨일즈, 스코틀랜드, 북아일랜드의 최고법원이다. 전통적으로 Lords Mansfield를 비롯한 스코틀랜드 출신 법률가들이 중요한 역할을 했다. 스코틀랜드법이 영국법의 영향을 받으면서도 '원칙'을 중시하는 대륙법계의 성격을 가지므로, 원칙적 사고와 비교법에 강하다. 그러나 스코틀랜드 출신 대법관도 영국법의 상고사건을 다루는 데 대부분의 시간을 보내어 영미법계의 전문성을 가진다. 이 양면은 영국법을 적절히 발달시키는 데 도움이 되어 왔다.

원래 대법원은 House of Lords의 사법부였다. 조직상 독특함이 있었다. House of Lords는 의회의 상원(上院)을 본체로 한다. 그러나 지속적 노력으로 영국의 귀족원 사법부는 오히려 사법부 독립의 모범이 되었다. House of Lords의 사법부는 실질적으로 상원으로부터 충분히 독립되어 있었다.

최고상고심이 조직상 상원(上院)에 속하고 Lord Chancellor가 House of Lords 사법부와 Law Commission 양쪽에 관여함으로써 법률(개정)위원회(Law

Commission)에 의한 법률개혁이 원활해지는 독특한 장점도 있었다. 법해석의 한계와 법개혁의 필요가 확인되면 개정위원회(Law Commission)가 구성되어 비교법적 검토를 포함하는 법리적, 실무적 검토를 거쳐 입법안을 만든다. 그 결과는 체계적 개혁법률안으로 만들어지고 대부분 입법에 이른다. 그 성과는 주소법, 이혼법, 친자법, 법정모독법, 국제재판관할법, 외국재판 승인법 등 다양한 분야에 걸친다.

2009년에 노동당의 Gordon Brown 정부는 귀족원 사법부를 조직상으로도 귀족원에서 분리하고 대법원으로 개칭했다. 그러나 여전히 대법관은 ○○○ 경(卿)으로 부른다. 남성은 Lord ○○○(예: Lord Goff 또는 Lord Justice Goff, 축약한 표기는 Goff, LJ인데 읽을 때에는 Lord Justice Goff로 읽는다). 여성은 Lady ○○○(예: Lady Hale 또는 Lady Justice Hale, 축약표기는 Hale, LJ).

(2) Court of Appeal(상소법원)

High Court로부터의 일차적 상고심은 Court of Appeal이다. Court of Appeal에는 민사부(Civil Division)와 형사부(Criminal Division)가 있다. High Court를 2심으로 하는 사건에서는 Court of Appeal이 최종상고심이다.[29]

판결문 인용시 Court of Appeal (Civil Division)의 약호: EWCA[30] Civ 또는 CA (Civ. Div.)

Court of Appeal (Criminal Division)의 약호: EWCA Crim 또는 CA (Crim. Div.)

Court of Appeal 자체가 법관의 임명이나 권위, 판결의 공간, 절차의 투명성 등의 면에서 상고심으로서 손색이 없고, 대법원도 Court of Appeal을 고도로 존중하는 경향이 있어, Supreme Court에로의 재상고로 결론이 뒤집어질 가능성이 낮다. 게다가, 소송구조(訴訟救助, legal aid) 제도의 확대로 상황이 바뀐 부분

29 이처럼 사건의 중요성에 따라 1심, 2심, 3심의 높낮이를 달리하는 심급제는 중국에도 도입되어 있고, "급별관할(級別管轄)"이라고 부른다.

30 EW는 England and Wales를, CA는 Court of Appeal을 가리킨다.

은 있지만, 영국에서 소송비용은 엄청나다. 그래서 대부분의 상고사건은 Court of Appeal에서 끝난다.

Court of Appeal 판례도 공간되며, 대법원 판례와 비슷한 정도로 중요하게 참고된다. Court of Appeal은 대법원보다 법률론 전개에 조금 더 과감한 시도를 하는 경향이 있다. 특히 Lord Denning은 Court of Appeal에서 많은 유력한 판례를 남겼고, House of Lords 판례의 발달과 입법에도 중요한 영향을 주었다.

Court of Appeal의 법관은 Lord/Lady Justice ○○○로 불리운다(약칭 ○○○ LJ). Court of Appeal 법관 중 1인은 Master of Rolls를 겸직한다. 국왕의 일정한 문서를 보관하는 직책의 의미이다. 이 직책이 워낙 중요하고 권위있으므로, 그는 ○○○ LJ로 부르는 대신 ○○○ MR로 부르는 경우가 종종 있다.

(3) High Court of Justice

High Court of Justice(약칭 High Court)는 고급사건을 다루는 사실심이다. 고급법원 또는 정식왕립법원의 의미로 보인다. High Court의 법관은 작위를 받는다("silk"를 받는다고 표현). High Court 이상의 고급법관들은 일체감을 느낀다. High Court도 Court of Appeal와 Supreme Court처럼 런던에 1개만 있는데, 실질적으로는 3개 법원조직으로 나뉜다.

High Court의 하급법원은 Country Court, Family Court, Crown Court와 간이법원(Magistrates' Court)이다.

High Court는 2심이거나 1심이 된다. High Court의 1심관할은 사항적으로 다음의 셋으로 나뉜다.

Queen's (King's) Bench Division(계약, 불법행위 기타 상거래법): 인용시 Q.B.(K.B.)로 표시[31]
Chancery Division(신탁, 상속, 회사 등의 형평법 사건): 인용시 Ch로 표시
Family Division(가족법 사건): 인용시 Fam으로 표시

31 판결시 남자 왕인지 여왕인지에 따라 법원명이 바뀌고 인용시 약호도 바뀐다.

(4) Privy Council

추밀원(樞密院) 사법부(Judicial Committee)는 영연합왕국의 식민지와 영연방(British Commonwealth) 소속국 중 희망하는 나라로부터의 최종상고심 역할을 한다. 추밀원 법관은 대법원(구 귀족원 사법부)의 대법관들, 전직 Court of Appeal 법관들, 그리고 해당 법역의 약간의 상급 법관들로 구성된다. 영연방 소속 국가들이 독립하면서, 복수의 국가들이 공유하는 국제적 공통법원(common court)의 성격을 가지게 되었다. 그러나 영연방 소속국들은 커먼로를 독자적으로 적절히 발달시키기 위해, 또 자신의 제정법을 적절히 해석하기 위해 독자적인 최고상급심을 가지기를 바라게 되어, 추밀원 사법부의 재판권 범위는 크게 줄었다.

다. 간행물

영국(England 또는 England and Wales)에서 가장 중요한 판례집은 아래의 것들이다.

All England Law Reports(All E.R.로 인용)
Lloyd's Law Reports(Lloyd's Rep.로 인용)
Weekley Law Reports(W.L.R.로 인용)

그 외에 법원별 판례집도 있다. 흥미롭게도, 상고심 판례는 상고심 판례집이 아니라 원심법원 판례집에 수록된다. 예컨대 Queen's Bench로부터의 상소사건 판결은 동 법원 판례집에 수록된다(Q.B.로 인용). High Court의 Chancery Division 판결에 대한 상고심 판결은 Chancery Division 판례집에 수록된다(Ch.로 인용).

판결문은 특히 권위있는 문헌에 한하여 학설을 인용하기도 한다. 물론 이것은 학설을 독자적 법원(法源)으로 받아들이는 것이라기보다, 학술문헌이 판례와 제정법의 상태를 어떻게 종합하고 그 문제점을 어떻게 파악하고 있는지를 '권위있는 고찰'로서 참조하는 것이다. 그래서 학술문헌이 판례의 발달에 기여한 사실이 판결문에 드러난다.

일간지인 *The Times*는 정기적으로 판례속보를 간략한 평석과 함께 부록(판례 섹션)으로 간행한다. 그 전통은 오래되었으며 정평이 나 있다. 다만, 학술지가 발달하면서 그 중요성은 약간은 줄고 있다.

영국에도 분야별 학술지와 주요 법과대학별 학술지가 있고, 여기에 논문(Article), 소논문(Shorter article), 판례 소평석(Case note, Case comment)이 실린다. 판례 원문은 싣지 않는다. 판례의 소평석은 최근 판례의 의의를 밝히고, 그 판례로서의 가치를 가늠하는 자료이다. 신속히 여러 평석자들에 의하여 비슷한 때에 집필되고, 판례의 실무적 유용성에도 관심을 두는 중견 필자들에 의하여 집필되므로, 학술적으로도 참고 가치가 높다. 소평석이 바탕이 되어, 좀 더 시간을 두고 소논문과 논문이 쓰여지게 된다. 외국법을 한국법원에서 적용하기 위하여, 또는 한국법의 해석에 참고하기 위하여 개략적으로 파악할 때에는 대형 논문보다 오히려 판례 원문과 함께 소평석이 유용할 수 있다.

영국에서는 매년 *All England Law Reports*의 부록으로, 분야별 최고전문가(주로 저명한 학자)의 연도별 중요판례 회고를 모아 *All England Law Reports Annual Review*라는 별권의 책으로 간행한다. 이것은 최신 판례와 판례의 흐름을 파악, 이해하는 데 중요한 자료가 된다. 그 연도별 판례회고는 각 체계서의 개정판 집필에도 영향을 준다. 그래서 연도별 판례회고는 햇수가 쌓일수록 덜 참조하게 된다.

미국도 그렇듯이, 영국에도 분야별로 실정법의 현상태를 간략히 정리하여 알파벳 순서로 모은 영미식 총람주석서가 있다. 영미법의 발달을 이 총람주석서로 정리하는 작업은 풍부한 예문을 담은 사전 편찬작업과 유사하다. 법학계의 체계서, 논문 집필이 늘고, 법률정보와 이에 대한 분석자료의 입수가 쉬워진 만큼, 실무가가 영미식 총람주석서로부터 누리는 효용은 줄었다.

3. 미국의 법체계와 법정보조사

가. 주정부(州政府)와 연방정부(聯邦政府)의 공존

미국은 하나의 국가이지만, 입법, 행정, 사법의 권한은 기본적으로 주(州)에 있다. 그래서 연방 전체에 통일된 법(예: 해상법, 연방독점금지법, 연방증권거래법, 연방상표법, 연방특허법)이 문제되는 경우를 제외하면, 공간적 재판관할과 준거법을 정하는 기준이 되는 영토적 단위, 즉 법역(法域, jurisdiction)은 주(州), 워싱턴 DC(콜럼비아 특별구), 준주, 속령이다.[32] 그래서 예컨대 미국계약법, 미국불법행위법, 미국이혼법, 미국유언법, 미국상속법 등의 표현은 편이상의 것에 불과하고, 정확한 표현이 아니다. 예컨대 뉴욕주 계약법, Texas주 불법행위법, Nevada주 이혼법, New York주 유언법, New Jersey주 상속법 등이 있을 뿐이다. 반대로 해상법은 그 성질상 연방법으로만 존재한다. 그래서 연방 해상법전을 보충하는 보통법은 연방보통법(federal common law)의 지위를 가진다. 물론 주법(州法)에 의하여 규율되는 실체관계가 해상법적 법률관계와 밀접히 관련되는 일도 있다. 그 한도에서는 어느 주법(州法)이 준거법이 되는지 판단해야 한다.

입법·행정·재판관할권을 포괄하는 개념으로 규율관할권 개념을 상정하면 설명하기 편리하다. 주(州)는 국제법상의 국가는 아니지만 규율관할권은 기본적으로 주(州)에 있다. 연방정부는 연방헌법으로 권한을 부여한 한도에서만 규율관할권을 가진다. 연방헌법이 스스로 연방정부의 전속관할사항으로 정하는 것은, 외국과 조약을 체결할 권한, 대통령의 전쟁선포권 등 아주 제한적이다. 연방헌법이 연방의회에 입법권을 부여한 사항에 대해 연방의회가 입법할 때에는, 그 연방법의 적용하는 재판은 연방법원에서만 하도록 정해도 되고, 그런 제한을 두지 않아도 된다. 후자에 대해서는 주법원도 사물적 재판관할을 가진다. 연방헌법의 대부분의 조항의 해석, 적용도 마찬가지이다.

연방의회가 일정 분야를 연방법의 전속적 입법사항으로 정할(즉 "preempt") 할 수도 있다. 그러나 헌법이나 연방입법에 의해 연방정부의 전속적 규율관할

32 이처럼 법역(法域)의 종류가 다양하므로, 미국의 법률문헌에서 국내법들을 비교하는 비교법적 서술을 할 때에는, ("주, 워싱턴특별구, 준주, 속령 중 어느 곳의 법이냐에 따라" 법이 다르다고 하는 대신에) "법역별로"(in/for each jurisdiction) 법이 다르다고 하는 것이 편리하다. 또, "몇몇 법역에는"(in some jurisdictions) 이런 규율이 있다는 식으로 서술하는 것이 편리하다. 이 때 jurisdiction을 재판관할, 관할, 관할권 등으로 번역하면 뜻이 통하지 않는다. 법역(法域)으로 번역해야 한다. 동사를 그대로 명사로 쓰는 것(예: buy, read)과 비슷하게, '작용'으로 '주체'를 가리키는 표현법이다.

사항으로 정하지 않으면, 연방법과 주의 규율관할권은 경합한다. 그래서 같은 사항에 대하여 연방법과 주법이 공존할 수 있다. 예컨대 동일 사안에 연방과 주의 독점규제법이 나란히 적용될 수 있고, '도메인이름에 의한 부정경쟁'을 규제하는 연방입법이 있지만 주(州)의 부정경쟁방지법도 경합적으로 적용될 수 있다. 게다가, 연방헌법이 연방의회의 입법권을 정하는 사항에 대해서도 연방의회가 입법권 행사를 주저하는 경우가 흔하다. 예컨대 복수의 주가 관련되거나 외국이 관련되는 일이 일상적인 분야이면서도 연방입법이 거의 없는 분야가 많다(예: 국제·주제사법, 계약, 보험, 신탁, 입양, 상속). 물론 연방법과 주법이 충돌하면 연방법이 우선한다.

주 법원제도는 보통 한 번의 상소를 허용하는 2심제인 경우가 많다. 그러나 드물게 3심제를 채용하는 주도 있다.

연방정부(federal government)는 고유의 정부기관을 갖추고 있다. 연방의회는 연방상원(Senate)과 연방하원(House of Representatives)로 구성된다. 미국의 주입법부들도 그렇듯이,[33] 연방상원은 행정부를 견제, 자문하고 연방하원을 견제하는 기능을 하는 일종의 원로원이다.

국가주권은 인민(人民, people) — 그러나 인민 그 자체가 아니라 개별 국가의 구성요소의 하나로서의 국민 — 에서 나오지만, 국민로부터 연원한 주권은 국가에 귀속하며, 국민은 혁명이 아닌 한 주권을 직접 행사할 수 없다. 국민주권의 이념은 대의제에 의해서만 실현된다. 게다가 국민의 직접선거로 구성된 하원은 별도로 선출된 상원에 의해 제약받는다.

연방입법안이 연방의회에 제출된 것은 하원과 상원 양쪽에 제출되었음을 말한다. 하원과 상원은 각기 심의일정을 진행하고 입법안에 대한 수정도 따로 한다. 그 결과 하원과 상원에서 통과된 입법안 내용에 차이가 있으면, 그 두 개를 토대로 상하원 합동회의(상하원 전원회의가 아니다)에서 논의하여 입법안을 가

33 아래에서는 편의상 연방의회만을 설명한다. 그러나 역사적으로 연방의회가 주의회보다 앞선 것은 아니다. 오히려 연방의회제도는 매사추세츠(Massachusetts)를 비롯한 오래된 주들의 의회제도를 모델로 하여 설계되었다. 다만 연방정부의 권한이 강화되고 그만큼 주정부의 권한이 약화되면서, 입법 측면에서도 연방의회가 가지는 중요성이 커졌다.

결한다. 그래서 상원은 하원보다 심의일정을 늦게 진행함으로써 하원에서의 대중정치의 폭주, 전횡(대의제 하에서도 이런 일은 생길 수 있다)을 효과적으로 견제할 수 있다. 상원이 법안을 수정통과하는 것만으로도 하원에서 통과시킨 입법안을 실질적으로 무효화시키고 사안을 상하원 합동회의로 돌릴 수 있기 때문이다. 입법안의 심의, 가결은 완결된 조문안 없이 입법요지를 놓고 하며, 상하원에서 가결된 후에 사무국의 전문인력이 최종적으로 조문화한다고 한다. 연방의회가 대통령에게 입법안을 송부하면 대통령은 이를 공포하거나 거부한다. 연방의회가 3분의 2의 가중다수결로 그 입법안을 그대로 재의결하면 대통령의 거부권 행사는 극복된다.

미국의 통치체제는 '순수하고 제약없는' 민주정이 아니라, 제한적 민주정체이다. '보다 지혜와 경험을 갖춘' 원로원과, 국가원수이자 국가의 방위자인 연방대통령은 스스로가 민주적 기관이면서, 다른 민주적 기관을 견제하기도 한다. 그리고 연방대법원 이하 연방법원은 '법치'(rule of law)를, 특히 법적 안정성을 보장한다. 이를 위해, 연방헌법을 위반하는 법률의 효력을 부정할 권한도 가진다. 또, 국가권력은 기본적으로 주(주정부)가 가지고 연방정부는 한정된 권력만 가지게 한다(주와 연방의 권력분점, 즉 연방주의). 몽테스키외(Montesquieu)가 지적한 대로, 대국은 그 크기로 인해, 전제정이 효과적인 통치체제가 될 수 있다는 단점을 가진다.[34] 대국에서는 국민 사이에서 또 국민과 권력자 간에서 최소한의 스킨십도 가지기 어렵기 때문이다. 이런 단점을 연방주의(federalism)로 보완하고 있다.

그러나 미국의 민주정도 완전한 것은 아니다. 선동정치, 언론 특히 영상수신기(television)를 통한 이미지선거, 연방정부의 권한의 비대화, 연방의회에서의 이익집단 로비의 영향력 증대, 연방대법원의 정치화 등의 도전에 직면하고 있다. 그래도 미국의 법과 정치를 지탱해 주는 요소가 있다. 첫째는 전통을 중시하면서 필요최소한의 수정을 가하는 영국적 보수주의가 널리 공유되고 있다.

34 Baron de Montesquieu, De l'esprit des lois (1758), Livre VIII, Chapitre XIX(Propriétés distinctives du gouvernement despotique).

둘째, 미국혁명(American revolution)[35]은 종교의 속박을 타파하고 사회를 혁파하면서 근대국가를 세운 것이 아니라 종교와 신조에 그리고 시민공동체에 기반한 시민국가를 세우는 혁명이었다.

연방사법부는 원래는 연방대법원(미합중국 대법원, Supreme Court of the United States)과 연방지방법원(Federal District Court)으로 구성되었다. 과거에는 연방지방법원에 연방대법관 1인이 순회법관(circuit judge) 자격으로 참여하는 일이 종종 있었다. 그러다가 연방대법원의 상소심으로서의 부담을 덜기 위해, 연방대법원의 하위 상소법원으로서 연방항소법원(Circuit Court of Appeals)을 설치했다. 연방지방법원에는 지원(支院)이 없고 연방사법지구(구역)(federal judicial district)별로 중앙화되어 있다. 연방사법지구는 주별로 1~4개씩 있다. 예컨대 뉴욕주에는 북부, 남부, 동부뉴욕지구가 있다. 뉴욕시에는 남부뉴욕지구 연방지방법원(Federal District Court for the Southern District of New York)이 있다. 캘리포니아주에는 북부, 중부, 남부, 동부지구가 있는데, 북부캘리포니아지구와 남부캘리포니아지구 지방법원은 각기 샌프란시스코와 로스앤젤레스에 있다. 연방지방법원 건물 앞에는 주지방법원 건물이 마주보고 있는 경우가 많다. 연방항소구는 여러 개 주에 걸친다. 다만 콜롬비아 특별구는 연방 직속이므로 고유의 연방지방법원과 연방항소법원을 가진다.

나. 영미법계로서의 특징

루이지애나주법이 프랑스법계인 것을 제외하면, 모든 주가 보통법계에 속한다. 연방보통법도 영미법 전통을 따른다. 연방보통법은 수도 워싱턴 D.C.(콜럼비아 특별구, District of Columbia) 및 준주(準州)(예: 푸에르토 리코), 속령(屬領)(예: 북마리아나제도)의 법질서의 일부를 이룬다.

새로운 영토에 대한 영미법의 영토적 확장적용은 (주, 준주, 속령이 될) 새로

---

35 통설은 미국혁명을 독립혁명으로 이해하나, 일부 유력설은 독립 및 건국혁명으로 이해한다. 실로 미국의 독립전쟁은 각 주의 시민들이 주 단위를 넘어서 대외적으로 맞서는 형태로 수행되었으며, 여기에서 미약하기는 하지만 연방국가의 싹이 텄다. 그 후 건국의 아버지들(Founding Fathers)의 다수(특히 제퍼슨과 매디슨)는 시민의 자유를 보장해 줄 국가(연방국가를 말한다)의 수립을 추진하여 미합중국이 성립하게 되었다.

운 영토에 이미 문명적 법질서가 있으면 일어나지 않는다. 그래서 루이지애나 주와 푸에르토 리코에서는 대륙법계에 속한 기존 법질서가 유지되었다. 영미법이 '포괄적'으로 확장적용되지 않았으므로, 민형사 기본법의 후속 발달도 '영미법의 발견 내지 발달'의 법리가 아니라, 기존 법질서의 흠결보충, 개정, 변천의 형태로 이루어졌다. 그러나 그런 주, 준주, 속령에서도 연방법의 일부로서의 연방보통법은 시행된다. 그것은 다음과 같은 것들이다. 연방정부가 체결한 조약이나 공포한 입법의 해석에 관한 연방보통법(해석결과인 법원칙, 법규칙과 법해석방법에 관한 원칙·규칙). 연방 내의 주, 준주, 속령 간의 관계에 관한 연방보통법(연방결성시에 존재한 국제공법원칙이 국내법의 일부로 채용된 것). 연방국가, 연방정부나 그 공무원이 연방보통법에 의하여 지는 의무의 규율 등.

미국은 대부분 영미법계에 속하지만, 대륙법계의 영향이 없는 것은 아니다. 실로 동부의 법학자들은 미국에서 법전을 공포하여 대륙법계에 가깝게 옮겨갈 것을 주장하기도 했고, 미국법학회(American Law Institute)에서 공론화되었다. 그러나 전국 차원의 법전화운동은 주의 주권을 침해하는 문제가 있다. 또, 주 단위에서는 보수적 성향이 강하여 보통법 전통을 떠나 대륙법계에 합류하려는 목소리가 거의 없다. 그래서 법전화운동은 형식적 의미의 법을 법전화하는 것에 이를 수 없었다. 그 대신 각 주가 임의로 채택할 수 있는 통일적 법률안을 "통일법(uniform law)"라는 이름으로 만들어 국내적 법통일을 유도하고, 분야별로 법재록(法再錄, Restatement of the Law)을 편찬하여 법전을 기능적으로 대신케 하는 작업을 한다. 통일법은 특히 거래법(특히 매매법, 담보거래법)과 가족법(특히 친자법) 분야에서 성과를 보았다. 통일상법전(Uniform Commercial Code), 통일유언검인법(Uniform Probate Code), 통일외국금전판결승인법(Uniform Foreign-Country Money Judgments Recognition Act) 등이 그것이다.

영국의 보통법은 대법원과 Court of Appeal을 통해 통일적으로 발달하지만, 미국은 사정이 다르다. 미국에서는 보통법의 발달이 기본적으로 주법에 맡겨져 있다. 주요 판례의 지위를 두고 경쟁이 일어난다. 그러나 학술적 연구는 전국적 단위로 행해진다. 학계와 일부 주도적 판례에서 주법원 판례를 비교연구함으로써 미국 비교법의 전개방향이 점검되고 있다. 그래서 미국에서는 구속력 있는 선례는 적고 참고적 선례는 많은 분야가 많다.

특이하게도 미국에서는 참고적 선례를 거의 미국 내에서만 찾으려는 경향이 있다. 그래서 미국 내 주법들 간의 비교, 또는 미국의 지역별 연방하급심 판례 간의 비교에 큰 비중이 두어진다. 다른 보통법 국가들과 달리, 미국은 미국 고유의 보통법을 가진다는 사고방식이 강하다. 이것은 보통법의 통일성 관념과 잘 맞지 않는다. 이런 외국법 콤플렉스의 이면에는 영국과 다자적 법통일조약에 대한 경외감이 깔려 있다. 입법과 판례 양쪽에 영향을 주기도 한다.

참고적 선례로서의 의미를 찾는 경우에는 2심인 연방항소법원뿐만 아니라 1심인 연방지방법원의 판례에 대해서까지도 중요한 의미를 두게 되는 경우가 많다. 그것은 연방대법원의 상고심으로서 사건을 수리하는—사건이송영장신청(petition for certiorari)을 받아들이는—일이 매우 드물다는 것과도 관련이 있다.

다. 연방법과 주법과의 관계

(1) 주법원(州法院)과 연방법원(聯邦法院) 간의 관계

주법원은 일반적인 사물적 재판관할권(내지 재판권)을 갖는다. 즉, 일반적으로는 연방문제 사건도 주법원에 제기될 수 있다(단, 이 때에는 연방지방법원으로의 이송신청이 비교적 더 용이하게 받아들여질 것이다). 이 때, 그 사건에 연방헌법 문제나 연방제정법 또는 연방보통법 문제가 있는 경우 주 최고법원에서 연방대법원으로 상고할 수 있다.

연방지방법원은 제한적 재판관할권만을 갖는다. 민사사건에서의 연방지방법원의 재판권은 사항적으로 다음 두 가지에 미친다. 하나는 연방문제(federal question) 사건이다. 연방법 문제가 청구의 기초로 되어 있는 사건을 말한다. 다른 하나는 다주적(多州籍)(diversity of citizenship) 사건이다. 쌍방이 전적으로 다른 주(州) 또는 국가의 주민이며 소가가 일정액 이상인 사건을 가리킨다.

주법원과 연방지방법원이 경합적으로 재판관할을 갖는 경우에는, 주법원으로부터 연방지방법원으로, 연방지방법원으로부터 주법원으로의 이송신청(移送申請)이 가능하다.

(2) Erie 법리

다주적(多州籍) 사건에 대해서는 연방지방법원이 주법원과 경합하여 사물관할을 가진다. 이것은 연방대법원에서 다른 실체법을 적용하기 위한 것이 아니다. 단지 주법원과 병존하여 주법원의 내주민(內州民) 편향 위험을 견제하는데 존재이유가 있다. 그래서 다주적소송(多州籍訴訟)에서는 주법(州法)을 적용하여 재판한다. 즉, 당해 연방지방법원이 소재하는 주의 주법원이 적용할 법을 그대로 적용한다. 그 사건을 연방지방법원에서 재판하게 되었다는 이유로 연방 전체에 통일된 법해석(내지 형성)을 하는 것이 아니다. 연방정부는 각주의 사법(私法)(주로 common law로 구성된)의 전국적 통일 그 자체를 위한 입법권을 연방헌법에 의해 부여받고 있는 것이 아니다. 연방대법원의 Erie Railroad Co. v. Tompkins[36] 판결에서 이 점이 확립되었다. 이 판결을 계기로, 종래 연방대법원이 보통법의 해석을 통일하던 기능이 대폭 제한되었다. 주 보통법의 해석은 주대법원이 최고법원이며 연방법원이(연방대법원조차도) 관여할 수 없다. 연방대법원 이하 연방법원이 해석권한을 가지는 보통법은 연방보통법에 국한된다. 미국에서 국내적 법통일을 광범위하게 포기하고 있는 상황은, 대륙유럽의 주요국가(예: 독일－연방국가임)에서 정치적 통일과 함께 국내적 법통일작업이 국가적 역점사업으로 추진된 것과 크게 대조된다.

미국에서 주별로 법이 상이한 것은 유럽연합 회원국법들이 상이한 것과 비슷하다. 그러나 유럽연합에서 국제사법이 폭넓게 통일되고 있는 것과 대조적으로, 연방법에 의한 법통일은 주제·국제사법 분야에서도 벽에 부딪치고 있다. 국제사법에 관한 보통법 규칙을 통일적으로 해석하는 방법은 연방대법원의 Klaxon Co. v. Stentor Electric Manufacturing Co.[37] 판결에 의해 포기되었다. 의회 입법으로 국제사법을 통일하자는 학계의 제안은 연방법무부와 연방의회에 의해 묵살되고 있다. 미국의 민사소송에서 주제·국제사법이 가지는 비중에 비하여 미국의 법학자들의 학문적 관심도가 적은 것은 이런 현실에 기인한다. 연

36 304 U.S. 64 (1938).

37 313 U.S. 487 (1941).

방법의 연구에 인재가 몰리는 현상은 국제·주제사법 연구에도 영향을 미쳐, 국제·주제사법의 연구논문의 주제가 연방대법원 판례에 치우치는 쏠림현상이 나타나고 있다. 그러나 연구의 기초자료인 주 판례들이 난립한다는 이유로 연구를 게을리하면, 법상태가 침체하거나 지나치게 복잡해질 위험에 놓이게 된다.

라. 간행물

(1) 의회제정법의 법전화(codification)

오늘날은 미국에서도 의회 제정법의 경우에는, 연방은 연방대로, 주는 주대로, 어느 분야에 관한 제정법인지에 따라 편(編)의 숫자를 매겨 편제한다. 연방의회 제정법을 정리한 연방법률집(연방법전)은 United States Code이다(U.S.C.로 약칭). 그 주석본은 United States Code Annotated이다(U.S.C.A.로 약칭). 연방제정법을 50개의 주제(Title이라 함)로 재조합하여 정리, 수록하고 있다. Title(編) 내에 Chapter(章), Chapter 내에 Section(條)이 있다. 인용시에는 Title 번호와 Section 번호만으로 인용한다.

미국 연방법전에 편제할 때까지 1년 넘게 걸리는 일이 흔하다. 그래서 새로 만들어진 법이 학계의 주목을 받아 논의될 때에는, 제안자의 이름을 딴 별명을 법령명의 일부로 삼거나(예: Sherman Act, Clayton Act), 제안취지를 담은 법령명으로 지칭한다(예: Alien Tort Statute, Alien Tort Claims Act라고도 함). 그 후 연방법전에 편제된 후에도 기존 법률명은 없애지 않는다. 다만 조문번호를 인용할 때(대개 각주에서)에는 반드시 U.S. Code에 정리된 것을 적어야 한다. 원래의 법률명은 적지 않고 U.S. Code 수록정보로만 인용해도 된다. 중요하고 유명한 제정법인 경우에는, 괄호 안이나 각주에서는 U.S. Code 수록 정보를 적고, 본문에서는 통용되어 온 법령명을 언급하는 것이 보통이다. 원래 제정할 때와 조문번호가 어떻게 달라졌는지는 US Code로 편제할 때 꺾쇠 내에 명기하므로, 혼란이 없다.

(2) 연방대법원 판례집

(가) United States Reports

연방대법원의 공식 판례집이다. 「권호 U.S. 시작페이지, 해당페이지(판결선고연도)」로 인용한다.

미국에서는 연방대법원 판례를 인용할 때, (가)~(다)의 세 출전을 나란히 밝히고, 해당 판지가 나오는 면수를 세 판례집 별로 각기 적는 것이 통례이다. 다음의 이유에서이다. 판결이 나온 뒤 곧바로 간행되는 판례평석은 Supreme Court Reporter의 페이지로 인용하는 경우가 많으므로, 나중에 US Reports가 간행된 후에도 Supreme Court Reporter의 몇 면인지 적어 주는 것이 좋다. 또, US Reporter는 공식 판례집이므로, 그것이 나온 후에도 그것의 인용정보도 적어주는 것이 좋다. Lawyer's Edition은 Supreme Court Reporter와 함께 비공식 판례집이지만, 역사가 오래된 권위 있는 것이고 애용되기도 하므로, 미국에서는 이를 함께 적어주는 것이 의미가 있다. 온라인 데이터베이스(전국적인 것은 Westlaw, LexisNexis, 주별로 특화된 것도 있다)가 발달하면서, 3개의 대표적인 판례집 정보를 나란히 적을 필요가 줄어들기는 했다. 그러나 여전히 3개 판례집 정보를 나란히 기재하는 것이 전통이다. 출판물이든, 법원에 제출하는 서류(소장, 준비서면, 상고이유서 등)이든 그렇다.[38]

그러나 한국에서는 준비서면, 상고이유서, 연구문헌 등에서 미국 판례를 인용할 때 미국의 관례에 엄격히 따를 필요는 없다. US Reporter만 표시하거나, 이와 함께 Supreme Court Reporter만 적거나, 후자만 나와 있으면 후자만 적어도 될 것 같다.

(나) Supreme Court Reporter

West 출판사가 간행한다. 가제식 편철용으로 신속히 간행됨이 특징이다. 그래서 US Reports 간행에 앞서 판례 속보의 역할을 한다. 「권호 S.Ct. 시작페이지, 해당페이지(판결선고연도)」로 인용한다. Supreme Court Reporter에만 공간되어 있는 동안에는 이것만 인용하면 된다.

---

38 Westlaw, LexisNexis 등은 구독료가 비싸므로, 3개 판례집 수록 권호, 면수를 일일이 적어주는 것이, 판례정보의 원활한 참조에 장벽이 없도록 보장하는 의미도 가진다. 그리고 이렇게 하기가 어려운 것도 아니다. Westlaw나 LexisNexis 등의 유료 데이터베이스에서는, 위 3개 판례집의 권호와 페이지를 일일이(페이지가 바뀔 때마다) 표시하고 있어, 이를 참조하면 되기 때문이다.

(다) United States Supreme Court Reports, Lawyers' Edition

뉴욕주의 Lawyers Cooperative Publishing Company of Rochester, New York에서 출간하기 시작하였으며, 근래에는 LexisNexis사가 인수하였다. 그 첫 번째 시리즈는 L.Ed., 그 두 번째 시리즈는 L.Ed.2d로 인용한다.

(3) 연방 1·2심법원 판례집

(가) Federal Reporter

연방항소법원 판례를 수록한다. 그 첫 번째 시리즈는 F., 두 번째 시리즈는 F.2d, 세 번째 시리즈는 F.3d로 표시한다. Federal Reporter가 1, 2, 3번째 시리즈로 나누는 덕택에, 권수 번호가 너무 길어지지 않는다.

(나) Federal Supplement

연방지방법원, 연방국제무역법원(Court of International Trade) 판례를 수록한다. 인용시 F. Supp.로 약칭한다.

(4) 주법원 판례집

(가) West 출판사의 National Reporter System

광대역별로 분류하여 발간된다. 다음과 같다(괄호 안은 판례인용시의 약호). Northwest(N.W.), Atlantic(A.), Northeast(N.E.), Pacific(P.), Southeast(S.E.), South(S.).

캘리포니아와 뉴욕의 주법원 판례는 위와 같이 지역별로 분류되어 발간되는 외에 별도로 California Reporter(Cal. Rptr.)와 New York Supplement(N.Y.S.)로도 발간된다.

미국에서는 판례 인용시에는 위 두 종류의 판례집의 인용정보를 모두 적는 것이 관례이다.

(5) 판례총람

미국에서도 판례의 요지를 알파벳 순서로 주제어에 맞추어 정리한 판례총람이 전통적으로 애용되었다. American Law Reports(ALR)와 American Law Reports－Federal(ALR Federal)가 그것이다. 대륙법계에서는 행정부, 의회, 학계와 출판계가 나서서 개념체계에 따라 법령, 판례정보를 정리하는 노하우가 발달, 정립되어 있지만, 영미법계에서는, 판례에 관한 한은, 아직도 그렇게 하지 못하는 모습을 볼 수 있다.

위 두 판례총람은 1970~80년대까지만 해도 애용되었고, 중요 법률도서관과 규모가 큰 법무법인은 한 질을 갖추고 있었다. 온라인 데이터베이스가 나온 후에도, West 출판사가 판례를 출간할 때 앞에 덧붙이는 참조색인("headnote")에서는 여전히 판례총람의 편제를 이용한다. 그러나 온라인 데이터베이스가 나온 후에는 판례총람을 종이인쇄물로 구입, 이용하는 예는 서서히 줄고 있다. 판례총람의 기능을 대신하는 것은 실무자용 체계서(practitioner treatise)이다. 이렇게 체계서의 비중이 실무에서도 커지고 있다.

마. 인용방법

미국에서는 The Bluebook: A Uniform System of Citation이 가장 많이 쓰인다. 그러나 학술문헌용으로도 기타의 인용방법이 있고, 법원에 제출하는 문서에서는 더 고풍(古風)스러운 다른 양식을 고집하기도 한다. 예컨대 타자기 시대의 전통을 이어받아, 이탤릭체 대신 밑줄 표시하기도 한다. 그것이 읽을 때 눈에 더 잘 들어오는 장점도 있어서인지, 법원에 제출하는 서류에서 쓰는 판례, 법령, 문헌 인용방법은 옛 방식을 그대로 따르는 예가 있다.

(1) 연방대법원 판례

예: Erie Railroad Co. v. Thompkins, 304 U.S. 64 (1938) 또는
Erie R.R. v. Tompkins, 304 U.S. 64, 58 S. Ct. 817 (1938).

→ Erie 철도회사와 Thompkins가 반대당사자인 사건에서 1938년에 선고된 연방대법원 판결.

→ United States Reports (U.S.)에 수록된 경우는 U.S.만으로 인용하면 충분하다.

→ United States Reports 304권 64면 이하에 수록

예: Parker v. Randolph, 442 U.S. 62, 84 (1979) (Stevens, J., dissenting).

→ Parker와 Randolph 간의 사건에서 미국 연방대법원이 1979년에 선고한 판결.

→ 이 판결 전체는 United States Reports 442권 62면 이하에 수록되어 있으며, 인용하는 내용이 나오는 해당 면수는 84면임.

→ 인용하는 내용은 스티븐스 대법관(Justice Stevens)의 반대의견의 일부임.

예: Pac. Gas & E. Co. v. G. W. Thomas Drayage etc. Co., 69 Cal. 2d 33; 69 Cal. Rptr. 561; 442 P.2d 641 (1968).

Pacific Gas & Electronic Co. v. G. W. Thomas Drayage & Rigging Co., 69 Cal. 2d 33 at 37; 442 P.2d 641 at 643 (1968) per Traynor, CJ 또는 괄호에 넣어 (per Trainer, CJ) 또는 (Traynor C.J., writing for the court).

당사자 이름은 줄여서 인용해도 된다. 많이 줄일 때에는, 법인은 Co.나 Co. Ltd.를 생략해도 되고, 자연인도 성만 써도 된다.

per와 writing for the court는 같은 의미이다. 법원의 만장일치, 다수(majority), 또는 결합다수(plurality) 의견을 작성한 법관을 표시한다. 이를 강조할 필요가 있을 때에만 쓴다.

한국에서는 사건배당 단계에서부터 주심판사가 정해져서, 그가 심리와 판결문 작성을 모두 주도한다. 그러나 미국 연방대법원에서는 주심판사 제도가 우리와 다르고, 대법원장이 심리를 주재하지만 구두변론시의 소송대리인에 대한 질문은 어느 대법관이든 자유롭게 한다. 판결문 작성도 특히 관심을 가진 대법관들이 나서서 그 책임을 떠맡아 판결문 초안을 작성하여 회람에 부치고, 그 과정을 거쳐 다수의견과 소수의견이 쓰여지며, 어느 의견이 다수의견이 될지도 정해진다. 이것은 영미법계에서 특이한 것이 아니다. 영국의 법률심인 House of Lords(지금은 Supreme Court)와 Court of Appeal에서는 재판부를 구성하는 법관 전원이 각기 자신의 의견을, 길게든 짧게든 쓴다(아주 짧게는 '나는 어느 대법관의 의견을 지지한다'). 이것이 미국으로 오면서 간소화되어, 판결문 서두에서 어느 법관이 "법원을 위하여 판결문을 작성(writing for the court)"한다고 밝힌다.

(2) 연방하급법원 판례

예: Webb v. Baxter Healthcare Corp., 57 F.3d 1067 (4th Cir. 1995).

→ 제4연방항소법원(United States Court of Appeals for the Fourth Circuit)이 1995년에 선고한 판결로서 Federal Reporter 제3시리즈 57권 1067면 이하 수록

(3) 주법원 판례

예: Kilberg v. Northeast Airlines, Inc., 9 N.Y.2d 34, 211 N.Y.S.2d 133, 172 N.E.2d 526 (1961).

→ NY주 최고법원이 1961년에 선고한 판결임.

→ 세 가지 판례집의 권수와 시작면수를 인용하고 있음.

판례집 이름에서 어느 주의 판례인지가 드러나 있지 않은 때에는, 괄호의 선고연도 앞에 주 이름을 적어야 한다.

주의 최고법원일 때에는 주법원의 이름을 표기하지 않으나, 그 주의 최고법원이 아닐 때에는 법원명을 괄호 안에 표기한다. 다른 주의 최고법원이 종종 Supreme Court라고 하는 것과 달리, 뉴욕주의 최고법원은 Court of Appeals라는 이름을 갖고 있다.

(4) 연방헌법

예: U.S. Const. art. I, § 9, cl. 2.

→ 연방헌법 제1장 제9조 제2항

(5) 연방제정법

예: 42 U.S.C. § 1983 (1994).

→ 연방의회의 제정법으로서 그 내용상 42편에 편제되어 있고, 42편의 1983조로 정리, 수록되어 있음.

예: 42 U.S.C. §1983 또는 42 U.S.C.A. §1983.

→ Title 42는 공공건강·복지(Public Health and Welfare)의 편이다. 제42편의 제21장(Chapter 21 Civil Rights) 내에 Section 1983(제1983조)이다.

U.S.C.에 수록된 제정법규는 U.S.C.A.에도 똑같이 수록되므로, 주석사항을 언급하지 않고 법령만 인용할 때에는 U.S.C.로 적어도 충분하고, 굳이 U.S.C.A.로 적을 필요가 없다. 그러나 후자로 적는 일도 흔히 볼 수 있다.

예: Labor Management Relations (Taft–Hartley) Act § 301(a), 29 U.S.C. § 185(a) (1988).

→ 개별 제정법의 명칭이 인용방법으로 널리 쓰이고 있거나, 또는 그 명칭을 드는 것이 당해 제정법의 동일성을 식별하는 데 도움되는 경우에는 단행법의 명칭도 써서 인용할 수 있음.

→ § 301(a): bill section number (의회에서 통과되어 대통령에 의하여 선포될 당시의 조문번호).

(6) 주 제정법

예: Del. Code Ann. tit. 13, § 1301 (1981).

(7) 통일법

예: Uniform Foreign–Country Money Judgments Recognition Act (2005).

→ 미국에서 내려진 판결을 한국에서 승인집행하려면 상호보증(reciprocity), 즉 서로 외국판결을 비슷한 조건하에 승인집행하는 관계에 있어야 한다. 상호보증 유무는 개별 주(워싱턴 특별구이면 연방법)와 한국의 외국판결 승인집행법을 비교해야 한다. 주법원이 아니라 연방법원이 내린 판결이라도, 1심의 연방지방법원이 소재한 주의 법이 기준이 된다. 그래서 위 통일법을 인용하는 것만으로는 부족하고, 특정한 주에서 입법화된 것을 확인해야 한다. 주별로 통일법에 가감하여 채택할 수 있게 되어 있고, 실제로 그렇게 하기 때문이다. 예컨대 버지니아(Virginia)주법이 관건이면, Code of Virginia § 8.01–465.13:1부터 § 8.01–465.13:11까지를 확인하고, 이것을 언급하여 인용해야 한다.

예: U.C.C. § 2–314 (1977).

→ 통일상법전(Uniform Commercial Code) 제2장 제314조

→ 당해 조문이 개정 또는 제정된 연도가 1977년임.

(8) 리스테이트먼트(法再錄)

예: Restatement (Second) of Conflict of Laws §305 cmt. b illus. 1 (1969).

→ 1969년에 공표된 저촉법 제2차 리스테이트먼트 제305조에 대한 코멘트 b 중 예설(例說, illustration) 1을 가리킴.

(9) Model Codes

예: Model Bus. Corp. Act § 2(f) (1969) (amended 1973).

바. 미국법 조사검토의 요령

미국의 법률가들이 판례와 제정법을 조사할 때에는, 권위있는 판례교재를 참고하기도 하지만, 가장 중요한 준거는 "실무가용 체계서(practitioner treatise)"이다. 단행본으로 간행되며, 매년 추록을 발행하기도 한다. 가제식으로 간행되는 경우에는, 수정추완본을 갈아끼우면 된다. 보통 그 분야의 최고 권위자가 저술한다(예컨대 계약법은 Chitty, 저작권법은 Goldstein). 전국적으로 단 한 권(내지 한 개 시리즈)이 독점하는 경우가 많다는 점과, 체제와 내용의 상세함 면에서 독일의 두꺼운 주석서나 연구자용 체계서에 상응한다는 점도 영국과 비슷하다. 주법을 다루는 실무가용 체계서는 주법 간의 비교서술을 담고 있다. 미국의 실무가용 체계서는 보통 매년(즉 영국에 비하여 자주) 업데이트된다. 그래서 실무가들은 최신의 실무체계서를 읽고 최신판례·입법 속보를 확인하면 정확한 법정보를 얻을 수 있다.

한편, Federal Rules of Civil Procedure와 Federal Rules of Evidence의 경우에는, 간략한 주해와 양식을 수록하여 매년 간행되는 단권의 주해서가 실무가용 주해서의 역할을 일부 대신한다. 분야에 따라서는 Restatement가 실무가용 체계서의 역할을 한다.

미국에서도 분야에 따라서는 연구자·실무가·대학교재 겸용의 상세한 저서가 저술, 활용되기도 한다. 그것은 체계서인 경우도 있고, 판례 원문을 발췌 수록하면서도 체계적 설명을 방대하게 포함시킨 케이스북의 형태일 수도 있다. 국제소송법과 국제상사중재법의 경우에는, Gary B. Born 교수가 저술하고 수년마다 개정되는 교재·연구 겸용 케이스북이 실무가의 수요에도 부응하고 있다. 다만, 케이스북은 그 자체로 완결적인 것이 아니고, 주해 대신 Notes and Questions를 담고 있을 뿐이다.[39] Notes and Questions에서 인용된 학술문헌(주로 학술지 논문)은 그 문제에서 가장 권위있고 실무계로부터 주목받는 문헌인 경우가 많으므로, 중요하게 참고되어야 한다.

미국의 학술지 논문은 주제별 단행본(monograph) 수준의 논문(Article), 현안 주제에 대한 상세한 논문인 Comment나 Note로 나뉜다. 학생편집 학술지의 경우에는 Note는 상급반 법과대학원생이 작성한다. 대체로 1950~60년대까지만 해도, 미국의 학생편집 학술지 중 Harvard Law Review, Virginia Law Review 등의 유수한 학술지의 경우에는, 학생들이 작성하는 판례 소평석(Case note)도 짧은 분량으로 실무친화적으로 작성되었고, 판례의 의의를 교과서적 수준에서 진단, 정리한 것이어서 나름대로 참고가치가 있었다. 그러나 대체로 1980~90년대부터 최고 수준의 전국적 법과대학원을 중심으로 법과대학원의 실무지향성이 줄어들면서, 법학 분야 학술지의 성격도 실무지향성이 약한 쪽으로 바뀌었다. 간략한 소평석(Case note)이 잘 쓰여지지 않는 결과, 가장 짧은 형식은 Note가 되었다. 오늘날 쓰여지는 Note는 상세한 판례평석이나, 세부주제의 소논문이며, 이를 집필한 법과대학원생의 JD 졸업논문으로 인정된다. 논문(article)에는 철학, 정치학, 역사학, 사회과학 등의 인접 분야의 색채가 늘어나, 해석법학적 참고가치가 흔들리고 있다. 판례에 대하여 주석을 달고 비평하는 commentator로서 연구논문을 써서 실제로 받아들여질 만한 해석론을 제시하는 기능은 줄

39 케이스북의 편저자가 판결문의 두에 적는 주해와 질문은 다양한 의미를 가진다. 교과서(체계서)의 서술로 옮겨적을 만한 내용을 주해와 질문 형식으로 적는 경우도 있다. 특별히 권위있는 casebook일수록 그런 부분이 많다. 그러나 책에 따라서는, 판지가 의문스럽지 않음에도 학습자의 주의를 환기시키기 위해 초학자 수준에서 가질 수 있는 의구심을 자극하기도 한다. 편저자 스스로 판례에 대한 반대의견을 정립한 것이 아니면서도, 판례가 '완벽하지 않은' 부분을 낱낱이 지적하기도 한다. 변호사를 겸직하는 교수일수록 그런 경향이 있다. 그리고 학습자에게 정답을 가르쳐주지 않고 의문에 싸여 있도록 해야 학습능률이 오른다는 미국적 믿음 하에, 중요한 논점을 부각시키는 질문을 하면서도 그에 대한 편저자의 답을 철저히 숨기기도 한다. 이런 점들은 미국법의 자습과 조사를 위한 casebook의 효용을 낮추는 쪽으로도 작용한다.

었다. 오히려 저자 특유의 이색적인 시각을 제시하거나, 메타이론적 분석을 제시하는 데 초점이 있는 것이 적지 않다. 그래서 학생편집 학술지는 단행본 연구서(monograph)들을 묶어 수록하는 archive의 성격이 짙어지고 있다.

그러므로 한국의 법률가가 미국법의 발달과정과 현황을 파악하기 위하여 미국 학술지의 논문을 읽으려 할 때에는 그 목적에 맞게 골라 읽어야 한다. 외국법으로서 어느 주제에 관한 미국법의 현황을 효과적으로 파악하기 위하여 믿고 의지할 만한 평이한 학술논문을 찾는다면, 오히려 Note, Comment, Article 순서로 찾는 것이 나을 정도이다. 최신의 Note에서 출발하여 그에 인용된 판례, 입법, 학술문헌을 보고 주요 자료목록을 만든 후, 추적해 들어가면 현행의 법상태를 일목요연하게 볼 수 있다. 물론 평소에 실무가용 체계서, 리스테이트먼트(법재록) 또는 케이스북 중 하나를 익숙할 정도로 읽어 둔 상태에서, 그 문헌들을 비교하여 읽고, 그에 언급된 법률조문, 판례, 문헌부터 읽어 나가면서, 그 판례를 인용한 후속 판례를 찾아 판례의 현황을 파악하는 것이 최선이다.

학생편집 학술지는 대학 이름에 Law Journal이나 Law Review의 이름만 붙인 일반종합학술지와 분야별 전문학술지로 나뉜다. 미국법에는 generalist를 specialist보다 우위에 놓는 중세적 전통이 살아 있고, 이 점이 법학교육과 학술지 발간에도 반영되어, 일반종합학술지가 전문학술지보다 한층 격이 높다. 다만 Yale Law Journal과 같이 학제적(interdisciplinary) 연구와 독창적인 분석적 연구를 강조하는 최상위의 학술지에서는 현재의 법상태의 이해에 당장 도움될 논문을 찾기가 비교적 어려울 수 있다. 오히려 실정법과 실무 관련성이 높은 논문은, 분야별 전문학술지에서 찾을 수 있는 경우도 있다. 국제사법과 국제거래법 분야에서는 Duke Journal of International and Comparative Law, University of Pittsburgh에서 발행하는 *Journal of Law and Commerce* 등이 주목받고 있다. 국제공법 분야에서는 *Harvard International Law Journal, NYU Journal of International Law and Politics* 등이 참고가치가 높다. 학생편집 학술지는 어떤 대주제를 놓고 국내외의 학자들을 초청하여 학술 심포지움을 열고, 그 발표논문들을 모아 특집호를 발행하기도 한다. 그런 특집호는 분야별 동향을 파악하는 데 유용하다.

교수편집 학술지(peer-review journal, faculty-edited journal)는 학생편집 학술지와 달리 입법정보, 주요 판례의 소평석, 서평 등을 체계적으로 갖춘다. 법 일반을 다루면서도 해석법학에서 권위 있고 세계적으로 호응이 높은 교수편집 학술지로는 Duke University 법과대학원에서 발행하는 *Law and Contemporary Problems*를 들 수 있다. 매호가 주제별 특집으로 구성되어, 중요 주제별 학술논문집 역할을 한다. American Society of International Law에서 발간하는 *American Journal of International Law*는 국제공법과 국제사법을 아우른 의미의 '국제법' 분야의 전문지이다. 영국의 *International and Comparative Law Quarterly*와 마찬가지로, 논문, 소논문, 조약 정보, 판례 소평석이 체계적으로 편집되어 게재된다. 이런 분야에서는 영미법계의 소평석의 전통이 미국에도 남아 있다. 공사법을 아우르지만 사법(私法)에 좀 더 비중을 둔 '국제적' 비교법의 전문지로는 American Society of Comparative Law에서 발간하는 *American Journal of Comparative Law*가 있다. 분야별 전문지로는, *Antitrust Law Journal* 등이 있다. 한편, *Supreme Court Review*와 같이 연방대법원 판례에 대한 평가만을 하는 학술지도 있다. 한편, University of Chicago의 법과대학원과 경제학과가 각기 주관하는 *Journal of Legal Studies*와 *Journal of Law and Economics*는 철저히 법경제학에 바쳐진 학술지이고, 법경제학계의 유력설을 개진하는 논문들이 많이 실린다. 그런데 법학계 전체적으로는 주목받는(때로는 반론이 훨씬 더 많은) 소수설인 경우가 많다.

최신 판례나 입법에 대한 학계의 반응을 살필 때에는 Hein Online, Westlaw, LexisNexis와 같은 유료 데이터베이스에서 키워드 검색이나 판례별 문헌검색을 해 볼 수도 있다. 그러나 그 결과 검색된 문헌 중에서, 중량감 있는 저자의 것과, 학생편집 학술지에 게재된 잘 정리된 Note를 골라 읽는 것이 좋다. 학술지가 워낙 많은 데다가, 미국 법학계가 유행을 지나치게 타는 경향이 생겨, 비중 있는 학술논문이 나와 주목을 받으면 그에 기대어 수많은 논문이 폭발적으로 동시에 쓰여지는 일이 자주 있기 때문이다. 미국 법학 학술지에 게재되는 서평의 수준에는 높낮이가 있음에 유의해야 한다. *American Journal of International Law* 등의 교수편집 학술지를 제외하면 일정한 연구자가 일정한 학술지에 집중적으로 투고하는 문화도 거의 없어, 오히려 전국의 주요 법과대학원들이 논문 간행의 부담을 분담하는 역할을 한다. 전국에서 발행된 논문들은 Hein Online과 LexisNexis, Westlaw 등의 데이터베이스 업체를 통해 검색하여 참조하게 된다. 미국에서는 학생편집 학술지가 중요한 비중을 차지하는 것이 특징인데, 이것은 연구자의 잡무를 줄이고 연구조교의 부족을 편집부의 수고로 대신하는 기능도 하고, 논문이 상세하고 완만하게 서술되도록 하는 기능도 한다.

한국의 법률가도 영미법에 대한 기본지식을 갖출 필요가 있다. 때로는 특정한 영미법계의 법의 구체적 내용을 지득해야 할 경우가 있다. 그런데 한국 법률가는 미국 법률가처럼 미국법에 대한 기본적 훈련을 받고 있지 않다. 그래서 미국에서 법학도를 위해 만들어진 케이스북이나 체계서(hornbook)가 오히려 요긴하게 사용될 수 있다. West 출판사의 Nutshell 시리즈와, 심지어 Emmanual, Legalines 등의 학습자용 요약서나 Aspen 출판사의 Examples and Explanations 시리즈 등의 학습보조교재도 참조하기 편리하다. 미국의 법규범이 어떤 형식으로 존재하는지, 개별 법원(法源)이 어떠한 약어로 인용되고 있는지부터 이해할 필요도 있다. 이는 법령·판례의 조사와 인용 양면에 도움이 된다.

한국, 일본, 독일어권 등에서 발간된 비교법 교과서, 단행본 또는 논문에서 출발하는 것도 하나의 방법이 될 수 있다. 그러나 국내문헌을 통해 해당 분야를 개관하고 본격적 법률검토의 첫 열쇠가 될 중요 판례, 입법, 문헌을 파악한 뒤에는 해당 외국의 법정보를 직접 찾는 것이 좋다.

판례와 제정법의 검색에는 Westlaw와 LexisNexis가 탁월히 편리하다. 판례 앞에 편집자의 해설·요약이 있고, 판례, 논문에서 하이퍼링크를 제공하여, 판례나 논문 내에 인용된 주요 법령, 판례, 논문에 링크를 통하여 바로 접근할 수 있다. Westlaw와 LexisNexis는 판례의 현황 파악에도 아주 편리하다. 미국법의 현황을 세밀하고 정확하게 파악하려면, 중요 판례를 찾아 읽는 데 머무르지 않고, 개별 판례에 대하여 번복 여부, 따름판례, 반대판례 등을 확인해야 한다. 미국에서는 이 작업을 가리켜 "shephardizing"(양치기)이라 한다. Westlaw와 LexisNexis는 개별 판례가 공식적으로 번복되었는지, 이를 따른 판결과 반대한 판결로는 어떤 것이 있는지 등을 잘 분류하여 제공한다. 다만 미국의 중요 판례를 한국법 해석에 참고하기 위하여 미국의 중요 판례를 읽을 때에는 shephardizing은 별로 중요하지 않다.

미국 판례에 등장하는 인상적인 법리설시를 더 잘 이해하려면, 판례의 현 상황을 대변하는 판결이 인용한 선행판례를 역으로 추적하여 읽는 것이 도움이 된다. 미국 판례는 한국처럼 선행 판례의 추상론을 그대로 베껴 눈덩이처럼 불리는 일이 없고, 기존 판례에 기반을 두면서도 재해석하는 일이 일상적으로 행해지므로, 선행 판례들의 연쇄를 추적하여 하나하나 꼼꼼히 읽음으로써 얻어지는 것이 많다. 특정 판례에 담긴 색깔에 지나치게 휘둘리지 않게 된다. 그리고 미국의 판례를 역사적－비판적(historisch－kritisch)으로 비평, 분석하는 시각을 가질 수 있다. 이 점은 영국을 비롯한 영국법계도 마찬가지이다.

학술논문을 찾는 데에는 Hein Online이 편리하다. 원문을 pdf 파일로 제공하여 참조하기 편하고, 논문의 참조횟수, 인용횟수 등을 병기하여, 중요논문을 가려내기 쉽다. 학술논문을 키워드 검색할 때에도 Hein Online이 Westlaw, LexisNexis보다 낫다. Westlaw와 LexisNexis는 검색결과로 너무 다량의 문헌을 평면적으로 제시하는 단점이 있다.

Westlaw와 LexisNexis는 고가의 유료 서비스여서, 실무가 개인이 구독하기는 부담된다. 법원도서관을 방문하여 이용하거나 각 법학전문대학원의 도서관에 졸업생 자격으로 접속하여 비용을 절약할 수 있다. 최신 판례만을 확인하거나, 특정 판례의 원문은 무료 데이터베이스인 Findlaw(findlaw.com)나 구글 검색을 통해 찾을 수 있는 경우도 종종 있다.

(예제 1)

1) 한 의뢰인이 미국 내에 본점을 둔 회사와 거래관계상 받을 돈을 받기 위하여 그 회사를 한국 법원에 제소하려고 한다. 승소하면 미국에서 한국판결이 승인, 집행될 수 있는지 질의한다. 해당되는 조문을 찾아 회신요지를 짧게 쓰라.

2) 한국에 본점을 둔 갑 회사는 미국 매사추세츠주에 본점을 둔 을 회사로부터 물품을 구입했다. 그 매매계약의 준거법은 매사추세츠주가 채택한 통일상법전(Uniform Commercial Code) 제2장으로 약정했다. 그런데, 을 회사로부터 받은 물품은 약정한 품질에 못미치는 것이다. 갑은 손해배상을 청구하려고 하며, 해제할까도 생각중이다. 갑은 이 권리들을 언제까지 행사해야 하는지 알고 싶어한다. 해당되는 조문을 찾아 회신요지를 짧게 쓰라.

3) 미국의 회계법인이 어떤 주식회사에 대하여 감사보고서를 작성했다. 한국에 사는 한 한국인이 이를 믿고 그 주식회사의 신주를 인수했다. 그런데 그 주식회사의 재무상태는 심각한 위기에 처해 있었음에도 그 감사보고서에는 매우 건전한 상태라고 기재되어 있었다. 결과적으로 그 회사는 망했고 위 신주의 가치는 거의 0원에 가깝게 하락했다. 피해자는 위 회계법인을 상대로 미국 또는 한국의 법원에 손해배상을 청구하려고 한다. 그런데, 그 회계법인이 작성한 감사보고서에는 "본 회계법인은 본 감사보고서의 내용을 믿은 제3자에 대하여 아무런 책임을 지지 않습니다"라는 "disclaimer"가 기재되어 있다. 피해자는 만약 이 사건에 대하여 미국법이 적용된다면 이 조항이 어떤 의미를 갖게 되는지, 즉 피해자에 대해서도 구속력이 있는지 질의한다. 이에 대하여 한국어로 간략한 의견서를 작성하라.

4. 독 일[40]

가. 독일의 법체계

오늘날의 독일, 즉 독일연방공화국(Bundesrepublik Deutschland, 1948~)은 연방국가이다. 다만 민법, 민사소송법, 형법, 형사소송법을 비롯한 주요 입법은 연방입법으로 되어 있다. 이것이 국가적 통합의 중요 요소이다. 흥미롭게도, 독일 특유의 요소를 최소화하고 보편타당한 내용을 담은 주요법전을 만들어 시행함으로써 단기간에 전국적 통합을 이루었다. 물론 프로이센은 전쟁과 국제정치를 통해 확장되었지만, 그렇기 때문에 더욱 널리 받아들여질 만한 국가법질서가 필요했다. 프로이센의 전쟁, 정치를 통한 독일통일은 신속한 국가통합을 요구했

40 우선 황적인·이은영, 독일법, 박영사, 1987; <http://www.bundesgerichtshof.de> – Der BGH–Broschüre (독문본 및 영문본) 참조.

다. 법적 통일이 여기에서 중요한 역할을 했다.

프로이센을 중심으로 한 독일통일의 과정에서 프로이센 일반란트법이 제정, 시행되었으나, 이것은 프로이센 왕이 정복, 복속한 지역에 곧바로 시행하기 어려웠다. 19세기의 독일은 국내적으로 큰 법분열상태에 있었다. 지역적 법분열상태를 극복하고 전국적으로 통일된 법질서를 부과하고자 연방 차원에서 주요 법률들을 입법했다. 프로이센의 빌헬름 1세는 황제로 등극했고, 19세기 말에 중요법전을 완성하여 1900. 1. 1.에 시행했다. 민법(Bürgerliches Gesetzbuch: BGB), 형법(Strafgesetzbuch: StGB), 법원조직법(Gerichtsverfassungsgesetz: GVG), 민사소송법(Zivilprozeßordnung: ZPO), 형사소송법(Strafprozeßordnung: StPO) 등이 그것이다. 전국적으로 일관된 법체계를 갖춤으로써 국가로서의 내실을 갖추었다. 그때부터 독일의 성문법전은 독일의 아이덴티티를 규정짓는 중요한 요소이다.

독일법은 바이마르공화국이 독일국가사회주의(나치)당에 장악되면서 굴곡을 겪었다. 헌정질서는 정지되었다. 독일의 최고법원인 제국법원(Reichsgericht)[41]도 폐지되었다. 사법(私法)에도 영향이 있었다. 혼인의 성립에 관한 규율이 급진적 내용으로 개정되었고, 회사법이 폐지되었다. 이는 종전 후 부활되었으나, 혼인성립에 관한 규율과 주식회사법, 유한회사법 등을 상법전 밖에 두어졌다. 제2차 세계대전 후 독일은 4개 점령구역으로 분할점령되었고, 독일제국은 해체되고 독일연방공화국이 새로 건국되었다. 그러나 독일연방공화국은 독일제국을 승계했다. 법의 효력도 유지되었다. 독일은 제2차 세계대전 후 기본법(Grundgesetz: GG)을 제정하고 연방헌법법원을 설치하여, 국가통합의 또 하나의 축으로 삼았다.

소송법의 전국적 통합에도 불구하고, 법원의 조직과 법관의 자격, 변호사의 선발은 주별로 이루어진다. 전국적으로 통합된 법에 대해서도, 주법원의 해석은 주별로 다양하게 나뉘기도 한다. 행정도 주 단위의 행정이 보존되어 있다. 독일에서 연방정부는 곧 주들의 상위의 정부를 말한다. 정치는 전국정당이 지

41 여기에서 제국(帝國)이라 함은 식민지를 개척하는 세계경영의 의미는 비교적 약하다. 그러나 독일의 국가적 통합과 권위를 상징하는 의미가 있다.

배하지만, 바이에른은 기독교민주당과 사회민주당에 대응, 연대하는 별도의 양대정당을 가지고 있다.

나. 독일의 법원제도(法院制度)

연방법원들은 주법원들의 상위법원이다. 미국과 달리 연방사법부가 따로 1, 2심 법원을 두지 않는다. 즉, 연방법원들은 모두 독일의 최고법원들이다. 다만 그 실질적 중요성에는 차이가 있다. 특히 연방대법원(Bundesgerichtshof: BGH)과, 독일연방공화국에서 생긴 연방헌법법원(Bundesverfassungsgericht: BVerfG)이 중요하다.

연방대법원은 일반사건, 즉 민·형사 일반법 사건의 최고법원이다. 그래서 연방통상법원으로도 번역된다. BGH는 독일의 연방법원 중 역사가 가장 깊다. 프로이센제국 때부터 일반사건의 최고법원으로 제국법원(Reichsgericht: RG)이 있었고, 그 후신이 BGH이다. 연방헌법법원은 헌법의 최고법원이다. 독일에서는 연방헌법의 문제를 어느 법원이나 판단할 수 있다. 다만 연방헌법 문제에 대해서는 연방헌법법원이 최상급심이다. 독립적 중요성을 가지는 특별분야에 대해서는, 연방대법원 밖에 별도로 연방행정법원(Bundesverwaltungsgericht: BVerwG), 연방노동법원(Bundesarbeitsgericht: BAG) 등을 두고 있다. 연방대법원 내에 부를 두지 않고 별도의 최고법원을 두는 것은 독일의 특징이다. 프랑스는 행정법 사건에 대해서는 1심부터 최고법원까지 별개의 사법체계를 갖추고 있는데, 독일은 행정법, 노동법 등의 사건을 주법원 단계에서 어떤 법원조직으로 다룰지는 주에 맡긴다.

주법원은 1심과 상소심이라는 2급의 심급체계로 되어 있다. 상소란 1번 가능한 것이라고 전제하는 구미(歐美)의 사고방식이 반영되어 있다. 다만 연방법원에의 상고(재상고)가 가능하므로, 결국 3심제도로 운용되는 셈이다. 1심법원은 사건의 중요도와 소가에 따라 주지방법원(Landgericht)과 구법원(간이법원)(Amtsgericht)이 분담한다. 주의 상소법원이자 최고법원은 보통 주고등법원(Oberlandesgericht: OLG)이라고 부른다. 그러나 유독 Bayern주는 그 최고법원의 명칭을 Bayerisches Oberstes Landesgericht(BayObLG)라고 한다.

다. 독일의 법령, 판례정보의 조사

독일은 법원별로 공식 판례집을 간행한다. 예컨대 연방통상법원(연방대법원, BGH)은 BGHZ/BGHSt, 연방헌법법원은 BVerfGE, 연방행정법원은 BVerwGE, 연방노동법원은 BAGE를 발간한다. 이것은 편리하나, 여기에는 평석이 없다.

독일법 정보 조사에는 학습자용 교과서, 연구자용 체계서, 실무주석서, 학술주석서의 4단계로 구성되는 체계서와, 학계와 출판계가 큰 비중을 두어 간행하는 학술·실무 겸용 정기간행물이 중요한 역할을 한다. 즉, 독일법 정보는 독일 법학계에서 정리한 것을 통해 접근하게 된다. 만약 법률 데이터베이스에서의 주제어 검색 등을 통해 접근하려 했다가는 방대하고 다양한 법정보 앞의 한 구석에서 길을 잃기 쉽다. 그러나 학계에서 출판계의 도움을 받아 정리한 체계서를 통하면 매우 효과적이고 신속하게 해당 법정보에 접근할 수 있다.

독일에서는 법학계의 권위가 특히 높다. 판례는 주 1심(간이법원은 제외), 2심 단계에서부터 학계의 평석 대상이 되며, 지역적으로 다양한 판례가 판례평석, 체계서, 주석서에 의하여 평가되면서 해석론의 방향이 잡히고 다듬어진다. 또, 법학계의 권위 있는 중견 교수는 주 상소심 법관을 겸직하는 경우가 많다. 그래서 어느 지역의 법학계의 성과, 수준이 그 지역의 주법원 판례에 반영될 여지가 있다. 독일의 법학계가 각 지역에 분산되어 있는 것도 이를 용이하게 한다.

평석은 정식논문 수준의 상세한 것과, 중소논문 수준의 간략한 것이 모두 쓰여진다. 중소규모 소평석은 실무가에 의해서도 자주 집필되며, 해당 학술지에 대상판결이 실릴 때 같이 실리는 것이 일반적이다. 그래서 판례의 의의를 살피려면 그것을 우선적으로 참조하게 된다. 독일도 판결문이 길어지는 경향이 있는데, 영미법계처럼 판례에서 법률론을 상세히 전개하는 것은 아니고, 오히려 전후 서술 내에 문맥을 살려 아주 완곡하게 설시하는 경우가 많아, 판례평석의 도움을 자주 받게 된다. 또, 주석서와 체계서의 개정판이 수년 단위로 나오고, 그런 체계적 문헌에서 최신 판례에 대한 평가를 아주 간략하지만 날카롭게 내리는 것을 볼 수 있다.

독일의 법학 분야 학술지의 전통은 미국과 정반대이다. 모든 법분야를 아우른 종합적 학술지나, 대학별 학술지는 발달하지 않았다. 분야별로 학술지가 높은 권위를 가지며, 분야별로 1개 이상 있다. 학술지는 해당 기간에 대하여 그 분야의 국내외 입법정보, 국내·유럽·국제 판례, 국내외 문헌정보를 수록하고, 해당 기간의 판례 편집본(일종의 요약본)을 싣고, 각 판례의 문두에 편집자(학계 권위자)가 작성한 요지를 제목 형태로 적는나. 또, 판례 평석과 학술논문을 싣는다. 이러한 학술지 전통은 오스트리아도 같다.

Neue Juristische Wochenschrift(신법률주보, 약칭 NJW, Juristische Wochenschrift의 후신)는 매주 발행되는데, 그 이름과 발행빈도와 달리 깊이 있는 학술논문도 함께 싣고 있다. 민법 분야에서 NJW와 함께 가장 중요한 학술지는 Archiv für civilistische Praxis(민사실무아카이브, 약칭 AcP)인데, 그 이름과 달리 학술논문도 싣고 있다. 국제사법 분야에서는 분기별로 간행되는 Rabels Zeitschrift für Internationales Privat- und Verfahrensrecht(라벨 국제사법·국제민사소송법시보, 약칭 RabelsZ)와 격월간의 IPRax(Praxis des Internationalen Privatrechts)이 양대산맥을 이루고 있다. 전자는 함부르크[42]의 막스플랑크 비교사법·국제사법연구소[43]가, 후자는 쾰른대학의 국제사법·국제민사절차법연구소[44]를 비롯한 몇 개의 대학 내 국제사법·국제민사절차법연구소들[45]이 중심이 되어 발간한다.

독일법 정보는 인터넷의 웹사이트를 통해서도 접근할 수 있다. 유료 서비스로는 Beck online 등이 있고, 주석서, 판례, 판례평석, 논문 등을 검색하여 원

42 Hamburg의 표준어 발음. 현지에서는 함부르히, 함불희 정도로 발음된다.

43 Max-Planck-Institut fü ausländisches und internationales Privatrecht. 영어명: Max Planck Institute for Comparative and International Private Law.

44 Gerhard Kegel(1907~1989) 교수가 베를린에 있었던 막스플랑크 비교사법·국제사법연구소를 본받아 창립.

45 그것들은 모두 제2차 세계대전 후 쾰른대학교의 이 연구소를 본받아 세워진 것이다. 쾰른대학교의 故 게어하르트 케겔(Gerhard Kegel) 교수는 제2차 세계대전의 광풍 속에서 국제사법과 비교사법의 연구의 명맥을 이어 제2차 세계대전 후 학계를 재건하는 데 중요한 역할을 했다. 미국으로 이주했던 에른스트 라벨(Ernst Rabel, 1874~1955) 교수가 전후에 귀국하여, 베를린에서 함부르크로 피신한 빌헬름 황제 비교사법·국제사법 연구소(Kaiser-Wilhelm-Institut für ausländisches und internationales Privatrecht) 장서(藏書)들로 함부르크에 막스플랑크 비교사법·국제사법 연구소를 재건했지만, 한동안 독일 국제사법학의 중심은 쾰른에 있었다.

문을 전자문서 형태로 입수할 수 있다. 무료의 것으로는 다음의 것이 유용하다.

verfassungsrecht.ch: 독일연방헌법법원 웹사이트. 동법원 판례검색 가능
bundesgerichtshof.de: BGH 웹사이트, 동법원 판례 원문, 보도자료 수록, 검색가능
ris-verlag.de: 독일연방대법원 판례 원문 수록, 검색가능

라. 인용방법

판례의 인용방법 선고일이나 사건번호를 인용하지 않고, 판례가 수록된 간행물(법원 발간 판례집 또는 학술지)의 권수와 면수만으로 인용한다. 연도도 적지 않는다. 이것이 독일에서 쓰이는 방식이며, 이를 따르면 무난하다. 아래에서는 법원 판례집에서 인용하는 방식만을 소개한다.

연방대법원 민사판례: "BGHZ 권수, 면수"(제국법원 판례는 "RGZ 권수, 면수")
연방대법원 형사판례: "BGHSt 권수, 면수"(제국법원 판례는 "RGSt 권수, 면수")
연방헌법법원 판례: BVerfGE 권수, 면수
연방행정법원 판례: BVerwGE 권수, 면수
연방노동법원 판례: BAGE 권수, 면수

한국에서 독일 판례를 외국판례로서 인용하는 경우에는, 한국의 독자의 편의를 위해 판결 선고일을 기재하여 인용하는 것도 유익하다고 생각된다. 판결문이 인용된 문헌을 적기에 앞서 "독일 연방대법원 0000. 0. 00.자 판결"이라고 부기하거나, 말미에 괄호를 넣어 "(0000. 0. 00.)"이라고 선고일을 기재하는 방법이 있다. 독일에서도 중요 판례는 일본, 한국에서처럼 별명을 붙여 기억하기 쉽게 한다(예: Spanierfall 스페인인사건[46]). 별명이 붙여져 있으면 독자의 편의를 위

46 1986년 개정 전 독일 민법시행법(EGBGB)에서는 이혼을 남편의 본국법에 따르게 했다. 이렇게 하면, 스페인 남자와 혼인한 독일인 여자는, 항상 스페인법의 이혼금지에 걸려 이혼할 수 없었다. 심지어 부부가 독일에서 장기간 거주하는 등 생활중심지가 독일인 경우에도 같다. 이 사건의 사실관계가 그러했다. 독일 연방헌법법원은 어느 나라의 법이 준거법이 되는가에 대한 국제사법적 규율도 헌법의 평등원칙에 의해 통제된다고 판단하여, '이혼은 남편의 본국법에 의한다'는 국제사법규정을 위헌으로 실효시켰다. BVerfGE 31, 58ff.

해 함께 적는 것이 좋다.

5. 프랑스[47]

가. 프랑스법의 개관

프랑스는 근대초까지 극심한 장소적 법분열국이었다. 그러나 국왕은 전국적으로 효력을 가지는 칙령을 조금씩 공포하여 국가적 통일성을 적게나마 늘려나갔다. 프랑스혁명으로 정치적 위기를 겪은 것을 계기로, 나폴레옹 치하에서 포괄적 법전이 반포되어 국내적 법통일을 이루었다. 추후 많은 국가법령이 정비됨으로써 전국적으로 통일된, 법전에 입각한 법체계를 갖추었다.

나. 성문법(成文法)의 종류

많은 국가들이 일차적 입법권을 입법부에 전속시키거나 거의 전속시키는 것과 달리, 프랑스는 일차적 입법권이 여러 가지 형태로 행사될 수 있게 한다. 그것들의 효력근거는 대등하다. 그래서 특별법우선과 후법우선의 원칙에 의해 우열이 가려질 뿐이다. 구체적으로는 다음의 형태가 있다.

첫째, 법률(loi)이 있다. 의회 제정법을 가리킨다.

둘째, 대통령, 장관 등의 행정기관의 명령으로써 법률을 대신할 수 있다. 그것이 명령법률(décrêt－loi)이다. 오늘날에는 더 이상 활용되지 않고 있다.

셋째, 명령(décrêt)이 있다. 행정부가 명령안의 골자를 담은 요강안을 의회에 제출하여 통과되면, 의회는 행정부에게 그 입법요강대로의 입법을 할 것을 수권한 것이다. 담당 행정부는 세부적 내용을 정해 입법요강을 조문 형태로 구

(Spanier－Beschluβ). 그 결과 독일은 혼인 등에 관한 민법시행법의 국제사법규정들을 급히 개정하게 된다. 케겔 교수가 전부터 주장하여 학계의 입법시안을 구성했던 단계적 연결방식("케겔의 사다리")이 전격 채용되었다. 양 배우자에 공통된 인적(人的) 연결소(連結素)(국적, 상거소 등)이 있으면 그것을 우선적으로 연결소로 삼는 방식이다. 이호정, "독일 개정국제사법에 관한 고찰", 서울대 법학 제28권 3·4호(1987), 107~108, 110면. 이러한 규율방식은 일본(1989)과 한국(2001)의 국제사법 개정에서도 도입되었다.

47 우선 성낙인, 프랑스헌법학, 법문사, 1995; 프랑스 정부가 관리하는 법률 데이터베이스인 <http:://www.legifrance.gouv.fr>의 좌단 중간 À propos du droit 링크(불문본 및 영문본)(http://www.legifrance.gouv.fr/html/aproposdroit/aproposdroit.htm) 참조.

체화하고, 이를 "명령"으로 공포한다. 그러면 그 명령은 의회의 수권입법의 기초 위에서 법률의 내용이 된다.

넷째, 규정(규칙, ordonnance)이 있다. 이것은 대통령, 장관 등의 행정기관이 제정한다. 법률이나 명령(데크레)와 달리 의회의 수권을 받지 않고 행정기관 독자적으로 정한다. 그렇지만 그 효력은 법률, 명령법률, 명령과 대등하다.

다. 주요 법전(法典)

프랑스의 입법자(의회, 대통령, 장관 등)는 법전을 만드는 데 타고난 노우하우를 가지고 있다. 처음에는 개별 제정법들이 만들어지다가도, 관련 법령들을 묶어 체계화하여 법전을 구성하곤 한다. 정부주도의 성격은 프랑스가 독일보다 강하다.

원래 프랑스의 법전은 1804년에 만든 민법전(Code civil)을 위시하여, 민사소송법전(Code de procédure civile)(1806), 상법전(Code de Commerce), 형법전(Code pénal)(1810), 형사소송법전(Code d'instruction criminelle)(1810) 등 몇 개에 불과했다. 특히 민법전은 법원에서 판례로 형성되어 온 통일적 법원칙들을 성문화하여, 종래의 지역적 관습법을 통일하고, 흩어져 있는 국왕의 칙령도 체계 내에 수록하기 위한 것이었다. 민법전은 200년이 넘었음에도 부분적으로 개정될 뿐, 조문번호가 통째로 바뀌는 전면개정 없이, 골격을 유지하고 있다. 신설조문은 조문번호에 "−1", "−2" 등을 붙이는 것이 보통이다. 아주 드물게 1개 조(條)가 아예 삭제된 부분이 있으면 그 빈 자리에 신설조문을 채워넣기도 한다. 한편, 민사소송법전은 신민사소송법전(Nouveau code de procédure civile)으로 한 차례 전면개정되었다(1973년 시행). 상법전도 2000년에 전면 개정되었다.

현대에는 분야별 법전화가 진행되어, 소비법전(Code de la consommation), 노동법전(Code du travail), 건설·거주법전(Code de la construction et de l'habitation), 농어업법전(Code rural et de la pêche maritime), 스포츠법전(Code du sport) 등의 신설로 법전화 작업이 범람하고 있다. 학계에서는 법조문 자체가 너무 많고, 분야별 법전화가 여기에 일조하였다는 비판도 나오고 있다.

라. 법원제도(法院制度)

프랑스의 사법질서는 보통사건(민·형사사건)을 다루는 사법질서와 행정사법질서로 대별되는 이원적 구조로 되어 있다. 의회와의 관계에서는 헌법위원회(Conseil constitutionnel)가 설치되어 입법작용을 견제한다. 행정법원질서를 따로 두어, 법률가들이 법적 관점을 행정사건에 과도하게 개입시켜 행정재량에 간섭하는 일이 방지되고 있다. 그러나 보통법원질서와 행정법원질서 간의 재판권 경계획정이 까다로운 문제로 되기도 한다. 사법부의 분열은 사법기능을 약화시키는 기능도 한다.

파기원(破棄院, Cour de cassation)은 민·형사사건의 최고법원이다. 민사 1·2·3부, 상사부, 사회부, 형사부를 두고 있으며 도산법, 지적재사권법, 노동법, 사회보장법 등 특별법 사건도 두루 관할한다. 파기원 판례를 인용할 때 법원명은 Cass.로 표기한다. 어느 부(部)의 판결인지 같이 인용하는 것이 통례이다.

예: Cass. ch. mixte (파기원 혼합부 판결)
Cass. soc. (파기원 사회부 판결)

파기원은 민사 1부, 2부, 3부, 형사부, 사회부, 노동부가 있다. 파기원의 부 간의 경계획정은 엄격한 것이 아니어서, 가령 민상사계약의 해석 문제가 사회부나 노동부에서 판단받는 경우도 있다.

프랑스 파기원 내에서 판례가 갈리는 일도 흔하다. 동일한 부(部)에서 어긋나는 판례가 나오기도 한다. 그리고 한국 대법원처럼 그것을 숨기려 하지 않는다. 한 부 내의 판례대립이든, 다른 부 사이의 판례대립이든, 파기원 판례 간의 충돌이 있으면 항상 전체합의부에 회부된다. 전체합의부는 전원합의부가 아니라, 모든 부에서 부장 대법관 등이 참여하는 부간 협의체 비슷한 것이다. 여기에서 판례가 통일된다. 물론 그 후에도 판례는 바뀔 수 있다. 학설도 나뉘는 까다로운 문제에 대해 파기원의 각 부가 최선의 해석론을 전개하고 판례의 상충을 직시하여 통일하는 과정을 거치면서, 해석 문제에 대한 지혜가 모이고 의견합치가 증진된다.

정식규모의 1심법원은 Tribunals de première instance으로 통칭된다(예: Tribunal de grande instance de Paris(파리대심법원)). 2심 단계에는 항소법원(Cours d'appel, 판례인용시 CA로 약칭)이 있다.

행정사건의 최고법원은 국사원(참사원, Conseil d'Etat)이다. 그 아래에 행정법원(Tribunal administratif, 판례인용시 Trib. adm.로 약칭)이 있다.

마. 간행물

판례정보도 legifrance.gouv.fr에서 검색하여 원문을 읽을 수 있다. 그러나 유력 학술지에 판결문을 실을 때 소평석을 함께 집필하여 실으므로 그것이 주로 참조된다. 학술문헌에서 판례를 인용할 때에는 어느 학술지에 누구의 소평석과 함께 실렸는지로 판례를 인용, 특정한다.

판례와 소평석은 달로즈(Dalloz)사가 간행하는 Recueil(과거 명칭: Recueil Dalloz)와 분야별 전문학술지(예: Revue critique de droit international privé, Revue trimestielle de droit civil, Revue trimestielle de droit administratif)에 실린다. 분야별 전문 학술지들은 3개월 단위로 간행되는 것들이 많다. 이런 학술적 정기간행물에 판례가 게재될 때, 그 분야의 최고 권위자들이 작성한 소평석(note)이 각 판결문의 함께 실린다. 이것은 짧게는 1면, 길게는 2~3면 정도로 간략하며, 중요한 학술문헌적 가치를 가진다.

체계서로는 교과서, 실무가용 주석서, 주석서(Juris Classeur) 등이 있다.

교과서는 난이도가 낮은 것부터 높은 것의 순서로 Cours, Manuel, Précis, Traité의 4개 형식이 있다. 학습자용으로 특화된 memento 시리즈(초심자용, 개조식), Deuxième année 시리즈(법과대학 2학년 심화학습용)도 있다. 체계서의 수준이 다양한 것은, 프랑스법의 내용을 외국법으로서 파악하는 데에도 도움이 된다.

실무가용 체계서도 있다. LexisNexis 사가 주로 기획하여 간행하는 공증인용 지침서가 특히 돋보인다. 체계서 형식으로 되어 있으면서도, 서술이 간결하고 실무지향적이다.

상세한 주석서는 Juris Classeur로 단일화되어 있다. 독일과 스위스에는 학계도 지방에 분산되어 있어, 학계와 출판계가 협력하여 복수의 주석서 시리즈를 간행하지만, 프랑스는 수도 파리가 학계와 출판계의 중심이 되어 있기 때문이다.

Dalloz사가 간행하는 Recueil(과거 명칭: Recueil Dalloz)는 인용시에는 Dalloz의 첫 글자를 따서 *D.*(이탤릭체)로 표시한다. 법령, 판례, 판례평석 등이 종합적으로 매우 간략히 수록된 중요한, 필수적으로 갖추어야 하는 정기간행물이다. 물론 파기원 판례도 수록한다. Dalloz의 Recueil는 전자정보로도 이용가능하다. 도서관에서 종이출판물로 소장하고 있거나 전자정보 데이터베이스에 접근가능하면, 해외에서도 판례를 찾기가 아주 용이하다. 대법원 내 법원도서관 본관에는 전용 검색컴퓨터가 있고 Juris Classeur도 소장하고 있으나 Dalloz의 Recueil는 소장하지 않는다.

바. 웹사이트

(1) legifrance.gouv.fr(프랑스 정부)

프랑스의 국내법(Droit français), 유럽법(Droit européen), 프랑스가 가입한 조약(Droit conventionnel)의 조문(texte), 판례(jurisprudence)(상급심 및 하급심)를 검색, 열람할 수 있다. 프랑스의 관보(Le journal officiel)도 수록되어 있다.

(2) courdecassation.fr(프랑스 파기원)

파기원은 웹사이트를 가지고 있는데, 판례 원문이 수록되어 있고, 검색도 가능하다. 그러나 1, 2심 법원의 판례를 찾으려면, Dalloz로 대표되는 종이 출판물이나 그 전자출판본을 참조하여야 한다.

6. 유럽연합[48]

가. 유럽연합법의 법원(法源)의 개관

(1) **조약**(treaties): 유럽연합의 기초를 제공함. 유럽연합법의 일차적 법.

48 우선 김대순, EU법론, 삼영사, 1995 참조.

(2) 이차적 법(secondary legislation)을 구성하는 주요 법원(法源)

(가) 지침(directive; Richtlinie; "지령"): 그 구체적 시행은 회원국에게 맡겨져 있음.

(나) 규정(regulation; Verordnung): 회원국에서 직접적 효력을 가짐.

(다) 판결(decision): 특정한 개인, 기관 또는 국가에 대하여 내려짐.

미국을 선행모델 삼아 연방화를 향한 길을 걷고 있는 유럽연합은 미국 연방법과 다소 다른 길을 가고 있다. 규정으로 직접 통일법을 만들기도 하고, 지침을 발하여 회원국들이 최소기준을 채택할 것을 간접강제하여 회원국법 간의 차이를 줄이기도 한다. 어느 회원국이 국제재판관할을 가지고 어느 국가의 법이 준거법이 되는지 등을 정하는 국제사법을 유럽연합법으로 통일하는 작업도 활발하다.

나. 간행물

지침, 규정, 결정은 유럽연합관보(Official Journal, O.J.로 약칭)로 공간(公刊)된다. 원본은 microfilm 형태로 되어 있다. 유럽연합 법정보를 모아 놓은 웹사이트인 europa.eu에서 입수 가능하다.

다. 사이트

(1) **유럽연합**: europa.eu

(2) **유럽사법재판소**(European Court of Justice): curia.europa.eu

판례(Case-law) 부분에는 판례 요약(Digest of the case law)과 원문이 수록되어 있고, 검색도 가능하다. 그러나 유럽사법재판소에 참고의견으로 제출되는 유럽연합 법무장관의 의견은 유럽연합 사법재판소 판결집에만 수록된다. 그것은 종이로 출판되고, 영어본과 불어본이 있다. 법원도서관 본관과 헌법재판소 도서관이 모두 영어본을 소장하고 있다.

(3) Eur-Lex(eur-lex.europa.eu)

– 좌단 Collections에 조약 기타 유럽법 조문, 판례 요약 수록

- 좌단 Simple Search나 Advanced Search에서 판례 요약 검색가능
- Butterworths 출판사 제공
- EC Decisions는 1997년까지, 인권법원 판례는 1960년부터만 수록

7. 유럽인권법원

유럽인권법원(European Court of Human Rights, Cour Européene des Droit de l'Homme)은 자체의 홈페이지를 가지고 있다(echr.coe.int/echr). 판례(Case−law) 부분에 원문이 수록되어 있고, 검색도 가능하다.

8. 헤이그국제사법회의

헤이그국제사법회의(Hague Conference on Private International Law)의 홈페이지인 hcch.net는 영어와 불어로 되어 있고, 양 사이트는 내용이 같다. 협약별로 현황표(Status Table)를 만들어 체약국의 서명, 비준, 가입, 선언 등의 현황을 일목요연하게 정리하고 있다. 헤이그국제사법회의에서 만드는 조약은 체약국에 특히 부담이 될 만한 조항에 대하여 적용제외선언이나 일정한 내용의 선언을 할 수 있도록 스스로 정하여, 조약법에 따른 유보를 할 필요가 없게 한다. 적용제외선언은 조약법에 따른 유보선언과 비슷한 기능을 하는데, 개별 조약이 스스로 적용제외선언 가능성을 정형적으로 정하고 있으므로, 적용유보를 뒷받침하는 강한 국가이익을 제시할 의무가 조약법에 따른 유보선언에 비하여 경감된다. 개별 조약에서 정하는 선언 외에는 유보선언을 못 하도록 정하는 조약도 있다. 법통일조약에서는 그렇게 할 만한 이유도 있기 때문이다.

협약별로 공식 해설보고서가 만들어지는데, 위 홈페이지의 협약별 페이지에 해설보고서 원본(pdf 파일)이 수록되어 있는 경우도 있다. 그렇지 않은 경우에는 공식 간행물을 주문하여 구입할 수 있도록 안내정보가 수록되어 있다.

9. 국제연합 국제거래법위원회

국제연합 국제거래법위원회(United Nations Commission on International Trade

Law, 약칭 UNCITRAL)의 홈페이지(uncitral.org)에는 조약과 기초자료 등을 소상히 공개하고 있다. 국제거래법 분야의 사법통일조약(私法統一條約), 조약성안작업 관련정보 등이 수록되어 있다.

대한민국도 가입한 국제물품매매협약[49]에 관해서는 두 개의 데이터베이스가 널리 활용되고 있다. 하나는 CLOUT이다. UNCITRAL 홈페이지(uncitral.org)에서 사용가능하다. 체약국 법원의 판례정보를 요약하여 데이터베이스화한 것이다. 다른 하나는 Pace Law School의 CISG Database이다(cisgw3.law.pace.edu). 논문의 원문(또는 영어번역), 문헌정보를 검색할 수 있다. uncitral.org의 좌단 UNCITRAL Texts & Status에는, International Sale of Goods(CISG)에 페이스대학 데이터베이스를 포함한 링크가 있다.

10. 사법통일국제협회

International Institute for the Unification of Private Law(UNIDROIT)(사법통일국제협회, 私法統一國際協會)는 국제연맹 시대에 만들어진 국제기구이다. 홈페이지(unidroit.org)를 가지고 있다. 미국이 국제거래법 분야의 국제규범을 만들어 다자적 국제거래질서의 확립을 위하여 기울이는 노력이 UNCITRAL에 집중되고 있어, UNIDROIT는 예산도 검소하고 활동도 비교적 미약하다. 오히려 UNIDROIT는 대륙법의 간소화된 법전주의를 표방하면서, 점진적인 법통일을 장기적 안목에서 추구한다. UNCITRAL은 정부간 교섭을 중심으로 하고 미국의 강력한 리더십으로 국제경제, 국제무역 분야의 법통일기구로서 활동하므로, UNIDROIT는 이와 중복을 피하면서 적절한 역할분담을 꾀한다.

법통일조약이 아닌 국제문건으로는 The UNIDROIT Principles of International Commercial Contracts(UPICC)(1994년에 만들고 2004, 2010, 2016년에 개정)가 가장 유명하다. 이것은 국내법의 입법이나 해석을 위하여 참고할 수 있는 모델법이기도 하지만, 그 자체로서 비국가법으로서의 준거법으로 지정될 수 있도록 마

49 국제물품매매계약에 관한 국제연합 협약(United Nations Convention on Contracts for the International Sale of Goods, 약칭 CISG). 1980. 4. 11. 빈(Wien)에서 성립. 한국에 대해서는 2005. 2. 28. 발효.

련된 것이다. 즉, 연성법(soft law)을 성문화한 것의 대표적 예라 할 수 있다. 영국법과 프랑스법의 영향이 강한데, 어느 국내법을 내세워 영향력을 키우려 하기보다, 영미법계와 대륙법계에서 공통된 요소만으로 간소하게 내용을 구성하고, 법률가가 아닌 상인이라도 조문과 설명을 읽으면 충분히 이해할 수 있도록 한 것이 특징이다.

도난 또는 위법반출된 문화재에 관한 협약(UNIDROIT Convention on Stolen or Illegally Exported Cultural Objects, 1995년 로마에서 성립)은 국가의 점유권이라는 관점에서 문화재의 반환(국가적 소재 회복)의무를 정하는 협약이다.

국제적 유언의 방식에 관한 통일법을 규정하는 협약(Convention Providing a Uniform law on the Form of an International Will, 1973년 미국 Washington, D.C.에서 성립)은, 국내법이 정하는 유언방식과 별도로, '국제적'인 유언의 방식으로 일정한 통일적 방식을 추가하는 협약이다. 상당수의 체약국을 가지고 있다(한국 미가입).

2004년에 미국법학원(American Law Institute)과의 공동작업으로 만든 The ALI/UNIDROIT Principles of Transnational Civil Procedure는 미국의 민사절차법 중 세계화할 수 있을 만한 부분을 추려내어 원만한 내용으로 만들고자 한, 또하나의 연성법(軟性法, soft law)의 성문화물이다. 이것이 당사자와 국가별 입법자, 법원에 의하여 어떻게 받아들여질지는 더 지켜보아야 한다.

11. 스위스 및 루가노조약

스위스연방대법원 홈페이지(bger.ch)에 판례가 수록되어 있다. 그러나 기타 판례는 종이출판물을 참조해야 한다. 프랑스와 독일 양쪽의 영향을 받아 주석서의 전통이 발달해 있어, 주석서를 통하여 판례정보를 찾는 것이 편리하다.

스위스 정부가 루가노조약의 판례 데이터베이스를 떠맡았다. 다음 링크에서 연방법무부의 루가노조약 판례 데이터베이스에 접근할 수 있다.

http://www.bj.admin.ch/bj/en/home/themen/wirtschaft/internationales_privatrecht/lugano_uebereinkommen.html

Ⅵ. 문헌의 조사와 인용

1. 의 의

실무가에게도 문헌을 통한 공부는 유익하다. 다만 학술문헌은 선별적으로 참고하게 된다. 실무에서 자주 참조하는 문헌은 표준적 체계서, 실무지침서, 주석서이다. 실무가에게도 학설의 조사는 몇 가지 점에서 필요하거나 유익하다.

첫째, 관련 법령, 판례, 문헌을 개관하고, 어떤 특별법령이 있는지 빠뜨리지 않도록 도와 준다.[50]

둘째, 해당 분야나 문제에 대한 개괄적인 지식을 얻을 수 있다. 개념이나 법리적 이해를 도와주고, 분석적 접근을 가능케 한다. 그리고 논점을 파악하는 데 도움이 된다. 판례의 추상론의 유려한 문구에 가려져 있는 논점들을 밝혀 주기도 한다. 법령과 판례의 이론적 배경과 그것이 어떤 이해관계의 대립을 반영하고 있는지도 이해할 수 있게 해 준다.

셋째, 법령이나 확립된 판례에 의하여 권위적인 답이 나와 있지 않은 경우에, 상세한 해석론적 검토를 하기 위한 자료가 된다. 법률규정의 의미가 분명하지 않으면 해석되어야 한다. 판례가 없거나, 판례가 있더라도 그 의미를 다시 해석에 의해 밝혀야 할 경우도 있다. 이런 경우에는 연구서, 주석서, 판례평석, 논문 자료로부터 학설을 찾아 검토하여야 한다. 우리나라와 비슷한 법제를 가지는 국가(예: 일본, 대만, 독일, 프랑스, 스위스)에서 동일 논점이 어떻게 다루어지고 있는지도 중요한 참고가 될 수 있다.

넷째, 앞으로 법령과 판례가 변화해 나갈 방향을 예측하고, 바람직한 발달 방향을 논하는 데 도움이 될 수 있다. 이 차원에서는, 판례와 배치되는 학설도 눈여겨볼 필요가 있다. 판례는 변경될 수 있고, 응용 논점에 관하여 판례가 종래와 다른 방향으로 전개될 수도 있다. 법령의 개정필요성을 지적하는 견해가

50 법정보조사를 문헌자료의 조사로부터 시작할 수도 있다. 즉, 법령이나 판례의 조사에 앞서 문헌자료를 찾아 읽음으로써 주어진 문제에 관련된 법령, 판례 등으로 어떤 것이 있는지 아는 데 도움을 얻을 수 있다.

제시되거나, 공식적인 개정작업이 진행중인 경우도 있다. 이런 변화의 움직임은 이미 발생한 분쟁의 해결에도 간접적으로 영향을 줄 수 있다. 그러므로 이에 주목하는 일은 주어진 사건의 해결과 관련해서도 의미를 가질 수 있다. 게다가, 실무가도 연구활동이나 법률개정작업을 통하여 입법이나 판례의 발달에 기여할 수 있다. 그런 의미에서도, 자신의 관점과 견해를 세워 나가는 일이 중요하다. 실무가도, 일정한 세부분야라든지, 실무경험이 중시되는 분야에서, 연구자를 겸할 수 있다.

2. 학설의 지위

국가의 입법독점을 기본태도로 하는 현대 국가법질서 하에서는 의회주권의 원칙 하에서 학설은 독자적인 법원이 아니고 설득적 권위를 가질 뿐인 것이 일반적이다. 즉, 학설이 법의 공식적 인식근거(法源)로 인정받는 것은 아니고, 설득력에 기한 사실적 권위를 인정받을 수 있을 뿐이다.

오늘날은 재판관이 스스로 법학지식을 가지고 법률을 해석한다. 게다가 오늘날의 법원(法院)들은 법률심(대법원과 헌법재판소)의 판례를 중심으로 판례의 체계를 세우고 다듬어 나가면서, 법률의 해석 문제가 제기되었을 때 우선적으로 판례를 참조하려고 한다. 물론 한국에서는 판례가 법원(法源)으로서 '법적' 구속력을 가지는 것은 '전원합의체에 의하여 수정하지 않는 한 대법원은 스스로 자신의 선행 판례에 구속됨'에 불과하다. 오히려 대법원보다 하위의 법원, 즉 하급심은 대법원 판례에 법적으로 구속되는 것은 아니다. 그러나 대법원이 전원합의체에서 판례를 수정하는 일은 극히 드물고, 하급심도 대법원 판례에 크게 의지한다. 따라서 법원이 학설, 즉 재판관이 아닌 법학자의 해석론을 참조하는 일은 드물다. 판례가 없거나 판례에 명백한 허점이 있는 경우에만 그렇게 하는 것으로 보인다.

심지어 법원이 단순히 학설을 참조하는 데에서 더 나아가 특정 법학문헌에 서술된 해석론을 그대로 원용하다시피하는 경우도 있다. 그런 경우 중에는 학술문헌에 외국의 학설이나 판례의 태도로 소개된 해석론을 채택하여 따르는 경우도 있다. 그러나 판결이유에서 문헌정보를 명시적으로 언급하는 일은 극히 드물다. 심지어 판결이유에서 채택하는 해석론이 '통설'이나 '다수설'이나 '유력설'임을 밝히는 일도 흔한 일이 아니다. 아예 그런 해석론이 기존의 '학설'로서 존재하고 있었다는 사실조차 언급하지 않는 것이 일반적이다. 한국에는 '판례법의 (판례 외의 유권해석례와 학설로부터의) 독자성'이라는 불문의 원칙(내지 준칙)이 존재하며, 이로부터 '재판규범으로서 학설을 원용하거나 판례 외의 유권해석례를 원용하여서는 안 된다'는 원칙(내지 준칙)이 도출되고 있다고 말할 수 있을 것인가? 그렇게 볼 여지도 있다고 생각된다.

나아가, 대법원을 비롯한 법원들이 '법률의 헌법합치적 해석(합헌적 해석)에 관한 헌법재판소의 판례가 법원에 대해서는 구속력이 없다'는 입장을 견지하는 것도 같은 맥락에서 이해할 수 있지 않을까 생각된다. 즉, '법원은 대법원을 정점으로 하는 법원들 스스로의(또는 오로지 대법원의) 판례에 의해서만 구속된다'는 원칙에 입각하여 '국내학설도, 외국판례·학설도 (적어도 외형적으로는) 직접 인용하지 않고 가급적 참조하지도 않는' 태도를 견지하여 왔으며, 같은 원칙의 연장선상에서 '헌법재판소 판례도 법원에 대한 구속력은 없고 단순히 참고할 수 있을 뿐'이라는 태도를 견지하여 온 것으로 풀이할 수 있지 않을까 생각된다.

이러한 원칙은 재판실무의 누적에 의하여 수립된 것이다. 그 정당한 근거를 찾는다면, 해외의 유력한 입법례[51]나 해석론으로부터 그리고 초국가적인 법학(내지 법학자공동체)으로부터 독자성을 가진 형태로 일국(一國)의 판례의 체계를 구축하고 유지, 발달시키려는 시도로 이해할 수 있다. 그리고 이러한 시도가 헌법재판소에 대한 관계에서도 일정한 벽을 쌓도록 작용하는 것으로 설명할 수 있다.

다만 대법원 이하 법원의 이러한 태도는 다른 측면에서 절충되고 있다. 대법원에서 중요 판결을 선고한 뒤에 재판연구관이 재판연구관 검토보고서의 요지를 간략히 추출하여 "대법원판례해설"이라는 간행물(법원도서관 간행)에 판례

51 한국법을 해석함에 있어서는 외국의 입법례는 해석론의 원천으로서의 의미 밖에 가질 수 없다.

해설의 형태로 게재하고, 여기에서 대법원이 어떤 학설을 고려했는지를 간략히 명시한다. 이로써 '법원은 판결로만 말한다'는 원칙과 '법원은 법해석에 있어 선행 판례만을 참조한다'는 원칙이 동시에 수정되고 있다.

3. 학설의 조사, 검토의 실제

가. 문헌의 선별

체계서로는 법학도와 연구자·실무가 양쪽에 도움이 되도록 쓰여진, 내용이 충실하고 최근에 간행된 것이 유익하다. 주로 실무가를 위한 체계서가 따로 간행되기도 한다. 체계서는 목차와 사항색인을 통하여 해당 부분을 곧바로 찾아갈 수 있을 뿐만 아니라, 전후 맥락과 관련 논점, 해당 분야의 지도원리를 파악하는 데 도움이 된다.

실무지침서로는 특히 중요한 것은 법원실무제요,[52] 헌법실무제요,[53] 법원·등기·등록실무 해설서[54]와 같이 소관 관청에서 발행한, 업무수행을 위한 지침서이다. 이것은 변호사가 그 관청에 대하여 서류의 접수나 신청, 소제기 등을 준비하고 관청이 작성한 법문서를 이해하는 데 지침이 된다. 실무에서는 구체적인 절차 내에서 법령의 해석을 따지게 되므로, 절차에 먼저 유념하게 되는 경우가 많다. 그래서 우선 관련 기관에서 간행한 실무지침서를 참조하여 법령, 판례와 실무의 틀을 이해한 후에, 필요에 따라 학설을 참조하게 되는 경우가 많다. 사법연수원 교재나 법원공무원 교육용 교재도 체계서 내지 실무지침서의 역할을 할 수 있다. 그 외에도 실무가에 의해 저술된 실무지침서가 널리 활용되

---

52 예: 법원행정처, 법원실무제요 가사 I, II, 2010; 법원행정처, 법원실무제요 행정, 2016; 법원행정처, 법원실무제요 민사집행 I, II, III, IV, 2014; 법원행정처, 법원실무제요 비송, 2014; 법원행정처, 법원실무제요 형사 I, II, 2014.

53 헌법재판소, 헌법실무제요, 제2판, 2015.

54 예: 법원행정처, 동산·채권 담보등기 해설, 2012; 법원행정처, 가족관계등록실무 I, II, 2012; 법원행정처, 후견등기제도 해설: 후견등기에 관한 법률·규칙 해설, 2013; 법원도서관, 도산법실무연구(재판자료 제127집), 2013; 친자실무연구회, 인지실무, 사법발전재단, 2015; 법원행정처, 상속등기실무, 2012; 서울행정법원/사법발전재단, 조세소송실무, 2016; 소송비용실무연구회, 소송비용실무, 사법발전재단, 2015; 법원행정처, 부동산등기실무 I, II, III, 2015; 법원행정처, 공탁실무편람, 2015.

고 있다.[55]

주석서(Kommentar, commentary)는 체계서(treatise)와 달리 조문별로 상세히 서술되어 있어 실무가에게는 특히 편리하다. 해당 사안에서 어떤 조문이 문제되는지를 찾아낸 뒤, 그 조문을 해설한 부분을 읽으면 된다. 주석서는 해당 분야에 대한 기본지식이 없더라도, 해당 조문에 관한 부분을 읽고 이해할 수 있도록 평이하게 서술되어 있다. 분야에 따라서는, 연구자·실무가 겸용 주석서와 실무가용 주석서(Praxiskommentar)가 따로 간행되기도 한다.[56] 실무용 주석서는 이론적으로 깊이 있는 서술은 생략되어 있지만 서술이 간명하고 집필자의 의견표명이 자제되어 있어, 학설, 판례를 조감하기에는 유리한 경우가 많다. 같은 이유에서, 외국법의 조사에 있어서도, 표준적 체계서와 함께 실무용 주석서에서 출발하는 것이 유익하다.

실무가는 종종 실무가용 주석서를 먼저 참조하게 되지만,[57] 깊이 있는 학설검토를 위하여 학술적 주석서를 참조하기도 한다. 외국법(특히 해석론)을 조사할

---

55 예: 백성기·한병호, 가사소송실무, 제6판, 중앙법률사무소교육원, 2017.

56 특히 독일에서 그렇다. 연구용(즉 연구자·실무가 겸용) 주석서는 여러 권으로 구성되는 것이 일반적이지만, 실무가용 주석서는 단권으로 발행되는 경우가 많다. 특히 Palandt의 독일민법전 주석서는 민법 전반을 단권으로 다루고 있음에도 내용이 방대하여 주목받고 있다(최신본은 Palandt, et al., Bürgerliches Gesetzbuch, 80. Aufl., 2020). 또한 C.H. Beck 출판사에서는 그보다는 작은 크기로, 각 분야별로 실무가용 주석서를 간행하고 있다. 예: Jauernig, BGB, 18. Aufl., Beck, 2021; Thomas/Putzo, ZPO, 43. Aufl., Beck, 2022. 독일에서는 학습자(법학도)용 주석서가 따로 간행되기도 한다. 이것은 판례·학설상황을 쉽게 찾아보고 개관할 수 있게 해 주어, 법학도뿐만 아니라 연구자, 실무가에게도 유용하다. 특히 C.H. Beck 출판사에서 소프트바운드로 발간하는 학습자용 Studienkommentar 시리즈가 유명하다. 예: 작고한 Kropholler의 Studienkommentar BGB(최신본은 Jacoby/von Hinden, BGB, 17. Aufl., Beck, 2020).

57 독일에서는 아예 실무용 주석서(Praxiskommentar)라는 고유한 형태의 주석서가 발간되고 있다. 간결한 것이 특징이다. 단권화되어 있는 것이 많다. 예컨대 Jauernig, ZPO 등. 그러나 여러 권으로 된 것도 있다(예: juris Praxiskommentar BGB). 이와 구별되는 것이 연구주석서(Studienkommentar)이다. 내용이 자세하다. 여러권으로 된 경우도 많다. 때로는 학습자용 주석서를 겸하여, 실무용 주석서보다도 간략히 서술된 것도 있다(예: Kropholler, Bürgerliches Gesetzbuch, Studienkommentar, Beck). 그러나 실무용 주석서와 연구주석서의 구별은 참조자의 편의를 위한 것일 뿐, 절대적인 것은 아니다. 학술적 목적에서 실무용 주석서를 참조, 인용하거나, 실무가가 연구주석서를 참조, 인용하는 일은 이상한 것이 아니다.

때에는, 각국의 표준적 체계서와 연구주석서(연구자·실무가 겸용 주석서)에 요약 소개되어 있는 학설을 읽고, 그 책에 인용되어 있는 판례와 학설로 나아가는 것이 좋다. 대륙법계(특히 독일어권)에서는 학설이 중요하다. 학설이 해석론의 발달을 주도하고, 판례가 학설의 전개를 지켜보면서 선별적으로 따라가는 경향이 있다. 독일어권의 법학계에서는 권위 있는 주석서와 연구서(Studienbuch) 급의 체계서[58]에서 참조가치 높은 문헌들을 선별하여 두고 있다. 프랑스에서도 학술문헌에서 판례의 태도를 어떻게 이해하고 평가하느냐가 중요하다. 일본법을 조사할 때에도, 판례를 문면상으로만 이해하는 것으로는 부족하거나 위험하다. 실무가용 주석서, 연구주석서, 체계서 등에서 판례의 태도와 흐름을 분석하여 놓은 것을 참조하는 것이 필요하다. 특히 외국법을 조사함에 있어서는, 판례가 전국적으로 완벽하게 통일되어 있다고 생각한다든가, 모든 중요 논점에 대하여 최고법원 판례가 판례의 흐름을 주도한다고 생각하는 것은 위험하다. 대한민국에 특유한 '대법원 판례의 완전성' 가정[59]이 다른 대륙법계 국가에도 존재한다고 단정지어서는 곤란하다.

프랑스와 일본에도 주석서 간행의 전통이 있지만, 문헌조사의 준거점으로서의 기능은 다소 덜하다. 영국에서도 실무가용 체계서가 간행되고 있는데, 특히 판례의 복잡한 체계를 꼼꼼히 분석하고 있다. 미국에서는 "실무가용 체계서(practitioner treatise)"라고 통칭되는 체계서(대개 가제식(加除式)이고 연 단위로 추완)가 가장 중요한데, 반드시 모든 분야에서 간행되고 있는 것은 아니고, 그보다 간략한 지침서(Handbook), 법재록(Restatement of the Law)이 주석서에 준하는 기능을 하기도 한다. 독일과 미국의 중요 주석서는 독일(beck online, juris)과 미국(lexis, westlaw)의 유료 온라인 데이터베이스에서 키워드, 조문 등으로 검색하여 원문까지 입수가능한 것이 많다.

우리나라에서도 독일, 일본 등을 본받아 주석서가 간행되고 있다.[60] 특히

---

58 독일어권의 법학 분야 체계서는 그 규모 및 깊이 면에서 연구서(Studienbuch), 상세한 교과서(Lehrbuch), 기초 수준의 교과서(Grundriss)로 나뉜다.

59 이에 관해서는 제7장 III 4 참조.

60 그 시초는 1970년대에 김증한 대표집필로 출간된 주석 채권총론과 주석 채권각칙인 듯하다.

사법행정학회에서 발간하는 주석서(주석민사소송법, 주석민법 등)는 연구자와 실무가의 필요를 절충한 간략한 서술을 하고 있어 법률실무가에게 애용되고 있다. 보다 본격적인 연구주석서로는 곽윤직 서울대 명예교수를 대표집필자로 하여 박영사에서 간행하는 민법주해가 있는데, 민사판례연구회를 중심으로 필진을 구성하여 집필한다. 학술문헌의 작성을 위하여 해석론을 조사하는 경우에는 이와 같은 연구주석서 내지 이에 필적하는 표준적 연구서가 출발점이 된다.

그 외에 개별 저자의 역량으로 쓰여진 실무가용 주석서도 있다.[61] 또, 관련 기관이나 정부출연 연구소 등에서 공동집필진을 구성하여 간행하는 실무지침서가 표준서의 역할을 하기도 한다.[62] 연구서 급의 교과서가 마찬가지의 기능을 하기도 한다.[63] 이처럼 개별적 학자(들)나 법률실무가(들)에 의하여 저술된 표준적 문헌은 학설과 판례, 입법론까지 적절한 범위 내에서 망라하고 있는 경우가 많다.

대한민국에서는 주요 입법작업에 수반하여 이유서(Motive) — 보통 입법이유서라 한다 — 가 간행되는 일은 드물다. 그러나 때로는 법안 작성을 주관한 소관 행정부처에서 그 입법안 작성과정을 실제로 맡은 입법위원들(개정의 경우에는 개정위원들)을 필진으로 하여 이유서를 발간하기도 한다.[64]

논문과 판례평석에서는 체계서나 주석서에서 개괄적으로 서술된 논점을 상세히 서술한다. 논문에서 국내외의 입법과 학설, 판례를 비교, 분석하는 부분은, 국내법을 새로운 관점에서 바라볼 수 있게 해 준다. 판례평석은 대법원 판례가 완전하게 답하지 않고 있는 미해결의 논점을 지적하고, 판례의 발달방향을 예측하며, 어떤 방향으로 법이 발달되는 것이 바람직한지 말하여 준다. 논문과 판례평석은 온라인 데이터베이스나 학회 홈페이지 등에서 손쉽게 검색하고 원문까지 입수할 수 있는 경우가 많다. 관련 분야 학회의 학회지나, 정평 있는

61 예: 석광현, 국제사법해설, 박영사, 2013.

62 예: 한국예탁결제원, 증권예탁결제제도, 제3판, 2014.

63 예: 박동섭·양경승, 친족상속법, 제5판, 박영사, 2020.

64 법무부에서 2001년에 간행한 “국제사법 해설”과 그 증보판 격인 석광현, 2001년 개정 국제사법 해설(지산, 2003), 그리고 위에 적은 “증권예탁결제제도” 등이 그 예이다. 두 번째 책은 다시 증보되어 석광현, 국제사법 해설(박영사, 2013)로 간행되었다.

연구자의 논문집[65]을 옆에 놓고 참고하는 것도 유익하다. 또한, 실무가들의 연구논문이나 판례평석, 또는 실무계의 연구의뢰에 따라 작성된 학술논문을 모아 놓은 논문집[66]을 통하여, 실무에서 실제로 문제되고 있는 어려운 논점이 어떤 것인지 파악하고 연구성과를 접할 수 있다.

법률실무가의 문헌 조사의 가장 편리한 방법은 체계서나 주석서에서 출발하는 것이다. 먼저 표준서를 통하여 법과 해석론을 개관하고, 그 속에 인용된 단행본, 판례, 논문, 판례평석 등을 찾을 수 있다. 그리고 최신 판례와 최근에 발표된 문헌을 추가로 검색, 참조할 수 있다. 그러나 우리나라의 주석서 발간 문화는 독일, 프랑스, 스위스만큼 발달된 것은 아니다. 특히 주요 문헌정보를 선별하여 제시하는 기능이 약하다. 그러므로, 표준적 주석서를 참조하는 경우에도, 다각도로 추가적 문헌조사를 하는 것이 좋다. 온라인 데이터베이스는 너무 많은 검색결과를 제시하는 단점이 있지만, 누락된 부분을 체크하는 데 유리하다.

나. 외국의 법령·문헌·판례의 참조

한국법을 해석함에 있어서도 필요에 따라서는 외국의 문헌, 법령, 판례 등도 참조하게 된다. 한국법상 제기되는 해석론상 문제가 외국법 하에서도 제기되고 외국에서 매우 유력한 해석례(학설이든 판례이든)가 있는 경우에는 한국에서도 참조가치가 그만큼 클 수 있다.

그런데 민법, 상법, 민사소송법 등의 분야에서는 일본의 판례와 문헌(특히 판례)이 특히 중요한 참조대상이 되고 있다. 독일과 미국의 판례가 전격적으로 채용되는 경우도 있다. 법적 안정성을 중시하여, 충분히 검증된 해석론을 선호하는 취지로 생각된다. 다만 인용표시를 붙이지 않아 해석론의 근거에 대한 투명성이 저하되는 것은 문제이다.

---

65 예: 양창수, 민법연구 제1권(1991)~제10권(2019), 박영사; 윤진수, 민법논고 I(2007)~VIII(2021), 박영사; 석광현, 국제사법과 국제소송 제1권(2001)~제6권(2019), 박영사; 임치용, 파산법연구 1(2006)~5(2020), 박영사; 김재형, 민법론 I(2003)~IV(2015), 박영사.

66 법원도서관에서 간행하는 재판자료, 사법논집, 민사판례연구회의 민사판례연구(연 1회 발행), 비교법실무연구회(대법원 산하 연구회)의 판례실무연구(부정기) 등은 다양한 분야의 연구논문을 모아 놓은 것으로서 소장가치가 있다.

다. 실제 문헌조사작업의 진행요령

문헌의 조사 및 참조의 작업은 어느 정도의 기본지식을 바탕으로 하여, 대체로 아래의 과정을 거쳐 이루어진다.

첫째, 문헌을 통하여 해석론상 쟁점 및 학설·판례를 개관하고, 해당 분야나 문제에 관한 주요 문헌을 파악한다.

둘째, 참조한 문헌에 인용된 자료 중 참조가치가 높은 것을 선별하여 원문을 입수하고 검토한다.

셋째, 온라인 데이터베이스 등을 활용하여 기타의 문헌(특히 최신 문헌)을 검색, 선별하여 원문을 입수하고 검토한다.

넷째, 명쾌한 답이 나올 때까지 이상의 과정을 계속 진행하거나, 처음으로 돌아가 다시 진행한다.

4. 온라인 데이터베이스의 활용

가. 법률·판례·문헌정보와 자료의 획득수단

온라인 데이터베이스는 문헌정보(서지정보)를 파악하는 데 유용하다. 다만 검색어에 의한 문헌검색시 너무 방대한 양의 자료가 검색되어 이를 다시 선별하는 데 오랜 시간이 걸리게 된다. 따라서 표준적 문헌을 통하여 학설상황을 개관하고 주요 문헌을 파악한 후에 보완적으로 검색어에 의한 문헌검색을 하거나, 키워드 검색을 통하여 최신의 논문이나 학위논문을 찾아 그 문헌에 인용된 바를 통하여 입법, 학설 및 판례의 상황을 파악하고 추적해 들어가는 것이 좋다.

온라인 데이터베이스에서 원문을 실제 인쇄본과 동일한 형태로(대표적으로 pdf 파일) 수록하는 경우가 있다. 시중에서 유료로 제공되고 있더라도, 대학도서관, 법원도서관 등의 공공도서관에서 유료 서비스에 가입하고 있으면 이를 이용할 수 있다.

법학전문대학원 도서관은 보통 로앤비(lawnb.com), dbpia.com, 교보문고 스콜라, 국회도서관, 한국교육학술정보원(riss.kr), 한국학술정보(kiss.kstudy.com), Jstor(jstor.com), Hein Online(hein.org), westlaw 등에 기관 명의로 가입하여 있다. 특정

데이터베이스 내에서만 검색하려면, 성균관대학교 도서관 홈페이지(lib.skku.edu)에서 개별 데이터베이스의 링크를 찾아 들어가 문헌을 검색하면 된다. 이것이 종종 더 편리한 경우가 있다. 이러한 여러 데이터베이스에 수록된 문헌(서지정보와 원문)을 한꺼번에 검색하는 데에는 두 가지 방법이 있다. 하나는 도서관 홈페이지의 통합검색 창에서 저자명이나 (단행본이나 논문의) 제목으로 검색하는 것이다. 다른 하나는, 교내에서 구글 스콜라(scholar.google.com)를 이용하여 검색하는 것이다. 대체로 전자가 편리하다. 교내 도서관에 소장되어 있는 문헌과 교내 도서관을 통하여 입수가능한 원문을 입수하거나 도서관간 상호대차·원문복사를 신청하기에 덜 번잡하기 때문이다.

유명한 대학, 연구소의 도서관이나 학술문헌을 집중시켜 놓은 국립도서관(예: 국회도서관)의 카탈로그를 통해 문헌을 검색하는 것도 좋은 방법이다. 도서관 소장자료의 목록이 완벽하다면, 교과서나 주석서의 최신본이 몇 년에 간행된 것인지 확인하는 용도로도 사용할 수 있다.

해외의 유용한 웹사이트를 몇 개 소개한다.

- mpipriv.de(함부르히 소재 막스 플랑크 외국·국제사법 연구소)(메뉴: Bibliothek/Library)(私法 및 國際私法, 특히 독일어 및 영어권 문헌 중심)
- ndl.go.jp(일본 국립국회도서관)
- peacepalace.nl(네덜란드 평화궁 도서관): 신착자료 뉴스레터 신청 가능

한편, 각종 온라인 자료를 한꺼번에 찾기에는 구글의 일반 검색창에서 — 구글 스콜라가 아니라 — 무작정 키워드 검색을 하는 것이 종종 유익하다. 문헌의 원문 입수가 가능한 경로는 실로 다양할 뿐 아니라, 관련 뉴스, 블로그 게시글 가운데에도 참고할 만한 것이 종종 있기 때문이다. 심지어 구글 도서검색을 통해, 도서의 일부를 보거나 키워드 검색을 할 수도 있다. 과거에 읽었던 문헌이라면, 키워드 검색을 통하여 해당 페이지를 화면상으로 읽고 확인할 수 있어 편리하다.

아래에서는 온라인으로 원문 파일을 제공하는 중요 데이터베이스를 소개

한다.

나. 주석서·단행본

로앤비(lawnb.com)에서 일부 주석서의 원문을 제공한다. 법고을 DVD에도 pdf 파일 형태는 아니지만 주요 주석서, 단행본, 법원실무제요 등의 실무지침서의 원문을 제공한다.

다. 논문·판례평석

(1) 종합적인 학술정보 데이터베이스

(가) 국 내

- kiss.kstudy.com(한국학술정보)
- riss.kr(한국교육학술정보원)
- dbpia.com
- scholar.dkyobobooks.co.kr(교보문고 스콜라), 국회도서관 홈페이지 등

kiss.kstudy.com과 riss.kr가 가장 종합적이다. 학술지 논문과 판례평석 외에 학위논문도 폭넓게 수록되어 있다.

법고을 DVD에는 (저작권자의 동의를 받은 문헌에 한하여) 논문과 판례평석의 원문도 수록되어 있다(pdf가 아닌 txt 파일).

(나) 해 외

법학전문도서관에서는 국내외 법률·법학 주석서나 특정 학술지 또는 판례집(혹은 특정 출판사에서 간행하는 법률 분야 학술지와 판례집 일체)의 내용을 수록한 DVD를 소장하고 있거나, 온라인 데이터베이스에 가입하고 있는 경우가 있다. 몇 개를 소개한다.

- Westlaw, LexisNexis(온라인): 미국법 중심, 법령, 판례, 문헌 수록. 하이퍼링크가 있고 최선 정보가 업데이트되어 있어 편리함. 논문의 경우 pdf 파일이 아니라 txt 파일 형태여서 읽기 불편한 단점 있음. 국내의 법학전문대학원에서는 대개 둘 중 하나에 가입
- Hein Online(온라인): 미국 문헌 중심. pdf 파일 수록

- Beck Online, juris select(온라인): 독일 법령, 주석서, 판례, 문헌
- Juris Classeur(DVD): 프랑스의 주석서, 분야별로 간행됨): 법원도서관(대법원 구내), 서울대학교, 경희대학교 법학전문도서관 등 소장
- JStor(jstor.com): 전 학술분야를 망라하여 엄선된 학술지 수록 논문만 원문 수록. 오래된 문헌은 무료, 근래의 문헌은 유료. 소속 도서관을 통해 접속하면 유료 서비스도 무료로 이용 가능

(2) 대학 또는 학회 간행 학술지

(가) 국 내

riss.kr이나 kiss.kstudy.com과 같은 종합학술정보 데이터베이스에서 원문까지 검색되는 경우가 많다. 그 외에 해당 대학의 법학연구소 홈페이지, 학회 홈페이지 등에서도 원문을 찾을 수 있다. 근래에는 종합적 데이터베이스에서 대학이나 학회 간행 학술지 수록 논문들을 폭넓게 수록하고 있어, 문헌이 너무 많이 검색되어 불편한 점도 있다. 범위를 좁혀 검색하는 것도 편리하다. 그런 경우에는 특정 분야의 전문학회의 웹사이트를 이용하거나, riss.kr이나 kiss.kstudy.com에서 학술지명으로 검색한 다음 해당 학술지 내에서 자료 목록을 최신 것부터 역순으로 훑어보면 좋다. 개별 학술지의 홈페이지로 몇 개를 예시한다.

- 가족법연구: 가족법학회(http://www.ksfl.or.kr) '학술지' 메뉴
- 비교법학: 비교사법학회(http://www.kacpl.or.kr) '학술지' 메뉴
- 국제사법연구: 국제사법학회 홈페이지(http://www.kopila.re.kr), 원문 입수 위해 회원가입(무료) 필요
- 서울대법학: 서울대학교 법학 자료실(http://.lawi.snu.ac.kr)
- 경북대 법학논고: 경북대학교 법학연구원 홈페이지(http://lawins.knu.ac.kr)
- 홍익법학: 홍익대학교 법학연구소 홈페이지(https://lawcenter.hongik.ac.kr)
- Journal of Korean Law: http://www.snujkl.org
- Yonsei Law Journal: 연세대학교 법학연구원 자료실(http://ils.yonsei.ac.kr/ils/journal/yonsei_law_journal.do)

(나) 해 외

특정 분야에 전문화된 학술지 1종에 수록된 문헌의 목차부터 훑어봄으로써 그 분야의 동향을 파악할 수 있다. 국내 학술지의 경우에도 그렇지만, 해외 문헌의 경우에는 아무래도 낯설게 마련이므로 이 방법이 종종 유용하다. 예컨대 미국 학술문헌의 경우에는 Casebook의 판례 설명 부분에 인용된 논문이 특히 중요한 논문이므로, 그 논문을 중심으로 문헌을 찾는 것이 좋다. 한편으로는 그 논문에서 중요하게 인용된 선행 판례, 논문을 엄선하여 찾아 읽고, 다른 한편으로는 그 논문을 인용한 최신 논문 중 참조빈도가 높게 표시된 것이나 유명한 저자가 쓴 글을 골라 읽으면 좋다.

종합 데이터베이스에서 학술지명으로 검색하여 나오는 수록 논문 목록을 보면서 참고할 수 있지만, 해당 학술지의 이름을 알고 있는 경우에는 구글 검색을 통해 해당 학술지 홈페이지로 가서 확인하는 것이 편리할 수 있다. 원문이 무료로 참조가능한 경우도 있는데, 몇 개의 예를 든다.

- Law and Contemporary Problems(http://lcp.law.duke.edu): Duke University 간행, 법학계 동향을 주도하는 중요한 faculty-edited journal 중 하나임. 모든 논문의 원문 수록(무료)
- Duke Journal of Comparative and International Law(http://djcil.law.duke.edu): Duke University 간행. 모든 논문의 원문 수록(무료)
- International and Comparative Law Quarterly: 웹사이트에서 원문 다운로드(유료). 소속 도서관이나 http://www.riss.kr에서 타기관 소장 학술지 복사 신청하는 것이 비용은 덜 들 것임.
- Journal of Private International Law: 상동
- Chicago Law Review (http://lawreview.uchicago.edu): 모든 논문 원문 수록(무료)
- NYU Journal of International Law and Politics (http://nyujilp.org)
- Yale Law Review: 상동

학술지에 정식으로 게재되기 전에 심포지움 발표원고를 수록하는 웹사이

트도 있다. 최신 동향을 파악하는 데 유리하다.

- PILAGG(blogs.sciences-po.fr/pilagg/): Science-Po 법과대학원의 Horatia Muir Watt 교수의 Private International Law as Global Governance 세미나(연중)
- Colloquium in Law, Economics and Politics(law.nyu.edu/academics/colloquia/laweconomicsandpolitics): New York University 법과대학원의 John Ferejohn 교수와 Lewis Kornhauser 교수 공동주최 콜로키움(연중)
- Duke Law Scholarship Repository(scholarship.law.duke.edu/working_paper)
- Coase-Sandor Working Paper Series in Law and Economics(https://chicagounbound.uchicago.edu/law_and_economics_wp)
- Social Science Research Network (ssrn.com): 신착자료 뉴스레터 신청할 수 있음.

(3) 기관 간행 논문

사법부나 행정기관 등에서 간행하는 논문은 학술정보 데이터베이스에는 빠져 있는 경우가 적지 않다. 그 경우에는 해당 기관의 홈페이지에 원문이 수록되어 있는 경우가 많다.

- 인권과정의: 대한변호사협회 홈페이지(http://www.koreanbar.or.kr)
- 법조, 통상법률 등: 법무부 홈페이지(http://www.moj.go.kr)

기관 간행물(연구용역자료 포함)은 당해 기관 홈페이지에 전문의 파일이 수록된 경우가 많다.

- http://www.scourt.go.kr(대법원): 안내책자, 연구용역자료 수록 (재판자료, 사법논집, 사법 등의 논문집은 수록되어 있지 않음)
- http://library.scourt.go.kr(법원도서관): 대법원판례해설, 사법논집, 외국사법연수논집 등 원문 수록

(4) 학위논문

(가) 국 내

- http://di.nanet.go.kr(국회전자도서관)
- http://www.riss.kr(한국학술정보)(일부 논문 원문제공)

위 두 데이터베이스 모두 국내 학위논문은 완전한 목록이 갖추어져 있다. 학위논문은 일정 분야나 주제에 대해 처음부터 새로 공부하거나 점검하는 데 좋다. 특히 법, 학설, 판례의 상태를 전반적으로 개관하는 데 편리하다. 다만 학위논문의 특성상 그 서술내용을 완전히 신뢰할 수 없는 경우가 때때로 있으므로 선별하는 눈을 길러야 한다. 그리고 다른 문헌도 마찬가지이지만, 간행연도에 유의하면서 그 이후의 변화를 살펴야 한다.

(나) 해 외

- http://ethos.bl.uk(영연합왕국)
- http://www.theses.fr(프랑스)
- http://www.riss.kr(국내대학 재직 혹은 전직 교수의 최종학위논문에 한정)

학위논문 데이터베이스는 대개 국가별로 관리되고 있다. 각 데이터베이스에는 요지가 수록되어 있다. 일부는 원문도 수록되어 있다. 아주 옛날 것은 없으나 큰 불편은 느껴지지 않는다. 해외 학술지 논문 입수가 어렵거나 너무 자세하여 막막할 때에는, 학위논문에서 기존 법, 학설, 판례를 정리해 놓은 것이 좋은 길잡이가 될 수 있다. 특히 자신이 논문, 특히 학위논문을 쓰고자 할 때 국내에서 이미 다루어지지 않은(riss.kr를 통해 확인) 새로운 주제를 발굴하여 제목을 정하는 데 참고가 된다.

(5) 기 타

일부 유료 데이터베이스에서만 원문이 제공되는 경우도 있다.

- 법률신문 수록 판례평석, 논단: lawtimes.co.kr(법률신문), lawnb(로앤비)
- 민사판례연구: lawnb.com(로앤비), scholar.dkyobobook.co.kr(교보문고 스콜라)

5. 문헌의 대출, 복사, 출력

문헌정보를 확인했지만, 온라인상으로 원문이 제공되지 않고, 시중의 서점에서 구입하기도 부담스러운 경우가 있다. 그 경우에는 소속 대학의 도서관(또는 공동도서관)이 가입하고 있는 도서관간 대출·원문복사 서비스를 이용하면 편리하다.

온라인 문헌정보 데이터베이스에서 원문복사신청이나 단행본의 도서관간 대출신청을 할 수 있는 경우도 있다. 특히 한국교육학술정보원(riss.kr)의 학술문헌 데이터베이스가 편리하다. 여기에서 국내외 문헌을 검색한 후, 온라인상으로 원문을 다운로드받을 수 없는 경우에는 곧바로 원문복사나 상호대출을 신청할 수 있다. 개인 자격으로 이용하면 약간의 수수료가 있지만, 가입 기관을 통하여 무료로 이용할 수 있는 경우가 많다. 소속 도서관의 홈페이지에서도 원문복사와 상호대출을 신청할 수 있는 경우가 있다. 성균관대학교 도서관도 그렇게 되어 있다. 어느 외부기관에 소장된 문헌을 이용하느냐에 따라 신청방법이 다를 수 있다.

도서관의 서가를 직접 방문하여 문헌을 뒤지는 것도 매우 권장할 만한 방법이다. 특히 외국 문헌의 경우에는 온라인상에서 각국의 언어를 바꾸어 가면서 검색하기가 쉽지 않다. 도서관에서는 분야별로 각국의 문헌을 함께 비치하는 경우가 많아, 문헌을 찾기가 훨씬 용이할 수 있다. 실제로 도서관의 도서분류기준(듀이의 분류법이 가장 유명하나 도서관마다 다름) 자체가 다양한 문헌을 분야별로 체계적으로 (각 분야별로 총론부터 각론까지) 분류하기 위한 것이므로, 서가를 둘러보면서 도움될 만한 문헌을 찾는 것은 매우 유익하고 생산적이다.

6. 문헌의 검토결과를 반영한 법문서의 작성

실무상으로는 간단한 문제는 해당 법률조문을 찾아 이를 사안에 적용하는 것으로써 해결된다. 법률가가 검토한 내용을 요약 설명하는 법문서에서도 마찬가지이다. 변호사가 법률질의에 답하는 의견서에서는 조문을 따옴표로 인용한 후에, 사안의 해결을 설명하면 된다. 관청에서 작성하는 법문서에서는 간결성을 위하여, 조문의 인용이 종종 생략된다.

해당 법령 조문을 인용하는 것만으로는 답이 나오지 않는 문제에 대해서는 법리적인 검토가 필요하다. 다만 최고법원의 판례가 확립되어 있다면, 보통 실무적 문서에서는 해당 법률조문의 적시에 이어 이를 인용하는 것으로 충분하다. 가령 변호사가 비법률가를 위하여 작성하는 의견서에서는, 판례의 추상론이 법리를 잘 요약하고 있다면, 마치 조문을 따옴표로 인용하듯이 판례의 추상론의 해당 부분을 따옴표로 인용하면 된다. 법령이나 대법원 판례의 인용으로 충분한 경우에도, 법률가는 법리적(이론적) 접근을 하고 있는 것이지만, 이론적 이해는 배경에 깔려 있을 뿐이고, 법문서 상에 드러낼 일은 별로 없다.

그런데 구체적 문제에 대하여 확립된 판례가 없는 경우에는, 실무가라 하더라도 이론적 접근을 할 필요가 있다. 학설, 대법원의 미공개 판례, 하급심 판례, 인접 논점에 대한 대법원 판례 등을 조사, 검토하고 그 검토내용을 의견서 등의 법문서에서 밝혀야 한다. 해당 법령이 문제를 완전히 해결하고 있지 않음을 밝히고, 해석론에 맡겨져 있는 논점이 무엇인지 분명히 한 다음, 그에 대하여 어떤 해석론이 유력하게 제시되고 있는지를 간략히 설명하여야 한다. 그중 비교적 널리 통용되는 견해에 따르면 구체적 사안이 어떻게 규율될지 설명하여야 한다.

7. 문헌의 인용방법

가. 개 요

저자, 책 제목, 판차(版次), 출판된 도시, 출판사, 연도 순서로 기재한다. 이 정보들을 띄어쓰기, 쉼표, 마침표, 콜론(:), 괄호, 글씨체(이탤릭체, 대문자), 각종 따옴표 등으로 구별하여 표시한다. 일부 사항은 생략하기도 하고, 글의 말미의 참고문헌 목록에서 상세한 정보를 표시하면서 본문에서는 간략히 인용하기도 한다. 문헌인용방식은 나라 내지 언어권에 따라 다르고, 또 한 나라에 여러 가지가 있기도 한다.

한 개의 문건 내에서는, 문헌을 최초로 인용할 때에만 상세한 서지사항을 모두 적고, 두 번째부터는 간략히 인용하는 경우가 많다. 매번 상세히 표시하면

번거롭기 때문이다.

어떤 문헌에서 일부 내용을 인용할 때에는, 해당 면(쪽, 페이지)을 특정하여야 한다. 항목번호(그것이 난외에 기재되어 있는 경우에는 "난외번호(Randnummer, Randziffer)"라고도 하지만, 항목번호가 문단의 서두에 기재되어 있는 경우도 있다)로 인용하여야 하는 경우도 있다. 그 문헌에서 면수(面數) 대신 항목번호로 인용하여 달라고 하고 있거나, 그렇게 인용하는 것이 관례인 경우에는[67] 그렇게 하여야 한다. 한편, 문헌 전체를 가리켜 인용할 경우도 있다. 그 경우에 그것이 별도의 단행본인 경우에는 페이지를 특정할 필요가 없고, 어떤 단행본이나 정기간행물에 수록된 논문을 인용할 때에는 그 논문이 수록된 전체 페이지를 인용한다.

논문을 인용할 경우 각주나 후주에서는 인용대상인 페이지나 단락만을 명시하게 되므로, 당해 논문이 그 학술지의 어느 페이지부터 어느 페이지까지 수록되어 있는지는 나타나지 않는다. 이는 문헌정보의 이용자에게 불편하다. 특히 해외 이용자에게 불편하다.[68] 따라서 각주나 후주 외에 논문 말미에 참고문헌 목록을 붙이는 것은 유용하다. 여기에서는 당해 논문의 첫 페이지와 끝 페이지를 명시하는 것이 좋다.[69]

문헌에 페이지 표시도 문단번호도 없는 경우(특히 인터넷 게시글의 경우 이런 경우가 많다)에도 몇 째 문단인지를 밝히는 방식으로 인용한다. 원문에 번호가 쓰여 있지 않더라도 그렇게 한다(예: "3째 문단", "para. 3"). 문단 수를 셀 때에는 제목, 소제목 등은 제외하고 본문만을 기준으로 한다.

---

67 예: 일부 법원(국제공법상의 재판소 포함)의 판결문, 국제연합 소속기구 기타 국제공법상의 기관이 작성한 문서, 조약의 성안과정에서 작성된 문서(전문가 보고서 등), 페이지의 특정 없이 인터넷상에 게재된 문서 등.

68 해외 이용자를 비롯하여 국내 학계 바깥에 있는 연구자는 그 논문을 복사하고자 할 경우 종종 관외(또는 국외)복사의뢰를 하게 된다. 이 때 시작면수와 끝 면수를 적어야 하는 경우가 대부분이다.

69 상당수의 외국(미국, 독일, 프랑스 등 포함)에서, 그리고 일부 국내 연구자들 가운데에는 논문의 시작 페이지만을 쓰는 경우도 많다. 심지어 일부 학술지(예: 국제거래법연구)의 편집실무를 보면 학술지명과 권호, 발행연월까지만 표시하고 해당 논문이 수록된 페이지를 아예 적지 않기도 한다. 이런 방식은 그 문헌정보의 이용자에게 불편하다. 후자의 방식은 특히 불편하다.

문헌의 귀절을 그대로 옮길 경우에는 따옴표를 사용한다. 문헌의 서술내용을 요약하거나 표현을 바꾸어 인용할 경우에는 "…면."이라고 기재한다. 문헌의 서술내용을 인용하지만 그 내용과 다소 다른 취지로 인용하는 경우에는 "…면 참조."라고 기재한다.

법령(및 조약)의 조문과 판례는 본문에서 직접 인용하는(가령 괄호 안에 표시) 것이 보통이지만, 문헌 정보는 대부분 각주에 표시한다.

나. 국내 문헌의 인용방법

단행본은 저자명, 단행본명, 판차, 출판사, 연도, 해당 면수 순서로 인용한다. 출판사 기재는 생략하기도 한다. 보통 쉼표로 구분하나, 판차와 연도를 서명(書名) 뒤 괄호 안에 기재하기도 한다. 정기간행물 수록 논문은 저자명, 논문명(따옴표 표시가 일반적, 때로는 꺾쇠도 씀), 정기간행물명 및 권호(괄호 안에 출판연도 또는 연월 표시), 해당 면수 순서로 인용한다.

공저물인 경우에는 해당 인용부분이 어느 공저자의 집필분담부분(책임집필부분)인지를 확인하여 이를 기재한다.

예: 李好珽, 國際私法(서울: 경문사), 1981, 278면.
李好珽, 國際私法, 經文社, 1981, 278면.
李好珽, 國際私法(經文社, 1981), 278면.
李好珽, 상게서, 278면.
석광현, 국제민사소송법: 국제사법(절차편)(2012), 93면 참조("누가 어느 채무에 기하여 소를 제기하는가에 따라 본조에 따른 국제재판관할이 달라질 수 있게 된다").
석광현, "한국 국제재판관할규칙의 입법에 관하여", 국제거래법연구 제21집 제2호(2012. 12.), 154면의 주 31.
석광현, 상게논문, 154면의 주 31.[70]
南孝淳, "프랑스相續法에서의 血族相續: 系統相續 및 代襲相續", 서울대학교 법학 제38권 3·4호(1997. 12.), 150~184면.

---

70 동일한 각주 내에서 이미 인용한 문헌을 다시 인용할 경우에는 "상게논문", "상게서", "같은 논문", "같은 책", "위 논문", "위 책" 등으로 간략히 표기한다.

장준혁, "재산관계 특별관할에 관한 한국 국제재판관할법의 개정방안:[71] 일반조항의 역할과 계약관할, 불법행위관할의 시론적 검토", 국제사법연구 제20권 제1호(2014. 6.), 268면.
장준혁, 전게논문(주 9), 268면 이하.
손경한 외, 국제사법 개정 방안 연구(법무부, 2014)(한애라 집필부분), 99면.

학술지의 인용을 엄밀히 하려면 발간기관을 괄호 안에 명시하여야 한다. 다만 대개의 경우에는 생략한다. 그런데 대학에서 발간하는 학술지 가운데에는 학술지명만으로는 혼동의 여지가 있는 경우가 있다. 그런 경우에는 정식 학술지명 앞에 발간기관을 가리키는 귀절을 간략히 넣는 것이 관행화되어 있다(예: "서울대(학교) 法學", "연세대 法學研究", "국민대 法學論叢", "한양대 法學論叢", "이화여대 法學論集" 등).

학술지의 명칭과 권호 표시는 인용대상 학술지에 표기된 것을 따른다. 다만 한자로 표기된 것을 한글로 바꾸어 적는 것은 무방한 것으로 받아들여지고 있다.

예: 石光現, "개정루가노협약에 따른 계약사건의 국제재판관할", 서울대학교 법학 제49권 제4호(2008. 12.), 417~420면 참조.
南孝淳, "프랑스民法上의 占有制度", 서울대 法學 제37권 제2호(1996. 9.), 196면 참조.
김형석, "우리 상속법의 비교법적 위치", 가족법연구 제23권 2호(2009. 6.), 79~81면.

다른 문헌, 판결, 기타 자료에서 번역을 빌어 온 경우에도 이 점을 명시한다.

예: 이상의 조문 번역은 명순구 역, 프랑스민법전(2004)의 것임.
이상의 독일민법 조문의 번역은 대체로 양창수 역, 2008년판 독일민법전: 총칙·채권·물권(2008)에 따르되 문장표현을 약간 수정했다.

---

71 본제(本題)와 부제(副題) 사이에 줄표(—)를 넣을지 콜론(:)을 넣을지는 각 저자 내지 편집자의 선택사항이다. 그러나 반드시 원래 문헌에서 쓴 방식에 따라 인용할 필요는 없다. 인용자가 통일시켜도 무방하다.

다. 외국 문헌의 인용방법

외국 문헌은 당해 외국에서 통용되는 인용방식을 따르는 것을 원칙으로 하되, 문헌 전반적인 통일성을 위하여 다소 수정할 수 있다. 예컨대 여러 외국의 문헌을 인용하면서 통일성을 기하고자 하는 경우에는, 전부 미국식, 영국식, 독일식, 프랑스식 등으로 통일시켜도 무방하다.

구미어권에서는 라틴어 인용문구가 널리 통용되고 있다. *supra*(위), *infra*(아래), *op. cit.*(전게문헌), *ibid.*(같은 곳), *passim.*(동일 문헌 내에에서 널리 쓰임) 등이다. 이러한 용어는 이탤릭체로 쓰는 것이 보통이다.[72] 다만 알파벳을 사용하는 언어와 달리 한국어에서는 라틴어가 외국어임이 쉽게 드러나므로, 반드시 이탤릭체를 써야만 하는 것은 아니다.

다만 면(面), 단락, 각주를 가리키는 라틴어 통용문구는 따로 없다. 따라서 page의 약어인 p.(독일어권에서는 Seite의 약어인 S.), paragraph의 약어인 para.(다만 독일어권과 프랑스어권의 통례는 후술), note의 약어인 n.(또는 fn.)가 종종 쓰인다.

어느 문헌에서 한 페이지만 인용할 때에는 예컨대 "p. 256", 두 페이지를 인용할 때에는 "pp. 256 f.", 세 페이지 이상을 연속으로 인용할 때에는 "pp. 256 ff."로 표기한다(독일어로는 "page"가 "Seite"이므로 p.나 pp. 대신 S.로 쓴다).

(1) 미 국

논문제목은 이탤릭, 단행본이나 학술지 명은 small caps로 표시한다. *supra note*, *supra*, *infra* 등의 기술적 지시문구는 이탤릭체로 표시한다.

단행본 인용시에는 저자명(姓만 표시하는 것을 원칙으로 하는 예와 middle name의 이니셜까지 쓰는 예로 나뉜다), 서명, 연도만으로 인용한다. 부제는 종종 생략한다. 학술지 명은 보통 약칭으로 표기하나, 전체 명칭을 다 쓰는 경우도 있다. 학술지의 권호 표시는 학술지 명 앞에, 면수와 출판연도는 학술지 명 뒤에 차례로 적는다.

면수는 숫자로만 적으며, 연도 앞에 표시한다. 앞에서 인용한 문헌을 인용

72 일본어로 작성된 문헌에서도 그것이 통례이다.

할 경우에는, 저자명 뒤에 "*supra note [번호]*"라고 적고 "at"이라고 쓴 후 페이지를 인용한다. 한국 문헌에서는 이 방식을 따르는 예도 있다. 그러나 한국어로 쓰여진 글에서 "at"이라는 영어를 사용하는 것이 어색하다는 지적도 있어, "at"의 자리에 "p."나 "pp."를 쓰기도 한다.

참고문헌 목록을 따루 두는 경우에는 문헌정보를 좀 더 상세히 인용한다. 그러나 미국 문헌에서는 이렇게 하는 일이 드물다.

사회과학 문헌에서는 참고문헌 목록을 반드시 포함하고, 본문에서는 "저자명(공간연도), p. 면수"로만 인용하는 것이 일반화되어 있다. 그러나 이러한 인용방식은 법학계에서는 거의 쓰이지 않는다.

유럽인 저자라도 미국에서 출판한 경우에는 미국식을 따른다. 즉, 저자의 소속기관이 아니라 출판자의 소속기관이 기준이다.

예: Lowenfeld, International Litigation and the Quest for Reasonableness: Essays in Private International Law (1996).
Lowenfeld, International Ligiation and the Quest for Reasonableness 1 n. 1 (1996)
Lowenfeld, supra note 3, at 122f.
Jack L. Goldsmith,[73] Against Cyberanarchy, 65 U. CHI. L. REV. 1199 (1998).
Schack, 전게서(주 3), p. 40.

(2) 기타의 영어권 또는 영어 문헌

미국식 법률문헌인용방식과 영국식은 다소 차이가 있다. 영국에서는 페이지수를 연도 뒤에 p. ○○와 같이 기재하는 것이 보통이다. 또, 미국과 달리 정기간행물명의 뒤에 권호 및 연도 표시를 한다. 이탤릭체도 논문명이 아니라 서명에 쓴다. 미국 외의 영어권은 대개 영국식을 따른다.

문단번호로 인용할 경우에는, para.라고 쓴다. 실무가용 지침서(practitioner

---

73 남계(男系) 직계존속(直系尊屬)과 이름이 같음을 표시하는 Jr.나 III(제3세) 등의 표시는 학술문헌 인용시에는 보통 생략한다. Jack L. Goldsmith, III 교수의 경우에도 Jack L. Goldsmith 또는 Goldsmith라고만 인용한다.

treatise) 가운데에는 문단번호로 인용하도록 지시되어 있는 경우가 많다. 인용방법에 대한 별도의 지시가 없더라도, 책 자체에서 난외에 단락부호를 쓰고 있는 경우에는 면수(面數) 대신 단락부호로 인용하는 것이 좋다.

영국의 학술문헌이나 실무자지침서의 경우 개정판이 거듭하여 나오는 경우에 최초의 원저자가 더이상 저작권을 주장하지 않는 경우가 있다. 이런 경우에는 저자명에서는 빠지게 된다. 그러나 원저자명을 전혀 표시하지 않게 되면 그 책의 동일성에 혼란이 올 수 있다. 따라서 이를 적절히 표시하여야 한다. 보통은 책 이름에 아무런 표시가 없더라도 "원저자명 on"이라는 표기를 덧붙인다(예: "Dicey and Morris on The Conflict of Laws", "Morris on the Conflict of Laws"[74]).

예: McClean & Ruiz Abou−Nigm, Morris on the Conflict of Laws (10th ed. 2021), para. 5−012.
Peter Nygh & Fausto Pocar, Report of the Special Commission (Hague Conference on Private International Law, Enforcement of Judgments, Prel. Doc. No. 11, August 2000), p. 49.
Dicey and Morris on the Conflict of Laws (10th ed. 1980)에서는 위 원칙은 제21칙과 제24칙으로 위치하고 있었다. 같은 책, pp. 181, 196ff. 참조.
Morris on the Conflict of Laws(주 69), para. 5−031 이하.

(3) 독일어권

독일어권에서는 단행본의 경우에는 저자, 서명, 출판사(생략가능), 연도, 페이지(또는 단락번호[75])의 순서로 인용한다. 논문의 경우에는 저자, 논문명(„ "로

74 Dicey and Morris on the Conflict of Laws는 2권으로 된 방대한 국제사법 주해서이다. 국제사법에서의 기득권이론의 창시자(정확히 말하면 영국의 기득권이론의 창시자)인 Dicey가 채택한 리스테이트먼트(Restatement) 방식에 따라, Dicey가 추출해 낸 국제사법의 기본원칙 하나하나에 대한 주해의 형태로 서술되어 있다. 판례가 꼼꼼히 인용되어 있어 영국법계에서(특히 실무계에서) 절대적 권위를 가진다. Morris on the Conflict of Laws는 1권으로 된 콤팩트한 교과서인데, 체계서의 형태로 되어 있고 영국법계의 국제사법 교과서 중에서는 두꺼운 편에 속하여 영국 국제사법 내지 유럽연합 국제사법을 비교법적으로 연구하려는 연구자에게 매우 유익한 연구서로 쓰일 수 있다.

75 "난외번호"(欄外番號)라고도 함.

표시), 정기간행물명 및 권호(또는 in: 단행본 관련 정보), 페이지 등의 순서로 인용한다.

독일어권에서는 저자명을 이탤릭체로 표시한다. 그것이 가장 중요하다고 생각하기 때문인 듯하다.

독일어권에서는 저자명을 표기할 때 성(姓)만으로 표기하는 것이 원칙이다(예: Kegel). 다만 성(姓)이 동일한 여러 학자가 있을 경우에는 Vorname도 표시한다(예: Stefan Lorenz).

저자가 2명 이상인 경우에는 "/" 표시로 이어 쓴다. 그런데 이 부호는 주석서의 명칭과 해당 부분 집필자를 연달아 표기할 때에도 쓴다. 일부 주석서에서는 이 점을 고려하여, 주석서명과 집필자를 줄표(–)로 연결하여 표기하도록 하기도 한다.

단행본에서는 페이지 외에 좌우측 난외(欄外)에 번호가 기재되어 있는 경우가 많다. 영어권에서 문단(paragraph) 번호를 쓰는 것에 대응되는데, 1개 또는 수개 문단에 1개 난외번호가 부여된다. 인용대상 문헌이 이렇게 되어 있으면, 면수보다 난외번호로 인용하는 것이 좋다. Rn.(Randnummer의 약자) 또는 Rz.(Randziffer의 약자)라고 적고 난외번호를 옮겨 적는다.

독일어권에서는 단행본(교과서, 연구서), 주석서, 학술지 등에서 편집자가 그 문헌의 인용방식을 정하여 제시하고 있는 경우가 있다(문헌 속표지 등에 기재되어 있음). 독일어권에서는 이를 따르게 되어 있다. 다만 Rn.와 Rz.도 표현의 차이에 불과하므로 인용자가 통일적으로 쓰면 된다. 그런데 독일어권 밖에서(예컨대 한국에서) 간행되는 문헌에서는, 문헌정보를 좀 더 친절하게 제시하는 것이 좋다. 예컨대 초출시(初出時)에 서명(書名)을 약어 없이 옮겨 적으면서, "이하에서는 집필자와 단락번호(난외번호)만으로 인용"한다고 또는 어떤 양식에 따라 인용한다고 밝히면 좋을 것이다.

예: Schröder, Internationale Zuständigkeit, 1971, S. 240ff. (독일식에 가깝게 인용한 예)

Jochen Schröder, Internationale Zuständigkeit (1971), pp. 240ff. (미국식으

로 통일한 예)

Kropholler, Studienkommentar BGB, 10. Aufl., 2007, § 269 Rn. 1; Schack, Internationales Zivilverfahrensrecht, 6. Aufl., 2014, Rn. 300 ff. 등.

Brox/Walker, Allgemeines Schuldrecht, 29. Aufl., 2003, § 12 Rn. 11; Kropholler, Studienkommentar BGB, 10. Aufl., 2007, § 269 Rn. 1.

Brox/Walker, 상게서, § 12 Rn. 11.

MünchKomm－Glockner, Rn. 399.

(4) 프랑스어권

프랑스어권에서는 저자, 서명, 판차, 출판도시, 출판사, 출판연도, 페이지나 단락번호 순서로 인용한다. 모두 쉼표로 구분한다. 한국어로 글을 쓸 경우에도 이를 따르면 무난하다. 다만 적당한 절충(가령 출판도시의 생략)을 할 여지는 있다.

프랑스어권에서는 저자명을 표기할 때 prénom(名)의 앞글자(이니셜)를 반드시 함께 표기한다. 아마도 성(姓)이 동일한 경우가 워낙 많기 때문일 것이다. 저자명은 보통 모두 대문자로 표기한다. 아마도 저자명이 가장 중요한 정보라고 생각하기 때문일 것이다. 그러나 여러 외국의 문헌들을 인용함에 있어 통일성을 기하기 위해 다소 절충하여도 무방하다.

프랑스어권에서는 서명(書名)을 이탤릭체로 표기한다. 아마도 책 이름이 2번째로 중요한 정보라고 보기 때문일 것이다.

단행본에서는 페이지 외에 단락의 서두에 번호가 기재되어 있는 경우가 많다. 그것은 단락번호이다. 이런 경우에는 페이지 대신 단락번호로 인용한다.

예: Ph. Malaurie, Droit civil; les succession, les libéralité, 4e éd., Paris, Defrénois, 2010, n° 63.

Y. LOUSSOUARN, P. BOUREL ET P. DE VAREILLES－SOMMIERES, Y. Loussouarn, P. Bourel et P. de Vareilles－Sommières, Droit international privé, 10e éd., 2013, nos. 699 et s.

Y. Loussouarn, P. Bourel et P. de Vareilles－Sommières, Droit international

privé, 10e éd., 2013, nos. 699 et s.
Y. Loussouarn, P. Bourel et P. de Vareilles－Sommières, op. cit, no. 813.

(5) 일 본

일본에서의 문헌인용 방식은 몇 가지 점에서 독특하다. 논문명은 작은 꺾쇠, 난행본 명은 이중 꺾쇠로 표시한다. 저자명, 논문명, 단행본 명, 출판사 명, 수록 페이지 사이에 쉼표를 찍지 않는 경우가 많다. 또, 공저자의 이름은 "＝" 표시로 연결한다. 이것은 일본 나름대로 가장 간결한 인용방식을 고안한 결과라 할 수 있다. 이런 일본식 방법을 그대로 따라도 무방하고, 한국 문헌의 인용방식에 유사하게 조금 혹은 전부 바꾸어도 무방하다.

예: 本多康直·今村信行, 增訂三版 民事訴訟法註解 上卷(1906), 44면.
中野俊一郎「義務履行地の國際裁判管轄」國際私法年報 第10号(2008) 22頁.
中野俊一郎,「義務履行地の國際裁判管轄」, 國際私法年報 第10号(2008), 22면.
中野俊一郎, 전게논문(주 1), 22면.
中野俊一郎, 전게논문(주 1), 23면과 그에 대한 後註(40면) 참조.
越山和廣,「義務履行地、財産所在地、不法行爲地の特別裁判籍」, ジュリスト No. 1386(2009. 10. 1.), 38면.
越山和廣, 전게논문(주 4), 38면.
國際裁判管轄法制に關する中間試案. ジュリスト No. 1386(2009. 10. 1.), 62－67면 수록.

라. 웹 문서의 인용방법

웹 문서는 그 출전(出典)을 월드와이드웹(www)에서 쓰는 홈페이지의 인터넷 주소나 당해 웹 문서가 게재된 웹페이지의 인터넷 주소로 인용한다.

홈페이지라 함은 보통 ".org"이나 ".co.kr" 등으로 끝나는 부분을 말하지만, "/" 표시로 구획된 그 하위 단위를 말하기도 한다. 이렇게만 인용하면 출전이 간명히 표시되는 장점이 있다. 미국의 Bluebook은 이 방식을 따르도록 한다. 이것만 기재하더라도, 그 홈페이지 내에서 당해 문서를 (해당 디렉토리를 찾아서 혹은 홈페이지 내 검색을 통하여) 찾을 수 있는 경우가 많다.

웹 페이지 자체를 특정하려면 인터넷 주소 창 속의 기재를 옮겨 적으면 된다. 이것은 정확하기는 하다. 전자문서에서 이 방식을 쓰는 경우에는, 그것을 클릭하면 하이퍼링크에 의하여 당해 웹 페이지로 바로 연결되므로(그 하이퍼링크가 막혀 있지 않는 한) 편리한 점이 있다. 한국에서는 이 방식이 많이 쓰인다. 그러나 월드와이드웹 방식에서 쓰는 기술적 정보를 다 옮겨 적는 것이 어색하게 느껴지기도 한다. 무엇보다 미관상 좋지 않다. 게다가, 당해 홈페이지의 편집자가 그 웹 문서의 위치를 다른 디렉토리 내로 옮기는 경우가 있는데, 이 경우에는 웹 페이지의 인터넷 주소가 바뀐다.

그러므로 상위 도메인명을 적은 뒤 어느 메뉴, 항목에서 해당 문서를 찾을지 적는 편이 나을 수도 있다. 인터넷 주소 창 기재 뒤에 괄호를 치고 병기해도 좋을 것 같다. 문서 원문을 인터넷에서 입수할 수 있는 정보를 적는 경우에도 같다.

> 예: Francisco Garcimartín & Geneviève Saumier, Explanatory Report on the Convention of 2 July 2019 on the Recognition and Enforcement of Foreign Judgments in Civil or Commercial Matters, 2020 (<https://www.hcch.net/en/publications-and-studies/details4/?pid=6797>에 원문 수록)(hcch.net/en → Instruments → Conventions, Protocols and Principles → 2019 Judgments Convention → Explanatory Report).

웹 문서도 기타 문서처럼, 그 특정 부분을 인용하여야 할 경우가 있다. 웹 문서도 서식이 고정되어 있는 파일이 웹 상에 게재되어 있는 경우이면, 페이지로 인용하면 된다. 그렇지 않은 경우에는 몇 째 문단인지를 표시하는 방식으로 인용한다.

종이 인쇄물에 대하여 간행연도 혹은 연월을 표시하는 것이 유용하다면, 웹 문서는 어떻게 할 것인가? 웹 문서에는 간행일 대신 '작성일'이나 '최종수정일'이 있다. 많은 웹 문서에는 이것이 명시되어 있다. 웹 문서 내에 작성일이나 최종수정일이 명시된 경우에는 이를 기재한다. 그것이 없는 경우에는 최종검색일을 인용한다. 한국에서는 무조건 최종검색일을 기재하는 경향이 있는데, 이것은 바람직하지 않다. 문헌정보를 중심으로 그 출처를 객관적으로 인용하는 것이 아니라, 이를 읽은 사람의 주관적 경험을 기준으로 하는 것이기 때문이다. 마치 종이인쇄물을 인용할 때, "0000. 0. 0. 읽음"이라고 적지 않는 것과 같다.

인용방식: [작성자], [제목], [인터넷 주소], [작성일], [인용부분의 위치].
[작성자], [제목], [인터넷 주소](최종방문: 0000. 0. 0.), [인용부분의 위치]

예: Jan von Hein, "Geo-blocking and the conflict of laws: ships that pass in the night?", <conflictoflaws.net>, 2016. 5. 31., para. 3.

예: Jan von Hein, "Geo-blocking and the conflict of laws: ships that pass in the night?", <.http://conflictoflaws.net/2016/geo-blocking-and-the-conflict-of-laws-ships-that-pass-in-the-night/comment-page-1/#comment-474580>, 2016. 5. 31., para. 3.

마. 재인용 표시

참조한 문헌이나 판례에서 다시 다른 문헌·판례정보를 인용하고 있는 경우가 있다. 이 경우에는 그 점을 간략히 언급하여도 좋고, 아예 언급하기를 생략할 수도 있다.

예: Hugh Beale, Chitty on Contracts (31st ed. 2012), para. 21-055(판례인용 있음).

이상적으로는, 그 문헌·판례를 입수하여 검토하는 것이 좋다. 그 결과 별도의 언급이 필요한지 아니면 위와 같이 간략히 표기하는 것으로 족한지 판단할 수 있을 것이다. 그러나 시간의 제약도 있고, 인용자의 주의가 분산되는 것도 좋지 않으므로, 문헌조사와 판례조사를 얼마나 멀리까지 해 나갈지는 그때

그때 사정을 고려하여 판단하여도 좋을 것이다.

문헌조사와 판례조사를 완벽하게 한다면, 재인용 표시는 필요없게 된다. 그러나 완벽을 기하기란 불가능하다. 특히 외국법의 조사에 있어서 그렇다. 가령 외국의 어떤 표준적 문헌{가령 독일의 경우에는 주석서, 프랑스의 경우에는 단행본 연구서(traité), 세부 주제에 관해서는 학위논문 등}을 통하여 접근했고 자신이 참조한 문헌에서 인용된 문헌과 판례를 다 찾아 검토했다 하더라도 안심할 수 없다. 그 문헌이나 판례에 대한 학계의 반응을 균형 있게 조사했다는 보장은 없다. 또, 외국에서 어떤 후속 판례가 나왔는지 조사하는 데에 실제상 제약이 따르는 경우도 많다. 그러므로 "여기에서의 서술은 어느 문헌과 그에 인용된 학설·판례를 주로 참조했음"이라는 식으로 밝히는 것이 안전하다. 글의 앞부분 쪽에서 각주에 명시하면 된다. 이는 해당 문제에 대한 외국법상의 규율과 논의를 이해하는 데 있어 그 표준적 문헌으로부터 큰 도움을 받았음을 명시하고 감사하는 것도 된다.

재인용의 표시방법에는 두 가지가 있다. 하나는 최종적으로 인용되는 문헌·판례에 초점을 맞추는 것이다.

예: Robey & Co v Snaefell Mining Co Ltd (1887) 20 QBD 152; The Eider [1893] P. 119, 128; Thompson v Palmer [1893] 2 Q.B. 80; Charles Duval & Co Ltd v Gans [1904] 2 K.B. 685; Fowler v Midland Electric Corp for Power Distribution Ltd [1917] 1 Ch. 656 {Hugh Beale, Chitty on Contracts (31st ed. 2012), para. 21−055에서 재인용}.

다른 하나는 인용자가 직접 참고한 문헌이나 판례에 초점을 맞추는 것이다.

예: 영국 보통법상으로도 당사자의 합의(명시적 또는 묵시적)가 없는 한 지참채무의 원칙에 따른다고 한다. Hugh Beale, Chitty on Contracts (31st ed. 2012), para. 21−055 {Robey & Co v Snaefell Mining Co Ltd (1887) 20 QBD 152; The Eider [1893] P. 119, 128; Thompson v Palmer [1893] 2 Q.B.

80; Charles Duval & Co Ltd v Gans [1904] 2 K.B. 685; Fowler v Midland Electric Corp for Power Distribution Ltd [1917] 1 Ch. 656을 인용}; Morris on the Conflict of Laws(주 69), para. 5−033 (The Eider 판결만을 인용).

내가 직접 참고한 문헌이나 판례가 원문을 따옴표로 인용 내지 부분전재하고 있는 경우에는, 후자의 방식을 따르기가 곤란하다. 그 경우에는 전자의 방식을 따른다.

거꾸로, 어떤 문헌에서 원재료인 문헌·판례의 내용을 분석하여 요약하거나 내용을 재구성하여 정리하고 있는 경우에 그 귀절을 그대로 따오는 경우도 있다. 특히 재인용된 문헌이나 판례도 입수하여 검토한 결과, 인용자가 단순히 그 문헌이나 판례를 인용한 것에 그치지 않고 내용을 재구성하여 제시하고 있다는 점이 드러나는 경우가 있다. 이런 경우에는 후자보다는 전자의 방식으로 쓰는 것이 좋을 것이다.

바. 총괄적 참조지시

경우에 따라서는 자신의 글에서 상세한 내용을 다루는 대신, 다른 문헌을 참조하라는 표시만 하기도 한다.

예: 브뤼셀 제1규정 제5조/제7조 제1호 (b)에 대한 유럽대법원 판례의 개관으로는 Morris on the Conflict of Laws(주 69), para. 4−033 이하.

프랑스민법전의 2001년과 2006년의 개정을 위한 입법작업의 경과와 주안점에 관해서는 Alain Delfosse et Jean−François Peniguel, La réforme des successions et des libéralités, Litec, 2006, pp. 1−4 및 Laurent Dejoie, Avant−Propos(서문), in: A. Delfosse et J.−F. Péniguel, *op. cit.*, p. xv 참조.

(예제 2)

자신의 변호사사무실에 고객이 찾아와 상담을 구한다.

(시나리오 1)

변호사사무실을 찾아온 고객은 한국에 사는 한국인 남성이다. 그는 베트남인 여성과 결혼하여 한국에 살았다. 그 여성은 간이귀화의 방식으로 한국국적을 취득했다. 부부 사이에서 아기가 태어났다. 아기가 만 3살 될 때, 아기의 母는 아기를 데리고 베트남으로 출국하여 아기를 친부모에게 맡기고, 베트남에서 한국인 남편을 상대로 재판상 이혼청구의 소를 제기하여 이혼판결을 얻었고, 그 판결은 확정되었다.

한국인 남성은 한국법원에서 자신의 처를 상대로 손해배상과 아기의 인도를 청구하는 소를 제기하고, 자신의 처를 미성년자약취·유인죄(형법 제287조) 위반으로 한국의 수사당국에 고소하려 한다.

그런데 형사처벌이 가능하려면, 대법원 2013. 6. 20. 선고 2010도14328 판결이 판례로서 폐기되어야 한다.

(시나리오 2)

변호사사무실을 찾아온 고객은 한국에 사는 베트남인 여성이다. 그는 한국인 남성과 결혼하여 한국에 살고 있다. 부부 사이에서 아기가 태어났다. 그 후 부부는 서로간의 불화로 사실상 별거상태에 있다. 친권을 누가 행사할지 특별히 협의한 바는 없으나, 아기는 자신이 줄곧 키워왔고, 남편도 별다른 이의를 제기한 바 없다. 아기가 현재 만 3살이며, 고객은 아기를 데리고 베트남에 있는 친정을 방문하고자 한다. 그런데 근래에 신설된 법령에 의하면, 외국인 배우자가 한국인 배우자와의 사이에서 낳은 미성년자녀를 동반하여 출국하려면, 공동친권자인 한국인 배우자의 동의서가 필요하다.

고객은 대법원 2013. 6. 20. 선고 2010도14328 판결에 비추어 볼 때 이러한 규제는 도저히 납득할 수 없다고 한다. 이 판결에서, 부모 중 어느 한쪽이 강제력을 사용하지 않고 아기를 데리고 외국으로 출국하는 것은 형법적으로 위법하지 않다고 판시했는데, 그렇다면 형법적으로는 위법하지 않은데 출입국관리법적으로는 위법하다고 할 수 있는가, 그것은 말이 되지 않는다라고 말한다.

변호사 ○○○은 대법원 2013. 6. 20. 선고 2010도14328 판결의 의의를 검토히고, 필요에 따라 그 판례가 변경될 가능성을 생각해 보고자 한다. 그래서 이 판결에 대하여 검토한 판례평석 등의 문헌자료를 검토하려 한다. 그 목록을 만들어 보시오.

(예제 3)

1) 계약대금이 과다함을 이유로 그 대금에 관한 약정이 전부무효 또는 일부무효로 인정되거나 감액되도록 하는 민법상의 규율

2) 한국의 독점규제 및 공정거래에 관한 법률에 의하여 담합행위로 인정되기 위한 요건 및 효과

(예제 4)

1) X는 골동품매매업자이다. Y는 수집가이다. X는 Y에게 골동품을 외상으로 팔았다. 그러나 Y는 6년이 되도록 돈을 내지 않고 버틴다. X는 Y에게 이를 강하게 따지자, Y는 구두로 "그래 줄게"라고 했다. X는 Y에게 매매대금을 청구할 수 있는가?

2) 한 컴퓨터그래픽－동영상 제작업자는, 다른 기업으로부터 박람회의 홍보 동영상 작성을 의뢰받았다. 그런데 그 영상물을 작성하던 중 계약의 해지통고를 받았다. 그 영상물 제작업자는 어떤 조치를 할 수 있는가? 또 언제까지 권리를 행사할 수 있는가?

3) 乙은 甲회사의 대표이사이다. 그런데 甲회사와 거래하는 丙회사가, 乙이

대표이사로 일하는 회사와는 거래할 수 없다고 하면서 乙의 해임을 요구했다. 그래서 甲회사는 乙을 해고했다. 乙에게는 어떤 구제방법이 있는가?

(예제 5)

방학을 맞아, 변호사 사무실에서 실무수습 중이다. 지도 변호사를 모시고, 다음 사건의 법률상담 업무에 임하게 되었다.

한 고객이, 자신의 초등학생 자녀가 친구와 호숫가를 거닐며 장난을 치다가 미끄러져, 난간 아래 공간으로 미끄러져 익사하였다고 하면서, 누구를 상대로 어떻게 법적 구제를 받아야 하는지 상담을 받고자 한다.

고객이 찾아와 상담을 하는 날에는, 이 사안이 구체적으로 어떤 사안인지 파악하고, 어떤 방향으로 검토, 진행해 볼지 개략적으로 안내하려 한다.

직접 상담하는 일은 지도변호사께서 하실 예정이지만, 법적 해결에 관건이 되는 요소들, 구체적 사안에서 어떤 구체적 사정이 있었는지 확인할 사항들, 그리고 누구를 상대로 어느 기관에서 어떤 절차를 진행하면 좋을지에 관해, 간략한 보고서를 작성해 보라는 과제를 할당받았다.

판결례로 대법원 1990. 4. 10. 선고 88다카8750 판결도 있고, 참고할 만한 다른 사례도 있을테니, 법령, 판례, 문헌을 적절히 참고하여 준비해 보라고 말씀하신다.

대법원 종합법률정보(glaw.scourt.go.kr)의 데이터베이스 등을 활용하여, 보고서를 작성해 보라.

(예제 6) 한국 판결의 플로리다에서의 집행

변호사 ○○○은 한국회사를 대리하여 미국회사를 한국법원에 제소하여 손해배상금의 지급을 청구했고 승소했다. 그 판결은 확정되었다. 그런데 미국회사는 한국에서 재산을 충분히 소유하고 있지 않으므로, 한국판결을 미국에서 집행하고자 한다. 미국회사는 미국 Florida주에 많은 재산을 보유하고 있다. 그래서 ○○○ 변호사는 자신과 업무제휴관계가 있는 미국 Florida주 변호사 ○○ ○○○로 하여금 한국회사를 대리하여 미국 Florida주 법원으로부터 한국판결의 Florida주에서의 강제집행을 허가하는 재판을 받아내도록 부탁했다. ○○○ 변호사는 한 변호사에게, 한국판결이 미국 Florida에서 강제집행될 수 있으려면, 한국법원이 미국판결을(또는 미국 Florida주 판결을) 승인하고 강제집행을 허가하는 조건이, 미국법원이(또는 Florida주 법원이나 Florida주 소재 연방지방법원이) 한국판결을 승인하고 강제집행을 허가하는 조건보다 관대하거나 대등하여야 한다고 설명하면서,[76] 한국법원이 미국판결을 승인하고 강제집행을 허가하기 위한 요건이 어떠한지 알려달라고 한다.

성균관대학교 법학전문대학원 재학생 ○○○는 방학 중 ○○○ 변호사의 지도를 받으며 인턴으로 일을 배우고 있다. ○○○ 변호사는 ○○○에게, ○○○ 변호사에게 보낼 의견서의 초안을 우선 한국어로 작성해 보라고 한다.

(예제 7) 한국판결의 독일에서의 집행

A社는 한국법에 따라 설립되고 한국에 본점을 둔 주식회사이다. B社는 유럽연합 회사법 규정에 따라 프랑스에 정관상 본점을 두고 설립되었고 실제로도 프랑스에 주된 사무소를 둔 회사이다. 변호사 ○○○은 A회사를 대리하여 B회사를 한국법원에 제소하여 손해배상금의 지급을 청구했고 승소했다. 그 판결은 확정되었다. 그러나 B사는 판결채무를 임의로 이행하지 않는다. 또, B사는 한국에서 재산을 충분히 소유하고 있지 않다. 다만 B사는 독일에 공장을 소유하고 은행계좌를 보유하고 있는 등 상당한 재산을 두고 있으므로, ○○○ 변호사는

---

76 1962년에 만들어진 Uniform Foreign Money-Judgments Recognition Act (UFMJRA)와 이를 개정한 2005년의 Uniform Foreign-Country Money Judgments Recognition Act (UFCMJRA)는 모두 외국법원의 금전판결의 승인을 위하여 상호보증(reciprocity)을 요구하지 않는다. 그러나 입법화 과정에서 상호보증 요건이 추가될 수 있다. 전자는 32개 법역에서 입법화되었다. 후자의 입법화작업도 주별로 신중히(느리게) 진행되어 2019. 10. 23. 현재 24개 주와 District of Columbia에서 입법화되어 있다. Florida주를 포함한 몇 개의 주는 상호보증의 결여를 재량적 승인거절사유로 규정하고 있고(2012년 현재), Massachussetts주를 포함한 2개의 주는 이를 필요적 승인거절사유로 규정하고 있다(2012년 현재).

위 한국판결을 독일에서 강제집행하는 방안을 검토중이다. 그래서 ○○○ 변호사는 자신과 업무제휴관계가 있는 독일 변호사 ○○○ ○○로 하여금 한국회사를 대리하여 독일 법원으로부터 한국판결의 독일에서의 강제집행을 허가하는 재판을 받아내도록 부탁했다. ○○ 변호사는 ○○○ 변호사에게, 한국 판결이 독일에서 강제집행될 수 있으려면, 한국법원이 독일판결을 승인하여 집행가능성을 인정하는 조건이, 독일법원이 한국판결을 승인하여 집행가능성을 인정하는 조건보다 관대하거나 대등하여야 한다고 설명하면서, 한국법원이 독일판결을 승인하고 강제집행을 허가하기 위한 요건이 어떠한지 알려 달라고 한다.

성균관대학교 법학전문대학원 재학생 ○○○는 방학 중 ○○○ 변호사의 지도를 받으며 인턴으로 일을 배우고 있다. ○○○ 변호사는 ○○○에게, ○○ 변호사에게 보낼 의견서의 초안을 우선 한국어로 작성해 보라고 한다.

(예제 8) 독점배급계약의 해지와 보상청구권

1) A사는 한국 상법에 따라 설립된 주식회사이며 부산시 연제구에 본점을 두고 있다. B사는 미국 텍사스주법에 따라 설립되었고 같은 주(州) 휴스턴시에 본점을 두고 있다.

A사는 B사의 Houston시 소재 본점을 수차례 방문하여 판촉활동을 한 끝에, A사가 생산하는 아동용 선행학습 서적의 영어 번역본을 제작, 공급하는 계약을 체결했다. 계약체결은 B사의 휴스턴시 소재 본사에서 “Exclusive Distributorship Agreement(독점배급계약)”이라는 제목의 계약서에 서명하는 방식으로 이루어졌다. 이 계약서에서는 B사가 A사의 일정 제품에 대하여 미국 남서부 6개 주(Arizona, California, Colorado, Nevada, New Mexico, Oklahoma, Texas, Utah)에서 독점적 배급권을 가지되, 연간 최소 판매량을 준수하고 3개월마다 위 6개 주 및 제품별로 판매량을 집계하여 보고하여야 하며, B사는 제품 판매량에 비례하여 보수를 받기로 정했다. 아울러, 계약기간은 5년으로 하고, 계약기간 만료 전 6개월까지 어느 일방으로부터도 계약의 갱신을 거절하거나 계약조건을 변경하고자 하는 취지의 통고가 없는 경우에는 이 계약은 동일한 조건(계약기간 포함)으로

갱신된다고 정했다. 어느 일방 계약당사자는 특별한 사유 없이도 이 사건 독점배급계약을 해지할 수 있으며, 해지통고가 상대방에게 도달 후 6개월이 경과하면 그 일자로 계약은 장래를 향하여 소멸한다고 정했다. 이 사건 독점배급계약에는 법원의 관할에 관한 합의나 중재약정은 없었다. 다만 "본건 계약의 준거법은 텍사스주법 및 텍사스주에서 적용되는 미국 연방법으로 한다"는 약정이 포함되어 있었다.

A사는 B사와의 이 사건 계약관계를 3년 동안 유지했으나, B사의 판매실적이 저조한 점에 실망하여, B사에게 이 사건 독점배급계약의 해지를 통고했다.

최근 A사는 B사로부터 서신을 받았는데, 이 서신에서 B사는 양사간의 신의를 깨뜨리고 A사 제품의 미국 남서부 4개주 시장 개척에 힘쓴 B사의 노력을 무위로 돌리는 계약해지에 항의하면서 이러한 계약해지로 인하여 B사가 입은 손해(5년 간의 계약기간이 보장될 것을 전제로 판매촉진활동을 하는 데 든 비용)의 변상을 요구하고, 이에 응하지 않을 경우 미국 텍사스주를 비롯한 관할 있는 법원에의 제소를 불사할 것임을 경고했다.

A사는 고문변호사인 법무법인 로여즈 소속 ○○○ 변호사에게 위와 같은 상황을 설명한 후, 다음의 점을 질의했다.

1. B사가 A사를 텍사스주 법원에 제소하면 텍사스주가 국제재판관할을 인정하여 실체재판으로 나아갈 것인지. 텍사스주 법원에서 국제재판관할을 다투려면 어떻게 해야 하는지. 아예 소장에 대해 아무런 답변서도 제출하지 않고 출석도 하지 않는 것이 좋은지. 아니면 적극적으로 국제재판관할에 대해 다투는 것이 좋은지

2. B사가 A사를 상대로 위와 같은 손해의 배상을 청구하는 소를 한국법원에 제기한다면 한국법원은 어떤 재판을 할 것인지, 특히 한국상법이 정하는 대리상의 보상청구권의 규정이 배급대리점에도 인정되는지, 또 이 사건의 B사에게도 한국상법이 정하는 보상청구권 내지 이에 준하는 보상청구권이 인정될 것인지

3. A사가 B사를 상대로 손해배상채무 부존재확인청구의 소를 한국법원에

제기할 수 있는지. 이러한 조치를 취하면 1과 같이 B사가 A사를 텍사스주법원에 제소한 것이 무력화될 수 있는지. 그렇게 하기 위하여 A사가 먼저 한국법원에 소제기할 필요가 있는지

한국과 뉴욕주의 변호사인 ○○○ 변호사는 위 법무법인에서 하계 인턴으로 일을 배우고 있는 성균관대학교 법학전문대학원 재학생에게, 위 질의사항에 답하는 내용의 의견서의 초고를 작성하여 보도록 지시했다. 질의사항 중 외국법을 조사하여야 알 수 있는 내용에 관해서는 구체적인 답변은 텍사스주 변호사에게 질의한 후에 비로소 제공할 수 있다는 점을 설명하되, 개괄적인 설명이라도 제공할 수 있으면 좋을 것이라고 말했다.

2) 위 1)과 같은 분쟁이 발생할 가능성에 대비하여, 이 사건 독점배급계약서의 체결시에 분쟁해결기구와 절차, 준거법(準據法) 등에 관한 합의를 포함시켜 두고자 한다. 어떤 조항을 두는 것이 좋겠는가? 법무법인 로여즈의 ○○○ 변호사는 이에 관하여 최선의 안과 차선책을 제시하고 그 이유를 간략히 설명하는 내용을 의견서 초안의 형태로 작성하여 보고하도록 했다.

(예제 9) 고장난 포장기계

A사는 과자를 제조하는 회사로서, 한국법에 따라 설립되었고 서울 서초구에 본점을 두고 있다. A사는 미국 델라웨어주 회사인 B사를 알게 되었다. A사의 천안 공장의 생산라인에 들어갈 빵봉지 포장기계를 B사로 하여금 제작하도록 하여 이를 공급받고자 하여 B사와 접촉했다. B사가 A사에게 제시한 카탈로그에는, B사가 제작하여 공급한 실적이 있고 또 제작공급이 가능한 제품을 몇 개의 모델로 정하여 유형화하면서, "성능과 가격의 정확한 명세에 관해서는 B사에게 문의하라"고 기재되어 있다. A사는 B사가 제시하는 카탈로그를 보고, 자신의 수요에 가장 근접하는 모델을 골라 자신이 원하는 성능(작동속도, 불량률 포함)을 제시했고, 이에 대해 B사가 제시한 공급가격에 따라 계약을 체결했다.

이 계약서에는 다음과 같은 내용이 포함되어 있다.

1. B사는 선적 전에 A사에게 제작물을 제시하고 시작동(始作動)하여 예비적 검수(檢受)를 받는다.
2. B사는 A사의 천안 공장에서 그 생산라인 내에 제작물을 설치하고 시작동하여 최종 검수(檢受)를 받는다. 이 검수(檢受)는 이의 없는 종국적 수령(受領) 내지 수취(收取)을 의미한다.
3. B사는 A사의 과실 없는 오작동이나 성능미달이 발생시 제작물 인도 후 2년간 무상으로 이를 점검, 보완한다. 다만 소모부품의 비용은 A사에게 청구할 수 있다.
4. 이 사건 계약으로 인한 A사의 B사에 대한 책임은 인도시로부터 4년이 경과하면 더 이상 물을 수 없다.

B사는 A사가 주문한 빵봉지 포장기계를 제작하여 자신의 기술자를 보내어 A사의 천안시 소재 공장에 이를 설치하고 시작동까지 마친 후 철수했다. 그런데 A사가 위 포장기계를 본격적으로 가동하자 불량률이 계약서에 명시된 수치의 몇배 이상으로 높게 나오고, 이로 인해 생산라인이 자주 불시에 중단되는 일이 반복되었다. 그 때마다 A사는 B사에게 그 기계를 점검, 수리하고 이런 일이 재발하지 않도록 적절한 기술적 조언과 훈련도 제공할 것을 요구했다. B사는 그 때마다 이에 응했다.

이러한 일이 반복되는 가운데, 위 포장기계가 천안시 공장에서 인도된 날로부터 6년의 세월이 경과했다. 이 동안 위와 같은 작동이상은 점차 심해졌다. 더구나, 위 포장기계가 천안 공장에 설치된 지 2년이 지나면서, B사는 위 포장기계의 점검, 수리요구에 그다지 적극적인 태도로 응하지 않았고, 매번 “저희 회사는 귀사의 점검, 수리요청에 응할 의무가 없으며 다만 호의적인 차원에서 점검, 수리 서비스를 제공합니다”라고 하면서 점검, 수리에 임했다. A사의 경영진은 6년 동안이나 위 포장기계로 인해 고생을 하고 많은 비용을 지출한 데 분개했으며, 이제 이 기계가 회계기준상의 내용연수(耐用年數, 내구연한)(5년)도 지나 회계장부상으로는 이미 전액 감가상각된 만큼, 이 기계를 더 이상 생산라인에 둘 필요도 없다고 판단했다. 그래서 위 기계를 생산라인에서 분리했다. 그리고 B에 대해 더 이상 인내할 것이 아니라 법적 조치를 취해야겠다고 결심했다.

그래서 A사는 B사에게, 위 포장기계의 성능불량에 대한 보완을 요구하고 B사가 그 보완을 시도하는 일이 6년 동안이나 시도되었지만 결국 6년이 지난 지금 A사는 위 포장기계를 공급받음으로써 이루려고 한 목적을 달성할 수 없었다고 주장하면서, 제작공급계약을 소급적으로 해제하는 서면통고를 했다. 이 서면은 B사에 도달했다. 그리고 A사는 서울중앙지방법원에 B사를 제소하여, 위 포장기계 제작공급계약의 위반을 이유로 하는 손해배상과 계약대금의 반환 및 지연이자의 지급을 구한다.

이 사건의 소장 및 변론기일소환장은 적법한 경로에 따라 B사의 미주리주 본점에서 B사에게 송달되었다.

B사는 서울에 주사무소를 두고 천안과 성남에 분사무소를 둔 법무법인 성균관의 ○○○ 변호사에게, 이 소송에 응소하여야 하는지, 응소할 경우 법원이 어떤 재판을 내리게 될 것인지, 한국법원에서 각 논점을 주장하여 받아들여질 가능성은 얼마나 되는지 질의한다. ○○○ 변호사는 법무법인 성균관에서 인턴으로 일하고 있는 성균관대학교 법학전문대학원생 ○○○에게, B사에 대한 회신에 첨부하여 보낼 의견서(memorandum)의 초고를 한국어로 작성하라는 과제를 내 주었다. ○○○ 변호사는 B사가 다음 내용을 포함하여 중요 논점을 망라하여 검토하여 달라고 했다고 하면서, 이에 유념할 것을 촉구했다.

1. 한국법원에 국제재판관할이 있는지
2. 한국법원에서 A사(社)가 승소하여 그 판결이 확정되면 미국에서 그 판결이 승인, 집행될 수 있을지
3. 서울중앙지방법원에 토지관할이 있는지
4. 국제재판관할과 토지관할을 다투는 방법과 절차는 어떻게 되는지
5. 한국은 "국제적 물품매매에 관한 국제연합 협약"과 "국제적 물품매매의 제소기한에 관한 국제연합 협약"의 당사국인지
6. 한국법원에서는 이 사건 계약에 적용될 준거법을 어떻게 판단할 것인지
7. 한국법이 이 사건 실체관계의 준거법이 된다면 A사의 B사에 대한 해제

통고는 효력이 있는지

8. 한국법이 이 사건 실체관계의 준거법이 된다면 B사가 A사에게 손해배상금을 지불하고 계약대금을 반환하고 아울러 지연이자도 지급하여야 하는지
9. 그 외에 B사가 특히 유념하여야 할 점은 없는지

아울러 ○○○ 변호사는 의견서 초안 작성시 아래 문헌을 포함하여 적절히 문헌을 참조하도록 지시했다.

1. 석광현, 국제사법 해설, 박영사, 2012.
2. 석광현, 국제민사소송법, 박영사, 2013.
3. 지원림, 민법강의, 제13판, 2015.
4. 박영사 민법주해와 한국사법행정학회 주석민법, 주석민사소송법
5. 장준혁, "한국 국제재판관할법상의 특별관할", 국제사법연구 제18호(2012. 12.), 115~153면.
6. 장준혁, "재산관계 특별관할에 관한 한국 국제재판관할법의 개정방안: 일반조항의 역할과 계약관할, 불법행위관할의 시론적 검토", 국제사법연구 제20권 제1호(2014. 6.), 215~298면.
7. 장준혁, "계약관할로서의 의무이행지관할의 개정방안", 국제거래법연구 제23집 제2호(2014. 12.), 353~415면.
8. 석광현, "2018년 국제사법 전부개정법률안에 따른 국제재판관할규칙: 총칙을 중심으로", 국제거래와 법 제21호(2018. 4.), 41~126면.
9. 석광현, "2018년 국제사법 전부개정법률안에 따른 국제재판관할규칙: 각칙을 중심으로", 국제거래와 법 제23호(2018. 10.), 41~145면.
10. 한애라, "국제사법 전부개정안 검토: 물권, 계약에 관한 소의 국제재판관할을 중심으로", 민사소송 제22권 2호(2018. 11.), 91~133면.
11. 한애라, "재산소재지 특별관할에 관한 법리와 판례의 검토 및 입법론: 대법원 2019. 6. 13. 선고 2016다33752 판결", 저스티스 제182-1호(2021. 2.), 219~254면.

12. 석광현, “국제사법 제2조 제2항을 올바로 적용한 2019년 대법원 판결의 평석: 일반관할과 재산소재지의 특별관할을 중심으로”, 국제거래와 법 제29호(2020. 4.), 131~168면.
13. 장준혁, “국제재판관할법상 실질적 관련성 기준에 관한 판례의 표류”, 자유와 정의의 민법학: 양창수교수고희기념논문집(박영사, 2021), 1002~1032면.
14. 이필복, “국제사법 총칙과 해상 편에 관한 재판례를 통해 본 국제사법 20년의 회고와 과제”, 국제사법연구 제27권 제2호(2021. 12.), 527~592면.

(예제 10) 미국에서 한국으로 공급한 절삭기계

[과제 제출자는] 법무법인 대우에서 변호사 실무수습을 받는 중이다. 지도변호사인 ○○○ 변호사로부터 다음의 검토를 해 달라는 부탁을 받았다. 그 선배 변호사가 의견서 형태로 의뢰인에게 검토의견을 보내려 하므로, 아예 의견서 형태로 작성해 보도록 부탁하였다.

법률검토를 의뢰한 고객은 Truman Engineering Co. Ltd.로 미국의 델라웨어주에서 델라웨어주법에 따라 설립되었고, 미주리주에 실질적 본점과 공장을 둔 상사회사이다. 주식회사 ○○은 한국법에 따라 한국에서 설립된 주식회사이다. Truman Engineering은 (주)○○에 절삭기계를 제작하여 공급하는 계약을 체결했다. Truman Engineering은 한국에 영업소가 없고, 한국에서 영업활동을 하지 않는다. (주)○○은 Truman Engineering이 제공하는 카탈로그에, 그 회사가 공급가능한 제품 명세를 예시한 것을 참조하여, 일정한 성능, 가동속도를 갖추고 일정 수준 이하의 불량률을 갖춘 절삭기계를 주문했다. Truman Engineering이 이에 동의하고 기타 사항에 대한 계약서 초안을 주고받은 결과 계약이 체결되었다. 인도는 매도인이 운송인(들)과 복합운송계약을 체결하고 미주리주 Independence시에서 육상운송인에게 인도함으로써 완료되는 것으로 정했다. 이 계약의 준거법은 Missouri주법(Missouri주에서 적용되는 연방법 포함)으로 하고, 국제연합 국제물품매매협약(Convention on the International Sale of Goods, 1980)은 적용을 배제하는 합의를 하였으나, 국제재판관할의 합의나 중재합의는 하지 않았다.

Truman Engineering은 계약에 따라 절삭기계를 제작하여 인도하였다. 그런데 봄, 가을, 겨울에는 만족스럽게 정상 작동하나, 한국의 여름철의 고온다습한 기후로 인하여 여름에는 주로 장마철을 중심으로 가동속도를 낮추어야 하고 불량률도 다소 높아지는 현상이 발견되었다. Truman Engineering이 제공한 절삭기계가 (주)○○의 여름 장마철 기후조건에도 맞추어야 하는 취지로 계약이 체결된 것인지, 아니면 이 부분은 (주)○○이 Truman Engineering에게 계약체결 전에 구체적으로 통지하지 않아 Truman Engineering이 알 수 없었던 사정인지는 아주 분명한 것은 아니다.

주식회사 ○○과 Truman Engineering은 원만하게 장기적인 거래관계를 이어 왔고, 특히 이번 절삭기계 건도 어느 한쪽의 잘못을 탓할 만한 것은 아니라고 생각하여, 교섭을 통하여 적당한 선에서 화해할 생각이 있다. 그런데 Truman Engineering은 뉴욕 증권거래소에 상장된 주식회사여서, 이러한 경영판단에 앞서 이 분쟁을 소송으로 해결하는 경우에 어떤 결과가 예상되는지를 검토한 뒤에 적절한 화해에 이르러야 하고, 이러한 검토자료를 투자자를 위하여 뉴욕 증권거래소에 수시공시해야 한다. 그래서 법무법인 대우의 ○○○ 변호사에게, '만약 (주)○○이 Truman Engineering을 절삭기계 제작공급계약 위반을 이유로 한국 법원에 제소하여 손해배상을 구한다면 대체로 어떤 결과가 예상되는지' 질의하였다.

본 과제 작성자는 변호사시험을 갓 합격한 신참이지만, 국제민사소송과 국제거래 분야에서 경쟁력이 있는 ○○○대학교 법학전문대학원을 우수한 성적으로 졸업했고, 2~3학년에 국제사법, 국제민사소송법, 국제사법 사례연구 과목을 수강하였다. ○○○ 변호사는 이 점을 평소에 눈여겨보고 기특하게 생각하고 있었다. 그래서 Truman Engineering의 위 질의 중, 국제재판관할 부분을 검토하여 의견서(초안) 형식으로 검토결과를 정리해 볼 것을 부탁했다. 만약 (주)○○이 Truman Engineering을 절삭기계 제작공급계약 위반을 이유로 한국 법원에 제소하여 손해배상을 청구한다고 할 때, 한국 법원이 국제재판관할을 인정할 가능성이 어느 정도 되는지가 관건이다. 이 문제에 대한 검토의견 중 다른 부분

(국제재판관할법에 대한 일반론, 일반관할, 영업소소재지관할 포함)은 ○○○ 변호사가 다른 사건을 준비하면서 검토해 둔 것이 있어, 그것을 토대로 작성하려 한다. 다만, 의무이행지관할 부분의 각론적 검토를 부탁한다. 특히, 한국의 2018년 국제사법 개정안, 미국의 Due Process 법리, 유럽연합의 브뤼셀 제1규정 2012년본, 헤이그 민상사 외국판결 승인집행협약(2019) 등의 입법례를 한국법 해석의 참고자료로 인용하여 한국 법원들에게는 의무이행지관할이 없다고 다투는 경우, 한국 법원이 이런 주장을 받아들일 가능성이 얼마나 되는지 검토해 보라고 한다.

국문으로 의견을 작성해 주면, ○○○ 변호사가 종합하여 다듬은 후 법무법인 내에서 한국어, 영어 양쪽에 능통한 미국 변호사에게 번역을 부탁하려 한다. 분량은 중요하지 않으나, 압축적으로 작성하면 3~4페이지 이상이면 충분할 것 같다고 한다.

※ 의견서 작성시 유의사항

1. 관련된 법령, 판례, 문헌을 충실히 참고하여 작성할 것.
2. 종이출판물 형태의 데이터베이스 내지 대법원 종합법률정보, 로앤비, 법무부 아이로 등의 전자적 데이터베이스를 적절히 참고할 것.
3. 의견서 내용의 근거가 되는 법률조문을 정확하고 상세하게(항, 본문, 단서, 전단, 후단, 호 등) 인용할 것. 준용조문의 경우에는 "제○○조에 의한 제○조 제○항의 준용"이라고 표시하거나, 간략히 "제○○조, 제○조 제○항"이라고 표시할 것.
4. 인용하는 판례가 법원도서관이나 법원과 관련된 공식 출판물에 공간된 것인 경우에는 그 정보로 인용할 것(예: 대법원 ○○○○. ○. ○. 선고 ○○다○○○○ 판결(공2014, ○○)). 판례정보의 데이터베이스화에 의하여, "공○○○○, ○○", "각공○○○○, ○○", "민집○○, ○○○" 등과 같은 공간정보 표시는 필수적인 것은 아니게 되었지만, 그 판례가 공간될 만큼 중요한 판례임을 표시하는 기능을 함.
5. 법령, 판례, 문헌의 원문을 전부 또는 일부 인용할 경우에는 반드시 따옴표(" ")를 사용할 것.
6. 통설을 원용하는 경우에는 대표적인 문헌의 인용으로 충분함. 예컨대 주석서(예: 민법주해, 주석민법, 주석민사소송법)나 기타의 표준적 문헌(예: 지원림 저(著) 민법강의, 석광현 저(著) 국제사법 해설).
7. 중요 논점에 관하여 판례가 없어 학설을 인용하여야 하는 경우에는, 주석서 등의 표준적 문헌에 아무런 해석론이 제시되어 있지 않다면, 존재하는 모든 문헌을 찾아야 함. 자신이 가지고 있는 한정된 문헌에만 의존하여 '국내학설은 없다'고 단정하여서는 안 됨. 문헌 조사는 주석서 등의 표준적 문헌에 수록된 참고문헌목록이나 각주 인용문헌을 찾는 작업과 함께, 수시로 업데이트되는 전자적 데이터베이스 검색을 병행하여야 함.
8. 의견서는 질문받은 사항에 관하여 가능한 한 명확한 결론을 제시하는 것이

바람직함. 그러나 결론을 분명히 제시할 수 없는 경우에는 무리하게 구체적 결론을 내려고 하여서는 안 됨. 결론을 내리기에 앞서 세부적 사실관계를 확인하여야 하는 경우에는, 그러한 세부적인 점이 어떻게 결론을 좌우하게 되는지를 서술할 필요가 있음.

9. 해석론이 나뉘는 경우에는 판례를 따르되, 유력한 반론이 있어 선행 판례의 타당범위가 좁게 해석될 가능성이 큰 경우에는 그 유력설에도 유의하여야 함.
10. 판례가 없거나 확립되어 있지 않거나 판례의 해석을 놓고 견해가 갈리는 경우에는 이 점을 분명히 적시할 것.
11. 판례가 없고 학설이 나뉘는 논점에 대해서는 어느 학설이 통설이나 다수설인지를 파악하여, 복수의 학설을 제시할 때 어느 학설이 통설 내지 다수설이고 어느 학설인지 소수설인지 쓸 것.
12. 법원에 의한 사실관계의 파악 내지 평가에 있어, 혹은 해석론이 확립되어 있지 않은 법적 논점에 대하여 법원이 어떤 입장을 취할지에 관하여 불확실성이 존재하는 경우에는, 이 점을 의견서에 명확히 쓸 것.
13. 꼭 필요하다고 판단되는 경우에는 백분율로 개연성을 표시하여도 무방함(예: '이러한 이유로 제소할 경우 승소할 확률은 대략 60%으로 사료됩니다').
14. 문서의 형식은 의견서 형식으로 할 것(예: 1. 사실관계, 2. 질의사항, 3. 질의사항/사안의 검토, 4. 결론).
15. 질의내용을 구성하는 사실관계가 불명확한 경우에는 전화통화를 하여 문의하거나 사실관계의 구체적 내용이 어떻게 달라지는지에 따라 결론이 어떻게 달라질 수 있는지를 서술하는 형태로 답할 것. 그 두 가지 방식 중 어느 것에 의할지는 구체적 사정을 고려하여 판단할 것. 가령 전화통화가 용이하고 사실관계 확인이 간단하리라고 생각되는 경우에는 전자가 타당할 것임. 그러나 가령 외국 변호사가 질의한 경우와 같이 사실관계의 불명확한 부분의 확인을 위해 상당한 법률비용과 시간이 소모되리라고 생각되는 경우에는 후자가 타당할 것임.

※ 의견서 양식(예)

[(레터헤드)법무법인　　　　　　　　　　주소, 전화번호 등]

의 견 서[77]

○○○○. ○. ○○.

수 신: ○○○
참 조: ○○팀
○○○ 대리님
제 목: ○○계약서(안) 검토의 건

귀사는 ○○○○. ○. ○○.자 이메일 질의서 및 ○○○○. ○. ○○. 본 법무법인을 방문하여 ○○계약서(안)의 법적 검토를 의뢰하셨습니다. 이에 아래와 같이 본 법무법인의 의견을 보내드리오니 업무에 참고하시기 바랍니다.

1. 제○조 제○항은 다음과 같이 변경하는 것이 타당함.
   가. 수정내용
   나. 수정이유

[중략]

기타 질의하실 사항이 있으시면 언제라도 연락 주시기 바랍니다.

법무법인 ○○○○
변호사 ○ ○ ○ (인)
변호사 ○ ○ ○ (인)[78]

---

77 "의견서"라는 제목을 따로 기재하지 않기도 한다. 특히 구체적 내용의 제목을 따로 기재하고, 또 레터헤드를 상단에 두는 경우에 그러한 듯하다. 그러나 이는 선택의 문제이다. 영어로 작성시에도 맨 윗줄에 "Memorandum"이라고 기재하기도 하고 기재하지 않기도 한다.
78 인턴은 내부적 업무보조자에 불과하므로 문서작성자로 기재하지 않음.

의 견 서

수　신:
참　조: ○○팀
　　　　○○○ 대리님
제　목: ○○○ (주)와의 ○○○계약 관련 분쟁의 건

귀사는 ○○○○. ○. ○○.자 이메일 질의서를 통하여 ○○○○ 주식회사와의 ○○○계약 관련 분쟁의 해결방안에 관한 법적 검토를 의뢰하셨습니다. 이에 아래와 같이 본 법무법인의 의견을 보내드리오니 업무에 참고하시기 바랍니다.

1. 사실관계

2. 질의사항/쟁점

3. 질의사항/사안/쟁점의(에 대한) 검토

4. 결론

이상과 같은 이유에서, ○○○ (주)는 귀사에게 [ ]할 의무가 있다고 사료됩니다([ ]할 의무가 있으며, ○○○ (주)가 이를 이행하지 않을 경우 귀사는 ○○○ (주)를 대한민국의 관할법원에 제소하고 그 책임재산을 확보하기 위하여 그 소유의 재산에 대하여 가압류를 하는 등의 조치를 할 수 있다고 사료됩니다. 다만 대한민국 법원이 국제재판관할을 긍정할 가능성은 대략 60% 가량일 것으로 예상됩니다.)

기타 문의하실 사항이 있으시면 언제라도 연락 주시기 바랍니다.

20○○. ○. ○○.
법무법인 ○○○○
변호사 ○ ○ ○ (인)
변호사 ○ ○ ○ (인)

제 9 장

인공지능의 도전

제9장

인공지능의 도전

원칙과 개념을 학습하고 대립하는 견해들을 이해한 바탕 위에서 실정법과 판례의 골자를 암기하는 전통적 공부방식은 단순한 요약암기식 교육과 다르다. 전통적 공부방법의 중요성은 예나 지금이나 다를 것이 없다. 실무가로서 문제해결을 위하여 지식을 습득할 때에도 마찬가지이다.

그런데 법률 데이터베이스의 효율화와 인공지능(人工知能, artificial intelligence, AI)이 모든 것을 해결해 줄 것이라는 이야기들이 인구(人口)에 회자(膾炙)되고 있다. 인공지능이 법률검토의견을 제시하고, 나아가 소액사건 위주로 간단한 사건의 재판업무를 보조하는 도구로도 쓰일 수 있으리라는 기대를 이야기하는 논자들이 있다.

그러나 법학도가 전통적 법학교육을 받기를 포기하거나 회피할 필요는 없을 것 같다. 생각나는 대로 몇 가지 이유를 들어 본다.

첫째, 인공지능이 불완전할 가능성이 높다. 이 경우에는 법률가가 논평해야 할 해석례가 1개 더 늘어날 뿐이다.

둘째, 인공지능은 법령과 법해석자료를 정확히 수집, 파악하고 규범적 삼단논법을 정확히 적용하는 것이 될 가능성이 높지만, 규범적 삼단논법은 사실과학의 삼단논법과 달라, 전형적이지 않은 문제상황을 적절히 다룰 수 없다. 그 문제는 법률가에게 맡겨진다. 그래서 법률가들은 유능한 법률비서를 둔 셈이

될 것이다.

셋째, 인공지능 만능론자들은 입법과 법적용이 철저히 준별되는 것처럼 생각하는 것 같다. 그러나 구체적 사안에 법을 적용하기 위하여 법을 해석하고 계속형성해야 하는 경우가 많다. 이 작업은 기계적으로만 이루어질 수 없고, 가치판단과 정책적 판단도 필요로 한다. 이런 부분은 인공지능에 내맡기기 어렵다.

넷째, 인공지능이 학습할 해석자료를 왜곡, 편향시켜 인공지능이 내릴 결론을 유도하는 활동이 생길 수 있다. 법률가는 이처럼 인공지능이 빠질 수 있는 편향, 왜곡도 간취하여 대응해야 하므로, 해석작업이 한층 더 복잡해질 것이다. 그래서 전통적 법학교육에 의하여 스스로 중심을 잡아나갈 필요성은 더 커질 것이다.

다섯째, 추상적 맥락에서든 실제 사건을 해결할 때에든, 법을 해석, 계속형성, 적용하는 과정에서 당사자, 이해관계인이나 다른 견해를 가진 논자를 의식하여 표현의 완급을 조절한다든지, 후퇴시키는 이익을 위하여 립서비스를 한다든지 하는 등의 문학적, 수사학적 표현도 쓰게 된다. 인공지능은 기존 자료에 나타난 이 부분을 오해할 수 있고, 당면한 문제 해결을 위하여 이런 문학적, 수사학적 기법을 운치 있게 사용하는 데 어려움을 겪을 수 있다. 현대사회에서 사람에 의하기는 하지만 실질적으로 상당히 자동화된 서비스의 예로, 인터넷 홈페이지에 "자주 묻는 질문"과 그에 대한 답변을 게재한다든지, 전화상담원이 하는 일을 들 수 있다. 그 경우에 고객이 답답함과 불안감을 느끼는 일이 많고, 이로 인한 신경증적 반응이 사회적으로 문제가 되기도 한다. 안 그래도 자신의 권리의무가 달려 있어 예민해진 당사자가 인공지능의 기계적인 반응에 얼마나 만족할지는 의문스럽다.

여섯째, 결론이 명백한 사안에서도 당사자가 법률가들의 호소를 외면하고 소송을 계속하는 경우가 종종 있다. 법률가가 당사자를 대면하여 인간적 호소를 덧붙여 설명해도 설득되지 않는다. 이것은 법률실무의 원활한 진행에 큰 방해요인이 된다. 그런 당사자는 인공지능의 조언이라면 더 경청하고 받아들일 것인가? 만약 그렇다면, 이 부분은 인공지능이 실질적으로 기여할 수 있을 것이다. 그래서 법률가는 당사자를 달래는 상담사, 치유자라는, 법률가의 전통적 직무 밖의 일을 덜고, 법률가의 전통적인 직무에 더 집중할 수 있게 된다. 이 경우에 법률가의 전통적 역할은 별로 감손(減損)되지 않는다.

일곱째, 당사자가 승소가능성이 없는 소송을 계속하는 경우 중에는, 사건의 당사자로서 감각적으로 자신의 정당성을 확신한 나머지 헛된 희망을 버리지 못하는 경우도 있지만, 절차를 끝까지 밟는 일 자체에 의미를 두는 경우도 있다. 아예 사회의 인식제고나 정치적 해결 촉구를 위하여 소송절차를 이용하는 경우도 있다. 이런 경우에도 절차적 권리가 정당하다면 다툴 기회를 주어야 한다. 인공지능이 이미 답을 내렸다는 이유로 곧바로 절차를 중단시키거나 다그칠 수는 없다. 법적 이유만으로 결론이 정해지는 경우에도, 적어도 영미법계의 약식(summary judgment)과 같은 일정한 절차는 밟아야 한다.

결국, 법률서비스 관련 인공지능업의 경영자, 기술자로 전직하려는 경우가 아닌 한, 인공지능의 발달은 법률가의 일에 큰 변화를 가져오지 않을 것으로 예측된다. 법학도는 인공지능업 분야 기업인들의 미래지향적 마케팅 활동에 현혹되지 말고, 전통적 법학교육체계에 따라 고전적 공부방식을 고집하는 것이 좋을 것 같다.

제10장

법률가(法律家)의 언어(言語)

제10장

법률가(法律家)의 언어(言語)

Ⅰ. 한국어와 한국문화의 특징

법률가는 언어로 일한다. 법률가는 말하거나 글을 쓴다. 그런데 한국어는 오늘날에도 구어체와 문어체 간의 괴리를 상당히 가지고 있다. 법률언어에서도 정도는 적지만 이런 차이가 어느 정도는 있다. 법률가들이 구어와 문어를 조금 달리하도록 기대되기까지 한다.

언어에는 문화적 요소가 있다. 현대 한국어의 정서적이고 감정적인 표현방식과, 제도적, 사회적 상하관계를 의식하여 의사소통할 것에 대한 사회적 요청은 법률언어에도 영향을 미치고 있다. 주어와 목적어, 그리고 동사가 선명히 전면에 내세워지는 문장, 긍정과 부정이 단호하고 명쾌하게 구별되는 문장은, 한편으로는 추구되면서도 한편으로는 경원시되고 있다. 살아 있는 법률가가 사용하는 법률문장에서는, 법률조문에서 볼 수 있는 간결한 문장보다는 완곡한 표현을 쓸 것이 기대되고 있다. 구술발언에서는 이러한 요구가 더 현저하여, 상황에 맞게 문미(文尾)를 얼버무리거나, 조심스럽게 핵심어구 내지 출발점이 되는 어구만 던지는 식으로 말할 것이 요구되기도 한다.

Ⅱ. 구술표현(口述表現, 말하기)

변호사의 구술표현으로 중요한 것은 법률상담, 계약체결이나 분쟁해결을 위한 교섭, 법정변론이다.

1. 법률상담(法律相談)

법률상담시에는 잘 듣는 일이 중요하다. 사실관계 여하에 따라 적용될 법과 법리가 달라지기 때문이다. 그러나 단순히 듣는 것이 아니라, 법률적으로 중요한 사정으로 어떤 것이 있을 만한지를 생각하면서 적절히 탐문하는 것이 타당하다.

법률상담시에는 (i) 정서적 위로(치유)를 위한 듣기와 (ii) 정보 획득을 위한 듣기를 어느 정도 병행하게 된다. 전자를 위해서는 공감하여 주는 것이 중요하다. 상대방에게 어떤 감정이 일어났다는 사실 자체를 '인정'하는 것이 중요하다. 후자를 위해서는 적절한 탐문(보충질문)이 중요하다. 내담자(來談者)에게 유리한 사실과 불리한 사실이 빠짐없이 파악되어야 한다. 육하원칙에 맞게 사실정보에 누락이 없어야 한다. 내담자의 기억 왜곡 내지 자기편향의 가능성도 고려하여야 한다. 그래서 사실주장을 뒷받침하는 증거자료에 유념하여야 한다. 사실관계에 대한 탐문은 법률지식, 특히 요건사실에 관한 지식이 바탕이 된다.

법률상담에서 '듣기' 다음의 단계는 말하기이다. 즉, 사실 및 권리의무 주장을 확인했으면, 사실의 법적 평가 및 권리의무의 설명을 해 주어야 한다. 법률상담의 자리에서 변호사는 법질서를 대표한다. 그는 법적 안정성의 상징이다. 따라서 가급적 명확한 답변을 해 주는 것이 좋다. 물론, 어떤 권리의무가 인정될 수 있는지, 그리고 실제로 법적 절차를 밟았을 때 현실적으로 어떤 결과가 나올 가능성이 있는지에 관해서는 종종 불확실성이 있다. 그런 경우에도 '불확실하다'고만 답하기보다는, '이렇게 결론지워질 가능성이 어느 정도 된다'고 표현하는 것이 낫다. 의뢰인의 주장이 받아들여질 가능성이 현실적으로 낮다면 그렇다고 말해주는 편이 좋을 것이다. 이는 법률상담을 받으러 온 당사자가 객관적 관점에서 후속조치에 관한 결정을 내리는 데 도움이 될 것이다. 법적 기준에 불확실성이 있는 경우에는 이를 간략히 설명해 주는 것도 도움이 될 수 있다. 예컨대 하급심 판례의 법률론이 정면으로 엇갈리고 있다거나, 기존 대법원 판례와 방향을 달리하는 하급심 판례가 누적되어 항소심이나 상고심에 계류중이라든가, 관련 법률규정의 위헌 여부의 논점이 헌법재판소의 판단을 기다리고 있다는 등의 설명을 해 줄 수 있다.

2. 교섭(交涉)

계약체결이나 분쟁해결을 위한 교섭에 있어서는 의뢰인이 원하는 결론의 최고치와 마지노선을 미리 파악하고 교섭에 임하는 것이 중요하다. 미국식 협상기술에서 강조되듯이, 교섭의 가결에 의하여 쌍방이 얻을 공동의 이익을 강조하거나, 교섭결렬시 타방에게 미칠 악영향을 적절히 부각시킴으로써 교섭을 촉진할 수 있다.

변호사는 화해를 위한 조정 등의 재판외 분쟁해결절차의 주재자가 될 수도 있다. 법원의 위촉으로 조정위원으로 활동하게 되는 경우가 흔히 있다. 조정위원은 판사나 중재인과는 다른 입장에 있다. 판단하는 역할이 아니다. 조정위원은 화해안을 제시하기도 하고, 당사자들 스스로 화해안을 만들도록 자리와 분위기를 마련하고 기다리거나 이를 도모하기도 한다. 조정은 화해를 목적으로 하는 것이다. 화해는 당사자의 의사가 있어야 성립한다. 따라서 법적으로 의미 있는 사항과 법외적(法外的)인 고려도 중요하게 작용할 수 있다. 가령 마음으로부터의 사과라든지, 타방 당사자 측에서 해당 사안을 신중히 고려하는 절차를 밟는 데에서 받는 위로도 화해를 이끌어 내는 데 역할을 할 수 있다.

3. 법정변론(法廷辯論)

한국의 법정에서는 재판관이 변호사에 대하여 주도권을 가진다. 변호사의 법정 구두변론은 이러한 틀 내에서 이루어지게 된다. 이러한 한국적 실정 하에서는, 법정에서의 구두변론의 성패는 재판관의 태도와 의사소통방식에 크게 좌우될 수밖에 없다.

변호사로서 법정에서 구두변론을 함에 있어서는, 주장취지(결론)가 분명히 상정되어 있으면서도, 표현상으로는 완곡하고 조심스럽게 하는 것이 무난할 것이다. 재판관의 위신을 유지시키고 재판관과의 원활한 의사소통이 유지될 필요가 있다. 의뢰인이나 그의 친지가 법정에 나와 있는 경우에는, 의뢰인을 위하여 성실히 전력을 기울여 변호하는 모습을 보여줄 필요도 있을 것이다. 사람은 누구나 특별한 관심을 원하기 때문이다. 성실한 변론의 모습을 보이기 위하여 효율적 변론의 요청을 타협시키기보다는, 두 가지 요청을 현명히 조화시키는 것이 좋다. 의뢰인이나 그의 친지가 법정에 나와 있다는 사정을 잘 활용하여, 변호사의 구두변론을 좀 더 소상하게 하는 데 대하여 재판관의 양해를 받고, 정상 관련 변론에 좀 더 감정을 실을 수도 있을 것이다.

4. 검사와 판사의 경우

검사는 수사단계와 공판단계에서 구술행위와 문서작업을 통하여 일하게 된다. 판사는 변론준비기일 및 변론기일에서 검사와 변호사, 혹은 당사자 본인에 대한 구석명, 그들의 변론에 대한 의견 표명, 판결이유에 대한 설명, 절차에 대한 안내 등을 법정에서 구두로 하게 된다. 화해를 유도하기 위한 조정절차에서는 법정에서 혹은 판사실에서 소송대리인 및 당사자와 말을 주고받게 된다.

검사와 판사의 경우에는 주관적인 예단을 내비치어 당사자 측의 오해를 사지 않도록 주의할 필요가 있다. 그리고 당사자 본인과 변호사에 대한 의사소통 방식을 적절히 차별화할 필요도 있다. 당사자 본인에게 법정에서 말할 때에는, 그 중요성과 의미가 잘 전달되도록 할 필요가 있다. 법률용어를 사용하여 말하는 경우에는 의미가 명쾌하게 전달되었는지 확인하는 것이 좋고, 법적 절차가 당사자의 이해관계에 미치는 영향(가령 상소나 이의제기를 위한 기한을 도과하는 경우의 법률효과)에 대하여 적절히 주지시키는 일이 중요하다.

한편, 검사나 판사가 변호사에게 말하는 방식에 있어서도 약간의 요령이 필요하다. 사실관계나 법률판단에 관하여 변호사가 독자적 주장을 하고 자기 입장을 굽히지 않는 것은 변호사의 본연의 직무이며 역할의 일부이다. 변호사는 검사와 판사의 절차적 권한에 대하여 누구보다 잘 알고 있을 것이다. 그러므로 굳이 변호사에게 '동의'를 얻어내려 할 필요는 없을 것이다. 어차피 변호사는 검사나 판사가 적법절차에 따라 그 권한을 행사하여 내린 결정을, '적법절차에 따른 결정'으로서 받아들일 것이다. 변호사와의 논쟁은 변호사를 설복(說服)시키기 위해서보다는, 변호사로부터 충분히 상세하고 구체적인 변론을 듣기 위해 하는 것이 유익할 것이다.

재판절차의 진행과정에서 판사가 변호사에게 석명을 구하는 경우에도 약간의 요령이 필요하다. 때로는 비법률가(가령 법정에 출석한 당사자나 그의 친지)가 알아듣기 힘든 추상적 표현을 써서 석명을 구하는 편이 유용할 수 있다. 비법률가로서 이해관계의 당사자의 입장에 서게 되면, 법정에서 '진실'과 '진실과 정반대되는 주장'이 반반씩 뒤섞이는 것이 매우 곤혹스럽게 느껴질 수 있을 것이다. 재판관이 사실관계에 대한 주장이나 법률주장의 일부분에 대하여 석명을 구하는 과정에서 너무 생생한 표현을 쓴 결과, 당사자의 예민한 감정을 건드려 '재판관이 어느 쪽 편을 든다'는 오해를 하도록 유발할 필요는 없을 것이다. 기술적 용어를 사용하여 사무적인 어조를 일관되게 사용하여 말하는 편이 재판관의 객관성과 재판절차 및 법조직역 전반에 대한 신뢰를 유지하는 데 도움될 수 있을 것이다.

재판관이 변호사에게 석명이나 보충변론을 구하는 경우에는, 때로는 직설적인 화법보다 우회적인 화법이 더 효과적일 수 있다. 가령 재판관이 원고측 변호사에게 '변론에서 어떤 특정 판례가 고려되지 않았다, 이를 고려하여 변론하여 달라'거나, 아예 '피고 소송대리인이 드는 판례에 의하면 원고의 청구는 근거가 없는 것 아닌가요?'라고 문제제기하고 변론의 기회를 주는 것은 타당하다. 다만 이대로 직설적으로 말한다면, 변호사의 업무수행상의 불찰에 대한 질책성 발언처럼 들려, 소송당사자의 변호사에 대한 신뢰를 떨어뜨릴 우려도 있다. 한국의 법정문화상으로는, 변호사가 재판관에게 '그 판례가 이 사건에서 어떤 중요성이 있는지 모르겠다'거나 '그 판례는 이례적 판례로서 이 사건에서는 언급할 필요가 없다'고 단번에 공박하기 곤란하다는 점도 고려되어야 한다. 미국의 법률심에서 때때로 볼 수 있듯이, 오늘 이 자리에서 재판관의 반박 추궁을 통하여 변호사의 변론취지를 더 구체적으로 파악하고 이해하겠다는 접근방법은 한국 실정에는 아직 잘 맞지 않는 부분이 있는 것 같다. 특히 재판관과 변호사(혹은 당사자 본인) 간의 대화에 있어서는, 상대방에게 숨쉴 공간을 남겨두는 화법이 적절할 수 있다. 가령 원고 소송대리인이 언급하지 않은 중요 판례를 피고 소송대리인이 중요하게 언급하고 있더라도, '피고 0월 0일자 준비서면이 제출되어 진술 간주합니다, 원고 소송대리인도 읽어 보셨습니까?'라고 하면서, 자연스럽게 원고 소송대리인의 반응을 이끌어낼 수 있을 것이다. 원고 소송대리인은 피고 소송대리인의 법률주장에 대한 반박의 형식으로 즉답하거나, '다음 기일까지 검토하여 준비서면을 제출하겠습니다'라고 답할 수 있게 된다.

Ⅲ. 법적 문서에서 사용하는 언어

변호사가 작성하는 법률문서는 크게 (i) 법률질의에 대한 회신(의견서), (ii) 계약서 등의 거래문서, (iii) 일정한 서식을 이용하여 관청에 제출하는 신고서, 신청서 등의 서류, (iv) 수사나 재판절차에서 대리인으로서 제출하는 소장, 답변서, 준비서면, 항소(상고)이유서 등의 서류로 나뉜다.

한국사회에서는 언어 및 문화적 이유에서 구술행위에는 제약이 많지만, 법적 문서에서는 이러한 제약이 한층 적다. 한국의 서면 법률문장은 서식으로서의 측면과 법적 논리전개 및 표현의 측면에서 일본의 영향을 압도적으로 받고 있다. 이것은 구미의 법률실무를 공부하고 소화하여 자기 것으로 만듦에 있어, 한자문화권 내에서 일본이 주도적 역할을 하여 그 성과가 축적되어 있기 때문이다. 한국의 법률문서 서식집은 일본의 그것을 모방한 것이 많다.

일본에서는 동아시아 내에서도 고립된 문화권을 구성했지만, 근대화과정은 앞섰다. 법률과 법학에서도 그러했다. 새로운 개념을 받아들이기 위하여 많은 신조어가 만들어졌다. 한자를 현대적 감각과 어감에 맞게 조립하는 방법이 쓰였다. 여기에서 한자문화권은 큰 이점을 발휘했다. 서남아시아(특히 인도)나 유럽의 문헌(성경 등)을 한문으로 번역한 경험이 때때로 도움되기도 했다. 구미의 문법, 법률용어, 법률문장, 수사학(변론술, rhetoric), 문화 등을 받아들이고 한자를 현대적으로 조립하여 많은 법률용어와 표현을 만들어내었다. 일본 법학자들이 가장 큰 기여를 했다. 그렇게 만들어진 용어는 새로운 법률개념을 적확히 표현하는 그릇이 되어, 법과 법학의 발전에 큰 기여를 했다. 한국, 대만 및 중국은 일본의 법과 법학을 받아들이고 참고하면서 신속히 발달할 수 있었다. 일본의 법률용어가 동아시아 문화권의 공통유산인 한자로 되어 있다는 점은 동아시아 내의 후발국에게 큰 이점으로 작용했다.

그런데 오늘날 한국에서는 일본에서 먼저 개발된 법률용어를 채용하는 일을 일반적으로 백안시하는 풍조가 있다. 물론 이러한 정서가 좋은 자극제가 될 수도 있다. 보다 나은 번역어를 고안하거나 한국어 내에서 잘 어울리는 법률용어와 표현법을 찾아 나가는 일로 이어질 수도 있다. 그러나 단순히 기존 법률용어를 매장시키거나 급하게 바꾸는 일은 염려스럽다. 용어는 개념을 담는 도구이다. 용어는 개념에 조응(照應)해야 한다. 서투르게 만들어진 용어를 쓰느라 개념이 왜곡되어서는 곤란하다. 일본풍을 없애려다가 법률용어의 본연의 역할이 흐려질 것이기 때문이다.[1]

1 예컨대 Schuldtitel의 번역어인 "채무명의(債務名義)"라는 용어가 '식민지기에 만연히 답습된 일본용어'의 혐의를 받고 "집행권원"으로 대체되었다. 독일어에서 "채무명의(Schuldtitel)"와 "집행명의(Vollstreckungstitel)"는 동의어이다. 그러나 "Titel"(영어로는 "title")을 가리켜 "권원"이라 하는 것은 지나치게 학리적(學理的)인 것이 아닌가 싶다. 학자에게는 만족스러울 수 있으나, 비법률가를 포함한 수규자들이 널리 쉽게 이해하기에는 "채무명의"나 "집행명의"라는 용어가 나을 것이다. 풀어써서 "집행권원증서"라고 했더라도, 단어 수가 많아지는 단점은 있지만 의미는 통했을 것이다. 그러나 "집행권원"이라고 하면 실질적 권원을 가리키는 말이 되어 버리고, 증서(證書) 즉 서면(書面)을 가리키는 말이 아니게 되어 버린다. 이 점은 오히려 개념적 혼란을 초래한다고 생각된다.

한층 심각한 예로는, 2002년 민사소송법 전면개정시에 "응소관할(應訴管轄)"이라는 훌륭한 용어가 왜색 용어로 지목되어 민사소송법 조문상으로 폐기되고 "변론관할(辯論管轄)"로 대체된 것을 들 수 있다. 관할에 대한 아무런 변론도 하지 않으면서 본안변론을 하거나 변론준비기일에서 본안에 관한 진술을 했기 때문에 생기는 것이 응소관할이다. 그런데 이것을 "변론관할"이라고 부르면 논리가 뒤섞이게 된다. '변론을 안 했으므로 생기는 관할'을 국내 대형법률사무소에서는 미국 대형법률사무소 법률실무의 영향을 받아 영어식의, 그리고 영어 번역어 투의 장황한 법률문장으로 된 소장, 답변서, 준비서면 등을 제출하는 경우가 있다. 변론기회에 대한 당사자간 형평과 소송문화의 일관성, 예측가능성을 위해 이 부분은 개선할 필요가 있다. 재판부는 소송지휘권을 십분 활용하여 준비서면의 페이지수 내지 글자수를 제한하는 등의 방법으로 적극 대응할 필요가 있다.

가리켜 "변론관할"이라고 한다는 것인가? 이런 의미에서 용어를 교체한 것은 아닐 것이다. 입법자는 아마도 '본안에 대한 변론만이 변론(변론다운 변론)'이고, '관할에 대한 변론은 변론(변론다운 변론)이 아니'라는 관점에서, '본안변론을 하면 생기는 관할'이니까 "변론관할"이라고 부르겠다고 생각한 듯하다. 그러나 피고가 관할과 본안에 대한 변론을 동시에 하면 응소관할("변론관할")은 생기지 않는다. 왜 불필요하게 "변론관할"이라는 전 세계적으로 유례가 없는 이상한 용어를 만들어 개념적 혼란을 부추기는지 이해할 수 없다.

※ 예제 해설

(예제 3)

1) X는 골동품매매업자이다. Y는 수집가이다. X는 Y에게 골동품을 외상으로 팔았다. 그러나 Y는 6년이 되도록 돈을 내지 않고 버틴다. X는 Y에게 이를 강하게 따지자, Y는 구두로 "그래 줄게"라고 했다. X는 Y에게 매매대금을 청구할 수 있는가?

논점: 소멸시효기간의 장단, 기산점, 소멸시효의 중단, 완성의 효과, 소멸시효의 이익의 포기

- 이 사건 매매대금채권이 소멸시효기간: 일방적 상행위로서 상법 제64조의 5년의 상사소멸시효에 의해야 할 듯하나 민법 제163조 제6호가 정하는 3년의 단기소멸시효가 우선함(상법 제64조 단서)(의견서를 요청한 의뢰인이 만약 민법상의 단기소멸시효를 간과하고 있다면, 민법 제163조 본문과 제6호의 조문을 인용하여 설명하여도 좋음).
- 채권발생시로부터 3년 도과, 소멸시효 완성의 효과는 절대적으로 발생(통설, 판례). 그러나 소멸시효의 이익은 채무자 단독행위로 포기할 수 있음.
- '대금채무를 이행하겠다'고 하여 소멸시효의 이익을 포기함. 소멸시효 이익의 포기라는 효과의사 유무를 신중히 해석한 판례가 있음(대법원 2013. 2. 28. 선고 2011다21556 판결)을 고려하여 신중히 판단할 필요가 있다고 덧붙여도 무방하나, 설례에서는 그러한 효과의사 유무를 의심케 하는 특수상황이 없으므로 이 점은 적지 않아도 무방함(참고: '이행하겠다'는 의사표시는, 소멸시효기간 완성 전이었다면 '승인'에, 소멸시효기간 완성 후라면 '소멸시효 이익의 포기'에 해당하게 됨).[2]

---

2 다만, 위 대법원 판결의 대상사안에서는 '시효로 소멸된 채무를 반대채무로 상계하겠다'는 의사표시가 소멸시효 이익의 취지를 포함하는 것일 수도 있고, 아니면 단순히 '상대방이 채권보다 반대채무가 더 많음에도 불구하고 자신의 채권의 이행만을 구하고 있음을 지적

– 소멸시효 이익의 포기로 인하여, 채권은 처음부터 소멸하지 않았던 것으로 됨. 소멸시효 이익 포기의 효과가 발생한 날로부터 다시 소멸시효(3년)에 걸림{참고: 판결채무는 (판결의 형식적 확정력(기판력)을 중시하여) 원래의 채무의 소멸시효기간이 아닌 채권의 일반적 소멸시효기간(10년)에 걸림}.

2) 한 컴퓨터그래픽–동영상 제작업자는, 다른 기업으로부터 박람회의 홍보 동영상 작성을 의뢰받았다. 그런데 그 영상물을 작성하던 중 계약의 해지통고를 받았다. 그 영상물 제작업자는 어떤 조치를 할 수 있는가? 또 언제까지 권리를 행사할 수 있는가?

논점: 제작물공급계약의 성질결정(도급 또는 매매), 도급인의 임의해제권과 손해배상채무, 배상되는 손해의 범위(이행이익을 넘는 신뢰이익도 배상청구할 수 있는지), 수급인의 손해배상청구권의 소멸시효기간의 기산점(해지의 효력발생시)과 기간(보수지급청구권과 동일한 소멸시효기간).

– 제작물공급계약의 성질결정에 관한 판례는 다소 불안정함. 재료공급주체를 기준으로 구별하는 소수설도 있고, CISG도 이 학설에 따르고 있으나, 주류적 판례와 다수설은 공급될(또는 공급된) 완성물이 '부대체물'(판례에서 "특정물"이라는 표현도 쓰이지만 '부대체물'이라는 취지로 선해(善解) 가능)이면 도급, '대체물'이면 매매로 보는 해석론을 따름. 그러나 이 기준이 반드시 일관되게 적용되고 있지는 않음. 건물의 경우에는 "장래의(축조될) 건물의 매매"로 보는 경우(예: 집합건물)와 도급으로 보는 경우로 나뉘고, 이 경우에는 완성물의 성질을 기준으로 하는 통설·판례에

하면서 이를 탓하는 취지'일 뿐, 법적 의미 있는 의사표시는 아닐(즉 소멸시효 이익 포기 및 상계의 의사표시가 아니라, 아무런 의사표시도 아닐) 수도 있는데, 원심법원처럼 전자로 단정할 것이 아니라 사실관계를 좀 더 심리하여 보라는 취지로 파기환송한 것임. 법률심인 대법원에서는 사실심리가 이루어질 수 없어 이렇게 답을 미룬 것임. 의견서에서는 '특별한 사정이 없는 한 소멸시효의 이익의 포기에 해당한다'고 서술하면 됨. 혹시 질의자가 소멸시효 이익의 포기에 해당하는지를 의심하면서 그렇게 볼 만한 사정을 들고 있다면, 이를 토대로 일응의 답을 내리거나, 어떤 특별한 사정이 있는지 알려달라고 하면 됨.

큰 문제 없음. 그러나 동산(무체물 포함)의 경우에는 구별이 애매함. 특히 카탈로그매매의 경우 제작물의 구체적 성능을 주문자가 먼저 제시하여 계약체결되는 경우가 많은데, 그것을 모두 '부대체물'로 보아 도급계약이라고 하기는 어려움. 근래의 소수설과 해외 입법례 가운데에는 당사자의 의사를 1차적 기준으로 하고 '완성물의 성질'은 2차적 기준(의 하나)으로 하는 입장(의사기준설, 혹은 이에 출발점을 두는 절충설)이 유력함. 다만 컴퓨터 프로그램 등의 무체물이나 홍보영상물, 홍보게시물·자료집 등의 제작공급계약은 종래의 대체물·부대체물 구별론만 따르더라도 결과적으로는 문제는 없음—대부분의 사안에서 도급으로 성질결정되고 있음. 이 사건 계약의 목적물인 영상물도 특정 기업의 홍보 내용을 담은 것이어서 부대체물에 해당, 도급계약에 해당함.

- 도급인은 일의 완성 전(참고: 완성물의 인도를 요하는 경우에도 같음)에 해제할 수 있으나 이로 인해 수급인이 입은 손해를 배상해야 함. 민법의 규정체계상으로는 이행이익의 배상에 해당. 다만 학설은 이행이익의 배상 외에 신뢰이익(지출한 재료비 등)도 포함하는 것으로 설명하는 듯하고, 판례의 추상론도 이러한 학설을 답습함. 실제로 신뢰이익이 배상대상인 손해인지, 또 재료비 등이 통상손해에 해당하는지 문제됨.
- 이 사건에서 도급인은 "해지"를 함{피공급자(고객)가 목적물의 미완성 상태에서 계약관계가 종료되더라도 이를 인도받기를 원한다면 이렇게 할 것임—이런 경우에는 보수 및 재료비 등 작업비용의 지급약정도 기성고(旣成高)에 따라 하게 되어 있을 것임}.
- 민법 제673조가 손해배상채무를 규정한 부분은 임의해지에도 적용되는지 문제됨.
- 민법 제673조는 임의해제권(任意解除權)만 유보하고 있으나 임의해지권(任意解止權)도 내포되어 있다고 해석됨. 역사적 해석에 의해 뒷받침됨: 1960년 민법 제정시 의용민법의 "해제"라는 용어를 "해제(기존 용어: '소급효 있는 해제')"와 "해지(기존 용어: '소급효 있는 해제')"로 세분했으나 민

법 제673조를 수정하는 일을 누락함. 목적론적 해석도 이를 지지함: 임의해제를 허용한다면 그것보다 계약의 효력을 덜 소멸시키는 임의해지도 허용된다고 해석함이 타당하고, 실제로도 도급계약의 해지는 기성고에 대한 보수채권에는 영향을 주지 않으므로 수급인이 입는 손해도 해제의 경우보다 적음.

- 수급인의 손해배상청구권의 소멸시효의 기산점은 해제·해지의 효력발생시, 즉 그 의사표시의 도달시임.
- 수급인의 손해배상청구권의 소멸시효기간은 보수채권(報酬債權)(보수지급청구권)과 동일한 소멸시효기간에 걸림.

3) 乙은 甲회사의 대표이사이다. 그런데 甲회사와 거래하는 丙회사가, 乙이 대표이사로 일하는 회사와는 거래할 수 없다고 하면서 乙의 해임을 요구했다. 그래서 甲회사는 乙을 해고했다. 乙에게는 어떤 구제방법이 있는가?

논점: 계약책임이 문제되는 관계와 불법행위책임만이 문제되는 관계의 구별, 민법상의 고용계약에 관한 규정만이 적용되는 경우와, 근로기준법 등의 특별법이 포괄적으로 우선하는 경우, 그리고 상법 등에 개별적 특칙이 있는 경우의 구별 및 적용법조 확인, 제3자의 채권침해의 성부(成否)

① 사실관계:

- 甲회사가 어떤 종류의 회사(가령 주식회사)인지 확인 요함. 문제에서 이 점을 구체적으로 적시했어야 함(아래에서는 甲회사가 주식회사라는 전제 하에 풀이함).
- 乙을 대표이사로서만 해임한 것인지, 이사로서의 지위도 박탈한 것인지도 확인 요함.

② 甲회사에 대한 구제방법

- 상법 제385조 제1항은 "이사는 언제든지 제434조의 규정에 의한 주주총회의 결의로 이를 해임할 수 있다. 그러나 이사의 임기를 정한 경우에

정당한 이유없이 그 임기만료전에 이를 해임한 때에는 그 이사는 회사에 대하여 해임으로 인한 손해의 배상을 청구할 수 있다"고 규정함. 乙과 甲회사의 관계는 민법상 고용관계에 해당하지만, 임의해지권에 관한 민법 제659조~제661조는 주식회사의 이사에 대한 특칙인 상법 제385조의 뒤루 물러남.

- 상법 제385조 제1항 본문이 요구하는 주주총회 결의 없이 이사회 결의만으로 해임했다면, 乙은 甲회사를 상대로 대표이사의 직위를 가지고 있음을 확인하는 재판을 청구할 수 있음.
- 주주총회 결의(상법 제385조 제1항 본문)가 있었으나 하자가 있다면, 乙은 甲회사를 상대로 주주총회결의의 부존재확인청구(동법 제380조), 무효확인청구(동법 제380조) 또는 취소청구(동법 제376조)의 소를 제기할 수 있음.
- 대표이사(혹은 이사)로서의 임기가 정해져 있음에도 대표이사 직에서(혹은 이사 직으로부터도) 해임되었다면, 유효한 주주총회 결의와 이사회 결의가 있었던 경우에도, 乙은 상법 제385조 제1항 단서에 의하여 甲회사를 상대로 손해배상을 청구할 수 있음. 배상받을 수 있는 손해는 잔여임기의 보수 상당액임. 다만 해임된 기간 중 다른 근로활동 등을 통하여 수익을 얻은 경우에는 손익상계(민법 제396조)에 의하여 공제됨(대법원 2013. 9. 26. 선고 2011다42348판결).

③ 丙에 대한 구제방법

- 丙에 대해서는 제3자의 채권침해를 주장할 수 있음.
  제3자의 채권침해의 전형적 사안유형은, 계약관계 밖에 있는 제3자가 그 계약상 채무자에게 채무불이행을 종용한 경우임. 그것이 일반적 행동자유의 한계를 넘어 부적법한 경우에 제3자의 채권침해에 해당함. 제3자가 계약상 채권자와 경쟁관계에 있는 경쟁업체인 경우와, 회사와 그 임원 간의 고용관계의 제3자인 노동조합이 회사를 압박하여 임원과의 고용계약을 부당하게 해지하도록 하는 경우가 대표적 사례유형임.

일반적 유의점:

- 논점을 빠뜨리지 않고 순서대로 쓸 것.
- 근거를 명시할 것: 조문번호는 항(項), 문(文)까지 명시. 판례는 정식으로 인용(본문 내 괄호나 각주)(다만 판례자료 참조가 불가능한 시험에서는 선고일자와 사건번호는 적지 않아도 됨).

부록. 법학도에게 추천하는 몇 권의 법학고전

- **플라톤, 국가, 조우현 역, 올재클래식스**, 2013; Plato, The Laws(**법률**)(Trevor J. Saunders, ed.), Penguin, 2005.

플라톤의 이상국가론이 체계적으로 시술되어 있다. 플라톤의 초점은, 고대 그리스의 민주정 과잉을 비판하고 정치도 집단적 의사결정에만 맡기기보다 합리적 원리 하에 놓을 수 있음을 설명하는 데 있는 듯하다. 그런데 플라톤이 국가운영의 전반을 합리적 사고의 대상으로 삼은 것은 버트란드 러셀을 비롯한 현대 자유주의 사상가들로부터 전체주의 사상의 효시로 비판받기도 한다.

오늘날 고대 희랍 고전을 이해하려 하는 우리는 다양한 해석가능성 앞에서 혼란에 빠지게 마련이다. 우리는 플라톤의 문답형 저술이 어떻게 교육에 활용되었는지도 알지 못한다. 다만, 플라톤의 소년기에 그의 스승이자 정계 거물이었던 소크라테스가 시민재판에 의하여 사법살인을 당한 것이 플라톤에게 큰 충격을 주었을 가능성이 높다. 이것도 이유가 되어, 플라톤은 소크라테스와 달리 현실정치를 멀리했고, 출신지인 아테네를 떠나 망명생활을 했다. 이 점을 감안하면, <국가(정치)>와 <법률>이 <논어>나 <군주론>과 같이 현실적인 국정수행방안을 제시하여 출사표를 던지는 취지는 아니었을 것으로 짐작되나, 이 점도 분명한 것은 아니다. 어디까지가 진지한 사고실험이고 어느 부분이 반어법 내지 풍자인지는 더욱 알기 어렵다. 소크라테스의 육성이 담긴 <변론>이나 <크리톤>과 달리, 우리에게 알려진 사건과 구체적으로 연관지어 서술된 것도 아니어서 더욱 그렇다.

두 권을 연관지어 읽는 것이 무난하다. 순서는 상관없다. <국가(정치)>는 이론적 논변의 비중이 크고 주장이 간략히 요약될 수 있어 읽기 쉽게 느껴질 수 있다. 그러나 서술내용이 좀 더 도발적이고, 사고실험의 성격이 강하며, 현실비판의 측면이 숨겨져 있어, 플라톤의 진의를 이해하기가 더 어렵게 느껴지기도 한다. <국가(정치)>에는 플라톤이 진담을 하는 것인지 의구심이 들 만한 부분도 있다. 고대 그리스 헌정사 전공자가 아니면, 풍자(satire)와 모델국가론을 구별하기 어렵게 느껴질 것이다. 이것은 유토피아론적 레토릭이 한국의 독자들에게 낯선 탓도 있다. 중국의 '이상화된 고대사회에의 복고론'이 유럽인에게 낯선 만큼, 유럽인의 유토피아론은 중국문명권에 낯설다. 이러한 어색함은, <법률>에 피력된 실제적 국정운영방법 시론(試論)을 함께 읽음으로써 어느 정도 덜어질 수 있다. <법률>은 노년기에 쓴 책이고, 다루는 주제가 다양하고, <국가>보다 현실성 있는 주장이 많다. 반면에, ＜법률＞에서 생략되거나 부분적으로 다루어진 총론은 ＜국가(정치)＞에 상술되어 있다.

＜국가(정치)＞에서의 강력한 문제제기를 읽을 때에는 ＜법률＞에 피력된 실용적 국정구상을 염두에 두고 읽으면 좋을 것 같다.

• **Charles-Louis de Secondat, Baron de Montesquieu(1689~1755), De l'esprit des lois (법의 정신), 1748.**

가족법으로부터 국제공법에 이르는 다양한 분야, 문제에 관하여 여러 시대와 지역의 법을 법사적(法史的), 비교법적(比較法的)으로 비교 고찰하고 나아가 법의 일반원리를 끌어내려 한다. 형식적 법만이 아니라 관습과 습속도 고찰하며, 정치와 행정의 작동원리도 설명하고자 하여, 정치학과 사회학의 원류로도 평가되고 있다.

몽테스키외는 플라톤, 아리스토텔레스, 리비우스에서 구체적 사례와 그에 대한 분석을 찾았다. 이렇게 고전을 재독(再讀)한 바탕 위에서, 고금과 동서의 법제와 법문화를 비교한다. 가상의 유토피아를 묘사하는 유토피아론의 은유법과 대조적으로, 현실 속에서 고찰가능한 법과 제도의 기능을 비교 서술하였다. 그의 고찰은 법제사, 비교법학, 비교헌법학이 결합된 것이며, 사회과학이 생겨나는 한 중요한 뿌리도 되었다. 고찰의 범위는 시대적으로는 고대로부터 18세기, 지역적으로는 영국, 대륙유럽 각국으로부터 중앙아시아와 동아시아에 미친다. 그는 지리, 기후 등으로 구성되는 "풍토"(climats)에서 어떤 성정(性情, tempérament)이 생긴다고 보고, 여기에서 비교헌법학, 비교정치학의 열쇠를 찾고자 했다. 이것은 지리적 결정론이라기보다, 현실적 인간들로부터 보편성을 간취하고, 그럼에도 불구하고 현실적으로 존재하는 차이의 원인을 규명하려 한 시도로 평가된다.

왕정의 정치적 권위를 정복자의 권리와 상속권으로 설명하고, 중세에서 근대문명의 소중한 뿌리를 찾고 고대사에서 권력분립론의 실마리를 발견하는 몽테스키외의 저술은 오늘날에는 통설이 되어 있다. 영국의 입헌군주제가 아마도 최선의 정치제도일 것이라는 진단은 수백 년을 이어 통설의 자리를 지키고 있다. 토크빌(Alexis de Toqueville, 1805~1859)은 미국도 귀족정과 민주정의 요소를 겸비한 혼합정체임을 지적하여 몽테스키외를 지지했다. 몽테스키외의 문장은 다소 길지만, 논지를 직선적으로 평이하게 서술한다. 그럼에도 불구하고, 유럽대륙을 구체제 하의 구대륙으로 여기는 미국적 통념을 극복하지 않은 채 읽으려 했다가는 난해한 책으로 여겨질 것이다. 몽테스키외는 권력체 간의 미묘한 관계가 빚어내는 작용들을 세밀히 비교하고 있는데, 이 책에서 3권분립론만 찾아 읽으려 했다가는 이 책의 효용을 충분히 누리지 못하고 헤매게 된다. 권리의 존중, 자유, 사법권(司法權)의 독립, 민주적 입법의 우위 등의 다양한 요소들을 묶어 "민주주의"(democracy)라고 부르고 이 요소들이 어떻게 서로 관련되는지의 문제를 가볍게 여기는 독자에게도 이 책은 충격으로 다가올 것이다. 그러나 이런 충격을 극복하는 시련을 견디며 읽어나감으로써 깊은 식견(識見)과 지혜를 얻을 수 있다. 몽테스키외는 귀족이니까 권리존중을 앞세우고 민주정의 폐단에 주목한다는 식의 방관자(傍觀者)적 독서법은 무익하다.

프랑스어본은 Flammarion에서 두 권으로 출간된 문고판이 나와 있고, 교보문고 등에서 쉽게 해외주문할 수 있다. 인터넷상에도 전권 pdf본이 있다.[1] 영역본도 여럿 나와 있다. Thomas Nugent의 완역본은 인터넷에도 공개되어 있다.[2] 미국대학에서는 California University Press에서 나온 축약번역본이 권장되고 있다. 고대사와 프랑스사가 낯선 미국인들에게 이 책이 드는 풍부한 역사적 사례가 버겁게 느껴질 수 있음을 감안한 듯하다. 이 점은 현대 한국인에게도 마찬가지일 수 있으므로, 미국의 예를 본받아 축약본을 먼저 읽는 것도 방법이 될 수 있다. 영어 완역본으로는 Hafner Classic 시리즈의 것이 있다. 일본에서는 명치유신(明治維新) 이래 세 차례 번역되었다. 한국어 번역은 동경법대 프랑스법과 출신의 신상초(申相楚, 1922~1989)의 완역본(을유문화사, 1963)이 탁월하다. 그 후에 나온 완역본은 신상초 완역본을 답습하거나 부분적으로 어순을 바꾸는 등으로 손대어 가독성(家讀性)이 저하된 것이 많다. 발췌번역본으로는 홍신문화사의 번역이 무난하다. 책세상 문고본은 3권분립론 부분만 발췌번역한 것이고 번역자 해제에서 원작의 저술 취지를 편향적으로 설명하고 있어, 참고할 것이 못 된다.

- **Fritz Schulz, Marguerite Wolff, trans., Principles of Roman Law(로마법의 원칙들), 1936.**

이 책은 로마법의 개설서이면서, 비교법서이다. 로마법의 특징적 경향들을 몇 개의 키워드를 중심으로 설명하면서 현대법에 미친 영향을 서술하고, 영미법계와 대륙법계의 차이와도 비교 서술한다. 법을 현실로부터 유리시켜 '법으로서 서술된 바'를 다루는 데 머무를 것이 아니라 현실 속에서 법이 어떻게 존재했고 발달했는지를 살펴야 한다는 관점(p. 35)에 서서, 고대로마와 중세의 후기로마법시대에 로마법이 가진 특징을 비교법적

1 https://archives.ecole-alsacienne.org/CDI/pdf/1400/14055_MONT.pdf
2 https://socialsciences.mcmaster.ca/econ/ugcm/3ll3/montesquieu/spiritoflaws.pdf

관점에서 살펴본다. 영어번역본에서는 영미법과의 비교가 좀 더 보충되어 있다.

- **R. C. van Caenegem, An Historical Introduction to Private law(사법(私法)의 사적(史的) 입문), Cambridge University Press, 1992.**

법형성(法形成)의 주체들(입법자, 판사와 변호사 등의 법률실무가, 학자)의 경쟁과, 혁신·보수 간의 줄다리기라는 측면에서 근대법의 발달과정을 살펴본다. 근대법사(近代法史)의 개론서이면서도 대륙법 전통과 영미법 전통이 스스로 표방하는 연원에서 출발하는 대신, 현실 속에서 근대법(近代法)이 생성하고 발달한 과정을 고찰, 서술했다. 이러한 접근방법 하에서 대륙법과 영미법을 묶어 서술할 수 있었다.

- **Lord Denning, The Discipline of Law, Butterworths, 1979; Lord Denning, The Due Process of Law, Oxford University Press, 1980.**

영국의 데닝 경은 20세기 후반의 영국 판례 발달사에서 자신이 관여한 중요 사건들을 회고한다. 영국법은 20세기 후반에 행정국가화, 복지국가화, 후견국가화(後見國家化) 경향을 상당 부분 받아들여 크게 변모했다. 그 현장에서 그 과정에 종사한 경험을 데닝 경 특유의 친근하고 간결한 필치로 이야기한다. 영국법의 발달원리와 정신을 이해하는 데 도움될 수 있다. The Discipline of Law는 실체법을, The Due Process of Law는 절차법을 다룬다. The Discipline of Law의 첫 장은 자서전적인 내용과 법학도에 대한 권고를 담고 있다.

찾아보기

[저자 약력]

장준혁(張埈赫)

서울대 법학사, 법학석사, 법학박사
한국고등교육재단 해외유학장학생
시카고대, 뉴욕대 법학석사
스탠포드대, 코펜하겐대, 쾰른대, 믹스플랑크 비교사법·국제사법연구소, 파리 낭테르대, 부르고뉴대, 셰필드대 방문연구
사법시험 제33회, 미국 뉴욕주 변호사
법무법인 아람, 김장리 법률사무소 근무
경희대(전임강사, 조교수)에서 민법, 국제사법 강의
사법시험, 변호사시험 출제·검토위원(국제사법)
국제사법 개정위원회(2014~2015), 국제사법 개정을 위한 전문가 위원회(2016~2017) 위원
2019년 헤이그재판협약 성안작업 한국 대표단(2015~2019)
헤이그아동탈취협약, 헤이그아동보호협약의 실제적 작동에 관한 특별위원회 7차 회의(2017. 10.) 한국대표단
싱가포르 조정협약 이행법률 제정 Task Force 위원
국제사법학회 산하 국제사법판례연구회 회장
성균관대 법학전문대학원 교수(현재)

법률검토의 방법

초판발행 2022년 3월 20일

지은이 장준혁
펴낸이 김중용

총괄기획 최준규
편 집 심성보·김인숙

펴낸곳 도서출판 정독
경기도 고양시 일산서구 하이파크로 113, 102-204
등록 제406-2014-000093호
전 화 070)7550-3758 팩 스 02)718-8554
홈페이지 www.jeongdok.co.kr 이메일 pnc@pncmedia.co.kr
ISBN 979-11-6858-018-3 93360

정 가 25,000원